〈정오표〉

1. 오식

- 19면 각주24) musin → music
- 74면 본문 밑에서 3행, 작자사 → 작사자
- 81면 '나. 진 칸의 공리적 모델'에서 3행 아래, 인넷상 → 인터넷상
- 123면 각주279) 추적자 → 추격자
- 124면 각주283) 영화인을 법률 가이드 → 영화인을 위한 법률 가이드

※ 166면 각주398)의 공정거래위원회 예규상 '지적재산권'이 '지식재산권'으로 변경되었으므로 이에 따라야 할 것이나 '지식재산권'이란 용어는 특허청에 의해 관철된 비학문적 용어인 관계로 종전대로 '지적재산권'이란 용어를 유지하기로 함. 또한 이른바 '지식재산기본법'이 상정하고 있는 '지식재산권'이란 '지적재산(권)'을 포괄하는 광의의 개념이라고 보아야 하기 때문에 종전대로 '지적재산권'이란 용어를 유지하는 것이 학문적으로 올바른 태도라고 생각함.

- 167면 '다. 지적재산법에 의한 포맷의 보호 가능성' 바로 아래, 민법상 계약의 법리에 이루어질 → 민법상 계약의 법리에 의해 이루어질
- 169면 각주405) 프로젝트 런어웨이 → 프로젝트 런웨이
- 180면 맨 위 줄, 방송사업자의 드라마의 → 방송사업자가 드라마의
- 205면 각주507)의 본문, 미국야구협회(NBA) → 미국농구협회(NBA)
- 249면 각주590)에서 위로 3행, 젊의 샘 → 젊음의 샘
- 268면 맨 위 줄, 6호 다목은 → 7호 다목은
- 269면 위에서 3행, 'A' → 'A′' [※ 요컨대, '에이 다시'로 바뀌어야 함]
- 317면 위에서 2행, 상업적인으로 → 상업적으로
- 320면 밑에서 3행, 다소 침해될 수도 있으나 → 침체될 수도
- 384면 맨 위 줄, 책임을 돌리 수 → 책임을 돌릴 수
- 386면 각주966) 약과 무더기 → 약관 무더기
- 396면 중간 행 오른쪽 부분, 호명되곤 한다. 때론 어떤 → 때로는 어떤
- 398면 위에서 2, 3행, 무에서 유를 → 무(無)에서 유(有)를

2. 보완 또는 수정

- 102면 각주234) "~상사법무, 2004, 155면."에 이어서 → "참고로 홀드

백의 기산일(起算日)이 '극장 상영 종료 후'가 아니라 '극장 개봉일'로 되는 경우도 있다. 후자는 주로 미국의 경우이다."를 추가

- 112면 위에서 3행, "대륙법계 중에서" → "그런데 대륙법계에 속하더라도"
- 146면 각주341)에서 위로 3행, "현행의 상표법, 상법, 부정경쟁방지법, 저작권 등 지적재산권법" → "현행의 상법은 물론이고 상표법, 부정경쟁방지법, 저작권법 등 지적재산법" [※ 주의할 것은 '지적재산권법' → '지적재산법'으로 바꾸어 '권'을 삭제해야 함, 왜냐하면 부정경쟁방지법은 권리부여 방식의 입법이 아니라 행위규제 방식의 입법이기 때문임]
- 151면 위에서 7행, "이 사건도 최종 심급" → "이 사건에서 비영리법인은 뉴욕주 1·2·3심 법원에서 모두 패소하였으므로 재차 연방대법원에 상소함으로써 연방 차원의 최종 심급"
- 171면 '나. 독립제작사의 저작권법상의 지위'에서 4행 아래, "즉, '공동제작형'과 '위탁제작형'" → "이념형(理念型)으로서의 '공동제작형'과 이념형으로서의 '위탁제작형'"으로
- 171면 위와 같음, "위탁제작형은 다시 그 구체적 사례에 따라" → "위탁제작형(이념형)은 다시 그 구체적 사례에 따라"로
- 171면 아래에서 5행, "~부르기도 한다."와 "한편~" 사이에 → "~부르기도 한다. 이들 사례 중에서 "공동으로 제작을 진행하는 경우"라 함은 위에서 대별(大別)한 '공동제작형'(이념형)을 제외한 나머지 경우를 말한다. 즉, 하도급 제작이 공동으로 이루어지는 경우 등을 의미한다. 한편~"으로
- 324면 각주806) "본문에서의 모리스 혼의 설명과" → "본문에서 모리스 혼이 소개한 쿨톤 워의 설명과"
- 399면 위에서 2행, "전술한 경우에 더하여"라는 구절을 삭제하고 → 대신에 "특히"라는 문구를 추가
- 399면 아래에서 2행, "~표절한 것인가?"와 "표절의 법적 책임" 사이에 → "만일 셰익스피어의 작품이 오늘날 저작권법으로 보호된다고 가정하고"라는 구절을 삽입할 것
- 400면 각주989) 바로 아래 행, "이렇게 보면 표절의 법적 책임을 둘러싼" → "이렇게 보면 표절의 법적 책임, 즉 저작권 침해책임을 둘러싼"
- 400면 밑에서 4행, "대부분의 표절 논란" → "표절의 법적 책임에 관한 대부분의 논란" [끝]

문화산업법

박성호

한양대학교 법과대학 졸업
사법연수원(15기) 수료, 변호사, 법학박사(서울대학교)
한양대학교 법학전문대학원 교수

저서 캐릭터 상품화의 법적 보호(현암사, 2006) (단독저서)
저작권법의 이론과 현실(현암사, 2006) (단독저서)
로스쿨 지적재산권법(법문사, 2010) (분담집필)
저작권법 주해(박영사, 2007) (분담집필)
Entertainment Law(박영사, 2007) (분담집필)
인터넷과 법률 I(법문사, 2006) (분담집필)
인터넷과 법률(현암사, 2000) (분담집필)
인권수첩(현암사, 1999) (분담집필)

문화산업법

박성호 지음

초판 1쇄 인쇄 2012년 3월 2일 | **초판 2쇄 발행** 2012년 9월 25일
발행인 임덕호 | **발행처** 한양대학교 출판부
주소 133-791 서울 성동구 왕십리로 222
전화 02)2220-1432~4 | **팩스** 02)2220-1435
홈페이지 www.press.hanyang.ac.kr | **전자우편** presshy@hanyang.ac.kr
출판등록 제4-7호(1972년 2월 29일) | **인쇄처** 네오프린텍

ISBN 978-89-7218-411-9 93360

문화산업법

박성호

한양대학교출판부

머리말

이 책은 무엇보다 법학전문대학원에 개설된 '문화산업법' 수업의 교재로 사용하기 위하여 집필한 것이다.

문화산업은 최근 많은 사람들로부터 크게 주목받고 있는 분야 중의 하나이다. 마찬가지로 문화산업에 관한 법률문제는 법학전문대학원 학생들은 물론이고 기존 법률가들에게도 많은 관심을 불러일으키고 있다. 이 책의 집필 의도 중에는 이러한 법률가들의 관심에 부응하기 위한 목적도 포함되어 있다. 오늘날 특정한 문화가 만들어낸 이른바 '문화상품'이 세계시장에 진출하여 확산되는 정도와 속도는 심히 놀라울 지경이다. 우리의 대중문화를 일컫는 '한류'의 전 세계적 확산도 그러한 예 중의 하나이다. 종래 '문화'와 '산업'은 서로 접목이 불가능한 것처럼 생각되어왔다. 하지만 20세기 초 대중문화의 부상과 함께 대부분의 문화 관련 분야들이 자본주의 시장질서의 경쟁 원리 속에 편입됨에 따라 '문화'와 '산업'은 단순한 결합을 넘어 '융합'하는 현상을 빚어내고 있다. 이러한 현상은 불가피하게 종전에는 미처 생각하지도 못했던 여러 측면에서의 법률문제들을 발생시킨다. 그러한 점에서 문화산업을 둘러싼 법률문제를 체계적으로 연구할 필요성이 제기된다. 이 책을 집필하게 된 주된 배경이다.

저자가 이 책을 쓰면서 언제나 의식한 것은 아래의 사항들이다. 흔히 말하는 저자의 '자의식' 같은 것이다. 우선 이 책을 통하여 '문화'와 '산업'의 융합으로 야기되는 법률문제를 단순히 '추수'(追隨)하기보다는 이를 비판적으로 분석하고 검토함으로써, '문화산업'과 '법'이 만나서 촉발시키는 새로운 문제 상황들을 좀 더 체계적으로 고찰하고 이해할 수 있는 논의의 터전을 만들어내고자 시도하였다. 서론

(序論)인 '대중문화와 문화산업'(제1장)과 결론(結論)인 '문화산업의 미래와 법'(제9장)을 각 처음과 끝에 배치하고, 그 사이에 '음악산업과 법'(제2장), '영화산업과 법'(제3장), '방송산업과 법'(제4장), '공연예술산업과 법'(제5장), '광고산업과 법'(제6장), '미술·디자인산업과 법'(제7장), '온라인게임산업과 법'(제8장)의 순서로 본론(本論)의 세부 내용을 구성한 이유도 그 때문이다. 아울러 본론을 구성하는 각 문화산업 분야들은 모두 20세기에 접어들면서 비로소 성립하였거나 혹은 그 산업적 요소가 강조된 분야들이라는 점을 주목할 필요가 있다고 생각하였다. 이는 이 책에서 다루는 '문화산업'의 본질적 특성이라고 생각한다. 이 책에서 출판산업을 제외한 것도 그 때문이다.

한편, 이 책에서 다루는 '문화산업법' 분야는 여타 법률 관련 교과목 분야와 비교할 때 아직 많이 낯설고 그 내용도 제대로 정립되어 있지 않다. 더구나 '저작권법'이나 '특허법'에서 보는 바와 같이 '문화산업법'이란 명칭으로 이루어진 별도의 단행 법률이 제정되어 있는 것도 아니다. 다시 말해, 해당 법률의 체계를 좇아서 법조문을 충실히 해설하기만 하면 최소한의 교과목 내용을 구성할 수 있는 단행 법률이 존재하지 않는다. 법률의 명칭으로 볼 때 가장 밀접한 관련이 있는 것으로는 문화산업을 지원·육성하고 경쟁력을 강화하기 위한 목적으로 제정된 '문화산업진흥기본법'이란 법률이 존재할 뿐이다. 동법(同法)은 그 제정 목적으로도 알 수 있듯이 문화산업의 진흥을 위하여 어떠한 문화적 필요(cultural needs)를 충족시켜야 하는지를 판단하는, 말 그대로 '문화정책'(cultural policy)의 확립과 시행을 염두에 둔 법률이다. 요컨대, 동법은 '문화정책'이나 '문화행정'을 본령(本領)으로 하는 법률일 뿐이다. 그러한 점에서 이 책의 목차와 그 세부 내용은 전적으로 저자 자신의 학문적 문제의식에 바탕을 둔 것임을 밝힌다. 그리고 '문화산업법'이란 교과목의 세부 내용을 어떻게 구성하는 것이 바람직할 것인가 하는 문제는 앞으로도 계속해서 많은 논의와 연구가 필요한 부분이라고 생각한다.

저자는 2010년 9월부터 2011년 8월까지 연구년 기간을 이용하여 이 책의 집필에 본격적으로 착수할 수 있었다. 이 책의 집필에 몰입할 수 있는 시간적 여유가 주어지지 않았다면 아마 이 책의 완성은 그만큼 더 지체되고 또 어려웠을 것이다. 이 책의 출간에 즈음하여 가장 먼저 떠오르는 것은 연구년이란 좋은 제도를 저자에게 마련해주고 연구비를 지원받을 수 있도록 힘써주신 한양대학교 총장님을 비롯한 본부의 여러 관계자분들과 법학전문대학원의 원장님을 비롯한 여러 선배·동료 교수님들이다. 이 책을 집필할 수 있도록 좋은 환경과 제도를 마련해주신 학교당국과 여러 교수님들께 다시 한번 머리 숙여 감사드린다. 그리고 이 책을 쓰는 동안 저자를 정신적으로 후원해준 가족들에게도 고마움을 표한다. 나의 사랑하는 아내는 이십대 초 청춘의 좋은 날부터 언제나 내 곁을 지켜주고 있다. 늘 감사한 마음이다. 아내는 이 책의 원고를 처음 읽고 내용이 재미있다면서 저자의 의욕을 북돋아주었다. 전공에 흥미를 갖고 겨울방학 내내 공부에 매진하는 아들에게도 이 책이 좋은 격려가 되었으면 하는 바람이다.

저자의 세 번째 단독 저서인 이 책이 따스한 봄볕을 받으며 세상에 태어날 수 있도록 많은 관심과 노력을 기울여주신 한양대 출판부 여러분께 감사드린다.

2012년 2월 20일
연구실에서 박성호

차례

머리말 ▪ 4

제1장 문화산업과 대중문화 ········ 13

I. 문화산업과 대중문화의 의미 ········ 15

1. 문화의 의미 ········ 15
2. 대중문화의 성장 ········ 17
3. 대중문화의 이데올로기적 작용 — '문화산업'이란 개념의 등장 ········ 17

II. 대중문화의 확산과 문화산업의 전개 ········ 23

1. 문화산업의 전개와 그에 기반을 둔 대중문화의 전 지구적 확산 ········ 23
2. 유네스코의 '문화산업' 정의와 문화산업의 특징 ········ 25
3. 문화에 대한 '문화정책'의 확립과 '문화국가'의 책무 ········ 26

III. 문화산업과 법의 만남 ········ 29

1. '문화산업' 관련법 연구의 필요성 ········ 29
2. 문화산업진흥기본법과 문화예술진흥법의 내용 ········ 30
3. 문화산업 · 문화상품 · 문화콘텐츠의 상관관계 ········ 32
4. 콘텐츠산업진흥법의 시행 ········ 33
5. 지식재산기본법의 제정 ········ 34

제2장 음악산업과 법 ········ 35

I. 음악산업의 성립과 발전 ········ 37

1. 음악과 기술발전 ········ 37
2. 음반의 발명과 음악의 확산 ········ 45
3. 음악저작권의 형성과 전개 ········ 48

II. 기술발전과 음악의 대중화 ········ 62

1. 근대적 청중의 성립과 동요, 그리고 음악 소비자 시대의 도래 ········ 62

2. 음악 소비자 vs. 음악 권리자 ··· 63

III. 음반(또는 음원)의 제작과 유통 ··· 64

1. 논의의 출발 — 음반(음원) 산업은 음악 산업의 성장 동력 ··· 64
2. 음반 = "3층의 권리" 구조 ··· 66
3. '음악출판사'(music publisher)라는 용어의 의미 ··· 69
4. 샘플링(sampling) 기법에 의한 음악저작물의 창작 ··· 69

IV. 음반의 디지털화와 온라인 음악 산업 ··· 73

1. 디지털 기술의 발전과 온라인 음악 시장의 형성 ··· 73
2. 음악저작권 및 저작인접권의 신탁에 의한 집중관리제도 ··· 74
3. 판매용음반의 방송사용에 대한 보상청구권 ··· 78
4. 온라인 음악 산업 활성화를 위한 다양한 비즈니스 모델 ··· 79
5. 우리나라 온라인 음악 산업의 과제 ··· 87

제3장 영화산업과 법 ··· 91

I. 영화산업의 성립과 발전 ··· 93

1. 초창기 ··· 93
2. 성장기 ··· 95
3. 영화와 텔레비전 · 비디오 ··· 96
4. 인터넷과 영화산업 ··· 98
5. 우리나라 영화산업의 발전 ··· 99

II. 영화제작 관련 계약 ··· 101

1. 영화의 예술 · 경제 · 법 ··· 102
2. 영화의 법적 개념과 성격 ··· 103
3. 영상화 계약(>영화화 계약)과 영상제작계약(>영화제작계약) ··· 106
4. 완성된 영상(또는 영화)저작물의 저작자는 누구인가? ··· 110
5. 저작권법상 영상제작자의 의미 ··· 120
6. 영상저작물의 리메이크 계약 및 속편(續編) 제작 계약 ··· 121

III. 유명인을 대상으로 한 영상저작물의 제작 :
'퍼블리시티권'과 이른바 '샘의 아들법' ··· 125

1. 영화 · 유명인 · 퍼블리시티권 ··· 125

2. 퍼블리시티권의 기원 및 그 발전 …… 127
3. 이른바 '모델영화'의 제작과 퍼블리시티권의 침해 문제 …… 132
4. 관련문제 : 이른바 '물건의 퍼블리시티권' 문제 …… 143
5. 이른바 '샘의 아들 법'(Son of Sam Law)에 관한 문제 …… 147

IV. 영화의 유통과 수익배분 …… 153
1. 영화의 유통 …… 153
2. 영화 상영수익의 배분 …… 153
3. 영화 상영수익의 배분 또는 영화 투자금 회수와 관련한 분쟁 …… 155

제4장 방송산업과 법 …… 157

I. 방송산업의 성립과 발전 …… 159
1. 라디오 방송 …… 159
2. 텔레비전 방송 …… 161

II. 텔레비전 방송프로그램의 포맷(format) 보호 …… 163
1. 구체적 문제 상황 …… 163
2. 프로그램 포맷(program format)의 법적 보호 …… 164
3. 소결 …… 168

III. 텔레비전 드라마의 외주제작과 PPL 문제 …… 169
1. 독립제작사가 제작한 텔레비전 드라마의 저작권 귀속 …… 169
2. 텔레비전 드라마의 저작자를 결정하는 법적 구조 …… 173
3. 텔레비전 드라마의 제작과 PPL …… 180

IV. 스포츠 경기와 방송 …… 196
1. 스포츠시합의 방송권 …… 196
2. 방송권의 법적 근거와 그 한계 …… 199
3. 소결 …… 206

제5장 공연예술 산업과 법 …… 207

I. 공연예술 산업의 성립과 발전 …… 209
1. 공연예술이란 무엇인가? …… 209

2. 공연예술 산업의 발전 상황과 앞으로의 과제 ······ 212

II. 연극, 뮤지컬 등의 공연계약 ······ 218

1. 공연이란 무엇인가? ······ 218
2. 공연계약 — 창작 뮤지컬인가, 라이선스 뮤지컬인가? ······ 221
3. 공연실황과 저작권 또는 실연자의 권리
— 공연장에서의 촬영이나 녹음 ······ 228

III. 연극, 뮤지컬 등의 출연계약 ······ 231

1. 가수들의 뮤지컬 출연 러시현상 ······ 231
2. 관행으로 말미암은 분쟁의 발생 ······ 232
3. 출연계약(出演契約) 내용으로 확인할 필요가 있는 기본사항 ······ 233

IV. 무대예술과 법 — 무대장치 등의 권리 ······ 235

1. 사례 혹은 해프닝 ······ 235
2. 권리의 내용 ······ 236

제6장 광고산업과 법 ······ 241

I. 광고산업의 성립과 발전 ······ 243

1. 광고산업의 형성과 발전 ······ 243
2. 대중문화와 광고 ······ 248

II. 광고계약과 비교광고 ······ 253

1. 광고의 법적 의미 ······ 253
2. 광고계약 — 광고물의 표현에 대한 법적 책임을 중심으로 ······ 254
3. 비교광고(comparative advertising)를 둘러싼 법적 문제점 ······ 262

제7장 미술·디자인산업과 법 ······ 281

I. 미술·디자인산업의 성립과 발전 ······ 283

1. 미술·디자인 관련 산업의 성립과 발전 ······ 283
2. 캐릭터 상품화의 보호와 문화산업의 발전 ······ 290

II. 미술작품과 추급권(droit de suite) ······ 306

1. 문제의 제기 ······ 306

2. 입법례 ········· 310
3. 미술저작물의 추급권 제도의 내용 ········· 313
4. 소결 ········· 319

III. 만화의 창작과 유통 ········· 321
1. 만화의 정의 — 만화란 무엇인가? ········· 321
2. 미술저작물로서의 만화의 특성 ········· 324
3. 만화의 유통과 대여권(rental right) 문제 ········· 329
4. 관련 문제 — 만화를 원작으로 한 영화 또는 텔레비전 드라마의 제작 ········· 332

IV. 캐릭터의 법적 보호와 상품화 계약 ········· 334
1. 문제의 제기 ········· 334
2. 캐릭터의 개념 ········· 334
3. 캐릭터의 종류 ········· 335
4. 캐릭터의 상품화와 상품화권의 의미 ········· 345

제8장 온라인 게임 산업과 법 ········· 353

I. 온라인 게임 산업의 성립과 발전 ········· 355
1. 온라인 게임 산업의 형성과 발전 ········· 355
2. 대중문화로서의 온라인 게임 산업 ········· 357

II. 온라인 게임의 법적 특성 ········· 359
1. 게임의 종류 ········· 359
2. 온라인 게임의 법적 성격 ········· 361

III. 온라인 게임과 디지털 스토리텔링 ········· 367
1. 디지털 콘텐츠 산업의 핵심기술 = 디지털 스토리텔링 ········· 367
2. 이야기 예술의 진화와 디지털 스토리텔링 ········· 368
3. 경제의 새 물결 — 스토리텔링의 중요성 ········· 370

IV. 아바타 · 게임아이템의 현금거래 문제 ········· 376
1. 아바타(avatar)의 정의 ········· 376
2. 캐릭터(character), 아바타(avatar) 그리고 아이템(item)의 차이점 ········· 378
3. 게임아이템 등의 현금거래 ········· 380

4. 게임아이템 등의 현금거래와 형사처벌 …… 387

제9장 문화산업의 미래와 법 …… 391

I. 기술발전과 새로운 문화콘텐츠의 개발 — 모방과 창조의 경계 …… 393

1. 기술발전과 문화산업 …… 393
2. 새로운 문화콘텐츠 개발의 딜레마 …… 393
3. 대중문화와 관련된 표절 사례 …… 401

II. 문화산업의 발전을 위한 법제도의 정비 …… 407

1. 문화산업 관련 입법과 '문화정책'의 상관관계 …… 407
2. 문화예술 분야 종사자의 지위 향상을 위한 문화정책의 과제 …… 409

찾아보기 • 412

제1장 문화산업과 대중문화

I. 문화산업과 대중문화의 의미

"문화산업은 문화산업에 대한 항의를 … 가볍게 분쇄한다. 선택의 가능성은 동참하든지 뒷짐지고 서 있는 것뿐이다." — 호르크하이머/아도르노[1]

1. 문화의 의미

가. '문화'의 어원

'문화'란 본래 "형벌위력을 사용하지 않고 인민을 교화하는 것", "문치교화(文治敎化)"를 뜻한다. 그것은 '예악(禮樂)제도', 교전(敎典)에 따라 행하는 정치, 고대 중국의 이상정치를 말하는 용어의 하나이었다. 그러던 것이 일본의 다이쇼[大正] 시기 독일어 Kultur, 영어 Culture의 번역어로 사용되기 시작하여[2] 오늘날 우리나라에서도 Culture의 번역용어로 사용되고 있다. Culture의 라틴어 어원 cultura는 "갈고 닦는다", "경작한다"는 뜻으로 해석된다.[3] 이러한 어원을 배경으로 나중에는 '교양이나 예술' 등의 뜻을 가지게 되었다. 그래서 '문화인'은 '교양인'이나 '예술인'과 비슷한 의미로 사용된다.[4]

나. 넓은 의미의 문화, 좁은 의미의 문화

문화의 개념은 예술의 개념보다 그 외연(外延)이 크고 넓은 것으로 이해된다. 넓은 의미의 문화에는 법을 비롯하여 경제, 정치, 예술 등이 속한다. 이때의 문화란 인위적으로 형성된 환경으로 이에는 물질적인 것 뿐 아니라 제도와 같은 관념적인 것도 포함되는 포괄적인 의미로 정의된다. 이러한 정의는 영국의 인류학자 에드워드 버넷 타일러(Edward Burnett Tylor, 1832~1917)의 정의에 영향을 받은 것이다.[5] 문

---

1) M. Horkheimer/Th. W. Adorno, Dialektik der Aufklärung, Fischer Taschenbuch Verlag, F(M), 1969(1947), 김유동·주경식·이상훈 옮김, 「계몽의 변증법」, 문예출판사, 1995, 204면.
2) 이에 관해서는, 柳父章, 「一語の辭典 : 文化」, 三省堂, 1995, 5면 이하.
3) 최종고, "문화라는 말", 「법은 그러나 어두운 곳에서 빛난다」, 철학과현실사, 1991, 121면.
4) 최연구, 「문화콘텐츠란 무엇인가」, 살림, 2006, 6면.

화인류학의 창시자로 여겨지는 타일러가 1871년 펴낸 저서 「원시문화」(Primitive Culture) 제1장의 첫 문장은 문화에 대한 그의 유명한 정의로 시작된다. "문화 또는 문명이란, 그 넓은 민족지학(民族誌學)상의 의미에서 이해되는 바로는, 지식, 신앙, 예술, 도덕, 법률, 관습 등 인간이 사회의 구성원으로서 획득한 능력 또는 습관의 총체이다."[6] 이에 비해 좁은 의미의 문화란 교양이나 예술 등 일정한 가치의 실현을 지향하는 인간의 노력을 가리킨다. '문화인', '문화재', '문화생활', '문화국가'라는 용법이 이에 해당한다.[7] 레이먼드 윌리엄스(Raymond Williams)가 문화를 세 가지 유형으로 파악하여 설명한 것 중에서 세 번째 유형인 "지적인 작품이나 실천 행위, 특히 예술적인 활동을 일컫는 용어"로 사용한 것도 여기에 해당한다.[8]

이와 같이 좁은 의미의 문화는 예술과 밀접한 관련성을 갖기 때문에, '문화예술'이란 말이 자주 사용되기도 한다. '문화예술'이 빈번하게 사용되는 이유는 전통 예술과 전위 예술의 공존, 특히 후자와 같이 전통 예술 개념에 수렴되지 않음에도 '예술'로 불리는 것들이 범람하고 있고, 더욱이 '대중예술'(popular art)이라 불리는 것들이 일반 대중들에 의해 널리 선호되는 등 오늘날의 예술 상황이 다양하게 갈라져 있기 때문이라고 설명할 수 있다.[9] 결국 문화산업이란 용어에서의 '문화'도 이 좁은 의미의 정의를 전제로 한 것이라고 이해할 수 있다.[10] 그런데 좁은 의미의 문화를 그 중에서도 특히 전통 예술을 가리키는 것으로 이해하는 경우, 이때의 문

---

5) 최연구, 위의 책, 7면.

6) "CULTURE or Civilization, taken in its wide ethnographic sense, is that complex whole which includes knowledge, belief, art, morals, law, custom, and any other capabilities and habits acquired by, man as a member of society." 위 인용은, Morton H. Fried ed., Readings in anthropology, 2nd ed., Vol. II : Cultural Anthropology, Thomas Y. Crowell Company, 1968, p.2.

7) 이에 관해서는, 加藤新平, 「法哲學概論」, 有斐閣, 1976, 39면; 竹下賢·角田猛之 編著, 「マルチ·リーガル·カルチャー」, 晃洋書房, 1998, 227~228면 각 참조.

8) Raymond Williams, Keyword : A Vocabulary of Culture and Society, Fontana, 1983, pp.88~90.

9) 伊藤裕夫 外 4人, 「アーツ·マネジメント概論」, 水曜社, 2001, 이흥재 옮김, 「예술경영과 문화정책」, 역사넷, 2002, 35면.

10) 문화경제학도 좁은 의미의 '문화'의 정의를 전제로 한 문화산업을 연구 대상으로 한다고 설명한다. 池上惇 外 2人, 「文化經濟學」, 有斐閣, 1998, 황현탁 옮김, 「문화경제학」, 나남, 1999, 105면.

화는 소수의 귀족만이 누릴 수 있는 것이 된다. 이러한 문화는 역사적으로 후원제도 아래에서 형성·전개된 것으로서 지배계층이 선호하는 전통적인 문학, 음악, 미술 등을 의미하는 것이었다. 예술가들은 귀족들이 주는 돈으로 문화(=예술) 활동을 하였으므로 예술가들은 귀족들의 취향을 만족시키는 일에만 전념하였다.[11]

2. 대중문화의 성장

그러나 보통사람들도 그들의 사회적 지위와 권리가 신장되면서 문화 활동에 참여하게 되자 큰 변화가 일어났다. 보통사람들을 대상으로 하는 예술 활동은 경제적으로 관객이나 청중의 입장료에 의존했기 때문에, 늘 보다 많은 관객을 끌어 들여야 할 필요성에 직면하게 되었다. 이른바 '시장논리'의 지배를 점차 받게 된 것이다. 보다 많은 관객을 불러 모으기 위해서는 예술적 수준이 낮은 사람들의 취향도 만족시켜야 했으므로 이는 불가피하게 예술의 '하향 평준화'를 초래하게 되었다. 그러한 보통사람들을 가리켜 흔히 '대중'이라고 부른다. 대중은 모든 신분의 사람을 포괄한다.[12]

3. 대중문화의 이데올로기적 작용 — '문화산업'이란 개념의 등장

문화에 대한 '시장논리'가 관철되는 자본주의 경제체제 아래에서는 문화마저 상품으로 포장되어 팔린다. 이러한 상품화가 일종의 산업으로 끊임없이 재생산되는 것이 대중문화라 할 수 있다. 그래서 호르크하이머(M. Horkheimer)나 아도르노(Th. W. Adorno)와 같이 훗날 '프랑크푸르트학파'로 지칭되는 학자들은 대중문화라는 용어 대신에 '문화산업'(culture industry; Kulturindustrie)이란 용어를 사용하면서,[13] 대중문화의

11) 강준만, 「대중문화의 겉과 속」, 인물과 사상사, 1999, 18면.
12) 강준만, 위의 책, 18면.
13) 아도르노는 1963년에 발표한 논문 『다시 생각하는 문화산업』(Culture industry reconsidered)에서 비판적 함축이 다소 덜한 '대중문화'라는 용어 대신에 문화산업이란 용어를 선택한 이유를 다

산업적인 측면과 그로 인한 파장들에 대해 다양하고 의미 있는 비판들을 제기하였다.[14] 문헌학적으로 '문화산업'이란 용어가 최초로 등장하는 것은 호르크하이머와 아도르노가 공저(共著)한 「계몽의 변증법」이다. 위 두 사람은 이 책의 한 장(章)에 "문화산업 : 대중기만으로서의 계몽"이란 제목을 달면서 산업사회의 상품화·물신화 경향으로 초래된 당시대의 문화적 위기상황을 비판하였다.[15] 문화산업이 대중을 기만하는 계몽이라고 간파(看破)한 그들의 관점은 도구적 이성에 대한 비판이라는 맥락 속에서만 제대로 이해될 수 있다.[16]

> 영화와 라디오와 잡지는 개개 분야에 있어서나 전체적으로나 획일화된 체계를 만들어내고 있다. 대립된 정치적 견해들은 그럴듯한 미사여구에도 불구하고 사실은 모두 비슷하게 강철의 리듬을 찬양하고 있다.[17]
>
> 사람들의 여가시간은 문화산업이 제공하는 획일적인 생산물로 채워질 수밖에 없다. […]
>
> 여러 유형의 인기가요나 인기배우, 멜로물들이 돌고 돌지만 실제로는 전혀 변화가 없는 것처럼, 오락물의 내용들도 겉보기에는 변하는 것 같지만 사실은 전혀 변화 없는 반복일 뿐이며, 세부사항들만이 대체가능하다.[18]
>
> 문화산업의 생산물은 여가의 시간에서조차 소비가 활발히 이루어지기를 노린다. 개개의 문화생산물은 모든 사람들을 일하는 시간과 마찬가지로 휴식시간에도 잡아놓는 거대한 경제 메커니즘의 일환이다. 어떤 영화나 방송 프로그램이건 언뜻 보면 임의적인 것처럼 보이지만 사실은 사회 속에 사는 인간이면 누구도 벗어날 수 없는 작용을 사람들에게 가하려 한다. 문화

음과 같이 밝혔다. 즉, 위로부터 제조되고 조작되는 문화라는 의미를 전달하고 이것을 '대중들 자신에 의해 자발적으로 이루어진 문화'와 분명히 구분하고자 하는 바람의 결과였다는 것이다. Max Paddison, Adorno's Aesthetics of Music, Cambridge University Press, 1993, 최유준 옮김, 「아도르노의 음악미학」, 작은이야기, 2010, 298면.

14) 고명섭, 「지식의 발견」, 그린비, 2005, 113면; 백선기, 「대중문화 -그 기호학적 해석의 즐거움」, 커뮤니케이션북스, 2004, viii~ix 각 참조.

15) M. Horkheimer/Th. W. Adorno, Dialektik der Aufklärung, Fischer Taschenbuch Verlag, F(M), 1969(1947), 김유동·주경식·이상훈 옮김, 「계몽의 변증법」, 문예출판사, 1995, 169면 이하.

16) 김문환, "문화와 문화산업을 다시 생각한다", 「계간 사상」, 사회과학원, 2004년 봄호, 10면.

17) M. Horkheimer/Th. W. Adorno, Dialektik der Aufklärung, Fischer Taschenbuch Verlag, F(M), 1969(1947), 김유동·주경식·이상훈 옮김, 「계몽의 변증법」, 문예출판사, 1995, 169면.

18) 위의 책, 174~175면.

산업은 하자 없는 규격품을 만들 듯이 인간들을 재생산하려 든다.[19]

문화산업의 위치가 확고해지면 확고해질수록 문화산업은 소비자의 욕구를 더욱더 능란하게 다룰 수 있게 된다. 문화산업은 소비자의 욕구를 만들어내고 조종하고 교육시키며 심지어는 재미를 몰수할 수도 있다.[20]

문화산업에서 개인이라는 관념이 환상이 되는 것은 생산방식의 표준화 때문만은 아니다. 개인이라는 관념은 개인과 보편성과의 완전한 동일성이 문제되지 않을 경우에만 용납될 수 있다. 재즈음악에서의 규범화된 즉흥성으로부터 사람들의 눈에 띄게 눈 위를 곱슬머리로 가리고 있는 영화 속의 기이한 인물에 이르기까지 사이비개성이 지배하고 있다.[21]

문화상품의 수용에서 사용가치라고 부를 수 있는 것은 교환가치에 의해 대체되며, 향유 대신에 표를 사서 공연장에 참석한다는 사실 자체나 어떤 예술분야의 잡다한 정보에 정통하다는 것이 더욱 중요시된다. […] 예술의 사용가치, 즉 예술의 존재는 '물신'으로 여겨지며, 예술작품의 수준이라고 오해되는 예술의 사회적 평가라는 물신이 향유할 수 있는 유일한 사용가치나 질(質)이 된다.[22]

수용자와 예술 사이의 거리가 없어지게 됨에 따라 예술이나 수용자는 모두 물건 비슷한 것이 되고 소외는 완성된다. 문화산업에서는 비평이 사라진 것처럼 존경도 사라진다. 비평은 전문가의 기계적인 활동으로 넘어가고 존경은 최고의 인기스타에 대한 단명한 숭배로 대체된다.[23]

특히 아도르노는 '문화산업'이라는 개념을 도입하기 이전부터 대중문화의 이데올로기적인 작용에 대한 논의를 전개해 왔는데, 그가 1941년에 발표한 논문 『대중음악에 대하여』(On popular music)가 대표적이다.[24] 그는 이 논문에서 대중음악의 특징을 세 가지로 꼽았다. 첫째는 대중음악이 '표준화'(standardization)되었다는 것이다.

19) 위의 책, 177면.
20) 위의 책, 200면.
21) 위의 책, 212면.
22) 위의 책, 217면.
23) 위의 책, 220면.
24) 이 논문은 조지 심슨(George Simpson)의 도움을 받아 영어로 씌어졌으며 아도르노의 전집에서 빠져 있다. Adorno, "On popular musin", Studies in Philosophy and Social Sciences 9(1941), pp.17-48; Max Paddison, 최유준 옮김, 앞의 책, 43면, 434면에서 재인용.

둘째로 대중음악은 수동적 청취를 조장한다는 것이다. 셋째는 대중음악이 사회적 접착제로 작용한다는 것이다. 이와 같이 아도르노는 대중음악이 표준화된 허위의식을 생산해내고, 기존사회의 질서에 타협하도록 하는 이데올로기적 기능을 한다고 보았다.[25] 또한 그는 대중음악 전체를 '재즈'라는 용어로 총칭하면서 유럽의 '순수' 음악과 비교하여 미학적 질의 열등한 점을 지적하였다.[26]

아도르노의 논의는 '표준화'와 '사이비 개별화'(pseudo-individualization)라는 말로 압축될 수 있다. 즉, 20세기 상품생산의 지배적 경향인 표준화된 대량생산이 문화 영역에 투영된 산물이 '대중음악'이라는 것이 그의 논의의 핵심이며, 따라서 대중음악 작품들의 개별성은 의제적(사이비)이라는 것이다. 요컨대, 경제적 토대의 성격(표준화된 대량생산)이 상부구조(문화예술 분야)에 '반영'된다는 것이 아도르노의 견해의 바탕에 개재된 인식이다. 달리 말해 아도르노의 이론은 '정통 마르크스주의'로부터는 거리를 두고 있으나 '토대가 상부구조를 결정한다'는 고전적 마르크스주의의 패러다임은 유지하고 있다고 볼 수 있다. 마르크스주의자로서 아도르노 이론의 함의는 대중음악이 청취자인 대중을 수동화시켜서 노동계급의 해방적 잠재력을 무력화한다는 것이다.[27] 후대에 아도르노의 미학은 몇 가지 비판을 받았지만, 아카데미 내부의 음악학계에서는 아직도 전범(典範)의 지위를 누리고 있다. 물론 음악학계 내부에서 도전이 없었던 것은 아니다. 무엇보다 아도르노의 분석이 '1930~40년대의 대중음악(이른바 스윙재즈)'을 대상으로 삼은 것이기 때문에 이후의 대중음악의 전개에 대한 고려가 불충분하다고 지적하면서 대중음악에 대한 음악학적 접근을 시도하는 일군의 학자들이 출현하였다(가령, 영국의 Mellers, Middleton, Shepherd 등). 이들의 목적은 고전 음악에서 차용한 용어법과 분석 도구들을 수정하거나 변형하여 대중음악의 텍스트를 분석한 것이다.[28]

25) 백선기, 「대중문화-그 기호학적 해석의 즐거움」, 커뮤니케이션북스, 2004, 136면.

26) 신현준, 「글로벌, 로컬, 한국의 음악산업」, 한나래, 2002, 23면. 이 책은 신현준이 2001년 2월 서울대학교 경제학과에서 박사학위를 받은 논문 "음악산업 시스템의 지구화와 국지화 : 한국의 경우"를 단행본으로 출판한 것이다.

27) 신현준, 위의 책, 23면.

프랑크푸르트학파의 대표적 이론가인 호르크하이머와 아도르노가 문화산업을 부정적으로 평가하고 있음에 반하여, 이와 대조적으로 같은 학파에 속하는 발터 벤야민(W. Benjamin)은 문화산업을 통해 문화의 민주화를 꾀할 수 있다는 긍정적인 입장을 취한 바 있다.[29] 벤야민은 문화산업이 전제로 하는 대중문화의 사회적 역할과 관련하여 대중매체가 가지고 있는 대중성과 그에 따른 정치적 의미에 주목한다. 벤야민은 자신의 유명한 논문 『기술복제시대의 예술작품』에서 전통적 예술과 비교할 때 기술복제시대에서 예술의 가장 큰 특징을 아우라(Aura)의 위축이라고 말하면서 예술은 사회와 무관한 것이 아니라 바로 사회의 산물이라고 설명한다.

> 원작(Original)의 시간적·공간적 현존성은 원작의 진품성이라는 개념의 내용을 이룬다. […] 어떤 사물의 진품성이란, 그 사물의 물질적 지속성과 함께 그 사물의 역사적인 증언적 가치까지를 포함하고 또 그 사물의 원천으로부터 전수되어질 수 있는 사물의 핵심을 뜻한다. 사물의 역사적인 증언적 가치는 사물의 물질적 지속성에 그 바탕을 두고 있기 때문에, 복제의 경우 후자가 사라지게 되면 전자, 다시 말해 사물의 역사적인 증언적 가치 또한 위험한 상태에 놓이게 된다. 물론 이렇게 해서 위험한 상황에 놓이게 되는 것은 사물의 권위이다.
>
> 복제에서 빠져 있는 예술작품의 유일무이한 현존성을 우리는 분위기(Aura)라는 개념을 가지고 다음과 같이 요약해서 말할 수 있을 것이다. 즉, 예술작품의 기술적 복제가능성의 시대에서 위축되고 있는 것은 예술작품의 아우라이다. […] 복제기술은 — 우리는 일반적으로 이렇게 표현할 수 있다 — 복제된 것을 전통의 영역으로부터 분리시킨다. 복제기술은 복제품을 대량생산함으로써 일회적 산물을 대량 제조된 산물로서 대치시킨다. 복제기술은 수용자로 하여금 그때그때의 개별적 상황 속에서 복제품과 대면하게 함으로써 그 복제품을 현재화한다.[30]
>
> 예술작품의 기술적 복제가능성은 세계 역사상 처음으로 예술작품으로 하여금 지금까지 종

28) 신현준, 위의 책, 23~24면.
29) 문현병, "문화산업과 대중문화", 「진보평론」 제14호, 도서출판 현장에서미래를, 2003, 34면.
30) Walter Benjamin, "Das Kunstwerk im Zeitalter seiner technischen Reproduzierbarkeit", Gesammelte Schriften, Frankfurt a. M., 1972~77, Bd. I/2, pp.471~508, 반성완 편·역, "기술복제시대의 예술작품", 「발터 벤야민의 문예이론」, 민음사, 1983, 201~202면.

교적 의식 속에서 살아온 기생적 삶의 방식으로부터 벗어나도록 하였다. 복제된 예술작품은 날이 갈수록 점점 더 복제를 겨냥해서 제작되는 예술작품의 복제품이 되어가고 있다. 예를 들면 사진의 원판으로부터는 여러 개의 인화가 가능하다. 어느 것이 진짜 인화냐고 묻는 것은 아무런 의미가 없다. 그런데 예술생산에서 진품성을 판가름하는 척도가 그 효력을 잃게 되는 바로 그 순간, 예술의 모든 사회적 기능 또한 변혁을 겪게 된다. 종교의식적인 것에 그 근거를 두고 있던 예술의 사회적 기능의 자리에 또 하나의 다른 사회적 실천, 즉 정치에 그 근거를 두고 있는 예술의 다른 사회적 기능이 대신 들어서고 있는 것이다.[31]

대중은 예술작품을 대하는 일체의 전통적 태도가 새로운 모습을 하고 다시 태어나는 모태이다. 양은 질로 바뀌었다. 예술에 참여하는 대중의 수적 증가는 참여하는 방식의 변화를 초래하였다. […] 예술은 정신집중을 요구하는 데 반해 대중은 정신분산(오락)을 원한다. […] 정신분산으로서의 오락(Zertreuung)과 정신집중(Sammlung)은 서로 상반되는 개념이다. […]

오락으로 정신이 산만해진 사람도 익숙해질 수가 있다. 아니 어떤 과제를 정신분산적 오락 속에서 해결할 수 있다는 능력 자체가 그러한 과제를 해결하는 일이 이미 하나의 습관이 되었음을 입증해 주고 있다. […] 예술은 오늘날 이러한 과제를 영화에서 수행하고 있는 것이다. 예술의 모든 영역에서 점점 더 강하고 더 두드러지게 오락을 통해 이루어지고 있는 수용방식은 그 고유한 연습수단을 영화에서 찾고 있다. 그 충격 효과라는 면에서 영화는 이러한 수용방식에 잘 부응하고 있다. 영화는, 관중으로 하여금 비단 비평적 태도를 갖게 함으로써만이 아니라 그와 아울러 이러한 영화관에서의 관중의 비평적 태도가 주의력을 포함하지 않음으로 인해서 종교의식적 가치를 뒷면으로 밀어내고 있는 것이다.[32]

벤야민은 가까이 할 수 없음으로써 종교적 기능을 수행했던 전통적 예술작품과는 다르게 기술복제시대의 예술작품은 가까이 할 수 있다는 특성 때문에 정치적 활용성이 크다는 사실에 주목하였다. 따라서 그에게 영화란 새로운 예술의 형태임과 동시에 정치적으로 혁명적 내용을 담고 있는 '사회적 실천의 범주'이기도 하

31) 위의 책, 206~207면.
32) 위의 책, 228~229면.

다.[33] 대중이 하나의 문화적 현상으로 등장한 기술복제시대의 예술은 대중을 위한 대중문화이다. 가장 대표적인 예술형식이 영화이고, 그리고 영화란 하나의 새로운 정치적 대안으로서 '예술의 정치화'를 실현할 수 있는 강력한 대중적 도구이기도 하다. 따라서 벤야민의 관점에서 보면 대중문화의 밖에서 대중문화를 우려의 눈길로 바라보기보다는 그것이 갖는 사회적 힘을 인정하고 사회비판의 도구로 사용해야 하는 것이 올바른 대중문화의 이해이고 활용이다.[34] 벤야민이 제시하는 이러한 관점은 문화를 통하여 지배의 길들임에서 벗어나 인간 스스로를 해방하며 삶의 질을 향상시키는데 중점을 두는 '문화운동론'의 입장과 일맥상통하는 점이 없지 않다고 생각한다.[35]

II. 대중문화의 확산과 문화산업의 전개

"지식과 창조성은 신경제의 주축이 되는 중요 자산이다."

— 피터 드러커(Peter Drucker)[36]

1. 문화산업의 전개와 그에 기반을 둔 대중문화의 전 지구적 확산

오늘날 특정한 문화가 만들어낸 문화상품이 세계시장에 진출하고 확산되는 정도와 속도는 놀라울 정도로 신속히 이루어지고 있다. 더구나 문화상품은 이른바

33) 심혜련, "매체에 대한 미학적 접근 – 대중매체에 대한 발터 벤야민의 고찰을 중심으로 –", 「매체철학의 이해」, 인간사랑, 2005, 155~156면.

34) 심혜련, 위의 논문, 156면.

35) 김정환, "예술성·운동성·대중성·민중성·일상성·전문성 – 지식인문화운동 방법론을 중심으로", 「문화운동론 2」, 공동체, 1986, 122면 이하; 김성기, "민중형식과 그 테두리", 「문화운동론 2」, 공동체, 1986, 150면 이하 각 참조.

36) Peter Drucker, "Beyond the Information Revolution", The Atlantic Monthly 2484, no.4, 1999. 문화산업과 관련하여 드러커의 발언으로 우리나라 학자나 언론인들이 자주 인용하는 "21세기는 문화산업에서 각국의 승패가 결정될 것이고 최후의 승부처가 바로 문화산업이다."라는 구절도 있으나 그 출처는 불명확하다. 나아가 이것이 드러커의 실제 발언인지 여부도 불확실하다.

신경제의 핵심 축을 형성하고 있다. 전 지구적인 문화산업의 상황은 1940년대 서구 자본주의 사회의 문화산업과 상당히 다르고, 또한 문화산업은 대중의 삶의 질 향상에 크게 기여하고 있다는 점에서, 프랑크푸르트학파의 문화산업에 대한 비판은 일정 정도 설득력을 잃은 측면이 있다. 하지만 호르크하이머와 아도르노의 문화산업비판이 도구적 이성비판이라는 점에 유의한다면,[37] 그들의 비판이론이 지니는 힘은 여전히 유효하다고 말할 수 있을 것이다.[38]

이와 같이 '문화산업'은 자본주의 사회에서 대중문화의 발달 성향을 비판하면서 사용하였던 용어이지만, 오늘날 이 용어는 당초의 비판적 함의는 사라진 채 문화상품의 생산·유통·소비의 전 과정을 지칭하는 의미로써 주로 사용되고 있다. 이제 문화산업이란 용어는 '상품으로서의 문화생산'이라는 새로운 현상에 대해 일정한 관점을 제시하였다는 점에서 그 의의를 찾을 수 있다는 평가를 받기도 한다. 말하자면 이제까지 대중문화연구가 보여준 심미적 혹은 현상 기술적(記述的) 수준을 벗어날 수 있는 가능성을 보여 주었다는 것이다.[39] 1970~80년대에 들어 사회적 기술적, 경제적 발전과 이것이 문화산업체들의 생산방식에 미치는 영향의 확대와 더불어, 문화산업연구는 문화생산수단의 소유와 유통과정의 장악과 관리, 문화산업체의 집중과 다국적 기업화, 그리고 창조적 문화생산자들의 시장예속성, 문화산업체에 작용하는 세력구조와 국가의 문화 정책 등을 중심으로 논의가 전개되었다.[40] 이와 같이 문화산업의 소유와 통제, 문화상품의 생산과정을 분석함으로써 자본주의적 지배질서의 재생산과정을 구체적으로 밝히고자 하는 미디어 정치경제학의 발전을 통해 문화산업론은 새로운 차원으로 전개되고 있는 것으로 평가된다.[41]

---

37) 아도르노와 호르크하이머는 "자기 반성이 결여된 이성을 '도구적 이성'이라고 일컫는다. 도구적 이성이란 '도구가 된 이성'이다. 지배하고 개발하고 착취하는 데 필요한 지식과 기술로만 쓰이는 이성이 도구적 이성이다. 도구적 이성은 수학적 이성이기도 하다. 모든 것을 계량화해 수치로 바꿔내는 이성은 숫자로 환원되지 않는 것을 모두 가상의 영역으로 몰아내거나 '없는 것'으로 인식한다." 고명섭, 「지식의 발견」, 그린비, 2005, 117면.

38) 김문환, "문화와 문화산업을 다시 생각한다", 「계간 사상」, 사회과학원, 2004년 봄호, 55면 이하.

39) John Hartley, Key Concepts in Communication, Methuen, 1985, 박명진 편, 「비판커뮤니케이션과 문화이론」, 나남, 1989, 121면.

40) John Hartley, 위의 책, 122면.

2. 유네스코의 '문화산업' 정의와 문화산업의 특징

유엔 교육과학문화기구(유네스코)는 1980년 캐나다 몬트리올 회의에서 문화산업에 관하여 "문화 생산물이나 서비스가 문화 발전에 대한 관심보다는 상업적, 경제적 고려에 입각한 전략 하에서 하나의 상품으로 생산·판매되는 현대의 산업 형태"라고 정의내린 바 있다.[42]

많은 분석가들은 문화산업이 다음과 같은 특징을 가지고 있다고 지적한다. ① 문화산업은 많은 자본을 필요로 한다. ② 문화산업은 대량 재생산 기술을 사용한다. ③ 문화산업은 시장을 위해 봉사한다. 즉, 문화를 상품화한다. ④ 문화산업은 자본주의적 형식의 노동조직을 바탕으로 한다. 다시 말해 문화산업은 창조자를 노동자로, 문화를 문화적 생산품으로 변화시킨다.[43]

이러한 특징은 아도르노의 지적처럼 자본주의 상품생산의 지배적 경향인 '표준화'된 대량생산 메커니즘이 문화영역에 투영된 결과가 문화산업이라는 형태로 표출된 것이라는 점을 여실히 보여준다. 특히 ④의 특징은 창조자를 창조물로부터 법률적으로 소외시키는 결과를 가져왔다. 하지만 문화의 모든 영역에 걸쳐서 ① 내지 ④의 특징이 관철되는 것은 아니다. 자본주의 경제가 거의 모든 산업을 포섭한 오늘날의 서구에서도, 영리목적의 자본주의 기업이 생산단위이고 그 기업에 예술가가 임금 노동자로 고용되어 있는 생산체제는 대중문화예술 분야에 한정되어 나타나고 있다. 대부분의 순수 예술 분야는 의연히 자본주의 이전의 장인적 생산체제이거나 비영리 법인(오페라단, 교향악단)으로 존립을 계속하고 있다. 비영리 법인에 소속된 예술가를 본래적 의미의 노동자, 즉 이윤을 생산하는 일반 노동자와 동일시할 수 없다는 점에 유의할 필요가 있다.[44]

---

41) 김창남, 「삶의 문화, 희망의 노래」, 한울, 1991, 248면.

42) UNESCO, Cultural Industry: A Challenge for the Future of Industry, UNESCO, 1982, 도정일 옮김, 「문화산업론」, 나남, 1987, 31면.

43) Jean-Pierre Warnier, La mondialisation de la Culture, 1999, 주형일 옮김, 「문화의 세계화」, 한울, 2000, 28~29면.

3. 문화에 대한 '문화정책'의 확립과 '문화국가'의 책무

문제는 문화산업의 외연이 점점 확대되는 과정에 있으며, 종래 전통 예술 내지 순수 예술의 범주에 속하는 것으로 이해되던 문화 영역까지 산업화 경향성을 갖게 되면서 문화산업에 편입되어 가고 있다는 점이다. 순수 예술 분야에까지 전술한 ① 내지 ④의 특징을 갖는 문화산업적 논리가 관철되는 것이 바람직한 것인지를 둘러싸고 많은 논란이 제기되고 있다.[45] 이와 같이 문화에 민감한 쟁점에 대해서는 '공공정책' 차원에서 충분한 연구와 검토가 선행되어야 한다. 그래서 '문화를 대상으로 하는 공공정책'의 수립, 곧 문화정책의 확립이 필요하게 된다. 이러한 문화정책의 확립은 우리나라 헌법 제9조가 규정하는 '문화국가'의 책무로서 요구되는 것이기도 하다.

일찍이 유네스코는 문화정책을 다음과 같이 정의한 바 있다. "문화정책(cultural policy)이란 문화적 필요(cultural needs)를 충족시키기 위해 의식적·의도적으로 처리하는 것의 총체"이며, 이는 "특정 시대에 그 사회에 유효한 물리적·인적 자원을 최대한으로 이용함으로써" 달성된다. 또한 "문화적 발전에 관한 기준은 개성(個性)의 완성을 포함하여 경제적·사회적 발전에 따라 명확히 제시되어야 하며, 문화는 이들과 결부되어 있는 것이다."[46] 즉 '문화적 필요를 충족시키는 것'이 '문화정책'의 과제이고, 그것은 바로 문화영역에 있어서의 조건을 정비하는 것을 말한다. 이러

44) 이재희·이미혜, 「예술과 경제」, 경성대학교출판부, 1998, 17면 참조.

45) 이러한 논란은 다음과 같은 기사에서 극명하게 드러난다. 그 하나는 2005년 3월 서울시가 서울시향의 재단법인화 계획을 발표하면서 기존 단원 전원에 대해 전면 신규채용 오디션 방침을 밝히자 단원들이 사실상의 정리해고라고 반발하면서 고용승계를 주장하였다는 기사("서울시향 단원 고용승계 논란", 「한겨레」 2005. 3. 26.자)이고, 다른 하나는 2010년 1월 문화체육관광부가 국립극장 전속단체에서 재단법인으로 독립하는 국립극단의 단원들에 대해 그 고용을 승계하지 않고 공개 오디션을 통해 재평가 하겠다고 밝혔다는 기사("국립극단 '죽느냐 사느냐' 고뇌는 끝났다–'무능 단원' 가차 없이 퇴출", 「조선일보」 2010. 1. 14.자)이다. 아울러 국립극단 개혁 문제에 대해서 공론화 과정을 생략한 채 정부 주도의 하향식 개혁은 문화 민주주의, 문화의 공공성, 예술적 자유와 존엄 등에 비추어 바람직하지 않다는 비판도 제기되고 있다(이태주, "국립극단이 무너지고 있다", 「한겨레」 2010. 3. 18.자, 31면).

46) 後藤和子 編, 「文化政策學」, 有斐閣, 2001, 76~77면.

한 정의의 배경에는 문화를 향유하는 국민의 권리가 상정되어 있다. 이것이 바로 '문화적 권리', '문화적 기본권' 또는 '인권으로서의 문화권'이다.[47] 아울러 문화적 권리의 발전에 유용한 환경을 만들어 가기 위하여 유네스코는 1980년 '예술가의 지위에 관한 권고'(Recommendation on the Status of Artist)를 채택하였다.[48)49]

'문화적 권리'라는 용어는 1966년 12월 유엔총회에서 채택된 '경제적, 사회적 및 문화적 권리에 관한 국제규약'(International Covenant on Economic, Social and Cultural Rights, 약칭 ICESCR)[50]에서 유래한다. 특히 동 규약 제15조는 문화적 권리에 관해 규정하고 있다.[51] 그럼에도 문화적 권리는 법적 내용과 집행가능성이란 측면에서 아직 발전 도상(途上)에 있는 권리이다. 그 이유로는 이 권리를 둘러싼 정치적·이념적 긴장, 문화라는 용어의 다의성, 그리고 인권의 보편성과 문화적 상대주의 개념간의 갈등 등이 지적된다.[52] 더구나 문화적 권리는 그 속에 서로 대립되는 측면이 많은 권리들을 함께 아우르고 있다. 가령, 일반 시민이 문화생활을 향유할 수 있는 권리라는 측면과,[53] 문화·예술 종사자의 창작적 성과를 지적재산권으로 보호한다는 측면

---

47) 後藤和子 編, 위의 책, 5, 77, 86면 각 참조.

48) Kishore Singh, "UNESCO and Cultural Rights", Cultural Rights and Wrongs, UNESCO Publishing, 1998, 키쇼어 싱 지음, 백수영 옮김, "유네스코와 문화적 권리", 「유네스코포럼」, 유네스코한국위원회, 2000년 겨울호, 112면.

49) 유네스코가 채택한 '예술가의 지위에 관한 권고'와 관련하여 문화적 권리를 보장하기 위한 구체적 문화정책을 시행한 몇몇 국가들의 예를 소개한다. 독일은 1983년 '예술가 사회보험법'을 제정하였는데, 동법(同法)은 프리랜서 예술가들과 저널리스트들의 의료, 간병, 연금보험에 관해 규정하고 있다. 캐나다도 1988년 '예술가의 직업상 지위에 관한 정책을 실행하기 위한 법률'을 제정하였고, 오스트리아는 2000년 '예술가 사회보험법'을 정비하였다.

50) '경제적, 사회적 및 문화적 권리에 관한 국제규약'은 흔히 '사회권 규약'이라 불린다. 이에 대한 상세는, 박찬운, 「인권법」, 도서출판 한울, 2008, 83면 이하 참조.

51) '경제적, 사회적 및 문화적 권리에 관한 국제규약' 제15조 제1항은 "이 규약의 당사국은 모든 사람의 다음 권리를 인정한다. (a) 문화생활에 참여할 권리, (b) 과학의 진보 및 응용으로부터 이익을 향유할 권리, (c) 자기가 저작한 모든 과학적, 문학적 또는 예술적 창작품으로부터 생기는 정신적, 물질적 이익의 보호로부터 이익을 받을 권리"를, 제2항은 "이 규약의 당사국이 그러한 권리의 완전한 실현을 달성하기 위하여 취하는 조치에는 과학과 문화의 보존, 발전 및 보급에 필요한 제반조치가 포함된다"고, 제3항은 "이 규약의 당사국은 과학적 연구와 창조적 활동에 필수불가결한 자유를 존중할 것을 약속한다"고 각 규정하고 있다.

52) 박성호, "지적재산권과 인권", 「과학기술과 인권」, 당대, 2001, 122면(특히 143면) 이하; 박성호, 「저작권법의 이론과 현실」, 현암사, 2006, 3면(특히 21면) 이하.

53) 동 규약 제15조 제1항(a) '문화생활에 참여할 권리' 참조. 최근 우리나라에서는 이른바 '문화향유권'에 관한 논의가 활발히 이루어지고 있는데, 이 문화향유권을 국제적 조약의 형태로 뒷받침하

이[54] 바로 그러하다. 또한 이 문화적 권리는 표현의 자유, 정보의 자유 등 그 밖의 개인적 권리나 기본적 인권과도 밀접하게 연관되어 있다.

한편, 우리나라 헌법 제22조 제2항은 지적재산권의 헌법적 보장에 관하여 규정하고 있다.[55] 그런데 헌법 제9조의 문화국가의 책무를 강조하는 관점에서 보면, 헌법 제22조 제2항은 문화관계 조항으로서 '문화적 권리'의 보호에 관하여 규정한 것으로도 이해할 수 있을 것이다. 실제로 저작권은 문화정책이나 예술경영의 측면에서 중요한 권리이고, 헌법 제22조 제2항은 지적재산권 뿐 아니라 과학과 문화의 보존·발전 및 보급에 필요한 제반 법률의 제정과도 관련이 있기 때문에, 사회의 문화적 진보를 촉진하고 문화의 다양성을 확보하기 위한 문화적 권리의 보호에 관한 규정이라 할 수 있다. 이러한 문화적 권리라는 것은 문화영역의 자율성 확보에 주목하면 자연권으로서의 자유권적 성격이 부각되지만, 문화행정의 배려와 문화생활의 향유, 아울러 예술가의 사회적 지위의 보장이라는 점을 고려하면 사회권적 성격이 강조될 수밖에 없을 것이다. 따라서 헌법 제22조 제2항에 의해 보호되는 지적재산권 혹은 문화적 권리에 대해서는, 이들 권리가 개별적 구체적 권리로서는 자연권 내지 실정법상의 자유권으로 이해되는 경우가 있음은 물론이고, 사회권으로서의 성격을 가지는 경우도 있다고 할 것이다. 뿐만 아니라 객관적으로는 개인이 이들 권리를 향유할 수 있도록 보장하기 위한 추상적인 법제도로서도 이해되어야 할 것이다.[56][57]

는 것이 바로 제15조 제1항(a)이다.

54) 동 규약 제15조 제1항(c) '자기가 저작한 모든 과학적, 문학적 또는 예술적 창작품으로부터 생기는 정신적, 물질적 이익의 보호로부터 이익을 받을 권리' 참조.

55) 헌법재판소 1993. 11. 25. 선고 92헌마87 결정(의료기사법시행령 제2조에 대한 헌법소원 사건).

56) 박성호, "지적재산권에 관한 헌법 제22조 제2항의 의미와 내용", 「법학논총」 제24집 제1호, 한양대학교 법학연구소, 2007. 4., 107면.

57) 다만, 지적재산권보다 개념적으로 넓으며 또 그 안에 지적재산권을 포함하기도 하는 '문화적 권리'는 지적재산권과 비교할 때 그 법적 내용과 집행가능성이란 측면에서 아직 발전 도상에 있는 권리라고 할 수 있다. 그 이유로는 문화적 권리를 둘러싼 정치적·이념적 긴장, 문화라는 용어의 다의성, 그리고 인권의 보편성과 문화적 상대주의 개념 간의 갈등 등을 들 수 있다.

【재판례—1】 헌법재판소 1993. 11. 25. 선고 92헌마87 결정

헌법 제22조 제2항은 "저작자·발명가·과학기술자와 예술가의 권리는 법률로써 보호한다." 고 규정함으로써 과학기술자의 특별보호를 명시하고 있으나 이는 과학·기술의 자유롭고 창조적인 연구개발을 촉진하여 이론과 실제 양면에 있어서 그 연구와 소산(所産)을 보호함으로써 문화창달을 제고하려는 데 그 목적이 있는 것이며 이에 의한 하위법률로써 저작권법, 발명보호법, 특허법, 과학기술진흥법, 국가기술자격법 등이 있는 것이다.

【재판례—2】 헌법재판소 2002. 4. 25. 선고 2001헌마200 결정

헌법 제22조 제2항은 저작자·발명가·과학기술자와 예술가의 권리는 법률로써 보호한다고 하여 학문과 예술의 자유를 제도적으로 뒷받침해 주고 학문과 예술의 자유에 내포된 문화국가실현의 실효성을 높이기 위하여 저작자 등의 권리보호를 국가의 과제로 규정하고 있다. 저작자 등의 권리를 보호하는 것은 학문과 예술을 발전·진흥시키고 문화국가를 실현하기 위하여 불가결할 뿐 아니라, 이들 저작자 등의 산업재산권을 보호한다는 의미도 함께 가지고 있다. 이와 같은 헌법의 취지에 따라 특허법, 실용신안법, 의장법 등 산업재산권을 보호하기 위한 개별 법률들이 제정되어 발명가 등의 권리를 구체적으로 보호하고 있다.

III. 문화산업과 법의 만남

1. '문화산업' 관련법 연구의 필요성

문화산업과 그에 기반을 둔 대중문화의 발달로 인해 문화는 이제 개인이나 집단의 심미적 체험이나 생활을 표현하는 기능만 갖고 있는 것이 아니라, 이것이 복제되어 상품화되는 '자본'의 기능을 갖게 되었다. 이러한 중요성을 감안하여 우리나라는 1994년 문화부(현 문화체육관광부) 내에 '문화산업국'을 신설하여 본격적으로

문화산업정책을 시행하였다. 아울러 1995년에는 문화예술진흥법(1972. 8. 14. 법률 제2337호 제정)을 전면 개정하였다(1995. 1. 5. 법률 제4883호 전문개정). 구 문화예술진흥법은 '문화예술'에 관한 정의 규정을 두는데 그쳤는데, 위 개정법은 '문화산업'에 관한 정의 규정을 추가하였다. 1999년에는 문화산업을 지원·육성하고 경쟁력을 강화하기 위한 목적으로 문화산업진흥기본법을 제정·공포하였다(1999. 2. 8. 법률 제5927호 제정). 또한 문화산업화의 특성상 대중문화와 관련해서는 다양한 유형의 법률문제들이 발생하였기 때문에 '문화산업'과 관련된 '법'을 연구할 필요성이 대두되었다.

2. 문화산업진흥기본법과 문화예술진흥법의 내용

문화산업진흥기본법(이하, '문산법'으로 줄임)의 목적은 "문화산업의 지원 및 육성에 필요한 사항을 정하여 문화산업 발전의 기반을 조성하고 경쟁력을 강화함으로써 국민의 문화적 삶의 질 향상과 국민경제의 발전에 이바지"하는 것이다(제1조). 문산법 제2조는 문화산업을 정의하고 그 구체적 범위를 명시한다. 즉, 문화산업은 "문화상품의 기획·개발·제작·생산·유통·소비 등과 관련된 서비스를 하는 산업"이라고 정의하고(제2조 제1호), 이에는 '영화·비디오물과 관련된 산업'(제2조 제1호 가목), '음악·게임과 관련된 산업'(제2조 제1호 나목), '출판·인쇄·정기간행물과 관련된 산업'(제2조 제1호 다목), '방송영상물과 관련된 산업'(제2조 제1호 라목), '문화재와 관련된 산업'(제2조 제1호 마목), '만화·캐릭터·애니메이션·에듀테인먼트·모바일문화콘텐츠·디자인(산업디자인은 제외한다)·광고·공연·미술품·공예품과 관련된 산업'(제2조 제1호 바목), '디지털문화콘텐츠, 사용자제작문화콘텐츠 및 멀티미디어문화콘텐츠의 수집·가공·개발·제작·생산·저장·검색·유통 등과 이에 관련된 서비스를 하는 산업'(제2조 제1호 사목), '전통적인 소재와 기법을 활용하여 상품의 생산과 유통이 이루어지는 산업으로서 의상, 조형물, 장식용품, 소품 및 생활용품 등과 관련된 산업'(제2조 제1호 아목), '문화상품을 대상으로 하는 전시회·박람회·견본시장 및 축제 등과 관련된 산업'(제2조 제1호 자목),[58] '가목부터 자목까지의 규정에 해당하는 각 문화산업 중 둘 이상이 혼합된 산업'(제2조 제1호 차목)이 포함된다.

문화예술진흥법(이하, '문예법'으로 줄임)의 목적은 "문화예술의 진흥을 위한 사업과 활동을 지원함으로써 전통문화예술을 계승하고 새로운 문화를 창조하여 민족문화 창달에 이바지"하는 것이다(제1조). 문예법 제2조는 '문화예술'과 '문화산업'에 관해 정의한다. 문화예술은 "문학, 미술(응용미술을 포함한다), 음악, 무용, 연극, 영화, 연예, 국악, 사진, 건축, 어문 및 출판"이라고 정의하고(제2조 제1항 제1호), 문화산업은 "문화예술의 창작물 또는 문화예술용품을 산업수단에 의하여 기획·제작·공연·전시·판매하는 것을 업(業)으로 하는 것"이라고 정의한다(제2조 제1항 제2호). 아울러 문예법은 "국가와 지방자치단체는 문화예술 진흥에 관한 시책(施策)을 강구하고, 국민의 문화예술 활동을 권장·보호·육성하며, 이에 필요한 재원을 적극 마련하여야 한다"고 규정한다(제3조 제1항).

문산법에 의한 문화산업의 정의와 비교할 때 문예법에 의한 문화산업의 정의는 그 범위가 상당히 좁다고 할 것이다. 문예법이 전통문화예술을 기반으로 하면서 새로운 문화를 창조하는 데에도 관심을 기울이고자 하는 법률이고, 문산법은 문화산업 자체를 지원·육성하고 경쟁력을 강화하기 위한 법률이라는 점에서 알 수 있듯이, 각 법률이 규정하는 문화산업의 정의가 그 범위에서 차이가 나는 것은 각 법률의 제정 목적이 다른 점에서 연유하는 것이라고 이해할 수 있을 것이다.

【재판례】 대법원 2009. 2. 12. 선고 2008추63 판결(조례안재의결무효확인)

[판시사항]

구립 관악단의 설치와 운영의 근거가 되는 조례를 예산 등의 이유로 폐지하는 내용의 구의회 조례안이 상위법령인 문화예술진흥법 제3조 제1항 등에 위배되는지 여부(소극)

58) 다만, 「전시산업발전법」 제2조 제2호의 전시회·박람회·견본시장과 관련된 산업은 제외한다.

[판결요지]

문화예술진흥법은 제1조, 제3조 제1항에서 국가와 지방자치단체로 하여금 문화예술의 계승·발전이나 보호·육성에 관한 시책과 권장사항 등을 규율하고 있으나, 나아가 지방자치단체에 구체적으로 관악단의 설립을 강제하는 등의 특정한 의무를 부과하거나 위임하고 있지는 않으므로, 구립 관악단의 설치와 운영에 관한 근거가 되는 조례를 예산 등의 이유로 폐지하는 내용의 구의회 조례안이 문화예술진흥법에 위배되는 것이라고 보기는 어렵다.

3. 문화산업·문화상품·문화콘텐츠의 상관관계

문산법 제2조는 '문화산업'에 대하여 정의하는 외에도 '문화상품'과 '문화콘텐츠'에 대해서도 정의한다. '문화상품'은 "예술성·창의성·오락성·여가성·대중성(이하 '문화적 요소'라 한다)이 체화(體化)되어 경제적 부가가치를 창출하는 유형·무형의 재화(문화콘텐츠, 디지털문화콘텐츠 및 멀티미디어문화콘텐츠를 포함한다)와 그 서비스 및 이들의 복합체"(제2조 제2호)라고 정의한다.

문산법 제2조는 콘텐츠, 문화콘텐츠, 디지털콘텐츠, 디지털문화콘텐츠, 멀티미디어콘텐츠, 공공문화콘텐츠, 에듀테인먼트 등에 대해서도 정의한다. '콘텐츠'는 "부호·문자·도형·색채·음성·음향·이미지 및 영상 등(이들의 복합체를 포함한다)의 자료 또는 정보"(제2조 제3호), '문화콘텐츠'는 "문화적 요소가 체화된 콘텐츠"(제2조 제4호), '디지털콘텐츠'는 콘텐츠를 "그 보존 및 이용의 효용을 높일 수 있도록 디지털 형태로 제작하거나 처리한 것"(제2조 제5호), '디지털문화콘텐츠'는 "문화적 요소가 체화된 디지털콘텐츠"(제2조 제6호), '멀티미디어콘텐츠'는 콘텐츠와 관련된 "미디어를 유기적으로 복합시켜 새로운 표현기능 및 저장기능을 갖게 한 콘텐츠"(제2조 제7호), '공공문화콘텐츠'는 "'공공기관의 정보공개에 관한 법률' 제2조 제3호에 따른 공공기관 및 '박물관 및 미술관 진흥법' 제3조에 따른 국립 박물관, 공립 박물관, 국립 미술관, 공립 미술관 등에서 보유·제작 또는 관리하고 있는 문화콘텐츠"(제2

조 제8호), '에듀테인먼트'는 "문화콘텐츠를 유기적으로 복합시켜 기획 및 제작된 것으로 교육적으로 활용될 수 있는 것"(제2조 제9호)이라고 각 정의한다.

문산법에 규정된 콘텐츠와 관련된 각 정의 내용은 개념적으로 상호 간에 명확하게 포섭관계를 이루고 있지는 않으며, 콘텐츠의 존재형식(디지털콘텐츠), 콘텐츠의 활용목적(에듀테인먼트), 콘텐츠의 표현기능(멀티미디어콘텐츠), 문화적 요소의 체화 유무(문화콘텐츠, 디지털문화콘텐츠), 콘텐츠 제작·관리 주체 당사자(공공문화콘텐츠)에 따라 열거되어 있을 뿐이다. 이는 문화콘텐츠와 관련된 산업을 망라적으로 문화산업 속에 포함시키기 위한 의도라고 생각된다.[59]

문산법 제2조가 규정하는 정의 내용을 종합하면, 문화콘텐츠는 문화상품에 속하고, 이러한 문화상품의 기획·개발·제작·생산·유통·소비 등과 이에 관련된 서비스를 행하는 산업이 바로 '문화산업'인 것이다.

4. 콘텐츠산업진흥법의 시행

2010년 12월 11일부터 기존의 '온라인디지털콘텐츠산업발전법'이 콘텐츠산업진흥법으로 전면 개정되어 시행되고 있다. 이 법의 목적은 "콘텐츠산업의 진흥에 필요한 사항을 정함으로써 콘텐츠산업의 기반을 조성하고 그 경쟁력을 강화하여 국민생활의 향상과 국민경제의 건전한 발전에 이바지"한다는 데에 있다(제1조).

이 법의 규율 대상인 '콘텐츠'란 "부호·문자·도형·색채·음성·음향·이미지 및 영상 등(이들의 복합체를 포함한다)의 자료 또는 정보"(제2조 제1호), '콘텐츠산업'이란 "경제적 부가가치를 창출하는 콘텐츠 또는 이를 제공하는 서비스(이들의 복합체를 포함한다)의 제작·유통·이용 등과 관련된 산업"(제2조 제2호)을 말한다.

이 법의 특징 가운데 하나는 "이 법은 콘텐츠산업진흥에 관하여 '문화산업진흥기본법'에 우선하여 적용"하고(제4조 제1항), "콘텐츠제작자가 '저작권법'의 보호를 받

59) 조용순, 「문화콘텐츠와 저작권」, 전략과문화, 2008, 8~9면.

는 경우에는 같은 법을 이 법에 우선하여 적용한다"(제4조 제2항)고 다른 법률과의 적용 순서를 규정한 점이다. 또 다른 특징은 '이용자의 권익 보호'에 관한 규정을 마련하고(제5장 제26조 내지 제28조), 콘텐츠사업자 간, 콘텐츠사업자와 이용자 간, 이용자와 이용자 간의 분쟁조정에 관한 규정을 둔 점이다(제6장 제29조 내지 제36조). 아울러 콘텐츠의 창작성 유무와 관계없이 "콘텐츠제작자가 상당한 노력으로 제작하여 대통령령으로 정하는 방법에 따라 콘텐츠 또는 그 포장에 제작연월일, 제작자명 및 이 법에 따라 보호받는다는 사실을 표시한 콘텐츠의 전부 또는 상당한 부분을 복제·배포·방송 또는 전송함으로써 콘텐츠제작자의 영업에 관한 이익을 침해"하는 등의 행위에 대하여(제37조), 콘텐츠제작자는 "그 위반행위의 중지 또는 예방 및 그 위반행위로 인한 손해의 배상을 청구할 수 있다"고 규정하고 있다(제38조). 다만, 이러한 보호는 "콘텐츠를 최초로 제작한 날로부터 5년" 동안만 유효하다(제37조 제1항 단서).

5. 지식재산기본법의 제정

문화산업에 관해서는 2011. 5. 19. 법률 제10629호로 제정되어 2011. 7. 20.부터 시행되는 지식재산기본법도 관련이 있다. 이 법은 이른바 '지식재산'의 "창출·보호 및 활용을 촉진하고 그 기반을 조성하기 위한 정부의 기본 정책과 추진 체계를 마련하여 우리 사회에서 지식재산의 가치가 최대한 발휘될 수 있도록 함으로써 국가의 경제·사회 및 문화 등의 발전"에 이바지하는 것을 목적으로 제정된 것이다(제1조). 특히 이 법은 제2장 '지식재산 정책의 수립 및 추진 체계'라는 표제 아래 제6조부터 제15조에 걸쳐 규정함으로써 우리나라의 지적재산(知的財産; intellectual property)과 관련된 법률 및 정책들이 국가적 차원에서 체계적으로 수립·추진될 수 있도록 하고 있다. 그 동안 문화산업과 관련하여 각 부처 간에 중복 입법이 시도되고 또 비효율적으로 집행되어온 예산 문제를 어느 정도 효과적으로 조율할 수 있는 길이 마련되었다고 볼 수 있다.

제2장 음악산업과 법

I. 음악산업의 성립과 발전

1. 음악과 기술발전

가. 음악의 특성

(1) 음악, 소리로 표현되는 예술

음악(소리)은 미술(색깔)이나 문학(언어)과 비교할 때 어떤 특징이 있을까? 쉽지 않은 질문이지만 음악의 특성을 여러 관점에서 살펴볼 수는 있을 것이다. 문학평론가 김윤식은 “다른 종류의 예술과는 달리 문학이란 썩 까다롭다는 사실에 주목해야 하지 않을까?”라는 질문을 던진 뒤 이렇게 스스로 답한다. “음악이나 미술과는 달리 문학은 언어를 통해서 비로소 성립된다는 사실은 강조되어야 할 부분이다. 저명한 극작가 아서 밀러의 표현을 빌면, 색깔이나 소리에는 갓난아이도 반응하지만 말의 해독에는 많은 시간이 걸린다.”[60] 이러한 대비는 음악과 미술이 이성보다 감성이 앞서는 예술이라는 점을 두드러지게 한다.

음악의 특징은 우선 예술작품의 보호를 규정한 저작권법의 설명을 빌어 살펴볼 수 있다. 우리나라 저작권법 제4조 제1항 2호는 ‘음악저작물’을 보호대상이 되는 저작물 중의 하나로 예시한다. 그 보호대상에는 시나 소설과 같은 어문저작물이나 그림이나 조각과 같은 미술저작물도 물론 포함된다. 어문저작물이나 미술저작물과 비교할 때 음악저작물은 음(音)으로 표현되는 저작물이라고 정의할 수 있다. 음악작품은 소리, 곧 인간의 청각(聽覺)을 통해 인식할 수 있는 저작물이라는 의미이다. 이에 반해 소설과 같은 문학작품이나 그림과 같은 미술작품은 시각(視覺)에 의해 인식되는 저작물이다. 따라서 좀 더 정확하게 정의하자면 음악저작물이란 청각을 통해 인식할 수 있는 내용으로서 연속적인 음으로 창작하여 표현한 저작물이라고 말할 수 있다.[61] 음악저작물의 표현방식은 인간의 목소리에 의한 것이든 악

60) 김윤식, 「김윤식의 현대문학사 탐구」, 문학사상사, 1997, 13면.
61) Manfred Rehbinder, Urheberrecht, 14 Aufl., C.H. Beck, 2006, S.71.

기나 전자기기에 의한 것이든 관계없으며, 음악저작물에는 오페라, 교향악, 실내악과 같은 고전음악은 물론이고 유행가, 디스코음악, 뮤지컬, 오페레타 등의 대중음악과 같은 이른바 경음악(Unterhaltungsmusik)도 포함된다.[62)]

요약하면, 인간은 책이라는 유형물에 화체(化体)된 문학작품을 눈으로 읽고, 캔버스라는 유형물에 화체된 미술작품을 시각적으로 감상하지만, 음악작품은 귀로 듣고 그 선율을 감상한다.[63)] 소리를 전제로 성립하는 음악의 특성으로 인하여 경제적인 면에서 음악시장의 성장에는 한계가 있을 수밖에 없었다. 이것은 음악 시장의 역사가 문학이나 미술 시장의 역사와 다르게 형성·발전된 연유이기도 하다.

(2) 소리 없는 음악도 가능한가?

존 케이지(John Cage)라는 음악가가 1952년에 만든 '4분 33초'라는 곡은 이른바 '무음(無音) 저작물(a work of silence)'이라 불리는 것이다. 이것을 음악저작물이라 할 수 있는가?[64)]

'4분 33초'라는 곡은 실제로는 '무음'이 아니라 연주회장을 둘러싼 환경 속에서

62) M. Rehbinder, a.a.O., S.71.

63) 물론, 오디오북의 경우에는 귀로 책을 들을 수 있고, 악보를 읽을 줄 아는 사람이라면 악보만 읽고도 그 선율의 감동에 사로잡혀 눈물을 흘릴 수도 있을 것이다(영화 "아마데우스"를 보면 요제프 2세의 궁정 음악장인 살리에리(Antonio Salieri)가 모차르트의 악보를 몰래 읽으면서 그 천재적 선율에 감탄하는 장면이 나온다). 그러나 통상적으로 일반 대중이 문학작품을 감상하는 것은 시각을 통해서이고, 음악작품의 경우는 반대로 청각을 통해서 감상이 이루어진다는 점에 변함이 없다.

64) MBC 수목드라마 '베토벤 바이러스'가 재치 넘치는 선곡으로 시청자들에게 명장면을 선사했다. 2008년 11월 5일 오후 방송된 '베토벤 바이러스' 16부에서 강마에(김명민 분)는 신임 시장의 요구대로 취임식 연주를 수락한다. 강마에가 취임식장에서 준비한 곡은 현대음악가 존 케이지의 '4분 33초'다. 아무런 사전 지식 없이 연주를 기다리던 신임 시장은 시향이 아무런 연주도 하지 않자 당황해 한다. '4분 33초'가 어떤 음악인지 전혀 예상하지 못했던 것이다. '4분 33초'는 존 케이지의 '불확정성 사상'을 잘 대변하는 곡으로 3악장으로 이뤄진 4분 33초라는 정해진 시간 내에 아무런 음도 연주하지 않는 '무음의 음악'이다. 강마에의 설명처럼 이 독특한 곡은 공연장에서 발생하는 모든 종류의 소음과 악장 사이의 긴장감, 청자와 음악 사이의 관계에 철학적으로 사유하게 하는 의도로 만들어져 1952년 초연 당시 현대음악계에 엄청난 반향을 일으킨 바 있다. 이날 방송 이후 한 포털사이트에서는 '존 케이지'가 검색순위 상위권에 오르고, 프로그램 홈페이지 게시판에는 "'베토벤 바이러스' 최고의 명장면"이라는 호평이 계속 이어졌다. 일부 시청자들은 "아무것도 연주하지 않은 것이 어떻게 음악이냐"며 이해할 수 없다는 반응을 보였지만, 대체로 존 케이지의 음악을 적절히 사용한 데 대해 호평을 남겼다(아시아경제, 2008. 11. 6.자).

우연히 들리는 소리들(가령 관중석의 작은 소음이나 대기 속의 잡음 같은 것)을 그 곡의 소리로 담아내려는 의도로 만들어진 것이다. 흥미로운 것은 2002년 2월 더 플래닛츠(The Planets)라는 영국의 음악그룹이 1분간 연주하지 않는 신곡을 음반에 수록하였다는 이유로 존 케이지의 유산을 관리하는 신탁재단으로부터 저작권 침해 소송을 제기 당했다는 점이다. 그 뒤 이 사건은 위 음악그룹이 위 신탁재단에 일정한 금액을 기부하기로 하고 화해로 종결되었다고 한다.[65] 문제는 존 케이지의 '무음 저작물'이 영국저작권법의 보호대상인가 하는 점이다. 싱가포르 경영대학(SMU)의 소(Saw) 교수는 이 '무음 저작물'이 음악, 연극, 어문저작물 중 어느 저작물에 해당하는 것인지를 구체적으로 검토한 다음 어문저작물로 보는 것이 타당하다고 결론짓고 있다. 그 이유는 '무음'이므로 음악저작물이라 보기 어렵고, 청중 앞에서 연기하는 것을 내용으로 하지 않으므로 연극저작물에 해당한다고도 볼 수 없다고 한 다음, '4분 33초'에는 세 개의 악장(1악장은 33초, 2악장은 2분 40초, 3악장은 1분 20초)에 각각 TACET(조용히)라는 악상이 지시되어 있으므로 어문저작물로 보는 것이 타당하다는 것이다.[66]

나. 기술발전에 따른 음악의 변화와 법의 대응 — 음악 시장의 형성과 전개

(1) 인쇄술의 발달과 악보의 출판

근대 자본주의 경제체제 아래에서 산업으로서의 예술을 생각할 때에 자본주의 경제의 기본 특성을 각 측면에서 살펴볼 필요가 있다. 우선, 유통의 측면에서는 후원제도의 특징인 주문제도가 퇴색하고 시장제도의 우세가 두드러진다. 생산의 측면에서는 생산단위의 기업화가 진행되고 임금노동자들이 증가하며, 이념적인 측면에서는 개인주의가 부상하게 된다.[67]

---

65) The Independent, 22 June 2002.

66) Cheng Lim SAW, "Protecting the Sound of Silence in 4'33": A Timely Revisit of Basic Principles in Copyright Law", European Intellectual Property Review, Issue 12, 2005, pp.467~476.

67) 이재희·이미혜, 「예술과 경제」, 경성대학교출판부, 1998, 17면.

이와 대조적으로 근대 자본주의 성립 이전에 모든 예술가들은 국가나 교회, 그 밖에 자신이 알고 있는 개인 후원자의 주문에 따라 이들의 취향에 맞는 작품을 제작하였다. 후원자(patron)는 교회의 성직자, 궁정의 왕과 귀족, 부호 등으로 예술가보다 경제·사회적으로 높은 지위에 있었다. 후원제도 아래에서는 예술가의 인격적 가치가 그가 만든 예술작품의 가치에 훨씬 미치지 못했다. 후원제도의 주문제작 방식에서는 예술가가 후원자로부터 경제적 지원을 받는 대신, 예술가가 만들어낸 모든 예술작품에 관한 소유권이 후원자에게 귀속되었다. 후원자는 예술작품의 내용을 결정하거나 그것에 직접적인 영향을 미쳤다.[68] 후원제도 아래에서 만들어지는 음악작품도 마찬가지였다. 또한 그 후원의 양상도 다른 예술 분야와 마찬가지로 왕, 귀족, 주교, 수도원장, 식민 지배 세력의 정부 관료, 부유한 상인 등 실로 다양했다. 이들은 순종적이며 충실하고 '부지런히' 시종의 임무를 다하는 음악가들을 말 그대로 '소비' 하였다.[69]

후원제도 아래에서 대부분의 궁정음악가들이 작곡한 음악은 후원자의 소유였기 때문에 음악가라도 다른 사람에게 자신의 악보를 팔아넘길 수가 없었다. 하지만 예외적으로 루이 14세의 총애를 한 몸에 받았던 바로크 시대의 음악가 장 바티스트 륄리(Jean-Baptiste de Lully, 1632~87)의 경우는 악보 출판에 대한 독점권을 부여받아 자신의 허락 없이는 악보의 인쇄·배포·판매·연주를 할 수 없게 하였다.[70] 루이 14세 당시 프랑스는 유럽의 정치와 문화에서 선봉에 서 있었기 때문에 그의 궁정은 유럽 전역의 궁정 모델이었다. 따라서 궁정 오페라와 궁정 음악회를 중심으로 음악청중을 형성하는 궁정의 음악 생활에서 루이 14세의 음악적 취향과 선택이 지닌 파급 효과는 어마어마한 것이었다.[71] 이러한 때에 륄리는 악보의 독점 출판

---

68) 이재희·이미혜, 위의 책, 1998, 18면.

69) Walter Salmen, Beruf: Musiker, Baerenreiter-Verlag, 1997, 홍은정 옮김, 「음악가의 탄생」, 심산, 2008, 74면.

70) 이장직, "궁정악사 악보는 '주인' 소유였지만 불(佛) 작곡가 륄리 자기권리 첫 행사", 「중앙일보」, 2000. 1. 17.자 46면. 륄리 외에도 악보 출판에 대한 독점권을 부여받은 경우로 헨리 8세 당시의 궁정음악가 토머스 탈리스·윌리엄 버드가 있었다고 한다(위 같은 기사).

71) 이경희, 「음악청중의 사회사-궁정·극장·살롱·공공 음악회」, 한양대학교 출판부, 2006, 21~22면.

권을 부여 받은 외에도 루이 14세의 절대적인 후원을 배경으로 음악 분야에서 마치 군주처럼 행세하였다. 자신의 입으로 전체 왕실의 음악을 '통치한다'라고 주장하였다. 그는 왕으로부터 두 종류의 봉급을 받았는데, '궁정 음악의 총감독 겸 작곡가'와 '왕의 비서'를 겸했기 때문이다. 이외에도 왕의 비호를 받으며 오페라 제작 독점권을 따냈고 총감독의 권한으로 '실내'에서의 연주를 위해 독점적인 악단을 통솔하였다.[72] 이처럼 후원제도 아래에서 음악가는 자신의 음악적 실력보다는 후원자의 영향력과 그 신임 정도에 절대적으로 좌우되었기 때문에 단순한 시종의 신분에서부터 권위 있는 카펠마이스터의 지위에 이르기까지 천차만별의 위치에 놓이곤 하였다.

그런데 음악은 청각을 통해 인식되는 음으로 표현된다는 특성 때문에 음악작품의 경우는 미술작품과 비교할 때 역사적으로 후원제도의 전개 양상이 다를 수밖에 없었다. 미술작품은 완성과 동시에 후원자에게 헌정되었고 또 양도의 대상이 될 수 있었으며 시각적으로 바로 감상할 수 있었다. 이에 비해 음악은 음으로 표현된다는 한계 때문에 연주자의 매개 없이는 그 감상이 불가능하였다. 비록 15세기 후반 인쇄술의 출현으로 악보의 인쇄가 가능하게 됨으로써 악보 출판이 16세기 서양 음악사회에 있어서 음악의 생산과 소비에 어느 정도 영향을 끼친 것은 사실이지만[73] 청각을 통해 인식 가능하다는 한계 때문에 미술과 비교하여 상업화에 일정한 제한이 따를 수밖에 없었다. 이로 인해 후원제도의 해체 이후 음악 관련 시장의 형성과 그 경제적 성장에 있어서도 미술작품의 경우보다 늦어질 수밖에 없었다.

요컨대, 미술작품은 유형적으로 표현되어 시각적으로 인식되는 것이므로 소유의 대상이 될 수 있고 반복하여 감상할 수 있었음에 반하여, 음악 작품은 반복적으로 감상하는 데에 제약이 뒤따랐을 뿐만 아니라, 연주가 이루어지면 가청권(可聽

72) Walter Salmen, Beruf: Musiker, Baerenreiter-Verlag, 1997, 홍은정 옮김, 「음악가의 탄생」, 심산, 2008, 172~173면.

73) 이에 관해서는, Jean-Yves Bosseur, DU SON AU SIGNE: Historie de la notation musicale, 2005, 민은기 옮김, 「소리가 기호로: 음악 기보법의 역사」, 이앤비 플러스, 2010, 76면 이하.

圈)의 범위 내에서는 누구에게나 감상의 기회가 주어진다는 점에서는 공공재(公共財, public goods)로서의 성격이 짙었기 때문에 미술과 음악은 그 성격이 달랐다. 완만하게나마 음악 시장이 경제적으로 성장하게 된 것은 악보 출판과 낱장 악보(sheet music)의 등장에 기인한다. 15세기 후반 인쇄술의 영향으로 악보 인쇄가 가능하게 되었지만 악보의 상업적 출판이 본격적으로 시작된 것은 18세기 후반에 이르러서이다.[74] 이때부터 인쇄 기술의 발전으로 화음 기호를 인쇄하기가 쉬워졌고 조판기술이 향상되면서 낱장 악보를 복제하는 것이 훨씬 수월해졌기 때문이다.[75]

음악이 상품으로 제도화되고 자립적인 것이 되며 교환가치를 획득하려면 음악의 사용가치, 창작과 연주의 가치가 명확해져야 한다. 그런 가치 부여는 출판물의 형태로 악보가 널리 유통됨으로써 비로소 가능해졌다고 할 수 있다. 즉, 음악의 기계적 복제나 전자적 복제보다 훨씬 이전에 그 전제로서 음악의 부호=활자적 복제가 존재했던 것이다.[76] 이러한 시장 변화에 따라 18세기 후반에 악보출판을 전문으로 하는 음악출판사(music publisher)가 본격적으로 등장하고[77] 악보 출판이 작곡가의 수입원의 하나가 되기에 이른다. 이로써 음악 산업이 점차 발달하게 되고 음악저작권에 관한 법 이론도 발전을 거듭하게 된다. 이것이 음악저작권의 역사이다.[78]

악보출판이나 낱장 악보의 판매는 음악의 대중문화(mass culture)를 선도하였는데, 신흥 부르주아 층 사람들이 음악을 즐기게 되자 손쉽게 연주할 수 있도록 편곡된 악보 수요가 대량으로 증가하였기 때문이다. 이러한 배경이 된 것은 시민사회의

---

74) 吉見俊哉, 「聲の資本主義」, 講談社, 1995, 송태욱 옮김, 「소리의 자본주의」, 이매진, 2005, 118면.

75) 이와 같이 음악 시장의 완만한 성장을 경제적 요인으로 설명하는 문헌으로는, Tyler Cowen, In Praise of Commercial Culture, 1998, 임재서·이은주 옮김, 「상업문화예찬」, 나누리, 2003, 233면 이하 참조.

76) 吉見俊哉, 앞의 책, 118면.

77) 18세기 후반을 전후하여 유럽 각지에서 창립된 유명한 음악출판사로는 브라이트코프 운트 헤르텔 사(독일, 1719년), 쇼트 출판사(독일, 1770년), 페터스 사(독일, 1800년), 리코르디 사(이탈리아, 1808년), 보벨로 사(영국, 1811년), 부시 & 호크스 사(영국, 1816년), 뒤랑 사(프랑스, 1870년), 오일렌부르크 출판사(독일, 1874년) 등이다(伊藤義雄·高橋淳 著, 편집국 譯, 「에피소드로 엮어보는 악보 이야기 下」, 세광출판사, 1990, 163~191면).

78) 이에 관한 상세는, Ph. パレス 著, 宮澤溥明 譯, 「音樂著作權の歷史」, 第一書房, 1988, 3면 이하.

성립과 연주회의 상업화 현상이다. 18세기까지의 연주회는 귀족사회의 인간관계를 유지하기 위한 사교의 장으로서의 성격이 강했다. 19세기에 접어들면서 낱장 악보에 대한 수요가 급격히 늘어났다. 산업혁명을 통해 부를 획득하고 시민혁명을 통해 권력을 획득한 부르주아 계급이 연주회의 주요 고객이 되면서 청중 층이 비약적으로 확대되어 연주회가 상업적 기반을 가질 수 있게 되었다.[79)]

음악이 후원제도를 벗어나 시장 경제로 이행하는 과도기적 현상을 보여주는 실례로 '교향악의 아버지' 하이든(1732~1809)의 경우를 들 수 있다. 하이든을 후원하던 오스트리아의 에스테르하지 후작이 1790년 죽자, 그는 자신의 음악을 알리기 위해 영국으로 첫 연주 여행을 떠났다. 당시 런던에서는 공공 음악회(public concert)가 활발히 열리고 있었다. 이때 그가 작곡한 12곡의 '런던교향곡'에는 그의 역량이 남김없이 발휘되어 있다. 하이든은 연주회의 상업적 성공을 위해 기존의 귀족적 취향에서 벗어나 대중의 마음을 움직이는 획기적인 음악 기법을 총동원하였다.[80)]

(2) 녹음기술의 발전과 소리의 복제

악보의 출판은 인쇄술의 발달에 따른 결과이지만, 그러나 보다 본질적으로 음악에 변화를 가져온 것은 음을 고정(固定)하는 기술의 발전, 즉 소리를 복제하는 것을 가능하게 만든 녹음기술의 발전에 기인한다.[81)]

그 결과 지금까지 음악만큼 새로운 대중매체나 녹음 기술, TV나 라디오의 중계방송, 그리고 합성 기술 등에 의해 그 성격과 활용 방식이 큰 변화를 겪은 예술 분야는 없었다고 해도 과언이 아니다. 대중매체와 기술의 발전은 세 가지 범주의

79) 渡辺裕, 「聽衆の誕生」, 春秋社, 2004, 윤대석 옮김, 「청중의 탄생」, 도서출판 강, 2006, 28면, 44면 이하.

80) 공공 음악회의 기원, 종류, 역사 및 역할에 관한 상세는, 이경희, 「음악청중의 사회사－궁정·극장·살롱·공공 음악회」, 한양대학교 출판부, 2006, 199면 이하.

81) 이에 관해서는, Michel Chion, Musiques, médias et technologies, 1994, 유정희 옮김, 「음악 대중매체 그리고 기술」, 영림카디널, 1997, 7면 및 55면, 69면 이하 ; Tyler Cowen, In Praise of Commercial Culture, 1998, 임재서·이은주 옮김, 「상업문화예찬」, 나누리, 2003, 256면 각 참조.

음악에 지대한 영향을 미쳤다. 첫째는 대중매체나 기술발전이 있기 전부터 존재하는 음악이고, 둘째는 대중매체나 기술발전과 동시에 출현한 음악(재즈가 대표적 예이다)이며, 셋째 범주에 속하는 음악에는 대중매체에 의해 형성된 조건들에 맞추어 만들어진 몇몇 기악곡과 녹음 기술로부터 태어난 음악인 구상음악[82] 등이 있다.

서양음악을 중심으로 기술발전이란 관점에서 음악사적으로 설명하면, 고전음악이란 1877년 녹음기(축음기)가 등장하기 이전에 존재했던 음악을 말한다. 기술의 발전이 고전음악에 미친 영향은 그 범위나 조건, 전파 수준 등의 측면에서 볼 때 작곡가나 연주가들이 결코 예상할 수 없었던 방향으로 흘러갔다. 즉, 더 이상 음악회나 악보의 경로를 통하지 않는 새로운 음악 문화가 나타나서, 여러 연주자들이 과거의 명곡을 나름의 해석을 곁들여 경쟁적으로 연주함으로써, 작곡가보다는 연주가들이 큰 인기를 누리게 되었다.

그리하여 점차 어떤 작품은 특정 연주가의 몫이 되는 경향이 나타나기 시작했다. 물론, 바흐나 모차르트, 베토벤과 같이 '거장'이라 불리는 유명 음악가들의 경우는 '거장'의 이미지 자체가 상업적인 성공을 보장하게 되므로 작곡가의 이름이 부각되었지만, 문제는 인기 음악가의 반열에 오르지 못한 경우이다. 후자의 경우에는 음반의 재킷에서도 작곡가와 연주가의 위치가 완전히 뒤바뀌어, 예전 같으면 작곡가가 누리던 대중의 인기를 이제는 연주가가 독차지 하게 되었다.

한편, 1877년 축음기의 등장과 함께 음악의 녹음이 시작되었지만 축음기가 널리 활용된 것은 1910년 이후이고 음반회사도 급속히 생겨나서 1909년 즈음에는 해마다 2,700만 개가 넘는 축음기용 디스크 음반과 실린더 음반이 생산되었다.

또한 대중매체와 기술의 발전은 세계의 여러 음악들을, 그리고 과거와 현재의 음악들을 한데 통합시키는 결과를 낳았다. 물론 이전에도 가령 스페인 음악이 아

82) 구상음악(musique concrète)이란 녹음기술을 기존의 어떤 소리를 녹음하여 재현하는 데 이용하는 것으로 그치지 않고, 녹음된 소리 그 자체를 새로운 형태의 음악으로 이해하는 것을 말한다. 즉, 마이크에 대고 어떤 소리를 내어 녹음한 다음, 그 녹음된 소리를 다시 들으면서 다른 소리를 첨가하기도 하고 빼기도 하는 편집 작업을 통해 완성된다. 요컨대, 모든 음향을 소재로 하여 그것을 여러 가지(전기적·기계적)로 조작하거나 변형하여 하나의 작품으로 만드는 것을 말한다.

랍 문화의 영향을 받아 매우 독특한 형태가 되었듯이 음악의 혼합현상이 없었던 것은 아니지만, 매스미디어나 기술의 발달은 음악의 혼합현상을 가속화시켰을 뿐 아니라 이를 '세계음악'(World Music)[83]이라는 개념으로 일반화시켰다. 세계음악은 여러 음악에서 유행하는 악기나 목소리 등을 차용하는 방식으로 구성되어 있는데, 이러한 차용기법은 '샘플링' 기법[84]을 이용해서도 이루어지게 된다.

2. 음반의 발명과 음악의 확산

가. 음반의 발명

청각을 통해 인식 가능한 음악의 특성상 음악의 경우에는 예술 체험의 '일회성'이 가진 의미는 유별날 수밖에 없다. 본격적으로 음악을 듣기 위해서는 연주회로 발을 옮겨야 했기 때문에 사람들이 접할 수 있는 작품에는 한계가 있었다. 물론 피아노용으로 편곡된 악보를 사서 자기가 직접 연주할 수는 있었지만 명연주자의 뛰어난 연주로 들을 수 있는 경우는 소수에 국한되었다.

그런 점에서 녹음기술의 발전으로 말미암아 예술 체험의 '일회성'이 가진 의미와 그것이 미치는 영향이 가장 확실히 드러난 분야는 음악이었다. 즉, 청각을 통해서만 인식 가능한 음악에는 예술체험의 일회성이 주는 일종의 '신비감'이 있었는데 녹음기술로 반복하여 소리를 재생할 수 있게 되자 이러한 신비감이 상실된 것이다. 발터 벤야민이 기술복제 시대의 예술을 특징짓는 개념으로 사용한 '아우라

83) '세계음악' 또는 '월드뮤직'은 클래식, 재즈, 록, 블루스와 같은 장르가 아니다. 뉴에이지 음악이 장르가 아닌 것처럼 월드뮤직 역시 장르를 의미하지 않는다. 월드뮤직에 대한 학술적 정의로는, 첫째 영미의 팝 음악과 다르고, 둘째 팝이나 록의 국지적 변종이 아니며, 셋째 인위적으로 보존된 전통음악도 아니며, 넷째 포크 블루스 컨트리 등도 아니라는 것이다. 요컨대, 서구의 팝도 아니고 그렇다고 포크 음악도 아닌 무엇인가 새로운 음악을 지칭하기 위해 마케팅을 위한 편의에서 만들어진 명칭이 '월드뮤직'이란 용어이다. '뉴에이지 음악'이 뉴에이지 운동에 편승하여 메이저 음반사들이 붙인 마케팅 용어에서 생겨난 것과 마찬가지 현상이라 할 수 있다. 심영보, 「월드뮤직: 세계로 열린 창」, 해토, 2005, 2면 참조.

84) 샘플링 기법은, 가령 과거의 히트곡 등의 일부를 디지털 정보로 추출·저장하여 이에 적절한 변형을 가한 것을 새로운 작곡·편곡에 이용하는 것을 말한다.

의 상실' 현상은 음악에서 가장 단적으로 드러난다고 말할 수 있을지도 모른다.[85]

그런데 음악을 녹음한 최초의 레코드 형태는 원통형(cylinder)으로 만들어졌다. 원통형 레코드는 종진동(縱振動) 방식으로 음을 재현하는 것으로서 에디슨이 1877년 최초로 상품화한 축음기나 전화발명가로 친숙한 벨이 1886년 개량한 축음기의 경우는 모두 원통형 레코드 방식을 사용하였다. 에디슨의 축음기는 '포노그래프'(phonograph)라 불렸고, 이것을 개량한 벨의 축음기는 '그래포폰'(graphophone)이라 불렸다. 에디슨의 축음기는 은박으로 된 얇은 판을 이용하여 원통형의 둘레를 싸고 녹음용 바늘을 스크루 위에 장착해 핸들을 돌려 나선형으로 소리를 새기는 방식이었다. 은박 원통형은 1886년 벨에 의해 왁스를 칠한 원통형으로 교체되었다.[86] 이 과정을 역으로 하면 바늘은 홈에 새겨진 파형을 재생해 내게 되는데, 이 과정에서 희미하면서도 왜곡된 음향을 들을 수 있었다. 에디슨의 나선형 홈은 수직 방향으로 음향을 새기는 종진동(縱振動) 방식이었으므로 '힐-앤드-데일'(hill-and-dale) 방식으로 불렸다. 하지만 레코드의 기술 표준으로 훗날 자리 잡은 것은, 에디슨의 수직 방향으로 음향을 새기는 종진동 방식이 아니라, 원반형 레코드에 채택되어 널리 사용된 수평 방향으로 음향을 새기는 횡진동(横振動) 방식이다.[87]

그러나 이러한 원통형 레코드 방식은 대량생산에 적합하지 않은 약점이 있었다. 레코드의 대량생산을 가능하게 한 기술 혁신이 이루어진 것은 독일계 이민자인 에밀 베를리너(Emile Berliner)에 의해서이다. 그의 기술은 금속 원반(disc) 위에 화학적 방법으로 녹음을 식각(etching)한 다음 그 녹음 원반과 요철이 반대인 네거티브 금속 주형을 만들어 내고, 이것을 이용하여 복사본을 찍어냄으로써 레코드의 대량생산을 가능하게 하였다. 베를리너는 1887년 미국에서 자신이 개발한 레코드 방식

85) 渡辺裕, 「聽衆の誕生」, 春秋社, 2004, 윤대석 옮김, 「청중의 탄생」, 도서출판 강, 2006, 82면.

86) 벨이 개량한 왁스를 칠한 원통형(a wax-coated cylinder) 축음기를 일본에서는 납관(蠟管) 축음기라 불렀다.

87) Michael Chanan, REPEATED TAKES: A Short History of Recording and its Effects on Music, 1995, 박기호 옮김, 「음악 녹음의 역사: 에디슨에서 월드뮤직까지」, 동문선, 2005, 13면, 55~57면; 김토일, 「소리의 문화사」, 살림, 2005, 12면 이하; 吉見俊哉, 「聲の資本主義」, 講談社, 1995, 송태욱 옮김, 「소리의 자본주의」, 이매진, 2005, 106~107면 각 참조.

과 이를 이용한 축음기를 '그래머폰'(gramophone)이라는 이름으로 출원하여 특허를 받았다. 그리하여 각 축음기들 간에, 즉 베를리너의 '그래머폰'과 에디슨의 '포노그래프' 그리고 벨의 '그래포폰' 사이에[88] 격심한 시장 쟁탈전이 벌어지지만, 이러한 경쟁은 1890년대 말에 종말을 고하고, 1900년대 이후에는 베를리너가 만든 원반형(disc) 레코드 방식의 축음기가 시장을 장악하게 된다.[89] 그래서 오늘날 우리는 '원반형 레코드'를 줄여서 그냥 '음반'이라고 부르게 된다.

우리나라에서 처음으로 상업용 음반이 발매된 것은 1907년이다. 이 첫 상업음반은 미국 콜럼비아 레코드사에서 제작한 것으로 알려져 있다. 〈유산가〉, 〈산염불〉, 〈양산도〉와 같은 전통 음악이 실려 있는 이 음반에 노래를 녹음한 사람은 악공 한인오와 관기 최홍매 등이었다고 한다.[90]

나. 라디오 방송에서 음반의 이용과 '기술적 실업'의 발생

세계 최초의 라디오 방송국은 1920년 10월 27일 미국 피츠버그에서 개설되었다. 또한 독일에서 라디오 방송이 개시된 것은 1923년 10월 29일이다. 일본의 경우는 1925년 3월 22일이고, 우리나라는 1927년 2월 16일이다.

그런데 축음기를 통해 재생함으로써 일반 대중이 가정 등지에서 음악을 감상하도록 하기 위해 제작된 음반이 방송에 사용되기 시작하면서 예상 밖의 문제가 발생하였다. 연주자와 가수들이 음악회 등지에서 연주하거나 가창할 기회를 상실하여 일자리를 빼앗기게 되는 '기술적 실업'(technological unemployment) 현상이 빚어진 것이다.

88) 吉見俊哉, 「聲の資本主義」, 講談社, 1995, 송태욱 옮김, 「소리의 자본주의」, 이매진, 2005, 113면 하단의 '옮긴이 주(註)'를 보면, 원문에는 "예컨대 베를리너의 '그래머폰'과 에디슨의 '포노그래프'나 벨의 '그래포폰' 사이에서 벌어진 격심한 경쟁"이라고 잘못 되어 있어 번역문(112면)에서 "예컨대 베를리너의 '원반 레코드'와 에디슨의 '포노그래프'나 벨의 '그래머폰' 사이에서 벌어진 격심한 경쟁"으로 바로 잡는다고 기재되어 있다. 그러나 정작 각 축음기의 명칭을 혼동하여 오해한 것은 번역자이고 원문의 내용이 옳은 것이므로 원문에 따른다.

89) Michael Chanan, 위의 책, 62면 이하; 김토일, 위의 책, 12면 이하; 吉見俊哉, 위의 책, 111면 이하 각 참조.

90) 장유정, 「오빠는 풍각쟁이야–대중가요로 본 근대의 풍경」, 민음in, 2006, 89~95면.

다시 말해, 음악을 녹음하여 재생하는 것이 가능하게 됨으로써, 음악회에 가서 '라이브'로 음악을 감상할 수 없었던 일반 대중이 가정에서 일종의 대용물로서 음반을 통해 음악문화를 향유할 수 있게 되는 장점이 부각된 반면에,[91] 이러한 가정용 음반이 라디오 방송에 사용되면서부터 라디오 청취자인 일반 대중까지 무료로 음악을 들을 수 있게 되자 가수와 연주자 등의 일자리를 빼앗는 결과를 가져오게 된 것이다.

3. 음악저작권의 형성과 전개

가. 음악저작권의 역사

(1) 후원제도 vs. 저작권제도

종래 음악가는 왕족이나 귀족의 후원에 의지하는 후원제도(patronage) 아래에서 경제적 생활을 유지하였지만, 음악 시장이 경제적으로 성장하게 된 것은 악보 출판과 낱장 악보(sheet music)의 등장에 기인한다. 15세기 후반 인쇄술의 영향으로 악보 인쇄가 가능하게 되었지만 악보의 상업적 출판이 본격적으로 시작된 것은 18세기 후반에 이르러서이다.[92] 이때부터 인쇄 기술의 발전으로 화음 기호를 인쇄하기가 쉬워졌고 조판 기술이 향상되면서 낱장 악보를 복제하는 것이 훨씬 수월해졌기 때문이다.[93] 그 계기가 된 것은 18세기 말경 독일의 제네펠더(Aloys Senefelder)가 발명한 석판화 기술이다. 석판인쇄술이 보급되면서 대량의 악보 출판이 가능하게 되자 출판에 따른 인세 수입이 음악가의 수입원으로 확고하게 자리를 잡게 된다. 악보의 출판(복제)에 대해 저작권자인 음악가가 저작권료를 받게 됨으로써 수입이 확보된 것이다.

---

91) 渡辺裕, 「聽衆の誕生」, 春秋社, 2004, 윤대석 옮김, 「청중의 탄생」, 도서출판 강, 2006, 83면 이하.

92) 吉見俊哉, 「聲の資本主義」, 講談社, 1995, 송태욱 옮김, 「소리의 자본주의」, 이매진, 2005, 118면.

93) Tyler Cowen, In Praise of Commercial Culture, 1998, 임재서·이은주 옮김, 「상업문화예찬」, 나누리, 2003, 233면 이하 참조.

"석판인쇄와 더불어 복제 기술은 원리의 측면에서 전혀 새로운 단계에 접어들었다. 나무판에다 새기는 것이나 구리판에 부식시키는 것과는 다른, 돌 위에 도안을 올리는 훨씬 더 간결한 방법은 판화 예술로 하여금 처음으로 제품을 대량으로 또 나날이 새로운 형태로 시장에 내놓을 수 있게 하는 가능성을 열어 놓았다. 판화술은 석판을 통하여 일상생활을 그림으로 추적할 수 있게 하였다. 이때부터 그림은 문자인쇄와 보조를 같이 하기 시작한 것이다."[94]

1770년대 유럽의 유명한 작곡가들은 대부분 낱장 악보를 통해서 자신들의 작품을 알렸다. 19세기에 접어들면서 낱장 악보에 대한 수요가 급격하게 늘어났다. 악보 출판은 공연과 오페라에 버금가는 수입원이었다. 1710년 세계 최초의 저작권법이라 일컬어지는 앤 여왕법이 영국에서 제정되고 1793년 프랑스에서도 저작권법이 제정되었지만, 19세기 초까지도 독일과 이탈리아 같은 유럽 대륙의 국가들에는 아직 저작권법이 제정되지 않은 상태에 있었다. 그래서 저작권이란 개념조차 존재하지 않았던 독일과 이탈리아에서는, 1730년 요한 세바스찬 바흐가 안토니오 비발디의 협주곡 '조화의 영감'(L'Estro Armonico) 중 일부 구절을 그대로 베껴서 협주곡을 작곡하였지만 법적으로는 물론이고 표절자라는 비난도 받지 않았다. 바흐뿐만 아니라 많은 음악가들이 다른 사람의 작품의 일부 구절을 베끼고 자신의 음악적 표현을 덧붙여 작곡을 하는 것이 그 당시의 일상적인 음악활동이었다.[95] 이처럼 저작권 제도가 온전히 자리를 잡고 있지는 못했지만, 낱장 악보의 출판과 판매는 이익이 많이 남는 사업으로 번성하였다. 파리와 런던, 그리고 독일의 여러 도시의 출판업자들은 앞 다투어 작품을 출판하자고 나섰고, 선금을 주고 작품을 주문하기도 했다. 예약을 받고 낱장 악보를 판매하는 일이 일반화되었다.[96]

이러한 상황은 볼프강 아마데우스 모차르트가 활동하던 시대에도 계속되었다. 모차르트 시대의 음악가들은 저작권 시행 문제와 관련하여 막대한 경제적 손실을

94) 발터 벤야민 저, 김우창 역, "기계복제시대의 예술작품", 「문학예술과 사회상황」, 민음사, 1979, 20면.
95) Ronald S. Rosen, Music and Copyright, Oxford University Press, 2008, pp.4~6.
96) Tyler Cowen, 앞의 책, 247면.

입었다고 할 수 있다. 저작권이 시행되고 있었다면, 주문 받은 작품으로 더 많은 수입을 올릴 수 있었을 것이다. 모차르트가 활동하던 시기의 작곡가들은 최초 연주 이후에는 어떤 연주에서도 보수를 거의 받지 못했다. 마찬가지로 악보 출판업자들은 작곡가에게 1쇄에 대해서만 돈을 지불했다. 그러면 다른 출판업자도 작품을 입수했는데, 대개는 부정한 방법으로 조판공을 구슬려 사본을 얻어 냈다. 제대로 된 저작권 보호는 다음 세기가 되어서야 가능한 일이 되었는데, 베토벤이 저작권 보호 운동의 대표 격이었다. 젊은 시절 베토벤은 작곡자와 지휘자, 연주자로서 음악 시장에 적극적으로 참여하여 경제적 수익을 올렸고 낱장 악보 시장이 성장하자 자신의 낱장 악보를 대중들에게 판매하여 음악가로서의 명성과 창작의 자유를 한층 굳힐 수 있었다.[97]

이와 같이 18세기부터 시작된 악보 출판의 산업화를 전제로 대중을 위한 연주회가 자주 열리고, 그런 과정에서 '스타'나 '거장'음악가 그리고 그런 사람들의 레퍼토리가 일등급 상품으로 인지되었다. 또 그렇게 산업화된 청취 시스템은 저작권에 따라 보호받고 동시에 더욱더 대중적으로 확산되었다. 이런 변화가 1830년대부터 1870년대까지 이어졌다.[98]

(2) 저작권제도의 확산

앞에서도 잠깐 언급한 것처럼, 세계 최초의 저작권법은 1709년 1월 11일 영국 하원에 제출되어 1710년 4월 10일 발효된 영국의 앤 여왕법(the Statute of Anne)이다. 미국은 1790년 연방 저작권법을, 프랑스는 1793년 "문학 및 예술의 소유권에 관한 법률"을 각 제정하였다. 이탈리아는 '리소르지멘토'(Risorgimento)라 불리는 통일운동 이후인 1865년에 이르러서야 저작권법을, 독일은 1871년 제2제국의 탄생과 더불어 비로소 독일제국의 저작권법인 "문서저작물, 도판, 음악작품 및 연극저작물의 저작권에 관한 법률"[99]을 각 제정하였다.

97) Tyler Cowen, 앞의 책, 247~248면.
98) 吉見俊哉, 앞의 책, 119면.

맨 처음 음악저작권의 보호는 악보의 출판 보호와 관련하여 제기되었다. 영국의 경우 1709년 앤 여왕법 아래에서 음악저작물(musical compositions)은 어문저작물(literary works)에 해당하는 저작권법상의 '서적'(books)으로 취급되어 보호되었다.[100] 프랑스 혁명 당시 제정된 1793년 법 제1조는 "모든 종류의 문서의 저작자, 음악의 작곡자, 회화나 도안을 인쇄하게 하는 화가, 도안가는, 그 생존기간 중 공화국의 영토 내에서 그 저작물을 판매하거나 배포하는 배타적 권리 및 그 소유권의 전부나 일부를 양도하는 배타적 권리를 향유한다"고 규정하였다.[101] 당시 저작물을 유형적으로 고정하는 방법은 인쇄 밖에 없었으므로, 1793년 법의 입법자가 상정한 배타적 권리로서의 복제권이란 인쇄에 의한 출판권이었다.[102] 또한 1793년 법이 규정한 저작자의 배타적 권리는 1810년 형법전(刑法典)에 의해서도 보호되었는데, 그 제425조는 "저작자의 소유권에 관한 법률 및 규칙을 무시하여 전부 또는 일부를 인쇄하거나 판각한 모든 문서, 음악작품, 도안, 회화 그 밖의 모든 산물의 모든 출판은 위조이고, 모든 위조는 경죄(輕罪)이다"라고 규정하고 제427조는 위조자에 대한 벌금 및 위조 물품 등에 대한 압수에 관하여 규정하였다.[103] 따라서 당시 프랑스 법에 의해 보호되는 음악 작곡자의 권리란 다름 아닌 악보의 출판권이었다

99) 독일 최초의 근대적 저작권법은 1837년에 제정된 프로이센의 '학술 및 미술저작물의 소유권 보호에 관한 법률'이다. 하지만 당시 독일 연방(Deutscher Bund)은 비인회의(1815년)에 의해 성립한 35개 군주국과 4개의 자유도시로 구성된 국가연합이었고 프로이센은 그 가운데 일개 군주국에 불과하였다. 그 후 1866년 프로이센·오스트리아 전쟁(7주간 전쟁)에서 승리한 프로이센은 수상 비스마르크의 주도 아래 1867년 '북독일 연맹'을 결성하여 프로이센이 맹주, 비스마르크가 수상이 되었다. 그리고 1870년에는 이른바 '북독일연방저작권법'이라 불린 '문서저작물, 도판, 음악작품 및 연극저작물의 저작권에 관한 법률'(Gesetz betreffend das Urheberrecht an Schriftwerken, Abbildungen, musikalischen Kompositionen und dramatischen Werken)(1870년 6월 11일)이 제정되었다. 그 후 프로이센은 프로이센·프랑스 전쟁(1870~1871년)을 거쳐 남독일 여러 나라를 편입하여 1871년에는 독일제국(Deutsches Reich)을 성립시켜(제2제국), 비스마르크가 초대 재상이 되었다. 이때 북독일연방저작권법은 승계되어 1871년의 제국 저작권법이 되었다(Eugen Ulmer, Urheber-und Verlagsrecht, 3 Aufl. 1980, S.58ff).

100) Bach v. Longman(1777) 2 Cowp: 623; Storace v. Longman(1809) 2 Camp. 26, note; E.P. Skone James·John F. Mummery·J.E. Rayner James, Copinger and Skone James on Copyright, 12th ed., Sweet & Maxwell, 1980, p.36.

101) Ph. パレス 著, 宮澤溥明 譯, 「音樂著作權の歷史」, 第一書房, 1988, 9면.

102) 宮澤溥明, 「著作權の誕生」, 太田出版, 1998, 236면.

103) Ph. パレス 著, 宮澤溥明 譯, 앞의 책, 12~13면.

는 점을 알 수 있다. 이에 비하여 미국의 1790년 법은 지도, 도표, 서적만을 보호대상으로 하였고, 1831년 개정법에서 비로소 음악저작물(musical compositions)이 보호대상으로 추가되었다. 독일의 1871년 제국 저작권법도 음악저작물(musikalischen Kompositionen)을 보호대상으로 하였다.

한편, 영국에서 음악저작물의 공연권(公演權, public performance right)이 보호되기 시작한 것은 1833년 개정법부터이고, 미국에서는 1897년 개정법에서 공연권이 도입되었다.

문제는 1886년 9월 9일 최초의 국제 저작권 조약인 "문학·예술저작물의 보호를 위한 베른협약"(Berne Convention for the Protection of Literary and Artistic Works)이 제정되어 1887년 12월 5일 발효될 때까지 유럽 각국에서 외국인의 저작물은 거의 무시되어 보호되지 않았다는 점이다. 다만, 여기에도 몇 가지 예외가 있었다. 예컨대, 프랑스는 자국 저작자의 권리를 보호하기 위하여 1843년부터 여러 나라들과 저작권 보호에 관한 양자조약(兩者條約)을 체결하였다.[104] 또한 1852년 개정된 프랑스 형법전은 외국에서 발행된 작품이 프랑스 영역 내에서 위조된 경우 내국인의 작품과 마찬가지로 보호하였다.[105] 이러한 프랑스조차도 그 이전에는 외국인의 저작물을 보호하지 않았다. 일례로 1801년 8월 23일 프랑스의 한 오페라 극장의 지배인은 모차르트의 '마술피리'를 전혀 다른 제목인 '이시스의 신비'로 변경하고 그 대본은 누구도 분간할 수 없도록 어느 독일인 음악가에 의해 변경되었다. 1824년 12월 7일 프랑스에서 공연된 카를 마리아 폰 베버(Carl Maria von Weber)의 '마탄(魔彈)의 사수(射手)'(Der Freischütz)는 '숲속의 로빈'이라는 제목으로 무단 변경되었고 카스틸 블라우즈라는 음악가는 베버의 원곡을 조각조각 절단하여 개찬(改竄)하였다. 이 공연은 성공적으로 이루어져 카스틸 블라우즈는 10만 프랑을 받았지만, 원작곡가

104) 宮澤溥明, 앞의 책, 188면. 프랑스가 양자조약을 체결한 나라들로는, 통일 이탈리아 왕국 시대 이전의 사르데냐 왕국(1843년), 영국(1851년), 포르투갈(1851년, 66년), 독일 통일 이전의 하노버 공국(1851년), 벨기에(1852년, 61년, 80년), 스페인(1853년, 80년), 네덜란드(1855년, 58년), 독일(1883년), 스위스(1864년), 오스트리아(1866년, 85년), 덴마크(1858년, 66년), 이탈리아(1862년, 69년) 등이 있다.

105) Ph. パレス 著, 宮澤溥明 譯, 앞의 책, 13면.

인 베버는 한 푼의 수입도 얻지 못했다.[106)]

한편, 앞에서도 자세히 설명하였듯이 1877년 등장한 축음기는 음악시장에 혁명적인 변화를 가져오는 계기가 되었다. 특히 베를리너가 만든 원반형(disc) 레코드 방식의 축음기가 시장을 장악하면서 그가 세운 그래머폰사(The Gramophone Company)는 20세기 초 이미 5천 종을 헤아리는 음반 목록을 갖고 있었고, 러시아에서 스페인에 이르는 유럽 대륙 전역은 물론이고 중근동(中近東)과 인도에 이르기까지 연간 수백만 장의 음반을 판매하게 되었다.[107)] 이제까지 악보의 출판을 주된 수입원으로 하던 음악출판사들은 축음기와 레코드에 의해 야기된 음악시장의 급격한 변화에 주목하게 되었다. 그들은 '음악의 녹음'이라는 새로운 복제방식이 악보 출판에 대해 중대한 경쟁상대가 될 위험성을 갖고 있다는 것을 본능적으로 깨달았다. 프랑스의 경우를 예로 들면, 당시 음악출판사는 출판계약에 의해 음악저작물에 관한 모든 권리를 음악저작권자로부터 양도받고 있었다. 다만, 오페라의 상연권(上演權)이나 샹송의 연주권에 대해서는 저작자가 위 각 해당 권리를 관리하는 저작권협회(SACD와 SACEM)[108)]로부터 저작권 이용료를 분배받고 있었다. 음악출판사들로 구성된 단체인 '음악출판사조합'은 축음기 용 레코드에 녹음된 음악저작물에 대하여 몇몇 축음기회사를 상대로 소송을 제기하였다.[109)] 새로운 기술의 등장에 대한 저작권법의 대응이 시작된 것이다.

프랑스를 비롯한 몇몇 나라에서 전개된 분쟁 양상을 구체적으로 살펴보면, 음반, 즉 '원반형(discs) 레코드'에 의한 음악저작권 침해뿐 아니라, 음반의 전 단계인 원통형(cylinders) 레코드, 그 밖에 피아노 롤에 의한 음악저작권 침해 여부도 문제되

106) 宮澤溥明, 앞의 책, 186면.
107) Michael Chanan, REPEATED TAKES: A Short History of Recording and its Effects on Music, 1995, 박기호 옮김, 「음악 녹음의 역사: 에디슨에서 월드뮤직까지」, 동문선, 2005, 63~67면.
108) '연극적 저작자 작곡자 협회'(Société des Auteurs et Compositeurs Dramatiques, SACD)는 1829년 창립되었고, '작사자 작곡자 음악출판자 협회'(Société des Auteurs, Compositeurs et Editeurs de Musique, SACEM)는 1851년 창립되었다.
109) 宮澤溥明, 앞의 책, 240면.

었다. 먼저 앞서 언급한 음악출판사조합이 몇몇 축음기회사를 상대로 프랑스에서 제기한 소송 사건은, 축음기 용 원통형 레코드의 음악저작권 침해 여부를 둘러싼 것이었다. 이 사건은 최종 심급인 파기원(破棄院, Cour de Cassation)까지 올라가 다투어졌음에도 불구하고 원통형 레코드는 프랑스의 1866년 법에 의해 저작권이 면책된다고 판단되어 결국 음악출판사 측의 패소로 종결되었다.[110] 1866년 법은 오르골(orgel)에 관한 법으로서 단 1개조로 이루어진 간단한 법률이다.[111] 오르골은 18세기 말 스위스 제네바의 시계제작자들이 고안한 일종의 자동연주기기인데, 축음기가 발명되기 이전에 음을 복제하는 기기로 널리 보급되었다.[112] 처음 고안된 오르골은 기계 시계의 부속장치로서 원통형 오르골이었는데, 그 뒤 서서히 개량되어 1850년대에는 원통 교환식 오르골도 등장하였다.[113] 이러한 오르골의 특징에 견주어 프랑스 법원은 원통형 레코드가 부착된 축음기를 오르골과 동일한 기기로 간주하고 1866년 법에 의해 저작권이 면책된다고 판단한 것이다.[114] 이러한 1866년 법의 취지를 그대로 답습한 규정이 스위스 정부의 맹렬한 로비로 인하여 "문학·예술저작물의 보호를 위한 베른협약" 최종의정서 제3호에도 규정되었다.[115]

---

110) 宮澤溥明, 앞의 책, 240~241면.

111) 1866년 법 제1조는 "사유재산에 속하는 음악의 멜로디를 기계적으로 복제하기 위한 용도로 제공하는 기기의 제조 및 판매는 1793년 7월 19일 법에 의해 규정되고, 형법전 제424조 이하와 관련된 음악의 위조에 해당하지 않는다"고 규정하였다. 이 법은 프랑스 정부가 오르골 생산국이던 스위스 정부의 압력에 굴복하여 제정한 것이다. 1864년 프랑스는 스위스와 통상협정을 체결하였는데, 이때 마지막까지 난항이었던 것은 프랑스에 대한 오르골 수출이었다. 프랑스는 스위스가 오르골을 프랑스에 수출하더라도 저작권 침해에 해당하지 않는다는 것을 인정하고, 그 대신 스위스는 프랑스 리옹에서 생산된 견제품을 수입하는 것에 대해 최혜국대우를 하는 것에 동의하였다(宮澤溥明, 앞의 책, 238~239면).

112) 宮澤溥明, 앞의 책, 238면.

113) 吉見俊哉, 「聲の資本主義」, 講談社, 1995, 송태욱 옮김, 「소리의 자본주의」, 이매진, 2005, 98면.

114) 宮澤溥明, 앞의 책, 241면.

115) 베른협약 최종의정서 제3호 "사유재산에 속하는 멜로디를 기계적으로 복제하기 위한 용도로 제공되는 기기(機器)의 제조 및 판매는 음악의 위조에 해당하는 것으로 간주되지 않는 점에 대하여 이를 양해한다"고 규정하였다(宮澤溥明, 앞의 책, 239면). 이 규정은 베른협약이 논의될 당시 스위스의 주력 수출품이었던 오르골(orgel=music box) 제작자들을 보호하기 위한 스위스 정부의 노력이 반영된 것이다. 이에 따라 오르골에 음악저작물을 수록하는 것은 저작자의 허락이 없더라도 가능하도록 베른협약 최종의정서에 규정된 것이다. 그러나 1908년 베를린에서 개정된 베른협약은 음악저작물을 연주기에 수록하는 것은 물론이고 수록된 것을 재생하는 것까지 모두 저작자의 권리라고 천명함으로써 오르골 제작자에게 부여된 특권을 폐지하였다(박덕영·이일호, 「국제저작권과 통상문제」, 세창출판사, 2009, 157~158면).

한편, 프랑스의 1866년 법에 의해 패소 판결을 받고 의기소침해 있던 음악출판사들은 20세기 초 축음기 회사를 상대로 재차 저작권 침해 소송을 제기하였다. 이번에도 1866년 법 때문에 제1심인 1903년 3월 6일 세느(Seine)민사법원 판결에서는 권리자 측이 패소하였지만, 1905년 2월 1일 파리항소법원 판결에서는 음악저작권자에 대한 권리 침해가 인정되어 권리자 측이 승소하였고, 이에 대한 축음기 회사의 상고는 기각되었다. 오르골은 멜로디만을 복제하는 것이지만 축음기의 레코드는 멜로디뿐 아니라 샹송의 가창이나 심포니 연주 그 자체를 복제하는 것이므로 오르골과는 다르다는 점이 인정되어 1866년 법이 적용되지 않은 것이다.[116)]

이탈리아와 벨기에에서 발생한 유사 사건에서도 이들 국가의 법원은 모두 음악 작곡가의 손을 들어주었다.[117)] 특히 벨기에의 1904년 7월 13일 브뤼셀 제1심 법원 판결은[118)] 1905년 2월 1일 파리항소법원 판결에 일정한 영향을 끼친 것으로 생각된다.[119)] 그러나 유사한 사건에서 영국의 항소원(抗訴院, Court of Appeal)은, '소리를 복제하는 기기의 교체 가능한 부품'[120)]을 악보의 '복사물'에 상당한 것으로 볼 수 없으므로, 영국의 1842년 저작권법에 따른 작곡가의 저작권 침해에 해당하지 않는다고 판시하였다.[121)] 이에 따라 영국의 1911년 저작권법은 '기계적 장치'에 의한 음악저작물의 복제를 규율하기 위해 '법정(法定) 이용허락'(statutory license) 제도를 도입하였는데, 이는 그 이후 '기계적 이용허락'(mechanical license)이라 불리게 되고,[122)] 음악 작곡가에게는 '음악저작물을 녹음할 권리', 이른바 '기계적 권리'(mechanical rights)

116) 宮澤溥明, 앞의 책, 241~244면.

117) E.P. Skone James·John F. Mummery·J.E. Rayner James, Copinger and Skone James on Copyright, 12th ed., Sweet & Maxwell, 1980, p.368 및 n.1 참조.

118) 브뤼셀 법원은 원통형 레코드는 1886년 벨기에 법에서 말하는 '음악의 멜로디'를 복제하는 기기와 동일시할 수 없다고 판단하고 저작자인 원고의 저작물을 복제한 원통형 레코드를 벨기에로 수입, 공급, 발매하거나 판매하는 행위는 불법이므로 원고에게 손해를 끼친 것이라고 판시하였다(宮澤溥明, 앞의 책, 248~249면).

119) 宮澤溥明, 앞의 책, 247~248면.

120) 여기서 'the interchangeable parts of a machine for reproducing sounds'란 음반이나 피아노 롤 같은 것을 지칭하는 것이다. 이는 영국 항소원 판결의 영향을 받은 것으로 평가되는 피아노 롤에 관한 1908년 미 연방대법원 판결에서도 그대로 반복된다.

121) Boosey v. Wright [1899] 1 Ch. 839; [1900] 1 Ch. 122; Ibid., p.368.

122) Gillian Davies, Copyright and the Public Interest, 2nd ed., Sweet & Maxwell, 2002, p.39.

로 확립되었다.[123] 한편, 미 연방대법원도 영국 항소원의 판결 취지를 좇아 구멍 뚫린 피아노 롤에 의한 음악의 기계적 복제는 음악저작물의 '복사물'에 상당한 것으로 볼 수 없으며, 피아노 롤은 음악을 기계적으로 실연(mechanically performing)하기 위한 기기의 부품일 뿐이라고 판시하였다.[124] 이 판결에 대해서는 1897년 개정법에서 도입된 공연권과 저촉된다는 비판이 뒤따르게 되었고, 미국의 1909년 저작권법은 저작권자에게 음악저작물의 '기계적 복제'에 관한 권리를 부여하면서 아울러 이에 관한 강제허락(compulsory license) 제도를 도입하였다.[125]

나. 저작인접권의 등장

(1) 의의 및 개념

한편, 음악에 대한 복제기술이 개발되기 이전에는, 음악 체험의 '일회성'이란 특성 때문에 연주자나 오페라 가수는 연주회에 출연할 때마다 자신의 실연(實演, performance)에 대해 일정한 수입을 올릴 수 있었다. 그런데 노래와 연주를 음반에 '고정'하게 되면 음반 취입시에 한번 받는 연주료나 가창료 외에는 아무리 여러 차례 음반이 재생되어 이용되더라도 별도의 수입은 발생하지 않는다. 그렇더라도 이러한 재생은 사적 공간인 가정 내에서 이루어지는 것이고 공적 공간에서 연주회는 여전히 열리고 있었으므로 연주자나 가수에게 경제적인 불이익은 크지 않았다. 오히려 복제기술의 발달에 따라 등장한 음반은 실질적으로 음악회(공적 공간)를 가정(사적 공간)으로 끌어들이는 긍정적인 역할을 함으로써 음악의 대중화를 가속화시켰다. 정작 문제는 라디오 방송이 출현하고 그 뒤를 이어 TV 방송까지 등장함에 따라 나타났다. 방송사업자가 본래 가정용으로 제작·판매되는 음반을 구입하여 라디오나 TV 방송에서 사용함으로써 연주자와 가수는 방송국 스튜디오에서 라이

---

123) Ibid., p.285.

124) White-Smith Music Publishing v. Apollo Co., 209 U.S. 1 (1908).

125) 미국의 1909년 저작권법 제1조(e)는 음악저작물을 녹음할 권리, 즉 '기계적 복제'에 관한 권리에 대해서, 저작권자가 일단 그 음악저작물을 녹음물로 만들거나 만들도록 허락한 경우, 타인이 동일한 녹음물을 만들기 위해 저작권자에게 그 음악저작물을 녹음할 권리에 대해 이용허락을 요청하게 되면, 이를 거부할 수 없도록 규정하였다.

브로 공연할 기회를 잃게 되어 이른바 '기술적 실업' 상황으로 내몰렸기 때문이다. 게다가 녹음·녹화기기의 발달과 보급이 늘어남에 따라 이번에는 음반제작자와 방송사업자 측에도 경제적 손실이 발생하게 되었다. 즉 일반 대중이 녹음·녹화기기를 이용하여 라디오나 TV 방송물을 자유롭게 복제할 수 있게 되자 실연자 뿐 아니라 음반제작자와 방송사업자에게도 경제적 손실이 발생하는 등 문제의 양상은 한층 복잡하게 전개되었다.

그래서 제기된 것이 실연자를 비롯하여 음반제작자나 방송사업자에게 발생한 경제적 손실을 저작권 제도를 통해 해결하자는 발상이다. 저작권법의 관점에서 보면, 작곡가나 작사가는 악곡이나 가사를 창작한 사람이므로 저작자로서 저작권이 인정되는 것이 당연하다고 할 수 있다. 문제는 '창작활동'을 실제로 하였다고 생각하기 어려운 영역에서 발생한다. 가령, 악곡을 보고 연주하는 연주자나 악곡과 가사에 따라 노래를 부르는 가수의 경우가 그러한 예에 해당한다. 또 자본을 투자하여 가수나 연주자의 실연(實演)이 담긴 음반을 제작하거나 실연 등을 방송(放送)하는 방송사업자의 경우도 마찬가지이다. 실연자는 음악작품을 '창작'하는 사람이라기보다는 이미 창작된 음악작품을 보고 노래를 부르거나 연주를 함으로써 대중에게 음악작품을 전달하는 사람이다. 따라서 음악작품의 창작자가 아니므로 저작권법에 따른 저작권을 인정하기 어렵다. 또한 음반제작자는 자신의 전체적인 기획과 책임 아래 음악작품을 실연(實演)한 음(音)이 담긴 음반을 만들어 이를 대중에게 판매함으로써, 방송사업자는 그러한 음반을 재생하거나 실연자로 하여금 직접 실연하게 한 음(音)을 전파를 통해 방송함으로써, 각기 음악을 대중에게 전달하는 역할을 한다. 이들도 창작자는 아니기 때문에 저작권법에 따른 저작권이 인정되기 어려운 것은 실연자의 경우와 마찬가지이다.

그런데 대중에게 음악을 전달하는 실연자나 음반제작자 또는 방송사업자가 세상에 존재하지 않는다면 대중이 음악을 향유할 수 있는 기회는 그만큼 적어지게 될 것이다. 그러한 점에서 문화발전의 기여라는 측면에서 볼 때 이러한 전달행위도 음악작품의 창작활동에 못지않은 중요한 행위라고 말할 수 있다. 그래서 이러한 전달행위들을 저작권 제도를 통해 보호하기 위하여 만들어진 것이 '저작인접권'이란 개념이다.

독일 저작권법의 학설사(學說史)에 따르면, 저작인접권이란 개념이 등장한 시기는 1920년대 후반으로 거슬러 올라간다. 즉 이 무렵부터 저작인접권이란 개념의 맹아(萌芽)라고 인정되는 '급부보호'(給付保護; Leistungsschutz)를 둘러싼 논의가 시작되었다. 법학용어로는 '급부'(Leistung)라고 번역하는 것이 일반적이지만 이것을 이해하기 쉽게 '활동'이나 '성과'라는 말로 바꿔서 사용할 수도 있다. 어쨌든, 예컨대 가수가 음악작품의 악보를 보고 그에 따라 노래를 부르는 '활동'을 하는 경우, 다시 말해 음악작품을 그대로 '재현'(再現)하는 '활동'을 하였을 때, 그 '재현'활동은 '창작'활동이 아니기 때문에 저작권으로 보호될 수 없다. 그래서 가수의 음악을 재현하는 활동, 즉 그러한 가수의 '급부'를 어떻게 보호할 것인가가 문제되었다. 그 결과 1930년대에 이 문제를 둘러싼 논의는 '급부보호권'(Leistungsschutzrechte)이란 권리 개념의 생성으로 발전되었고, 마침내 1965년 독일 저작권법이 새로 제정될 때에 저작권에 '유사한 보호권'(verwandte Schutzrechte)이라는 용어, 즉 우리나라나 일본이 현재 '저작인접권'(verwandte Schutzrechte)으로 번역하는 법률용어로 입법화되었다. 이러한 역사적 이유로 인해 이 '급부보호권'이란 개념은 오늘날 '저작인접권'과 동일한 의미를 갖는 것으로 통용되고 있다. 이와 같이 급부보호의 논의가 처음 시작된 독일은 저작인접권 보호의 입법까지 약 40년의 세월이 걸렸지만, 다른 유럽의 몇몇 국가에서는 독일보다 앞서 이미 저작권법으로 '저작인접권'을 보호하고 있었다.[126]

즉 1936년 오스트리아 저작권법은 '저작인접권'(verwandte Schutzrechte)의 보호를 최초로 입법하였고, 1941년 이탈리아 저작권법은 제80조 이하에서 인접권(diritti

126) 이 부분은 주로 本山雅弘, "著作隣接權の理論に關する基礎的考察―戰前期ドイツ學說史の考察を中心として―(一)(二)", 「民商法雜誌」(第130卷 第2号·第3号), 有斐閣, 2004. 5·6, 276면 이하(一), 435면 이하(二)를 각 요약·정리한 것이다. 그 밖에 박익환, "독일저작권법개요(1)", 「계간 저작권」, 저작권심의조정위원회, 1994년 여름호, 23면 이하; 山田晟, 「ドイツ法概論」, 有斐閣, 1972, 307면 이하를 각 보충하였다.

connessi)이라는 개념을 도입하여 사용하였으며, 1948년 베른협약 개정을 위한 브뤼셀 외교회의에서도 동 개념을 채택한 것으로 알려지고 있다.[127] 그 후 1961년 '실연자·음반제작자 및 방송사업자의 보호를 위한 국제협약'(일명 '로마협약')이 성립되어 저작인접권의 보호는 국제협약으로 보호되기에 이르렀다. 우리나라 저작권법에서도 저작물의 창작자를 보호함과 동시에, 저작물을 공중(公衆)에게 전달하기 위하여 중요한 역할을 하는 실연자(가수, 배우, 연주자 등), 음반제작자, 방송사업자 등을 저작권법에 따라 보호하고 있다. 이것을 저작인접권(Neighbouring rights), 쉽게 풀어서 '저작권에 이웃하는 권리'(certain rights called neighbouring on copyrights)라고 부른다.

그 중에서도 흔히 음악 아티스트라 불리는 가수나 연주자에게 저작인접권은 특히 중요하다. 앞서 설명한 것처럼, 예컨대 가수는 작곡자와 작사자가 창작한 저작물의 선율과 가사에 따라 노래를 가창함으로써 음악저작물을 전달하는 역할을 한다. 물론 노래를 부른다고 해서 새로운 저작물이 창작되는 것은 아니다. 그러나 같은 노래라도 가수의 역량과 창법에 따라 또한 같은 음악작품이라도 연주자의 작품 해석 능력과 기량에 따라 이를 감상하는 사람들의 감흥은 달라지게 마련이므로, 이것은 저작물의 창작과 '유사'하거나 이에 준(準)하는 행위라고 할 수 있다.[128] 요컨대, 실연자는 저작물의 전달에 중요한 역할을 수행할 뿐 아니라 저작물의 창작활동에 버금가는 준(準)창작행위자로서의 지위에 있다. 이러한 점에 주목하여, 실연자를 저작권에 이웃하는 권리, 즉 저작인접권으로 보호하게 된 것이다.

(2) 내용

음악산업을 중심으로 저작인접권 제도를 개관할 때, 특히 중요한 것은 실연자

127) 박영길, "저작인접권제도에 관한 서설적 검토", 「지적재산권의 현재와 미래」소담 김명신 선생 화갑기념논문집, 한국산업재산권법학회, 2004, 169면; 박덕영·이일호, 「국제저작권과 통상문제」, 세창출판사, 2009, 155면.

128) 이와 관련하여 연주자 또는 가수가 음악작품의 원래의 코드를 임의로 변형하거나 벗어나서 애드립(ad lib) 연주나 가창을 한 경우 그 애드립 부분에 창작성을 인정할 수 있느냐 하는 문제가 생길 수 있다. 이는 클래식 음악(원 저작물)을 록 버전 음악으로 편곡하는 경우 그 록 버전을 2차적 저작물로 인정할 수 있느냐와 유사한 성격의 문제이다.

와 음반제작자의 저작인접권이다. 실연자와 음반제작자의 저작인접권에 관한 조문 중 중요한 것을 소개하면 다음과 같다.

우리나라 저작권법 제69조는 "실연자는 그의 실연을 복제할 권리를 가진다"고 규정한다.[129] 그 의미는 실연의 고정물, 즉 녹음·녹화 및 촬영된 자신의 실연을 복제하는 권리를 가진다는 것이다. 따라서 실연을 맨 처음 녹음·녹화하는 것은 물론이고 실연을 고정한 음반·녹음테이프 등을 증제(增製)하는 것은 이 권리의 내용에 해당된다. 뿐만 아니라 실연의 고정물을 사용한 방송·공연 등의 음이나 영상을 테이프 등에 녹음·녹화하는 것에도 위 규정이 적용된다고 할 것이다. 또한 저작권법 제78조는 "음반제작자는 그의 음반을 복제할 권리를 가진다"고 규정하는데,[130] 이는 녹음물에 수록되어 있는 음을 다른 고정물에 녹음하는 행위와 음반 그 자체를 리프레스(repress) 등의 방법에 의하여 증제(增製)하는 행위가 모두 포함된다고 할 것이다. 이와 같이 가수나 연주인의 각 저작인접권과 음반제작자의 저작인접권은 각각 별개의 권리이다.

문제는 현행 저작권법에 의하면, 판매용음반이 방송에 사용되는 경우 음반에 자신의 실연을 녹음한 연주자와 가수는 어떠한 법적 보호를 받게 되는가이다. 저작권법 제75조는 판매용 음반의 방송사용과 관련하여 실연자들에게 채권적 권리인 보상청구권을 인정하고 있고, 문화체육관광부장관이 지정하는 단체인 사단법인 한국음악실연자연합회가 이 권리를 행사하여 방송사업자들로부터 매년 상당액의 보상금을 수령하고 있다.

이러한 보상청구권이 발생하게 된 배경은 다음과 같다. 녹음 기술 등의 발달에 따라 음악 업계에 종사하는 노동자들에게 '기술적 실업'이 발생함으로써 노동자의 권리가 침해되는 경우가 발생하는데, 대표적인 것이 판매용 음반의 방송사용으로 인하여 가수나 연주자들이 각종 음악회에서 '라이브'로 노래를 부르고 연주하거나

129) 실연자에게 인정되는 그 밖의 권리로서 제70조 '배포권', 제71조 '대여권', 제72조 '공연권', 제73조 '방송권', 제74조 '전송권'이 각 인정된다.

130) 음반제작자에게 인정되는 그 밖의 권리로서는 제79조 '배포권', 제80조 '대여권', 제81조 '전송권'이 각 규정되어 있다.

또는 방송에 출연할 기회를 상실하게 되어 발생한 실업 문제이다. 이에 대하여 국제노동기구(ILO)는 가수나 연주자에 대한 보상을 제창하였고, '실연자·음반제작자 및 방송사업자의 보호를 위한 국제협약'(1961년, 일명 '로마협약')에서는 이를 반영하여 제12조에 방송사업자가 실연자인 가수나 연주가, 음반제작자 등에게 보상하도록 하는 규정을 마련하였다. 우리나라 저작권법 제75조도 이 협약 제12조와 유사한 규정을 두고 있다. 즉 방송사업자가 판매용음반을 구입하여 방송에 사용하였을 경우 해당 방송사업자는 그 음반에 담긴 노래를 부른 가수나 연주를 한 연주자들에게 음반의 방송사용에 대한 보상을 하도록 규정하고 있다.[131] 또한 방송사업자는 음반제작자에게도 음반의 방송사용과 관련하여 마찬가지로 보상을 하여야 하는데, 저작권법 제82조는 실연자의 보상청구권에 관한 규정을 음반제작자에게도 준용(準用)하도록 하여 해결하고 있다.

이 제도의 특징은, 이론적으로 볼 때에 준물권(準物權)적 성질을 갖는 '저작인접권'을 부여하는 것이 원칙이었을 터이지만, 그렇게 하지 않고 처음부터 채권적 성질로 변용하여 권리의 성격을 부여함으로써 '선(先)허락 후(後)사용'이 아닌 '선(先)사용 후(後)보상'이 가능하게 한 점에 있다. 다시 말해 물권(物權)의 대표격인 소유권처럼 강력한 권리에 준(準)하는 혹은 상응하는 효력을 가지는 '저작인접권'을, 그보다는 권리로서의 성격이 약한 '보상청구권'이라는 채권(債權)으로 변화시켰기 때문에,[132] 방송사업자는 권리자의 허락 여부와 관계없이 음반을 먼저 방송에 사용하고 나중에 그 사용료 상당액을 실연자와 음반제작자에게 보상하기만 하면 아무런 문제도 발생하지 않게 된다.

---

131) 이에 관해서는, 박성호, "판매용음반의 방송사용에 대한 실연자의 보상청구권", 「계간 저작권」, 저작권심의조정위원회, 1996년 여름호, 29면 이하.

132) 미국의 Netanel 교수는 저작권이 표현의 자유에 기여하는 긍정적인 인센티브를 유지하기 위해서는 '표현의 자유를 반영한 저작권의 재구성'(Remaking Copyright)이 이루어져야 한다고 주장하는데, 그러한 방안의 하나로 제시하는 것이 저작권자에게 인정되어온 물권적 성격의 저작권(proprietary copyrights)을 손해배상에 기한 구제방식(liability rules)으로 변환해야 한다는 것이다. Neil W. Netanel, Copyright's Paradox, Oxford University Press, 2008, p.195 이하. 이러한 Netanel의 제안은 저작인접권 제도에 관한 한 판매용 음반의 방송사용에 대한 보상제도 등과 관련하여 이미 우리나라 저작권법에 반영되어 시행되고 있다고 말할 수 있다.

아울러 위와 같은 방송(放送)의 경우 뿐 아니라 현행 저작권법 제76조는 디지털 기술의 발전을 반영하여 디지털음성송신사업자가 실연이 녹음된 판매용음반을 사용하여 송신(送信)하는 경우에도 실연자에게 보상하게 하는 '선(先)사용 후(後)보상' 시스템의 장점을 받아들였다. 또한 저작권법 제83조는 디지털음성송신사업자가 음반을 사용하여 송신하는 경우 음반제작자에 대한 보상에 관해서도 실연자의 보상에 관해 규정한 제76조를 준용하도록 하였다.

II. 기술발전과 음악의 대중화

1. 근대적 청중의 성립과 동요, 그리고 음악 소비자 시대의 도래

무대와 객석의 구분이 없는 시끄러운 연주회장이 일반적이던 18세기와는 달리 조용한 연주회장에서 오직 작품에만 몰입하는 경건한 연주회장의 분위기로 일변한 것은 19세기에 들어와서이다. 오늘날 우리가 일반적인 음악회에서의 청중 매너라고 알고 있는 것의 역사는 그리 깊지 않다.

다양한 청중이 혼재하던 18세기의 '뒤죽박죽' 청중이 지금 우리에게 익숙한 '진지한' 청중으로 변한 것은 19세기 부르주아 계급의 등장으로 인한 사회구조의 변화에 기인한다. 그런데 20세기 들어 축음기와 레코드의 탄생으로 음악의 감상 양상은 또 한번 변화하기 시작한다.[133]

과학기술의 발달로 인해 음악회라는 한정된 장소를 벗어나 도처에서 음악을 감상할 수 있게 되자 이제 대중은 음악의 소비자로서 음악의 상업적 성패를 좌우하는 입장에 서게 된다. 그 결과 음악 시장은 그 음악이 고급한 것이든 그렇지 않은 것이든 처음부터 대중의 기호를 고려하여 기획·제작하여 판매할 수밖에 없는 상

---

133) 渡辺裕, 앞의 책, 28면, 31면, 36면, 82면 이하 각 참조.

황으로 변화한다.

2. 음악 소비자 vs. 음악 권리자

디지털 환경 아래에서 대중은 P2P(peer-to-peer networking)와 같은 IT기술의 발달로 인해 타인의 음악파일을 공유하는 것(file sharing)이 가능하다. 이제 시간과 공간의 별다른 제약 없이 자신이 원하는 음악을 언제 어디서나 감상할 수 있는 세상이 도래하였다. 음악을 '일회성'의 예술이라고 지칭하던 것은 이미 먼 옛날의 일이다.

극단적으로 표현하면 단 한 장의 CD음반을 구입하였음에도 P2P 프로그램을 통해 음악파일을 확산시키면, 적게는 수백에서 많게는 수십만 명에 이르는 대중이 같은 음악을 공유하며 즐길 수도 있다. 널리 알려진 미국의 냅스터 사건이나 우리나라의 소리바다 사건은 이러한 기술 환경 아래에서 소수의 음악 권리자와 다수의 음악 소비자인 일반 대중 간에 빚어진 저작권 분쟁이다.

그러면 음악 소비자의 상대방인 음악 권리자는 구체적으로 누구를 가리키는가? 음악의 권리자는, CD음반을 예로 들면 CD음반의 제작·판매와 관련하여 공통의 이해관계를 가지는 사람들이다. 다름 아닌 작곡가, 작사가, 가수, 연주자, 음반/음원(音源)제작자를 말한다. 작곡자, 작사자는 저작권자이고, 가수, 연주자, 음반제작자는 저작인접권자이다. 같은 권리자들 사이에서도 경제적 상황은 음악저작권자나 음반(음원)제작자와 비교할 때 가수나 연주자 쪽이 상대적으로 취약하다. 그렇기 때문에 소리바다 사건을 비롯하여 인터넷상에서 벌어지는 음악 저작권 사건들을 음반(음원)제작자 vs. 일반 소비자 간의 법적 분쟁이라는 단순 구도 속에서 바라보면, 사건의 중요한 측면을 놓칠 수 있다. 왜냐하면 IT 기술의 발전으로 인해 새롭게 떠오른 이러한 분쟁을 '권리자 대 소비자' 간의 길항(拮抗) 관계라는 단순 대립 구도로만 몰고 가면, 자칫 권리자 그룹 중에서 경제적으로 가장 취약한 계층인 '음악노동자'로서의 가수와 연주자들을 새로운 차원의 실업 상황으로 내모는 일이 벌어질 수도 있기 때문이다.

과거 국제노동기구(ILO)는 아날로그 방식의 녹음 기술 발전으로 음악노동자들에게 불어닥친 '기술적 실업' 현상을 크게 우려했었다. 그런데 종전보다 훨씬 더 심각한 양상으로 디지털 환경 아래에서는 음악 분야에 '디지털 실업'의 상황이 벌어질 수도 있다. 또 그로 인해 음악노동자들은 경제적 생존 자체를 위협받게 되어 멀지 않은 장래에 가수나 연주자라는 직업군(職業群) 자체가 사라지게 될지도 모른다.

온라인 음악 산업의 발달은 음악 소비자들이 인터넷 환경 아래에서 발생하는 저작권 문제를 좀 더 열린 자세로 바라보고 또 새로운 차원의 소비자운동을 실천하도록 요구하고 있다. 예컨대, 온라인상에서 유료로 음원(音源)을 다운로드 받는 등의 방법으로 음악을 즐기는 소비자들은 자신이 지불한 사용료 중 얼마만큼의 몫이 음악노동자들에게 분배되는지 관심을 가질 필요가 있다. 그들이 불공정한 구조 속에서 음악활동을 하고 있는 것은 아닌지, 과연 그들이 기여한 만큼의 합당한 몫을 배분받고 있는 것인지, 또 우리는 음악소비자로서 '음악을 즐길 비용'을 제대로 지불한 것인지 등에 관하여 소비자운동 차원에서 관심을 가지고 적극적으로 관여하는 것도 그러한 실천의 한 모습이 될 것이다.

III. 음반(또는 음원)의 제작과 유통

1. 논의의 출발 — 음반(음원) 산업은 음악 산업의 성장 동력

지금까지 '음악 산업의 성립과 발전'(I.), '기술발전과 음악의 대중화'(II.)라는 타이틀 아래 서술한 것은 그간 음악 산업이 생성하여 변천해온 과정을 역사적으로 짚어보고 그와 관련된 법제도를 열거한 일종의 연대기이다. 이에 반하여 '음반(또는 음원)의 제작과 유통'(III.)이라는 제목 아래 앞으로 살펴보려는 것은 음악의 대중화를 전제로 형성되어온 음악 산업 관련 법제도의 미시적 분석이다. 그 가운데서도 음반(음원)의 제작과 유통에 관한 것에 초점을 맞추었다. 음악 산업(music industry)의 중추를 이루는 것은 '음반(음원) 산업'(recording industry)이고 그 핵심에 해당하는 것은 음악상품으로 상징되는 음반(음원)의 제작과 유통이라고 생각되기 때문이다.

음악을 상품화한 음반(음원)이라는 '상품'의 제작과 유통 과정은, 본래 사람들 개개인의 의식과는 독립하여 이루어지는 객관적인 물질적·경제적 관계이고, 사람들 상호간에 의사관계의 합치로 이루어지는 법적 관계는 이러한 경제적 과정을 실현하는 매개형태이다. 바꿔 말하면 규범(Sollen)이라는 모멘트를 내재화한 법적 관계를 매개형태로 하여 음악상품을 제작·유통하는 경제적 관계가 이루어진다. 그렇기 때문에 음악 산업에 대한 미시적 분석이 가능하려면 무엇보다 음악상품의 제작과 유통을 매개하는 법적 관계와 그것의 토대를 제공하는 우리 법제도의 특성에 대한 검토가 이루어지지 않으면 안 된다. 그런데 지금까지 우리나라에서 출간된 문화산업이나 음악 산업에 관한 저술들은, 몇몇 예외를 제외한다면 음반(음원)의 제작과 유통을 둘러싼 법제도에 관한 것이라고 보기 어려운 것들이었다.[134] 오히려 그보다는 대중음악에 대한 문화연구라든가 그에 관한 외국 문헌의 번역물, 또는 음악 산업에 관한 사례들을 해설한 경제 관련 서적들이 주종을 이루었다.[135]

---

134) 그 예외에 해당하는 대표적 연구 성과로는 우리나라 음반 산업에 관한 문제를 경제적으로는 물론이고 법제도적으로 분석한 연구로 평가받고 있는, 신현준, 「글로벌, 로컬, 한국의 음악산업」(한나래, 2002)이 있다.

135) 이러한 사정은 우리나라뿐 아니라 과거 외국의 경우도 마찬가지이었던 것으로 보인다. 국내 대중음악 연구자들에게도 상당한 영향을 끼친 바 있는, Frith와 Goodwin 펴낸 대중음악연구서 중 제3부 '음악 산업의 체계화'의 첫 대목을 이렇게 시작한다. "대중음악 산업의 체계화를 주제로 한 연구는 매우 많았으나 이를 이론적으로 검토한 연구는 드물었다. 록음악과 팝음악에 관한 수많은 역사서가 출간되어 있고 음악 산업의 경제학을 다룬 수십 권의 책들이 있다. 그러나 이들 서적들은 통용되지 않는 작가론(auteur theory)을 서술한 것에 지나지 않거나, 어느 표현형식이 (존재하지 않는) 전 자본주의적 형식(precapitalist form)에서는 훨씬 진정할 것이라고 (잘못) 가정하면서 그 표현형식의 '상업화'에 대해 극히 간단하게 설명한 것에 지나지 않는 경우가 거의 대부분이다."(Simon Frith & Andrew Goodwin(eds.), On Record: Rock, Pop, and the Written Word, Routledge, 1990, p.125).

음반(음원) 산업을 법제도적으로 분석하기 위해서는 음반(음원)의 저작권법적인 의의와 음반(음원)에 내재된 권리 구조를 명확히 파악하여 이해하는 것이 무엇보다 중요하다. 이와 관련해서는 미국과 유럽에서 1940년대부터 음반 산업계에서 강력한 존재로 부상하게 된 '음악출판사'의 의미를 명확히 이해하는 것도 필요하다.

2. 음반 = "3층의 권리" 구조

저작권법상 하나의 음반에는 ① 작곡자, 작사자, ② 가창자, 연주자, ③ 음반제작자의 권리가 한데 얽혀 있다. 건물로 비유하자면 한 장의 음반은 "3층의 권리" 구조를 이룬다. 디지털 음원 파일의 경우도 마찬가지로 "3층의 권리" 구조를 이룬다.

저작권법에 따르면 ① 작사자, 작곡자에게는 작사, 작곡을 하였을 때 작사 및 작곡에 대한 음악저작권이 각 발생한다. ② 가수나 연주자와 같은 실연자의 저작인접권은 녹음실에서 노래를 부르고 연주하였을 때 발생한다. 즉, 음(音)을 원반(原盤; Master Tape 또는 Master CD)에 최초로 녹음하여 고정하였을 때, 가수는 가창한 노래에 대하여, 연주자는 연주에 대하여 각 저작인접권을 갖게 된다. ③ 음반제작자도 음을 원반에 최초로 고정하는데 있어 전체적으로 기획하고 책임을 지는 위치에 있었을 때 저작인접권이 발생한다. 이와 같이 하나의 음반에는 ① ② ③의 세 가지 층위로 이루어진 권리가 중첩하여 존재한다. 따라서 이들 권리는 각각 별개의 독립된 권리이다.

그런데 음반제작자의 저작인접권과 관련해서는 누가 과연 저작권법 제2조 제6호의 "음(音)을 음반에 고정하는데 있어 전체적으로 기획하고 책임을 지는 자"에 해당하는가, 요컨대 누가 저작권법상의 '음반제작자'인가를 둘러싸고서 문제가 발생한다. 구체적으로 말하면 CD 음반을 기계적으로 '리프레스(repress)'하는 음반회사가 저작권법상의 '음반제작자'인가, 아니면 이른바 음반을 기획한 후에 대형 음반회사에게 독점적인 유통·판매권을 주고 그 대가로 선(先)로얄티(즉, 선지급금)를 받아서 이 돈으로 이른바 '마스터'를 만드는 이른바 '피디메이커' 또는 개개의 독립 프로덕션[136]이 저작권법상의 '음반제작자'인가 하는 문제이다.[137]

우리나라에서는 1990년대 중반부터 이른바 '음원(音源) 제작자'라는 용어가 음악산업계에서 통용되고 있다. 이 용어가 생긴 배경에는 음반을 리프레스(repress)하여 유통·판매하는 음반회사를 '막연히' 저작권법상의 음반제작자와 동일시하는 사회 일반의 시각을 바로잡기 위한 목적이 있었던 것으로 생각된다. 일본 음악계에서는 원반권(原盤權)이란 용어가 사용되고 있는데, 원반권도 음반제작자의 권리를 의미하는 것으로 이해되고 있다.[138]

일반적으로 음반의 제작과정은 크게 나누어보면 ⓐ 음반의 원반(原盤)을 제작하고 ⓑ 이에 기하여 테이프나 CD 음반을 제작하는 리프레스 작업으로 이루어진다. 이 중에서 원반의 제작자만이 저작권법상의 음반제작자이고 리프레스(repress)를 하는 쪽은 음반복제자에 지나지 않는다. 그러므로 여기서 중요한 것은 음반 제작의 실제과정에서 누가 법률적 주체로서의 '음반제작자'에 해당하는 것인지를 파악하는 것이 핵심이다. 따라서 만일 음반회사가 ⓑ의 리프레스(repress) 과정뿐 아니라 ⓐ의 과정까지 행하는 경우에는 음반회사가 저작권법상의 음반제작자가 될 것이다. 그러나 우리나라 음반 산업의 일반적 업무 관행에서 보듯이 음반기획사나 독립 프로덕션과 같은 이른바 '피디메이커'가 ⓐ의 과정을 행하는 경우에는 음반기획사 등이 저작권법상의 음반제작자가 될 것이다.

136) 우리나라 음반 산업계에서는 1980년대부터 독립 프로덕션 또는 음반기획사를 한국식 영어로 일컬어 '피디메이커'(PD maker)라고 부르고 있다(신현준, 「글로벌, 로컬, 한국의 음악산업」, 한나래, 2002, 200면 이하). 지금의 음반기획사의 역할을 1930년대에는 음반회사의 문예부에서 담당하였다고 한다(장유정, "이 땅에서 '별'로 산다는 것은 – 대중가수의 탄생에서 귀환까지 –", 「역사비평」, 역사비평사, 2010. 봄, 184면).

137) 이때 음반회사와 음반기획사 간에 체결되는 계약을 '피디 계약'이라 부른다. 이 계약을 통해 음반기획사는 기획한 음반의 독점적인 유통·판매권을 음반회사에게 주고 그 대가로 선(先)로얄티(즉, 선지급금)를 받아서 이 돈으로 이른바 '마스터'를 만들게 된다.

138) 安藤和宏, 「よくわかる音樂著作權ビジネス 基礎編(3訂版)」, Rittor Music, 2005, 11면.

【재판례—1】 서울중앙지법 2006. 10. 10. 선고 2003가합66177 판결

저작권법상의 음반제작자는 음반제작자로서의 저작인접권을 자신에게 귀속시킬 의사로 유형물인 음반에 음을 맨 처음 고정한 자인바, 가수가 음반에 수록될 곡을 직접 선정하고 스스로 비용을 지출하여 녹음 작업 및 편집 과정을 거쳐 음반의 마스터테이프를 제작한 점 등에 비추어 볼 때 위 음반의 음반제작자는 각 곡의 음원을 유형물인 음반에 고정하는 주된 작업을 직접 담당한 가수라고 보아, 음반 계약상 판매용 음반의 제작·판매업자의 음반제작자로서의 권리를 부정한 사례.

【재판례—2】 대법원 2006. 12. 22. 선고 2006다21002 판결

베이비복스 1집 내지 5집을 기획하여 제작·판매한 음반제작자가 그 후 베이비복스 5.5집 스페셜(이른바 '편집음반')을 제작·판매한 사안에 관한 것이다.

[1] 음반제작자의 저작인접권은 음(音)을 음반에 맨 처음 고정시키는 행위를 통하여 생성된 음반에 관하여 발생하는 권리로서 작사자나 작곡자 등 저작자의 저작물에 관한 저작재산권과는 별개의 독립된 권리이기는 하나, 저작인접물인 음반의 복제·배포에는 필연적으로 음반에 수록된 저작물의 이용이 수반되므로, 음반제작자 자신도 그 저작물의 저작재산권자로부터 이용허락을 받지 않으면 그 음반을 복제·배포할 수 없다.

[2] 음반제작자가 원반(原盤)의 기획, 녹음 및 편집, 홍보 등 대부분의 제작업무를 담당하면서 그 비용을 부담하였고, 원반(原盤)에 수록된 곡들의 작사자 및 작곡자가 음반제작자의 기획·제작 및 홍보능력에 의지하여 음반제작자에게 별다른 제한을 두지 않고 자신의 음악저작물에 대한 이용을 허락하였다고 보이며, 음악저작물에 대한 이용허락 당시 음반제작자가 별도의 편집음반에 원반(原盤)에 수록된 곡들을 포함할 수 있다는 정도는 예견할 수 있었다는 점 등을 이유로, 음반제작자가 작사자 및 작곡자의 음악저작물 이용허락을 받아 제작한 원반(原盤)을 복제하여 편집음반을 제작·판매할 수 있다고 본 사례.

3. '음악출판사'(music publisher)라는 용어의 의미

음악저작권의 역사를 살펴보면, 특히 미국이나 유럽의 경우 과거 음악출판사는 작곡가의 악보를 출판하여 판매함으로써 수입을 얻고 그 중 일부를 작곡가에게 이른바 인세(印稅)로 지급해왔다. 그런데 시대가 변화하고 음악 산업이 발전함에 따라 음악출판사는 작곡가의 음악저작권이 음반이나 영화 또는 TV 쇼 등과 같은 다양한 영역에서 활용될 수 있도록 그 이용을 촉진하는 활동을 전개하거나, 음악출판사가 직접 저작권법상의 음반제작자로서 음반 기획에 관여하기에 이른다.[139] 따라서 연혁적인 이유 때문에 지금도 엔터테인먼트 법과 관련된 문헌 등에는 음악출판사(music publisher) 또는 음악 출판(music publishing)이라는 용어를 사용하고는 있지만 오늘날 음악출판사의 대부분은 과거처럼 악보를 출판하는 업무를 행하고 있지 않다.[140] 현재 우리나라 음악 산업 관련 업계에서는 음악출판사 또는 음악출판자라 함은 "음악저작권자로부터 저작재산권을 신탁계약 약관에 의거 조건부 양도를 받아[141] 그 저작물에 대한 국내외에서의 이용촉진과 권리의 보전 도모를 주요 업무로 하는 자"로 정의되어 사용되고 있다.

4. 샘플링(sampling) 기법에 의한 음악저작물의 창작

음반의 실제 제작과정에서는 샘플링 기법이 빈번히 이용된다. 샘플링(sampling)이란 주로 기존 음반에 수록되어 있는 사운드를 디지털로 변환한 다음에 컴퓨터, 신

139) 이에 관한 상세는, David Baskerville, Music Business Handbook, 1995, 김주호 옮김, 「뮤직 비즈니스 핸드북」, 시유시, 1998, 67면 이하.

140) 그래서 미국의 엔터테인먼트 법 개론서에서는, 미국의 경우 작곡가가 음악출판사와 음악출판계약을 체결하는 때에 작곡가는 "실제는 아무것도 '출판하지 않는' 음악출판사에게 그의 저작권을 양도"하고 저작권을 취득한 음악출판사는 CD 음반 등을 제작하는 음반회사 등에게 그 저작권의 이용허락을 하게 된다고 설명한다. Jeffrey Helewitz and Leah Edwards, Entertainment Law, Delmar Learning, 2004, p.286.

141) 조건부 양도라 함은 "저작권 관리를 행하는 것을 목적으로 그 한도 내에서 양도된다"는 의미이다.

디사이저 등을 이용하여 디지털 처리를 하여 새로운 녹음을 위한 소재로 이용하는 녹음 기법을 말한다. 디지털 처리를 하는 과정에서는 기존 음반에 수록된 소리나 특정 악기의 음만을 추출하는 것도 가능하고, 다른 요소를 바꾸지 않고 예를 들면, 음정만을 자유롭게 변경할 수도 있다. 샘플링으로 제작된 사운드는 대부분 어떤 음반들을 샘플링으로 이용한 것인지 일반 청중들이 인식할 수 없도록 처리되어 있는 경우가 많다.[142] 샘플링의 원형은 음악 클럽의 디제이들이 흔히 하는 스크래칭(scratching)에서 볼 수 있다. 디제이는 두 대의 턴테이블 위에서 회전하고 있는 엘피(LP) 음반을 맨손으로 회전, 마찰시켜 그 음반에 수록된 사운드와는 다른 새로운 사운드를 만들어낸다.[143]

따라서 샘플링 기법을 이용하면 다른 곡의 일부분을 직접 취해서 새롭게 조합하는 방식으로 음악이 만들어진다. 그 대표적인 예로 이니그마(Enigma)라는 그룹의 곡이 있는데, 이들은 느린 템포의 곡에 그레고리안 성가를 신비한 효과가 나도록 섞고 여기에 에로틱한 분위기를 내는 숨소리를 가미시켜 큰 인기를 얻었다. 또한 샘플링 기법은 어느 개인이 혼자서 어떤 음반에서는 드럼 소리를 취하고 또 어떤 음반에서는 노래를 취하는 방식으로 온갖 다양한 소리들을 연결시키고 뒤섞어 다른 하나의 곡을 완성시킬 수 있는 이른바 하우스 뮤직(House Music)을 탄생시켰다는 점에서도 의미가 있다.[144]

이 기법이 음악저작물의 창작과 관련하여 문제가 되는 이유는, 이 기법을 사용하여 작성된 음악저작물의 창작성 문제는 물론이고 그 적법성 문제도 제기되기 때문이다. 만일 인간의 창작적 활동의 관여 없이 순전히 컴퓨터 장치에 의해서만 곡이 만들어진 경우라면 창작성 있는 음악저작물로서 인정되지 않을 것이다.

한편, 샘플링 기법을 이용하여 작곡가는 어느 노래의 일부분을 추출한 다음 여러 가지 음과 뒤섞어서 이를 자신의 신곡에 포함시킬 수도 있다. 이러한 작업에

142) 福井健策 編著, 「エンタテインメントの罠」, すばる舎, 2003, 144~145면.
143) 위의 책, 145면.
144) Michel Chion, Musiques, médias et technologies, 1994, 유정희 옮김, 「음악 대중매체 그리고 기술」, 영림카디널, 1997, 70면.

이용되는 샘플이란 기본적으로 저작권으로 보호되는 기존 음악작품의 부산물이다. 법률적으로 설명하면, 샘플의 대상으로 이용된 기존 음악작품은 원(原)저작물이고 샘플을 변형적으로 이용하여 만들어진 신곡은 원저작물을 기초로 작성되었다는 점에서 2차적 저작물(derivative work)에 해당한다. 만일 기존 음악작품들 여러 가지를 샘플로 이용하여 그대로 복제하여 짜깁기 하는 경우에는 각 음악작품에 대한 복제권 침해가 성립할 수도 있다.

그런데 기존 음악작품을 토대로 2차적 저작물을 만들 수 있는 권리, 즉 2차적 저작물 작성권은 기존 음악작품의 저작권자가 가지고 있다. 복제권도 마찬가지이다. 따라서 기존 음악작품을 샘플로 이용하여 새로운 음악을 만들고자 할 때에는 기존 음악작품의 권리자로부터 허락을 얻어야 한다. 만일 허락을 얻지 않으면 한 구절을 샘플로 이용한 경우라 하더라도 저작권 침해에 해당할 수 있다. 저작권 침해의 여부는 샘플로 이용된 음표(notes)의 숫자가 아니라 당해 샘플이 기존 음악작품, 다시 말해 원(原)저작물과 실질적으로 유사한지(substantially similar) 여부에 의해 결정되기 때문이다.[145] 엔터테인먼트 전문 변호사들은 법적 분쟁을 예방한다는 차원에서 샘플링 작업과 관련해서는 샘플로 이용되는 모든 음악작품들에 대해 미리 이용허락을 받아 놓을 필요가 있다. 우리나라나 외국의 경우 대부분의 기존 음악작품들은 저작권관리단체(clearing house)에 저작권이 신탁되어 관리되고 있으므로 이들 단체로부터 샘플로 이용될 기존 음악작품의 2차적 저작물 작성권 또는 복제권에 대한 이용허락을 받으면 될 것이다.[146]

이와 관련하여 허락 없이 이루어진 샘플링이 저작권법 제28조의 '공표된 저작물의 인용'에 해당하여 허용되는지 여부가 문제될 수 있다. 특히 타인의 음악저작물을 샘플로 이용하면서 "정당한 범위 안에서 공정한 관행에 합치되게 이를 인용"하는 것이 가능할 것인지가 문제된다. 공정한 관행에 합치하는 인용의 예로 일반적으로 드는 것이 주(註)를 달면서 인용하는 것이다. 그런데 이러한 인용 방식은

145) Jeffrey Helewitz and Leah Edwards, Entertainment Law, Delmar Learning, 2004, p.258.
146) Ibid., p.258 참조.

어문저작물에 대해서는 전적으로 타당한 것이지만, 음악저작물 상호 간에 이를 적용하기에는 특별한 경우를 제외하고는 어려울 것이다. 따라서 음악저작물에 관해서는 저작권법 제28조 소정의 인용 요건을 갖추는 것 자체가 곤란한 것이 아닌가 하는 의문이 제기될 수 있다.[147] 물론 음반 재킷 중에 허락 없이 이용한 타인의 음악저작물에 관한 표기를 해 놓을 수는 있겠지만[148] 과연 이것을 '공표된 저작물의 인용'에 해당하는 것으로 평가할 수 있을지는 단언하기 어렵다.

오늘날 디지털 기술의 발달로 인해 기존의 다양한 음원들을 이용하여 새로운 음악작품을 창작하는 경우가 많다. 또 이와 같이 창작된 새로운 음악들은 인터넷을 통해 순식간에 널리 유포되고 있다. 특히 미국에서는 디지털 샘플링의 일종인 매쉬업(mash-ups) 기법을 통해 창작된 힙합 음악들이 논란의 대상이 되고 있다.[149] 한편으로는 기존 음악작품들의 저작권을 침해한다는 문제가 제기되고 있고, 다른 한편으로는 새로운 예술 창작 기법이므로 표현의 자유에 의해 보호되어야 한다는 반론도 많은 지지를 얻고 있다. 예술 창작의 자유라는 관점에서 진지하게 논의되고 검토되어야 할 과제이다.[150]

---

147) 박성호, 「저작권법의 이론과 현실」, 현암사, 2006, 257~258면 참조.

148) 실제로 가수 윤도현의 제2집(타이틀곡 '긴 여행')에 수록된 '바다'라는 노래 가사 아래 부분에는 이 곡이 Bad Company란 그룹의 'Broken Hearted'란 곡의 일부분을 인용한 것이라고 표기하고 있다. 또 가수 리아의 제2집(타이틀곡 '개똥철학')에 수록된 '고정관념'이란 노래의 연주에 대해서는 음반 재킷 중에 이 곡의 기타 연주는 레드 재플린의 'Stairway to Heaven'의 기타 솔로 애드립 부분을 인용한 것이라고 표시해 놓고 있다.

149) 매쉬업(mash-ups)이란 기존의 두 가지 음악저작물의 전부 또는 일부를 디지털로 복사하여 그 중 한 노래의 리듬 부분과 다른 노래의 무반주 보컬 부분(an *a capella* vocal tracks)을 결합하여 만드는 것이 특징이다. 매쉬업 기법으로 만들어진 것으로 유명한 것이 데인저 마우스(Danger Mouse)라는 예명의 음악프로듀서이자 작곡가가 만든 '그레이 앨범'(The Grey Album)이다. Ronald S. Rosen, Music and Copyright, Oxford University Press, 2008, pp.568~570.

150) Matthew Rimmer, "The grey album: copyright law, digital sampling and mash-ups", in Matthew Rimmer, ed., Digital Copyright and the Consumer Revolution, Edward Elgar, 2007, p.131 이하.

IV. 음반의 디지털화와 온라인 음악 산업

1. 디지털 기술의 발전과 온라인 음악 시장의 형성

미국의 '냅스터' 사건이나 우리나라의 '소리바다' 사건이 상징하는 것처럼 P2P 방식에 의한 음악파일 교환 프로그램이 활성화됨으로써 많은 인터넷 이용자들이 자유롭게 음악파일을 주고받을 수 있는 환경이 만들어졌다. 하지만 이것은 다른 한편으로 타인의 저작권 등을 침해하는 불법 복제·전송을 조장하는 역기능도 발생하게 한다.

음악파일 교환이 적법한지 불법한지를 둘러싼 논란은 2007년 초 우리 대법원이 소리바다 사이트 운영자들에 대해 민법 제760조 제3항의 방조에 의한 공동불법행위책임을 인정하는 판결을 내린 것을 계기로 이제 거의 일단락되었다.[151] 그 후 통화연결음, 휴대폰 벨소리 등 온라인 음원과 관련한 다양한 상품화가 이루어져 온라인 유료 음악 시장 쪽으로 시장이 재편됨으로써 종래의 오프라인 음반 시장은 대폭 축소되었다. 2010년 문화체육관광부가 발간한 〈2009 음악산업백서〉에 따르면 온라인 음악 시장 규모는 2001년 911억 원에서 2008년 5264억 원으로 증가하여 7년 사이 5~6배 성장하였다. 음반시장이 2001년 3733억 원에서 2008년 약 811억 원으로 대폭 감소한 것과는 대조적이다. 이러한 통계는 음악 시장이 이미 온라인 음악 시장 중심으로 재편되었다는 것을 명확히 보여주는 증거이다.[152] 아울러 온라인 음악 시장의 육성·발전과 관련해서는 무엇보다도 신속하게 저작권자 등 권리자들을 확인하고 이용허락을 받을 수 있도록 집중관리제도가 좀 더 체계화되고 활성화되어야 한다.[153]

151) 대법원 2007. 1. 25. 선고 2005다11626 판결.

152) 박혜림, "가수 몫 겨우 27원 디지털 음원 요지경", 「주간동아」 제764호, 2010. 11. 29.자, 66~67면.

153) '저작권 및 저작인접권의 집중관리제도'(collective management of copyright and related right)라는 것은 저작권자나 저작인접권자가 자신의 개개의 권리(저작재산권이나 저작인접권)를 직접 행사하여 개별 관리(individual management)하는 대신에 그 권리를 일정한 단체에 위탁

참고로 미국의 '냅스터'와 우리나라의 '소리바다 1', '소리바다 3', '소리바다 5'의 각 비즈니스 모델을 비교해 본다. 냅스터와 소리바다 1은 각 온라인서비스제공자의 서버컴퓨터(소위 '중앙서버')를 일정 부분 매개로 하여 P2P 방식에 의한 음악파일의 교환이 이루어지는 중앙관리형 서비스이다. 이에 반하여, 소리바다 3와 5는 중앙서버의 매개 없이 음악파일의 교환이 이루어지는 비(非)중앙관리형 서비스이다. 중앙서버의 매개 정도에 따라 '냅스터', '소리바다 1', '소리바다 3', '소리바다 5'를 각 비교한 도표는 아래와 같다.

	프로그램 및 사이트 / 내용	냅스터	소리바다1	소리바다3·5
①	P2P 프로그램 전송	○	○	○
②	중앙서버에 음악리스트 저장	○	×	×
③	중앙서버에서 특정 음악검색	○	×	×
④	중앙서버에서 특정 음악 보유자의 IP확인	○	○	×
⑤	중앙서버에서 음악파일 교환	×	×	×

2. 음악저작권 및 저작인접권의 신탁에 의한 집중관리제도

현재 우리나라에서 작곡가와 작사가의 음악저작권에 관해서는 사단법인 한국음악저작권협회(KOMCA)가 1988. 2. 23. 구 저작권법(2006. 1. 28. 법률 제8101호로 전부 개정되기 전의 것) 제78조 제1항[154]에 의거 당시 문화공보부로부터 저작권신탁관리업의 허가를 받아 오늘날까지 작곡자나 작자사로부터 음악저작권을 신탁양도 받아 관리해오고 있다.[155]

이에 비해 실연자의 저작인접권에 관한 신탁관리의 역사는 일천하다. 구 저작

하여 집중적으로 관리하게 함으로써 권리자의 권리보호와 이용자의 이용편리를 도모하는 제도를 말한다. 우리나라 저작권법은 저작권 등의 위탁관리제도로 저작권신탁관리업과 저작권대리중개업을 규정하고 있다.

154) 현행 저작권법 제105조 제1항.

155) 위 협회 사이트(http://www.komca.or.kr)의 연혁 참조.

권법 제78조 제1항에 의거하여 당시 문화관광부는 2000. 11. 14. 가수·연주자 등 실연자의 저작인접권을 집중관리하는 신탁관리단체로서 사단법인 한국예술실연자단체연합회(fokapo; 2006년 한국음악실연자연합회로 명칭 변경)를 허가한 바 있다.[156] 위 신탁관리허가에 즈음하여 당시 문화관광부는 "실연자들의 권리를 보호하는 규정들이 법제화되어 있음에도 불구하고 사실상 제대로 적용되지 못했[던]"[157] 점이 있었다고 가수나 연주자들의 저작인접권에 대한 무관심을 간접적으로 시인한 바 있다.

한편, 음반제작자의 저작인접권과 관련해서는 사단법인 한국음원제작자협회(KAPP)가 2003. 3. 17. 저작인접권의 신탁관리업에 대한 허가를 받았다.[158] 음반제작자의 저작인접권이 가장 늦게 신탁관리대상이 된 이유 중의 하나는 전술한 것처럼 누구를 저작권법상 음반제작자로 볼 것인가 하는 문제와 관련이 있다. 과거에는 사단법인 한국음반산업협회가 1988년부터 저작권법상의 음반제작자단체로 지정받아 활동해 왔으나,[159] 실제로 음반을 기획하여 음을 고정하는 업무를 수행해온 음반기획사의 상당수가 회원으로 가입한 사단법인 한국연예제작자협회(kepa)가 1992년 설립됨으로써[160] 양 단체 사이에 갈등이 심화되었다. 이와 같이 저작권법상 음반제작자의 지위 인정 여부를 둘러싸고 제기된 분쟁을 해소하기 위한 방안으로 설립된 것이 사단법인 한국음원제작자협회이다.

그런데 앞에서 설명한 것처럼 하나의 음반이나 음원은 비유하자면 "3층의 권리" 구조로 이루어져 있기 때문에 권리관계가 복잡하다. 따라서 온라인 음악서비스 업체가 어떤 음원을 소비자들에게 서비스하기 위해서는, 우선 그 음원에 대한 음악저작권자나 저작인접권자로부터 이용허락을 얻어야 한다. 대부분의 권리자들

156) 위 협회 사이트(http://www.fokapo.or.kr)의 연혁 참조.
157) 「저작권소식」, 저작권심의조정위원회, 2001년 1월호, 2~3면; 「전자신문」 2000년 11월 16일자, 11월 22일자.
158) 위 협회 사이트(http://www.kapp.or.kr)의 연혁 참조.
159) 위 협회 사이트(http://www.miak.or.kr)는 현재 폐쇄되어 있다. 위 협회는 2004. 6. 3. 한국음악산업협회로 명칭을 변경하여 운영되어오다가 2008. 12. 한국음악콘텐츠산업협회(http://www.kmcia.or.kr)로 계승되었다. 이 책 본문에서는 오랜 기간 사용되어 널리 알려진 종래 명칭 '한국음반산업협회'를 그대로 사용하였다.
160) 위 협회 사이트(http://www.kepa.net)의 연혁 참조.

은 자신들의 권리를 집중관리단체에 신탁한 경우가 많을 것이므로, 온라인 음악서비스 업체는 각각의 권리자들로부터 권리를 신탁받아 관리하는 단체들로부터 이용허락을 받으려고 할 것이다. 그런데 음반제작자의 저작인접권과 관련해서는 누가 진정한 저작권법상의 음반제작자인지 확인하기 곤란한 사례도 있을 수 있다. 또 3층의 권리 구조를 형성하는 각 권리자들 간에 이용료의 분배비율을 둘러싼 분쟁도 발생할 수 있기 때문에 사실상 집중관리시스템이 작동되지 못하는 상황도 발생한다. 실제로 과거 MP3 또는 '소리바다'와 관련된 음악저작권 분쟁이나, '인터넷 방송'을 둘러싼 음악저작권 분쟁을 살펴보면, 권리자들 상호간에 분배비율이나 이익배분을 둘러싼 다툼 양상도 빈번히 일어났음을 확인할 수 있다. 특히 작곡·작사자와 저작권법상의 음반제작자 사이에, 그리고 음반제작자와 실연자(가수, 연주자) 사이에 법적 다툼이 발생하는 경우가 많았다.

이러한 권리자 상호 간에 발생하는 법적 분쟁과 관련해서는, 음악저작권 등에 관한 집중관리시스템이 제 기능을 발휘하여 온라인 음악 시장이 거대 규모의 시장으로 성장할 수 있도록 감독관청의 적절한 행정작용이 이루어져야 한다. 즉, 신탁관리단체의 허가 및 저작인접권에 대한 방송보상금 징수단체의 지정업무를 담당하고 있는 문화체육관광부는 그 업무와 관련하여 지휘·감독권을 발동하는 등 행정감독(行政監督)에 최선을 다해야 한다. 뿐만 아니라 문화산업에 관한 문제라는 특성을 고려하여 관련 단체들에게 지도·권고·조언 등 행정지도(行政指導)를 함으로써 이해의 조정과 통합이 도모될 수 있도록 노력하여야 한다.

한편, 저작재산권의 신탁은 신탁법상의 신탁에 해당하므로, 가령 신탁자인 음악저작재산권자의 모든 권리는 수탁자인 한국음악저작권협회에 이전되어 수탁자가 권리자가 된다. 저작인접권을 신탁한 경우도 모든 권리가 수탁자에게 이전되는 것은 마찬가지이다. 이에 따라 소제기의 권한을 포함한 모든 관리처분권이 수탁자에게 속하게 된다. 민사소송법상 당사자적격의 문제는 민법상 관리처분권에 대응하는 개념이므로, 만일 신탁자가 음악저작권 침해자를 상대로 저작권 침해금지청구 및 손해배상청구의 소(이행의 소)를 제기하는 경우 이는 관리처분권 없는 자의 소제기에 해당하여 당사자적격의 흠결이 문제가 될 것이다. 이러한 신탁자의 소제기에 관하여 하급심 판결은 당사자적격의 부존재를 이유로 청구기각 판결을 한 바 있다.[161)][162)]

【재판례—1】 서울고법 1996. 7. 12. 선고 95나41279 판결

한국문예학술저작권협회가 영위하는 신탁관리업은 저작권법 제78조에 근거하는 것으로서 그 법적 성질은 신탁법상의 신탁에 해당되는바, 신탁법상의 신탁은 위탁자와 수탁자 간의 특별한 신임관계에 기하여 위탁자가 특정의 재산권을 수탁자에게 이전하거나 기타의 처분을 하고 수탁자로 하여금 수익자의 이익을 위하여 또는 특정의 목적을 위하여 그 재산권을 관리·처분하게 하는 법률관계를 말하므로, 신탁자와 수탁자 간에 어떤 권리에 관하여 신탁계약이 체결되면 그 권리는 법률상 위탁자로부터 수탁자에게 완전히 이전하여 수탁자가 권리자가 되고 그 권리에 대하여 소제기의 권한을 포함한 모든 관리처분권이 수탁자에게 속하게 된다.

【재판례—2】 대법원 2006. 12. 22. 선고 2006다21002 판결

원고(한국음악저작권협회)가 2003. 7. 1.경 신보인세제(新譜印稅制)[163)]를 시행하기 이전에는 이 사건 음악저작물의 각 작사자 및 작곡자(이하 '이 사건 음악저작자들'이라 한다)에게 '저작자 자신이 신보음반의 제작자에 대하여 음악저작물의 이용을 허락할 수 있는 권리'를

161) 서울지법 1999. 7. 23. 선고 98가합83680 판결.

162) 당사자적격 문제는 소송요건에 해당하는 것이나 이행의 소의 경우는 당사자적격이 흠결되었다 하더라도 소 각하할 것이 아니라 청구기각을 하여야 한다. 즉, 이행의 소의 경우 당사자적격의 흠결이 있으면 본안적격(Sachlegitimation)의 흠결을 이유로 청구기각을 하여야 한다. 이와 동일한 취지에서 대법원 1987. 4. 28. 선고 86다카1757 판결은 "이행의 소에 있어서는 원고의 청구 자체로서 당사자적격이 판가름되고 그 판단은 청구의 당부에 흡수된다"고 판시하였다.

163) '신보인세제'는 한국음악저작권협회가 자체 제작한 인지를 음반에 부착하게 함으로써 인지 수량을 토대로 음반판매량을 집계하여 음악저작권자가 음반 판매에 따르는 인세(=저작권사용료)를 받게 되는 '신보음반에 대한 전면인세제'의 약칭이다. 이 제도 도입의 취지와 그 문제점을 지적한 글로는, 이재경, "'신보음반 전면 인세제' 시행의 시기와 문제점", 「저작권문화」(제102호), 저작권심의조정위원회, 2003. 2. 참조.

묵시적으로 유보시킨 채 이 사건 음악저작자들로부터 이 사건 음악저작물에 대한 저작재산권을 신탁받은 것이므로, 그 신탁 후 이 사건 음악저작자들과 피고 사이에 체결된 이 사건 음악저작물에 대한 이용허락계약의 효력을 다툴 수 없다는 취지로 판단하였음은 정당하고 저작재산권의 신탁이나 저작재산권계약의 해석 등에 관한 법리오해 등의 위법이 없다.

【재판례—3】 대법원 2007. 2. 22. 선고 2005다74894 판결

원심은 원고가 2003. 7. 1.경 신보인세제를 시행하기 이전에 피고들이 그 각 음악저작물에 대한 저작자들의 이용허락을 받아 그에 대한 원반(原盤, Master Tape)을 제작하였던 것으로서, 그 당시에는 비록 음악저작물에 대한 저작재산권이 신탁되어 있다 하더라도 관행상 그 음악저작물에 관하여 최초로 원반을 제작하는 경우에는 음반제작자가 저작자로부터 직접 이용허락을 받고 저작자에게 정액으로 일정한 금원(통상 '곡비'라고 부른다)을 지급하였고, 원고도 그러한 관행을 인정하여 위와 같은 음반제작자로부터는 음악저작물의 저작권사용료를 징수하지 아니하고 그 후 제3자 등이 음악저작물이 수록된 원반을 재생·녹음·방송 등의 방법으로 사용하는 경우에만 저작권사용료를 징수하여 왔으므로, '이 사건 15개 음악저작물'의 저작자들로부터 저작재산권을 신탁받은 원고로서는 그 신탁 후 피고들과 그 저작자들 사이에 체결된 '이 사건 15개 음악저작물'에 대한 이용허락계약의 효력을 다툴 수 없다는 취지로 판단하였다. 기록에 비추어 보면, 원심의 위와 같은 판단은 정당한 것으로 수긍할 수 있고, 거기에 상고이유에서 주장하는 바와 같은 저작재산권의 신탁이나 저작재산권신탁계약의 해석 등에 관한 법리오해 등의 위법이 없다.

3. 판매용음반의 방송사용에 대한 보상청구권

저작권 등의 집중관리에 속하는 것은 아니지만 이와 유사한 기능을 하는 것으로서 저작인접권의 방송보상금 징수단체를 지정하는 것이 있다. 저작권법 제75조는 판매용음반의 방송사용과 관련하여 실연자들에게 채권적 권리인 보상청구권을

인정하고 있고, 문화체육관광부장관이 지정하는 단체인 사단법인 한국음악실연자연합회(구 한국실연자단체연합회)가 이 권리를 행사하여 방송사업자들로부터 매년 상당액의 보상금을 수령하고 있다.

【재판례】 서울지법 동부지원 1997. 10. 15. 선고 95가단16616 판결

방송사업자가 실연이 녹음된 판매용 음반을 사용하여 방송하는 경우 그 실연자에게 상당한 보상을 하여야 함은 당연하나 방송사업자가 방송에 제공된 모든 곡의 실연자를 찾아 내어 보상을 해 준다거나 반대로 실연자 개개인이 자신이 실연한 곡을 방송한 방송사업자 및 그 방송횟수를 추적하여 보상금을 청구한다는 것은 기술적·경제적으로 불가능하므로, 저작권법 제65조 제2항[164)]은 이러한 보상의 필요성과 보상 방법상의 문제점을 해결하기 위한 방안으로 보상청구권의 귀속 주체와 보상청구권의 행사자를 분리하고 있는바, 음악실연자가 같은 법조항에 따라 문화체육부장관이 보상청구권 행사자로 지정한 단체인 한국예술실연자단체연합회 소속 회원단체에 가입한 경우에는 연합회의 규약에 따라 직접 연합회를 상대로 개별적으로 보상금의 분배를 청구할 수는 없고 또한 이러한 연합회의 규정이 실연자의 보상청구권에 관한 저작권법의 취지에 반한다거나 사회질서에 위배되어 무효라고 볼 수는 없으며, 연합회 소속 단체에 가입하지 않은 실연자라고 하더라도 같은 법 제65조 제3항에 따라 연합회를 통하여 얼마든지 자신의 권리를 행사할 수 있으나 다만 방송에 관한 자료수집의 어려움, 보상의 성격 등을 감안할 때 사전에 권리 행사를 신청한 경우에 한한다고 해석해야 한다.

4. 온라인 음악 산업 활성화를 위한 다양한 비즈니스 모델

가. 다양한 비즈니스 모델의 모색

냅스터(Napster)의 음악파일 공유 서비스를 중단하라는 2000년 미국 연방지방법원의 예비적 금지명령이 나온 직후 미국의 경제학자 폴 크루그먼은 냅스터 사건

164) 현행 저작권법 제75조 제2항.

의 본질은 음악이나 저작권만의 문제가 아니라 기존 경제 질서를 뒤흔드는 일이 벌어지고 있다는 것을 상징한다는 데에 있다는 점을 지적하였다. 다만 냅스터는 법적 제재의 손길이 쉽게 미치는 손쉬운 타깃이었기 때문에 사법 판단의 대상이 되었을 뿐이라는 것이다.165)

그러면 반대로 법적 제재의 손실이 쉽게 미치지 않는 손쉽지 않은 타깃이란 무엇일까? 아마도 그것은 그누텔라(Gnutella)나 프리넷(Freenet)과 같은 프로그램을 염두에 둔 발언이었을 것이다. 앞에서 중앙서버의 매개 정도에 따라 '냅스터' 및 '소리바다 1', '소리바다 3', '소리바다 5'를 각 비교한 도표를 제시하였다. 그 도표 중 맨 오른쪽의 '소리바다 3·5' 프로그램에 관한 항목이 그누텔라나 프리넷과 같은 프로그램에 해당하는 것이다.

미 연방대법원은 2005년 6월 27일 Grokster 사건에 대한 판결을 선고하였다. 이에 따르면, 그누텔라 모델에 의한 P2P 방식에 관해서는 그 소프트웨어를 제작·배포한 회사에 대해서는 '특별한 사정'이 없는 한 저작권 침해책임을 묻는 것은 어렵다는 취지로 해석된다.166) 더구나 위 연방대법원 판결과 관계없이 P2P 소프트웨어와 관련된 기술은 진보를 거듭할 것이다. 또 이러한 신기술을 보급하는 온라인서비스제공자들이 등장할 때마다 이를 애호하는 이용자들에 의해 어떠한 양상으로든 파일공유는 지속될 것이다.

우리나라의 소리바다 사건은 물론이고 미국의 냅스터나 그록스터 사건들에서 음반제작자들이 온라인서비스제공자들을 상대로 소송을 제기하여 끝까지 밀고 나

165) 「동아일보」, 2000. 7. 31.자, A12면.

166) 미국 연방대법원의 Grokster 판결은 중앙서버의 매개 없이 음악파일의 교환이 이루어지는 비(非)중앙관리형 서비스의 경우 온라인서비스제공자의 법적 책임을 묻기 위해서는 특허법 판례상 형성된 '유인이론(inducement theory)'를 적용할 수 있는 다음과 같은 세 가지의 '특별한 사정'이 있어야 한다고 판시하였다. 즉, ① 피고인 온라인서비스제공자가 종전의 냅스터 이용자들의 수요를 충족시키려는 의도를 가지고 있다는 점을 분명히 하였고, ② 침해행위 감소를 위한 필터링과 같은 기술적 조치를 취하지 않았으며, ③ 피고의 사이트에서의 광고 수익 증대를 위하여 피고가 제공하는 소프트웨어를 사용하도록 하는 침해적 사용을 유도하였다는 것이다. 이에 관해서는, 박성호, "Grokster 판결의 저작권법적 의미와 그것이 우리 문화환경에 미치는 영향", 「Law & Technology」 제1권 제2호, 서울대학교 기술과법센터, 2005, 47면 이하 참조.

간 것은 일종의 전략적 실수로 보인다. P2P 기술을 개발하여 보급한 온라인서비스제공자들은 음반제작자들이 인터넷에서 음악을 유통하고자 할 때 제휴관계를 맺을 수밖에 없는 회사들임에도 그들을 상대로 재판을 걸어 시장에서 배제하려고 하였기 때문이다. 소송을 제기하더라도 이를 지렛대로 활용하여 협력관계를 맺고 라이선스를 부여할 수 있는 기회로 삼는 편이 더 좋았을 것이다.[167] 음악 관련 콘텐츠산업 종사자들은 과거와 현재의 기술 수준 및 미래의 기술발전 등을 예상하면서 음악 관련 시장을 활성화 시킬 수 있는 방향으로 신기술을 이용할 수 있도록 다양한 비즈니스 모델을 모색하는 것이 바람직할 것이다.

나. 진 칸(Gene KAN)의 공리적(功利的) 모델

비즈니스 모델과 관련하여 주목할 만한 것은 그누텔라의 개발자 중의 한 사람인 진 칸(Gene KAN)의 견해이다. 그는 2000년 7월 11일 미 상원 법사위원회의 냅스터 공청회에서 인넷상의 지적재산권과 음악에 관한 공리적(功利的) 견해라는 '낙관적' 관점을 제기한 바 있다. 말하자면, 인터넷상에서의 음악파일 교환방식은 비즈니스 모델로서 이용자는 물론이고 권리자·사업자 모두에게 실익(實益)이 있다는 것이다.[168] 요컨대, 음악파일이 널리 교환될수록 광고·선전 효과가 뒤따르기 때문에 저작권자나 사업자에게도 장기적인 관점에서 유익하다는 것이다. 물론 이러한 견해는 너무 나이브한 것처럼 보일 수도 있지만, 인터넷과 디지털 기술의 결합이 가져올 장점을 파악하여 수익 모델을 개발해야 한다는 '방향'을 제시하였다는 점에서 그 의의를 찾을 수 있다. 후술하는 것처럼 인터넷은 음반제작회사를 매개하지 않고 아티스트와 소비자를 직접 연결시켜주는 비즈니스 모델의 창출을 가능하게 한다.

---

167) Paul Goldstein, Intellectual Property: the tough new realities that could make or break your business, Portfolio, 2007, p.66, p.159 각 참조.

168) Gene KAN, "Utilitarian View of Intellectual Property and Music on the Internet" : A Statement Made in the Napster Hearings in front of the Senate Judiciary Committee. 참조.

다. 애플의 아이튠즈(iTunes) 뮤직 스토어 모델

애플사의 스티브 잡스가 창안하여 비즈니스를 시작한 아이튠즈 뮤직 스토어(iTunes Music Store; iTMS) 모델은 많은 경쟁 사이트들을 물리치고 상업적으로 대대적인 성공을 거두었다는 점에서 특히 주목할 만하다. 2003년 12월 14일 미 「포천」지는 아이튠즈 뮤직 스토어를 '올해의 상품'으로 선정하였다. "애플의 서비스는 전략적인 측면에서나 기술적인 측면에서 놀랄 만하다"고 이 잡지는 소개하였다.[169] 유료 음악 사이트인 뮤직 스토어의 성공 비결은 그 무엇보다도 일반인 누구라도 쉽게 사용할 수 있는 기술에 있다.[170] 누구나 쉽게 사용할 수 있는 기술의 용이성이 온라인 비즈니스 성공의 핵심이라는 점을 한 논자는 다음과 같이 지적하고 있다.[171]

> "엔터테인먼트 업계가 그토록 지적재산권을 통제하기 위하여 안달인 것도 이해하기 힘들다. 그들은 불법복제에 너무 신경을 쓰는 나머지 매출을 신장시킬 수 있는 더 큰 기회를 놓치고 있기 때문이다. (…) 일부 사람들이 불법으로 사용한다고 해서 왜 기술에 죄를 덮어씌우는 것인가? 물론 합법적으로 파일을 다운로드 하는 소비자의 입장에서 콘텐츠의 사용은 불법 사용만큼이나 쉬워야 한다. 요점은 온라인 뮤직 스토어를 중심으로 사업이 번창하고 있다는 점이다. 엔터테인먼트 업계는 이런 개념을 이해하는데 엄청난 시간이 걸렸다. 애플의 CEO 스티브 잡스는 미래에 대한 그의 직감을 믿었고 기회를 얻었다. 애플은 사용이 쉬운 온라인 뮤직 사이트를 개발했으며 수백만의 고객을 얻었다."

또 다른 성공 비결은 수익 분배 모델이다. 애플은 가수와 음반업계에 수익의 3분의 2를 지급한다. 0.99달러짜리 음악 한 곡을 팔면 0.33달러는 음반사, 0.33달러

169) Cyril Fievet, Apple Pixar Mania, 2004, 시릴 피베 지음, 유정현 옮김, 「iCEO 스티브 잡스」, 이콘출판(주), 2005, 60면.

170) 아이튠즈는 온라인상에서 음악을 구입하면 MP3 플레이어인 아이팟(iPod)으로 한 번에 저장된다. 따라서 소비자는 아이튠즈에 들어가 노래를 선택한 뒤 신용카드번호만 입력하면 된다.

171) Charles Cooper, "Why punish the technology?" 〈http://www.news.com〉의 2005. 1. 28.자 [Perspectives]; 우리말 번역은 〈http://www.zdnet.co.kr/etc/story/printstory.htm〉 각 참조.

는 가수 등 저작권자에게 준 것이다. 애플 몫인 0.33달러도 판매관리비와 신규 투자에 사용하였다. 대신 애플은 하드웨어 판매로 이익을 창출하였다. 아이튠즈에서 내려받은 노래를 자사 MP3 플레이어인 아이팟(iPOD)에서만 들을 수 있게 한 것이다. 애플은 2003년 4월 이후 2005년 7월경까지 총 5억 곡째 노래를 판매하였고 이 가운데 3억 곡은 2005년에 판매한 것이다. 애플이 약 2년간(2003. 4.~2005. 7.) 판매한 음악을 우리 돈으로 환산하면 5천억 원에 이른다.[172] 아이튠즈 스토어는 온라인 유료 음악 시장에 진출한지 7년만인 지난 2010년 2월 말 100억 곡의 다운로드를 돌파하였다. 이는 하루 평균 400만 건에 가까운 다운로드를 기록해야 달성할 수 있는 수치이다. 2010년 현재 아이튠즈 스토어에 등록된 음원은 1200만개에 달한다.[173]

애플은 아이팟(iPod)을 이용한 이용자들이 아이튠즈 스토어를 통하여 온라인 음악의 유료 서비스를 제공받을 수 있게 한 것 이외에도, 이용자들이 아이폰(iPhone)이란 스마트폰을 이용함으로써 2008년 7월 개설된 앱스토어를 통하여 무료와 소액으로 다양한 응용프로그램을 다운로드 받을 수 있게 하였으며,[174] 2010년 4월 초부터 북미 지역 이용자들은 아이패드(iPad)란 태블릿 PC를 이용함으로써 아이북스 스토어를 통하여 미국의 주요신문, 전자책 등을 제공받을 수 있게 되었다.[175]

라. 숀 패닝의 스노캡(Snocap) 모델

냅스터의 설립자인 숀 패닝은 음악파일 공유업체인 스노캡에서 최고전략책임자로 활동하였는데, 그는 2005년 6월 13일 기자회견에서 저작권을 보호하면서 합법적으로 개인 간 파일을 교환할 수 있는 서비스를 선보이겠다고 밝힌 적이 있다.

---

172) 「동아일보」, 2005. 7. 21.자, B1면.
173) 주민영, “애플 아이튠즈 스토어 100억 다운로드…음악 산업 미래는 ‘암울?’”, 「블로터닷넷」, 2010. 2. 26.자.
174) 구본권, “닻 올린 아이패드 불어라 ‘콘텐츠 바람’”, 「한겨레」, 2010. 2. 2.자, 19면.
175) 위키백과의 ‘아이패드’ 항목 참조. 이에 따르면, 우리나라에서는 2010년 11월 29일 KT와 애플을 통해 판매를 시작하였고, 2011년 3월에 새로운 아이패드2가 발표되었다고 한다.

이 서비스는 전 세계 음반사나 음악가들이 스노캡 데이터베이스에 그들의 음악을 등록하면 P2P 사이트들이 저작권자에게 로얄티를 지급하는 방식인데, 스노캡은 이 과정에서 음악파일 거래 중개소 역할을 한다는 것이다.[176] 스노캡은 이미 EMI, SonyBMG, Universal 등 메이저 음반사뿐만 아니라 몇몇 독립 음반사들과 계약을 체결하였으며 이미 약 25만 곡이 등록되었다고 밝힌 바 있지만, 앞으로 얼마나 많은 P2P 서비스업체가 스노캡과 제휴를 맺을지는 아직 분명하지 않다.[177] 그 후로도 숀 패닝이 운영하는 스노캡은, 냅스터라는 과거 불법 사이트의 이미지를 벗어던지지 못하고 2007년 10월에는 직원 60퍼센트를 감원하는 경영난에 시달렸다. 스노캡의 영업 부진은 '불법' 사이트로 낙인찍힌 중소 음악사이트의 합법화가 얼마나 어려운 일인지를 상징적으로 보여준다.[178]

마. 창작자가 소비자를 직접 상대하는 마케팅 모델

우리나라의 '소리바다' 사건이나 미국의 '냅스터' 사건, 또는 '그록스터'(Grokster) 사건의 공통점은 무엇일까? 무엇보다 음반제작자들이 주축이 되어 온라인서비스 제공자들을 상대로 재판을 벌인 사건들이라는 점에서 공통점을 찾을 수 있을 것이다. 음반제작자는 창작자는 아니지만 음반을 기획하여 제작·유통하는데 에 자본적인 면에서 기여하였다는 점을 인정하여 우리나라 저작권법은 음반제작자를 저작인접권자로 보호한다. 이에 반해 미국 저작권법은 음반제작자를 저작권자로 보호한다.[179]

그러나 음악 창작자가 자신의 음악을 인터넷을 통하여 직접 제작·유통시킨다

176) 「조선일보」, 2005. 6. 14.자, B12면.
177) Financial Times, 2005. 6. 13.자, 20면.
178) 「조선일보」, 2007. 10. 19.자.
179) 저작인접권 제도는 우리나라, 일본, 독일, 프랑스와 같은 대륙법계 국가에서 성립·발전해온 제도이다. 이에 반해 영미법계 국가의 저작권법에는 저작인접권 제도가 존재하지 않는다. 미국 저작권법은 음반제작에 창작성이 인정되면 저작물로 보호하고(미국 저작권법 제102조), 영국 저작권법은 음반제작을 저작권으로 보호하고 그 권리자는 저작자가 된다고 규정한다(영국 저작권법 제9조 제2항).

면 음반제작자의 관여 없이도 얼마든지 음악활동을 영위할 수 있을 것이다. 예컨대, 음악 창작자는 P2P 방식의 기술을 이용하거나 유튜브(YouTube) 등과 같은 무료 동영상 공유 사이트를 이용함으로써 —말하자면 음반제작자를 배제함으로써— 이용자들과 직접 대면하면서 자신의 음악작품을 마케팅 할 수 있다.[180] 요컨대, 이 모델은 P2P 또는 유튜브 방식의 기술 등을 이용하여 음악 창작자가 소비자에게 직접 무료로 음악을 배포함으로써 수익을 창출하는 모델이다. 가령, 미국의 록 밴드 The Smashing Pumpkins의 예를 들 수 있다. 이 밴드는 2000년 9월 자신들의 마지막 앨범을 인터넷을 통하여 MP3 포맷으로 발표하였다. 일단 발표되자 그 노래들은 인터넷을 통하여 퍼져나갔고 독립적인 웹사이트들(unaffiliated websites)은 그 노래를 이용자들이 접속할 수 있도록 해주었다. 이에 따라 많은 이용자들이 냅스터와 그 밖의 서비스들을 통해 이를 공유(sharing)하였다.[181] 이와 같이 인터넷을 통한 음악 마케팅은 현저히 낮은 비용으로 아티스트들의 홍보를 도와 줄 수 있고, 또 음악 밴드는 인터넷 홍보를 통해 높아진 인지도를 바탕으로 라이브 콘서트 공연에서 많은 수익을 올릴 수도 있다.[182]

만일 인터넷 공간에서 창작자가 소비자를 직접 상대하는 이러한 모델이 일반화된다면, 온라인 음악 시장은 더욱 역동적으로 변해갈 것이다. 디지털 기술의 발전은, 예컨대 샘플링(sampling) 기술과 같이 누구나 손쉽게 음악을 창작할 수 있는 환경을 제공한다. 이로 인해 음악 정보의 소비자가 동시에 생산자가 될 수도 있게 하는 이른바 '생산·소비자 효과'(prosumer effect)를 발생시킨다. 이와 같이 인터넷 공간에서 개개의 이용자들은 소비자이자 동시에 생산자가 될 수 있는 위치에 놓일

180) 서적출판의 경우에도 창작자가 소비자를 직접 상대하는 마케팅 모델을 활용할 수 있을 것이다. 2009년 11월 19~20일 열린 제4회 파주북시티국제출판포럼에서는 작가가 직접 인터넷에 작품을 올려 온라인으로 판매하는 '셀프 출판' 시대에 관한 논의도 이루어졌다(이은주, "온라인서 작품 직접 파는 '셀프 출판' 쉬워질 것", 「중앙일보」, 2009. 11. 21.자, 28면).

181) Raymond Shih Ray Ku, "The Creative Destruction of Copyright: Napster and New Economics of Digital Technology", The University of Chicago Law Review, Vol. 69, 2002., p.316.

182) Ibid., p.309 참조.

수 있으므로, 음악 창작자들은 상호간에 생산자 겸 소비자의 입장에서 자신의 음악 창작물을 '카피레프트'(copyleft)의 조건에 따라[183] 유통되도록 할 수도 있을 것이다. 이렇게 될 때 비로소 이른바 '생산·이용자(소비자)의 공동체'가 형성될 것이다.[184]

바. 크리에이티브 커먼즈 라이선스(Creative Commons License; CCL) 모델

흔히 CCL로 약칭되는 크리에이티브 커먼즈 라이선스란 미국 스탠포드 대학의 로렌스 레식(Lawrence Lessig) 교수가 2001년 제창한 것으로서 저작물의 저작권자가 간단한 네 가지 표시를 구성요소로 하여 이들을 조합함으로써 재이용 조건을 밝히는 라이선스이다. 크리에이티브 커먼즈 라이선스의 구성요소인 네 가지 표시는 '저작자 표시'(Attribution), '비영리'(Noncommercial), '변경금지'(No Derivative Works), '동일조건변경허락'(Share Alike)이다.[185] 이는 저작권을 일정하게 자발적으로 제한함으로써 이용을 촉진하는 모델이라 말할 수 있다.

이러한 CCL 모델을 채택하여 소비자의 비영리적 이용을 자유롭게 허용하는 미국의 음악 서비스 업체가 매그나튠(magnatune.com)이다. 매그나튠은 양질의 스트리밍 서비스는 무료로 오픈하고, 유료 가입자에게는 무제한의 다운로드를 허용하며, 음악 창작자와 직접 계약하여 수익의 50퍼센트를 제공한다. 이는 권리자들이 저작권

183) 이에 관해서는, 박성호, "'카피레프트(copyleft)' 개념의 생성과 그 전개", 「계간 저작권」, 2000년 여름호, 33면 이하 참조.

184) 일부 운동가들이 주장하듯이 이용자들이 P2P 기술을 통해서 MP3 음악파일을 자유롭게 교환하는 환경이 조성되면, 그것이 바로 '생산·이용자의 공동체'를 의미하는 것은 아니다. '생산·이용자의 공동체'라는 것은 자기가 창작한 음반을 카피레프트(copyleft)의 조건을 붙여 인터넷상에서 발표함으로써 이용자들이 무료로 감상하게 하거나 이용자들이 서로 자신이 창작한 음악을 교환하는 경우에 성취된다. 단지 자기가 구입하였을 뿐인 음반을 저작권자의 허락 없이 MP3 파일로 변환하여 P2P 방식으로 교환하는 것을 가지고 '생산·소비자의 공동체'라 칭할 수는 없다. 음반의 구입이란 법적으로 음반이란 유체물의 '소유권'을 취득한 것을 의미하는 것일 뿐이다. 음반에 수록된 노래에 대한 '저작권'과 '저작인접권' 등은 여전히 다른 사람(작곡·작사자, 가수, 연주인, 음반제작자)의 것이기 때문에 이들의 허락 없이 음악 파일을 교환하는 것은 법적으로 허용되지 않는다.

185) 이에 관한 상세는, 크리에이티브 커먼즈 코리아 사이트(www.creativecommons.or.kr)를 방문하여 참조할 것.

을 일정하게 자발적으로 제한함으로써 문화 창작과 유통을 촉진하는 모델, 즉 창작자의 노동에 정당한 보상이 가능하면서도 이용자에게 저작물 이용의 자유를 줄 수 있는 모델이라 할 수 있다.[186]

5. 우리나라 온라인 음악 산업의 과제

전술한 것처럼 '그록스터'(Grokster) 사건에 관한 미 연방대법원 판결은 P2P 기술 자체를 불법이라고 판시한 것이 아니다. 이에 유의한다면, 영화나 음악의 인터넷을 통한 불법 유통을 지적하면서 저작권 보호 강화를 외치는 것만이 능사는 아니다. P2P 기술 자체는 합법적이기 때문에 이 기술이 저작권을 침해하는 쪽으로 이용될 여지는 언제나 존재한다. 문화산업에 있어서 불법 복제란 숙명처럼 따라다니는 부산물이기 때문에 이에 대한 대책은 하루아침에 마련될 수 있는 성격의 것이 아니다. 또한 불법 복제에 대한 대책은 법과 정책의 영역에 속하는 것일 뿐만 아니라 한 국가의 노력만으로 성취될 수 있는 성격의 문제도 아니다.[187]

그렇다면 우리 문화산업 종사자들에게 요구되는 바람직한 자세는 무엇일까? 저작권 의식 제고나 저작권 보호 강화를 주장하면서 콘텐츠산업의 당면 과제를 '법과 정책'이라는 외부 문제로 돌려놓기보다는, 우리나라의 문화 환경에 적합하고 또 정보통신기술과 손쉽게 접목될 수 있는 우리 문화산업 나름의 수익 모델의 개발이라는 내부 문제에 진력하는 모습을 보여주는 것이라고 생각한다. 물론 그것은

186) 오병일, "저작권을 넘어선 문화생산은 가능한가?", 「정보운동 액트온」 통권 제13호, 진보네트워크센터, 2011년 제2호, 13면.

187) 국제적으로 문화산업에 있어서 불법 복제에 관한 문제는, 지적재산법의 보호 수준을 둘러싼 논의 뿐 아니라 지적재산법을 효율적으로 집행하여 불법 복제물을 실질적으로 단속하는 문제에 관해서도 그 논의가 활발히 진행되었다. 보호 수준에 관한 논의의 결실은 잘 알려진 바대로 WTO/TRIPs 협정으로 구현되었다면, 그 집행에 관한 논의로는 우리나라를 비롯한 일부 국가들만이 참여하여 2010년 말 타결된 '위조 및 불법복제 방지협정'(Anti-Counterfeiting Trade Agreement; ACTA)을 들 수 있다. 위 ACTA협정에 관한 해설로는, 정상조, "위조 및 불법복제 방지협정의 주요쟁점-민사적 집행을 중심으로", 「Law & Technology」 제6권 제5호, 서울대학교 기술과법센터, 2010. 9., 3면 이하 참조. 한편, 위 ACTA협정에 관한 비판적 고찰로는, 김기태, "'위조방지무역협정' 한국 경제의 숨은 폭탄", 「한겨레 21」 제818호, 2010. 7. 9.자 참조.

세계 일류급의 인터넷 환경에 상응하는 비즈니스 모델이어야 할 것이다.

애플의 아이튠즈 뮤직 스토어의 예에서 보듯이 성공적인 비즈니스 모델의 핵심은 이용의 용이성이고 수익 배분 구조의 투명성이다. 이러한 점에서 애플의 아이튠즈 모델과, 우리나라의 온라인 음악 산업 비즈니스 모델 중에서, 가령 '멜론' 모델은 대비되는 면이 있다. 아이튠즈의 경우 가수와 음반업계에 수익의 3분의 2를 지급하는 것과 비교할 때 '멜론' 모델의 경우는 2005년 기준으로 음악 한 곡의 가격 500원 중 절반은 이동통신사의 몫이고 나머지 절반은 가수와 음반사, MP3 음악파일 변환업체 등이 나눠 갖는다고 한다. 요컨대, 2005년 기준으로 애플의 경우는 0.99달러짜리 음악 한 곡을 팔면 음반사와 가수에게 각 0.33달러가 분배되는 반면에 '멜론' 모델의 경우는 500원 가운데 100원이 채 안 되는 돈이 음반사에 분배되고 가수 등 실연자의 몫은 이보다 훨씬 적다는 것이다.[188] 이러한 상황은 그 후로도 별로 개선되지 않았다. 2010년 기준으로 음악 한 곡의 가격 600원에 대한 수익배분요율은 대략 다음과 같다. 즉 실연자인 가수와 연주인에게 5%, 작곡·작사자에게 9%, 음반(음원)제작자에게 40%를 각 배분하고, 나머지는 온라인 음악 사이트를 운영하는 이동통신사 등 유통업자에게 배분한다는 것이다.[189] 우리의 현실을 되돌아보면 음악 창작자와 실연자에게 분배되는 몫은 이동통신사 등 유통업자와 비교할 때 아직 너무 적다. 현재 우리나라 온라인 음악 산업의 모습은 창작자에게 불리한 수익구조를 상징적으로 보여준다.[190]

한편, 아이튠즈처럼 성공적인 비즈니스 모델이라고 좋은 평가를 받으면서 출시되었다고 해서 그 성과가 언제나 지속되는 것은 아니다. 소비자의 기호와 시장 상

188) 「동아일보」, 2005. 7. 21.자, B1면.

189) 박혜림, "가수 몫 겨우 27원 디지털 음원 요지경", 「주간동아」 제764호, 2010. 11. 29.자, 66~67면. 이 기사에 따르면, 벨소리나 통화 연결음의 경우는 실연자, 작곡·작사자, 음반(음원) 제작자에게 돌아가는 수익배분요율이 각각 4.5%, 9%, 25%로 더 불리해진다고 한다.

190) 우리나라 이동통신사들은 '자본의 문화 해적질'이라는 사회적 비판에 귀 기울일 필요가 있다. 2010년 11월 6일 우리나라의 대표적인 인디 밴드 그룹 '달빛 요정 역전 만루 홈런' 의 멤버인 가수 이진원의 사망을 계기로 문화 창작자에게 불리한 수익 배분 문제가 사회적 쟁점으로 부각되었다. 이에 관해서는, 오병일, "저작권은 '달빛요정'을 못 살렸다", 「정보운동 액트온」통권 제12호, 진보네트워크센터, 2011년 제1호, 52면.

황의 변화에 주목하면서 비즈니스 모델의 내용도 개선해나갈 필요가 있다. 2007년 기준으로 세계 온라인 음악 산업은 애플의 아이튠즈가 전체 시장의 80퍼센트 이상을 차지하면서 독점적 지위를 굳힌 것처럼 보였다. 그러나 같은 해 9월 세계 최대 온라인 유통업체인 아마존 닷컴이 온라인 음악 시장에 진출하면서 시장을 말 그대로 경쟁적 상황으로 변모시켰다. 2008년 초 유니버설뮤직, 워너뮤직, 소니 BMG, EMI 등 대형 음반사들은 아마존 닷컴과 '디지털 권리관리'(Digital Rights Management; DRM)[191] 시스템을 이용하지 않은 DRM-free 방식으로 음원(音源)의 이용허락계약을 체결하였다. 외신 보도에 따르면 이러한 배경에는 애플이 그동안 독점적인 영향력을 행사하면서 디지털 음원의 가격 책정 등 많은 부분에서 음반사들의 의견을 제대로 반영하지 않아 음반사들의 불만이 누적된 것도 작용하였다고 한다. 이들 4대 음반사가 아마존 닷컴에는 DRM-free 방식으로 음원(音源)을 공급하는 반면에 애플에는 EMI를 제외한 3개 음반사가 DRM이 설치된 음원을 판매하였다. DRM이 설치된 음원은 미리 계약을 한 회사의 MP3 플레이어에서만 재생이 가능하여 이용자에게는 불편하다. 가령, 애플의 아이튠즈 스토어에서 구입한 디지털 음원은 애플의 MP3 플레이어 아이팟에서만 재생할 수 있다. 따라서 모든 MP3 플레이어에서 즐길 수 있는 디지털 음원을 선호하는 소비자들로서는 자연스럽게 아마존 닷컴을 이용하는 쪽으로 선택을 바꿀 가능성이 높아진다.[192] 이에 대처하기 위해 애플은 2009년 1월 아이튠즈 스토어의 모든 음원에 DRM-free를 선언하였고 같은 해 4월부터 이를 시행하였다. 애플은 DRM-free를 선언하면서 기존의 0.99달러보다 낮은 0.69달러와 더 높은 1.29달러짜리 상품을 출시하였다. DRM-fee의 대가로 음반사에서 요구한 가격대를 수용한 것이다. 아이튠즈 스토어가 2010년 2월 말 100억 곡의 다운로드를 돌파하고 여전히 성공적인 모델로서의 명성을 지속할 수 있었던 비결은 소비자의 기호와 시장 상황의 변화에 잘 대처하였기 때문

191) 디지털 권리관리(DRM)라는 것은 일정한 요금을 지급하지 않으면 디지털 콘텐츠 자체에 접근하여 이용하는 것을 통제하는 다양한 기술의 복합체를 말한다.

192) 「동아일보」, 2008. 1. 29.자, B7면.

일 것이다. 우리나라 온라인 음악 업계가 주목하여야 할 대목이다.

아울러 인터넷 공간에서 온라인으로 이용되는 콘텐츠는 점점 더 무료로 제공되는 경향에 있다는 점에 주목하여 콘텐츠 관련 사업 모델을 개발할 필요가 있다. 즉, 콘텐츠의 성격에 따라 어떤 것은 무료로, 어떤 것은 유료로 제공할 수 있는 이른바 프리미엄(Freemium = Free + Premium) 모델을 개발하는 것이 하나의 대안이 될 수 있을 것이다.[193] 더구나 클라우드 컴퓨팅(cloud computing)[194][195] 기술의 발전으로 클라우드에 기반한 온라인 음악 서비스 모델들까지 구글(Google)에 의해 개발되고 있다. 신기술과 융합하여 상용화 할 수 있는 새로운 비즈니스 모델의 개발은 온라인 음악 산업에서의 성패를 좌우하는 핵심 요인이라고 할 수 있다.

193) 이지훈, "디지털화 하는 모든 것의 운명은 결국… 공짜 95%에겐 공짜로 주되, 5%에게 알짜를 팔아라… 비싸게–'와이어드' 편집장 크리스 앤더슨 인터뷰", 「조선일보」, 2009. 11. 28-29자, C1면, C5면. 위 인터뷰 기사에서 크리스 앤더슨은, 여전히 인터넷에서 공짜로 음악을 다운로드 받을 수 있음에도 애플의 아이튠즈 뮤직 스토어의 유료 모델이 성공할 수 있었던 것은 공짜 음악이 제공하지 못하는 편리함을 제공하였기 때문이라고 하고 이러한 편리함이야말로 공짜 음악과 경쟁할 수 있는 '가치'라고 설명한다.

194) 클라우드 컴퓨팅(cloud computing)이란 인터넷 기반(cloud)의 컴퓨팅(computing) 기술을 의미하는 것으로 인터넷 상의 유틸리티 데이터 서버에 프로그램을 두고 그때그때 컴퓨터나 휴대폰 등에 불러와서 사용하는 웹에 기반한 소프트웨어 서비스이다(위키백과 해설 참조). 비유적으로 설명하면 하드웨어나 소프트웨어 같은 컴퓨터 자원들이 인터넷 상에 '구름'(cloud)처럼 떠다니고 이용자는 그 '구름'들을 필요할 때마다 자신의 PC로 불러들여 이용하고, 이용한 후에는 자신의 PC에 저장하지 않고 다시 인터넷 상에 떠다니게 하는 것을 말한다. 최근 모습을 드러낸 이른바 'N스크린 서비스'라는 것도 클라우드 컴퓨팅을 활용한 것이다.

195) 클라우드 컴퓨팅은 이미 1980년대 말부터 '네트워크 컴퓨팅'이란 용어로 표현되어 1990년대 MS사의 대표적 라이벌 기업인 선 마이크로시스템(Sun Microsystem)과 당시 그 회장이던 스콧 맥닐리(Scott MacNealy) 등에 의해 제창되어왔다(홍성욱, "첨단기술 시대의 독점과 경쟁–MS사 소송과 새로운 경제학의 패러다임", 「과학사상」 제25호, 범양사, 1998. 5., 219면). 선 마이크로시스템에 간부로 있던 에릭 슈미트(Eric Schumidt)가 2006년 구글의 CEO로 재직하면서 클라우드 컴퓨팅을 구글의 사업모델로 강조한 사실(켄 올레타 지음, 김우열 옮김, 「구글드(Googled)–우리가 알던 세상의 종말」, 타임비즈, 2010, 186~187면)은, 그러한 점에서 우연한 일이 아니다.

제3장 영화산업과 법

I. 영화산업의 성립과 발전

1. 초창기

1893년 많은 발명가들의 개량 끝에 영사기가 완성됨으로써 20세기를 '영화의 시대'로 만들었다. 영사기 시네마토그라프(cinématographe)에 의한 첫 상영은 뤼미에르 형제에 의해 1895년 12월 28일 파리의 중심가 그랑 카페의 지하 인디언 살롱에서 1프랑씩 내고 입장한 33인 앞에서 이루어졌다. 그 첫 상영 작품이 영화사에 유명한 ≪기차의 도착≫이다. 상영 시간은 한 편에 고작 1분 남짓이었으나 10편의 연속 상영 영화는 점점 인기를 모으게 되었고, 점차 독자적인 표현 능력을 확대하면서 대중적 오락수단의 하나인 영화(cinéma)로 성장하였다. 프랑스의 뒤를 이어 미국 영화도 1896년 영사기 바이타스코프(vitascope)에 의해 뉴욕에서 상영된 이래 많은 기법의 개량을 통해서 1900년대부터 대중적 장르로 발전하였다.[196]

흔히 영화는 예술과 산업 사이에서 줄타기를 하는 대중매체라고 하는데, 이 무렵의 영화는 이미지의 재생을 이용한 일종의 오락으로 여겨지고 있었을 뿐 아직 예술이라고 판단되지는 않았다. 그러나 따지고 보면 회화도 이미지의 재현이고, 사진의 경우는 더욱 그러하였다. 사진술에서 등장하였던 콜라주와 몽타주 기법을 영화가 차용하면서 일응 영화의 예술성을 주장할 수 있게 되었으나, 영화의 예술성 논쟁은 영화가 복제와 가장 친한 산업적 매체라는 점에서 오랫동안 수그러들지 않았다.[197] 화가들이 재현된 이미지를 베끼기 위해 회화에서 이용한 렌즈와 거울 등 광학기구가 사진으로, 사진은 영화로 거듭나면서, 회화는 사라지지 않고 영화로 진보하였다는 관점에 주목한다면,[198] 영화를 둘러싼 예술성 논쟁이란 것은

196) 앙마뉘엘 툴레 지음, 김희균 옮김, 「영화의 탄생」, 시공사, 1996, 15면; 이재희·이미혜, 「예술과 경제」, 경성대학교출판부, 1998, 306면.

197) 홍승기, "영화제작자의 권리", 「Entertainment Law」, 박영사, 2007, 182~183면.

198) David Hockney, Secret Knowledge—Rediscovering the lost technique of the Old Masters, 남경태 옮김, 「명화의 비밀」, 한길아트, 2003, 35면 이하. 이 책의 저자인 미술가 데이비드 호크니는 서양의 위대한 화가들은 거울이나 렌즈 등 광학기구 등을 이용하여 회화 모델의 재현된

— 사진의 경우도 마찬가지만 — 결국 언제 어떤 계기로 예술로 인정할 것인지를 정하는 '시기와 순서의 문제'로 귀착될 성질의 것이었다. 그러한 점에서 1916년 이탈리아의 시인이자 영화평론가인 리치오토 카뉘도(Ricciotto Canudo)가 영화를 가리켜 음악, 무용, 조각, 건축, 시, 회화에 이은 제7예술이라 부른 것은 의미심장한 대목이다.

어쨌든 이 무렵의 영화가 그저 서커스 정도의 오락거리로 여겨졌을 뿐이라는 사실을 단적으로 보여주는 사례가 1915년 미국 연방대법원의 Mutual Film Corp. v. Industrial Commission of Ohio 사건[199] 판결이다.[200] 이 사건은 그리피스(D.W. Griffith)의 영화 ≪국가의 탄생≫(Birth of a Nation)에 관한 것이었다. 이 영화는 남북전쟁이라는 커다란 역사적 사건을 배경으로 펼쳐지는 남부 귀족집안의 멜로드라마 형식으로 전개되는 스토리를 내용으로 하는 것이었는데, 오하이오 주 정부가 이 영화가 주 검열법에 위반하는 비도덕적인 것이라고 판단하여 상영을 금지시켰다. 영화사는 오하이오 주 검열법(the Ohio Censorship Law)은 수정헌법 제1조에 반하는 위헌 법률이므로 이에 따른 영화에 대한 검열은 위법한 것이라고 주장하였다. 이에 대해 미 연방 대법원은 오하이오 주 검열법은 합헌이고 영화에 대한 검열은 정당한 것이라고 판시하면서 영화는 영리 목적 사업(profit-oriented industry)에 해당하는 것으로서 수정헌법 제1조에 의한 표현의 자유를 향유할 수 없다고 판단하였다.[201]

1920년대 초반 영화의 제작과 상영은 하나의 산업으로 자리 잡았다. 이 시기부터 미국 영화가 세계 영화시장에서 헤게모니를 잡게 되었다. 제1차 세계대전 이후 미국 영화의 전 지구적 확산은 어떤 문화현상과도 비교할 수 없는 경이로운 일이었다. 전 세계의 영화시장은 할리우드 독점체제로 변모하였다. 제1차 세계대전 이

이미지를 베꼈다는 가설(假說)을 제기함으로써 광학기구의 발전이 결국 회화에서 사진, 사진에서 영화로 이어지는 진보를 가져왔다는 새로운 관점을 제시한 바 있다. 이에 따르면 회화나 사진 또는 영화의 예술성 문제는 이미지 재현 기술과 인간의 창작활동 간의 상관관계에 조응하여 판단되는 문제라고 할 수 있을 것이다.

199) Mutual Film Corp. v. Industrial Commission of Ohio 236 U.S. 230(1915).

200) 홍승기, 앞의 논문, 183면; 임상혁, 「영화와 표현의 자유」, 청림출판, 2005, 26면.

201) Alexandra Gil, "Breaking the Studios: Antitrust and the Motion Picture Industry", NYU Journal of Law & Liberty, Vol. 3, 2008, p.96.

전까지만 하더라도 유럽은 미국에 맞서는 영화산업과 시장을 가지고 있었다. 질적으로도 훨씬 우수한 영화를 만든다는 자부심도 지니고 있었다. 그러나 1차 세계대전으로 유럽 영화산업의 물적 인적 기초가 붕괴한 틈을 타서 미국의 영화는 할리우드를 중심으로 자본집약적이고 노동집약적인 산업체계로서의 모양을 갖추게 되었고 이후 유럽을 포함한 전 세계의 영화관을 지배하였다.[202)]

2. 성장기

1920년대 말 유성영화의 등장은 영화산업을 혁명적으로 변화시키는 계기가 되었다. 첫 유성영화는 워너 브러더스사가 제작한 ≪재즈 가수≫(The Jazz Singer)인데, 당시 이 영화의 개봉은 뤼미에르 형제가 ≪기차의 도착≫을 처음 상영하였을 때만큼의 충격을 주었다. 이로써 영화는 단순한 시각 예술 매체에서 벗어나 관객에게 시청각 모두를 전달하는 종합 매체가 되었다. 즉, 이전까지는 사진의 연장(활동사진)으로서 시각예술의 범주에 포함되었지만, 이제 영화는 음악적, 문학적 요소까지 내포하는 종합예술로서 연극과 가까운 장르가 되었다. 영화는 가장 인기 있는 대중예술이 되었고, 1940년대 말 영화산업은 그 전성기를 구가하였다. 이에 반해 종래의 공연예술은 유성영화의 등장으로 인해 급속도로 내리막길을 걷는다.[203)]

1930년대와 1940년대 성숙기의 미국 영화산업은 메이저라 불리는 8개 영화사(이른바 'Big Five, Little Three')에 의해 통제되었다. 영화가 최종 소비자에게 도달하기까지 제작(생산) → 배급(도매) → 상영(소매)의 제작·유통과정을 단계적으로 밟게 된다. 미국 메이저 영화사들은 이들 각 단계를 수직적으로 통합하여 일관된 제작·유통체계를 구축하였다.[204)] 메이저 영화사들은 이러한 독과점 구조를 공고히 하기 위해 '일괄판매방식'(block booking)[205)]과 '선물거래방식'(blind buying)[206)]을 관행으로 확립

---

202) 강현두·원용진·전규찬, 「현대 대중문화의 형성」, 서울대학교출판부, 1998, 135~136면.
203) 강현두·원용진·전규찬, 앞의 책, 154~155, 170면; 이재희·이미혜, 앞의 책, 307면.
204) 이재희·이미혜, 앞의 책, 308면.
205) 영화사가 극장주에게 특정 기간 동안 제작하는 모든 작품의 판매를 조건으로 하는 판매방식을

하였다. 아울러 방대한 양의 영화 제작 편수, 그에 따른 제작비 부담을 적절히 조절·통제하기 위해 영화의 기획과 제작의 기능을 분리하고, 영화 제작 과정을 촬영 전 단계, 촬영 단계, 촬영 후 단계로 구분하여 표준화·분업화하는 '일관공정체계'를 확립하였다.[207] 이와 같이 영화의 기획과 제작을 아우르는 영화의 생산 과정에 포드주의(Fordism)를 도입한 이른바 '스튜디오 시스템'을 정착시킴으로써 메이저 영화사들은 수익을 안정적으로 확대하였다.

3. 영화와 텔레비전·비디오

영화의 제작·유통 과정의 수직적 통합과 '스튜디오 시스템'을 통한 영화 생산 과정의 혁신으로 메이저 영화사들을 중심으로 한 미국 영화는 1930-40년대에 걸쳐 황금기를 누렸으나 1950년대 들어 영화산업은 쇠퇴하기 시작하였다. 그 계기가 된 것은 1948년 미 연방대법원의 United States v. Paramount Pictures, Inc. 사건[208] 판결이다. 이 사건에서 연방대법원은 메이저 영화사들에 의한 영화산업의 세 분야인 제작, 배급, 상영의 수직적 통합(vertical integration) 행위가 독점금지법(anti-trust law) 위반이라고 판시함으로써 메이저 영화사들이 제작과 배급 활동만을 하고 극장을 소유할 수 없도록 하였다.[209] 아울러 메이저 영화사가 극장주에게 특정 영화의 상영을 허락하면서 그 조건으로 다른 영화의 상영을 요구하는 '일괄판매방식'(block booking)과 영화의 상영 허락에 대한 조건으로 극장주들에게 획일적인 최저 입장료를 의무화하는 가격담합도 독점금지법 위반이라고 판시하였다.[210]

말한다. 이 방식은 흥행성이 높은 작품 외에 싸구려 작품도 끼워 팔 수 있으므로 영화사의 수익을 보장해 준다.

206) 극장주가 영화사에게 영화 제작 전이나 제작 중에 선금을 주고 영화 상영에 관한 권리를 확보하는 방식을 말한다.

207) 강현두·원용진·전규찬, 앞의 책, 142~149면.

208) United States v. Paramount Pictures, Inc., 334 U.S. 131(1948).

209) Kraig G. Fox, "Note, Paramount Revisited: the Resurgence of Vertical Integration in the Motion Picture Industry", Hofstra Law Review, Vol. 21, 1993, p.514.

210) David Ladd 저, 정상기 역, "독점금지정책과 저작권: 미국의 경험(상)", 「계간 저작권」, 저작권

1950년대 이후 영화의 쇠퇴는 위와 같이 스튜디오 시스템의 붕괴와도 관련이 있지만 근본적으로는 텔레비전 방송과의 경쟁에 따른 결과이다. 선진 각국에서 텔레비전 방송이 처음 시작된 것은 1930년대이지만, 대중매체로서 상업적인 도약을 한 시기는 1940년대 후반부터이다. 텔레비전이 대중오락의 지배적인 형태로 발전한 것은 1950년대 미국에서, 그리고 1960년대 영국에서 라디오와 영화를 대체하면서부터이다.[211] 그리하여 미국의 경우 영화사들의 수입원은 1950년대 영화관에서 텔레비전으로 전환되었다.[212]

한편, 영화에 대해 표현의 자유의 대상이 될 수 있다고 인정한 것으로서 1952년 미 연방대법원의 Joseph Burstyn, Inc., v. Wilson, Commissioner of Education of New York 사건 판결이 있다.[213] 이 사건은 이탈리아 영화 ≪기적≫의 내용이 신성모독적이라는 이유로 영화 상영이 금지된 사안에 관한 것인데, 미 연방대법원은 영화는 사상전달의 수단(organs of public opinion)이며 오락성이 있다고 하여 사상전달의 중요성이 약화되지 않는다고 선언하면서 수정헌법 제1조의 적용대상임을 인정하였다.[214]

그런데 영화사들의 수입원은 1980년대에 접어들면서 다시 한번 극적인 변동을 겪게 된다. 1980년대 이후 가정용 비디오 카세트 레코더(VCR)와 대화면(大畵面) 텔레비전이 급속하게 보급되면서 가정용 비디오 카세트의 판매가 크게 늘었다. 이러한 가정용 비디오의 성장에 따라 1980년대 이후 영화산업의 재정적 기반은 영화관과 텔레비전으로부터 비디오로 전환되었다.[215]

심의조정위원회, 1992년 여름호, 84~85면.

211) 우리나라의 경우 텔레비전이 대중매체로 자리 잡은 것은 1970년대 이후라 할 수 있다.

212) 이재희·이미혜, 앞의 책, 315~318면.

213) Joseph Burstyn, Inc., v. Wilson, Commissioner of Education of New York 343 U.S. 495 (1952).

214) 홍승기, 앞의 논문, 183면; 임상혁, 앞의 책, 26~27면.

215) 이재희·이미혜, 앞의 책, 318~319면.

4. 인터넷과 영화산업

인터넷과 디지털 기술의 발전은 저작권 분야를 가장 많이 변화시켰다. 특히 개인 간 파일 공유를 가능하게 하는 P2P 기술이 저작권 분야에 끼친 영향은 혁명적이다. 영화산업은 음악산업과 마찬가지로 P2P 기술의 동향에 촉각을 곤두세웠다. 그런데 2000년대 초 미국이나 우리나라의 음반회사들은 P2P 기술을 개발하여 보급한 온라인서비스제공자들을 상대로 소송을 제기함으로써, 음악의 유통을 위해서는 온라인서비스제공자들과 제휴관계를 맺는 쪽이 더 유익함에도 불구하고 이들을 시장에서 내몰려고 시도하는 전략적 실수를 저질렀다.[216] 미국 영화사들은 음악산업의 실수에서 교훈을 얻었다. 2006년 영화산업 보고서가 해적판으로 인한 영화산업의 전체 손해 61억 달러 중 3분의 1이 인터넷에서의 복제행위로 말미암은 것이라고 발표하자, 영화사들은 극장용으로 제작한 영화(feature films)와 TV 프로그램용 영화를 온라인에서 배포하기 위한 계약을 체결하려고 서둘렀다. 그 중에서 가장 눈에 띄는 거래는, 많은 흥행수입을 올린 개봉 영화와 TV 프로그램을 포함한 200개 이상의 영화들을 P2P 서비스업체인 비트토렌트(BitTorrent)를 통해 배포하기로 약정한 워너브라더스 영화사의 계약이다.[217] P2P 기술을 송사(訟事)의 대상으로 삼기보다 수익 모델을 창출하는데 활용한 점이 주목된다. 특히 당시 워너브라더스 홈 엔터테인먼트 그룹 사장의 다음과 같은 발언은 의미심장하다. "우리는 P2P 기술과 투쟁을 벌여왔고 이 기술이 우리에게 허용하는 모든 이점을 이용할 수 있는 방법을 찾고자 노력해왔다. 만일 불법 다운로드를 하는 사람의 5, 10, 15 퍼센트를 우리 제품의 고객으로 전환시킬 수 있다면, 이것은 중요하다."[218]

216) Paul Goldstein, Intellectual Property: the tough new realities that could make or break your business, Portfolio, 2007, p.66, p.159 각 참조.
217) Ibid., p.160.
218) Ibid.

5. 우리나라 영화산업의 발전

우리나라 영화산업은 텔레비전이 대중매체로 자리 잡기 이전인 1950년대 말부터 1960년대 중반기까지 황금기를 누렸으나 1970~80년대 정치상황과 미디어 환경의 변화로 인해 극심한 침체기를 겪었다. 이 당시 우리나라의 영화산업은 이른바 방화(邦畵)를 일정 편수 제작하면 외화, 그 중에서도 특히 미국 영화의 수입권이 보장되었기 때문에(이른바 '외화수입쿼터'), 미국 영화 수입업을 통해 대부분의 수익을 창출하고 있었다. 정치경제학적으로 말하면 국내 영화사들은 할리우드 영화 시장에 종속된 형태로 국산 영화를 제작·유통해왔던 것이 당시 우리의 현실이었다. 그런데 1988년부터 우리나라 영화사에 의한 미국 영화의 수입·배급이 아니라 할리우드 영화사들에 의해 미국 영화의 직접 배급이 이루어지면서 우리나라 영화산업은 말 그대로 '환골탈태'하는 지각변동을 겪게 되었다.[219]

그러다가 우리나라 영화산업은 1990년대에 들어서면서 그 중반 이후 예외적인 황금기를 누리게 되는데, 1980년대 말부터 1990년대까지 활발히 이루어진 가정용 비디오 기기의 보급과 케이블TV의 등장으로 영상콘텐츠 시장이 확대되면서 1990년대 중반 삼성, 대우, LG 등 이른바 산업자본이 영화산업에 대거 진입하여 활발한 자본투자를 한 것이 그 주된 원인으로 꼽힌다. 또한 그 무렵 헌법재판소가 공연윤리위원회에 의한 영화의 사전심의를 위헌이라고 결정함으로써[220] 우리나라의 영화제작 및 외화수입 여건에 거의 '문화혁명적'인 변화가 초래되었고 이로 인해 영화산업의 활성화에 대한 기대를 높였다.[221] 하지만 1997년 말 우리나라가 IMF

---

219) 유지나 외 3인, 「한국 영화사 공부 1980~1997」, 도서출판 이채, 2005, 83~88면.

220) 헌법재판소 1996. 10. 4. 선고 93헌가13, 91헌바10 결정. 헌법재판소는 영화에 대한 사전심의를 규정하고 있던 구영화법 제12조 제1항 및 제2항, 동법 제13조 제1항에 대하여 헌법이 금지하는 사전검열에 해당한다는 이유로 위헌결정을 내렸다.

221) 박선영, "영화사전심의제에 관한 고찰", 「언론정보법연구 I」, 법문사, 2002, 124~125면. 박선영 교수는, 헌재 결정에 대해 구영화법을 근거로 공연윤리위원회에 의해 이루어진 사전심의에 "위헌의 소지만 있을 뿐 명백히 헌법에 위배된다고 할 수 없는 상황이므로 단순위헌선언을 하기보다 헌법불합치선언을 하는 것이 법리적인 면에서도 옳고 현실적인 법적 안정성과 공공복리라는 측면을 고려하더라도 훨씬 합리적임을 알 수 있다"고 비판한다(위의 책, 151면).

관리경제 체제 아래 놓이게 되자 삼성, 대우 등 산업자본이 한꺼번에 영화산업계를 이탈하면서 자본 환경이 악화되었다.

이러한 와중에 영화산업에 상당히 안정적인 자본 조달 기능을 대신하게 된 것이 '영상전문투자조합'이다. 원래 투자조합은 일반투자자나 법인을 조합원으로 결성하여 출자된 자금을 조합의 업무를 집행하는 업무집행조합원이 집행·운용하는 투자형태를 말하며 출자금의 일정 비율 이상을 콘텐츠 제작자에게 투자함으로써 얻은 수익을 조합원들에게 배분하는 조직형태이다. 문화산업진흥기본법(이하, '문산법'으로 줄임) 제2조 제10호는 '문화산업전문투자조합'에 대한 정의 규정을 마련함으로써 영상전문투자조합을 법적으로 뒷받침하고 있다. 그 동안 우리나라에서 결성되어 운영되어온 대부분의 투자조합은 창업투자회사(주식회사)가 업무집행조합원을 맡아 운영하는 창업투자회사 형태의 투자조합이었다.[222] 이러한 영상전문투자조합은 1997년 말 이후 10년 간 한국영화산업의 주요 자본조달 창구로 기능하면서 제작 편수의 증가 등 한국영화산업의 양적 평가에 적지 않은 기여를 하였다는 평가를 받고 있다.[223] 또한 영화진흥위원회와 중소기업진흥공단을 통해 영상전문투자조합에게 제공되는 공적 자금 출자는 투자조합의 결성을 촉진하고 안정화함으로써 '차액 자본 조달'(gap financing)의 역할을 하는데 견인차 역할을 하였다고도 할 수 있다.[224] 이와 같이 그 동안 한국영화산업에 대한 공적투자는 영상전문투자조합 출자를 통한 간접투자 방식으로 운용되어왔다.[225] 그러나 투자조합들이 시간이 지나면서 제작관리 및 정산의 불투명성을 이유로, 사실상 완성보증을 담보하는[226] 소수 메이저 회사들의 프로젝트에 투자를 집중함으로써 한국영화산업 내에서 메

222) 최영준 외 4인, 「한국영화산업 투자환경 및 자본조달구조—금융자본 유입 이후를 중심으로」, 영화진흥위원회, 2008, 52~54면.

223) 최영준 외 4인, 위의 책, 80면.

224) 홍승기, "영상물과 엔터테인먼트법", 「스포츠·엔터테인먼트법」, 대한변호사협회, 2009, 90면.

225) 최영준 외 4인, 앞의 책, 51면.

226) 메이저투자배급사는 추가 자금 조달 능력 등을 갖추고 있기 때문에 제작 중단으로 투자금이 손실되는 일이 없이 영화제작을 완성하는 경우가 많으므로 투자자의 입장에서 볼 때 메이저투자배급사는 사실상의 완성보증 기능을 수행한다는 의미이다.

이저의 집중도를 높이는 결과를 가져 왔다는 비판도 있다. 따라서 향후에는 투자조합에 대한 관리가 강화되어야 할 것이고 특히 출자주체와 운용주체가 분리되어 발생하는 창업투자회사 중심의 투자조합 운영시스템에 대해서는 진지한 검토가 필요하다고 한다.[227)]

한편, 우리 정부는 2006년 4월 28일 문산법에 제6장 '문화산업전문회사'를 신설하여 그간 논의되던 특수목적회사(SPC; Special Purpose Company)를 입법하였다. 문산법 제2조 제21호의 정의에 따르면 '문화산업전문회사'라 함은 "회사의 자산을 문화산업의 특정 사업에 운용하고 그 수익을 투자자·사원·주주에게 배분하는 회사를 말한다." 영화 및 애니메이션 등 문화콘텐츠의 활성화를 위하여 도입된 SPC는 프로젝트 수행만을 위한 페이퍼 컴퍼니로서 실제 제작을 수행하는 제작사와는 별개의 법인격을 가진다. 이 회사는 프로젝트의 자금 흐름을 모기업인 제작사와 구분하여 투명하게 하는 역할 및 당해 프로젝트가 실패하더라도 제작사 및 그 이해관계자에게 그 위험이 미치지 않도록 하는 위험 분담효과, 제작사 및 투자 배급사와의 현금 흐름 및 권리·의무관계를 구분함으로써 제작회사의 법적 분쟁 및 자금 유용 등의 가능성으로부터 보호되는 효과가 있다.[228)] 이는 대규모 사회간접자본 건설사업 등에 사용하던 프로젝트 파이낸싱(project financing) 금융기법을 문화산업에 도입한 것이다.[229)]

II. 영화제작 관련 계약

> "이 세상을 제 자식으로 가득 채워 놓아도, 그 자식들에게 당신의 성(姓)을 붙여 놓지 않으면 아무도 그게 당신의 자식인 줄을 모릅니다."[230)]

227) 최영준 외 4인, 앞의 책, 80면.
228) 영화진흥위원회, 「문화산업 투자활성화를 위한 SPC 법제화 방안 연구」, 2005, 20면; 홍승기, 앞의 논문, 90면에서 재인용.
229) 홍승기, 위의 논문, 90면.

1. 영화의 예술·경제·법

많은 사람들은 영화제작만큼 재미있고 또 이익창출의 잠재적 가능성이 큰 것은 없다고 생각한다. 실제로 적은 투자비용으로 막대한 이익을 가져다준 영화들이 다수 존재한다. 그럼에도 불구하고 때로는 돈보다는 자기만족이 영화에 대한 투자에서 얻을 수 있는 유일한 수익이 되기도 한다. 성공한 1편의 영화 뒤에는 실패한 수십 편의 영화가 존재한다. 여기서 성공이란 경제적인 면을 의미하는 것이고 예술적인 면을 뜻하는 것이 아니다. 예술적으로는 높은 평가를 받았음에도 흥행에서는 참패를 면치 못한 영화들도 많이 있다. 그런 점에서 영화제작은 여전히 벤처기업적인 성향을 띨 수밖에 없다.[231)]

영화의 경제적 성패는 투자비용의 회수와 수익창출의 유무에 좌우된다. 영화제작자의 입장에서 볼 때 역사적으로 극장이 영화의 1차 시장이고 1980년대 이후 형성된 영화의 2차 시장은 가정용 비디오 시장, 유료 케이블, 공중파 방송과 신디케이션(syndication)[232)] 시장 등이다.[233)] 영화의 비디오 또는 DVD 제작계약 중에 일정 기간 동안 비디오나 DVD 판매를 할 수 없는 기간이 설정되어 있는 것을 '홀드 백'(hold back)이라 한다. 예컨대, 국내에서 극장 상영 종료 후 6개월이 경과한 후가 아니면 비디오나 DVD 판매를 할 수 없다는 방식이다.[234)] 영화는 1차 시장인 극장에서 상영한 후 후속 시장으로 이동하면서 가격 차별화를 통해 최대 이윤을 확보하고자 하는데, '홀드 백'은 시장의 순서와 시장별로 어느 정도의 배타적 상영

---

230) 움베르토 에코 지음, 이윤기 옮김, 「푸코의 진자 1」(완전개역판), 열린책들, 1995, 121면. 이 소설에 등장하는 출판사의 편집자 벨보의 파일 메모 속에 등장하는 대목이다.

231) Harold L. Vogel, Entertainment Industry Economics, 5th. ed., Cambridge University Press, 2001, 현대원 옮김, 「엔터테인먼트 산업의 경제학」, 커뮤니케이션북스, 2003, 50~51면 참조.

232) 신디케이션이란 미국에 있는 TV 유통시장을 말한다. 네트워크(키 방송국)라 불리는 TV방송국은 그 가맹국(로컬 방송국)과 독립 방송국, 그리고 케이블 TV 등에 과거에 방영한 영화와 TV 프로그램을 재방송용으로 판매한다. 신디케이션은 이 재방송 시장을 말한다. 미국에서의 히트작은 재방송되어 사용료를 계속 벌어들인다.

233) H. L. Vogel, 앞의 책, 82면 이하.

234) 内藤篤, 「エンタテインメント契約法」, 商事法務, 2004, 155면.

기간을 부여할 것인가를 결정하는 역할을 한다. 한국 영화의 1차 시장 및 그 이후의 기본 순서는 극장→비디오·DVD→유료케이블, 위성방송→지상파→무료케이블 순으로 이루어져 왔다.[235] 최근에는 DVD 등 패키지 미디어의 발달에 따라 과거에 창작된 영화라도 다양하고 빈번하게 이용되고 있다.[236]

영화를 경제적으로 이용하기 위해서는 우선 영화작품에 대한 권리를 누가 가지고 있는지를 알아야 한다. 영화작품의 권리, 즉 저작권법상 영화의 저작권을 누가 가지고 있는지를 확인하는 문제는 영화의 저작자를 결정하는 문제로부터 시작된다. 우리나라 저작권법이 누구를 영화의 저작자로 규정하는지를 알아보기 위해서는 먼저 영화의 제작 과정을 법적으로 살펴보아야 한다.

2. 영화의 법적 개념과 성격

가. 개념

우리나라 저작권법은 영상저작물(cinematographic works)을 "연속적인 영상(음의 수반 여부는 가리지 아니한다)이 수록된 창작물로서 그 영상을 기계 또는 전자장치에 의하여 재생하여 볼 수 있거나 보고 들을 수 있는 것을 말한다"고 정의한다(저작권법 제2조 제13호). 따라서 무성영화, 유성영화는 모두 영상저작물에 포함되며, 한편 종래의 광학필름에 의한 극영화, 음악영화, 만화영화, 뉴스영화, 기록영화 등은 물론이고 영상 또는 영상과 음이 디스크에 고정된 비디오 디스크(video disc), 테이프에 고정된 비디오테이프(video tape), 그리고 영상이 나오는 레이저 디스크, 컴팩트 디스크,

---

235) 김미현·최영준 외, 「영화산업 부가시장 활성화 방안 연구 : 비디오/DVD 시장을 중심으로」, 영화진흥위원회, 2006, 158~159면. 최근 홀드 백 기간이 단축되는 사례가 빈번한데, 이는 뉴미디어 환경에 직면한 기존 시장의 위기감이 표출된 것으로서 국내에 국한된 현상이 아니다(위의 책, 160면).

236) 미국의 경우 극장에서 개봉된 영화는 약 6개월 후 가정용 비디오로 제작되어 비디오 가게와 소매점에서 대여 또는 판매된다. 비디오나 DVD로 제작된 후 30일에서 90일 정도 지나면 페이퍼뷰(PPV)라는 시청할 때마다 요금이 붙는 유료 케이블로 방영되고, 극장 개봉으로부터 2년 정도 지나면 케이블 TV와 공중파 방송으로 방영된다. 미도리 몰 지음, 조원준 옮김, 「할리우드 비즈니스」, 엔북, 2002, 137~139면.

DVD 등도 영상저작물에 해당한다.

1986년 저작권법이 1957년 저작권법의 '영화'저작물이란 법문(法文)을 '영상'저작물이라고 바꾼 이래 현행 저작권법에서도 '영상'저작물이라는 표현을 그대로 사용하고 있다. '영화'에서 '영상'으로 그 명칭을 변경한 이유는, 고전적인 영화관 상영을 위한 영화뿐만 아니라 텔레비전 방송을 위한 드라마, 비디오테이프 등 녹화물로서 영화와 같은 효과를 가진 것을 포함하기 위해서이다.[237)]

영상저작물은 대개 2차적 저작물인 동시에 공동저작물로서 종합예술의 한 형태이며, 그 저작물의 창작에는 수많은 사람이 참여한다. 즉 원작자, 시나리오작가, 감독, 배우, 음악, 촬영기사, 필름현상자, 장치·의상담당자, 편집자 등이 참여하여 각각 예술적, 기술적 기여를 하고 있을 뿐 아니라[238)] "영상저작물의 제작에 있어 그 전체를 기획하고 책임을 지는 자"인 영상제작자(저작권법 제2조 제14호)가 별도로 존재하여 참여한다. 이와 같이 영상저작물의 제작에 참여하는 사람들은 '고전적 저작자'(classical authors), '현대적 저작자'(modern a uthors), '실연자'(performers)의 세 가지 유형으로 분류할 수 있다.[239)]

나. 영상물·영상저작물·영화와 관련한 법률들 간의 규정 내용 비교

법률적으로 영화의 성격을 제대로 이해하기 위해서는 영상물·영상저작물·영화가 개념상 상호 어떤 관련성이 있고 또 어떠한 기준에 따라 구별되고 있는지를 살펴보아야 한다.

① 영상진흥기본법 제2조 제1호의 '영상물' 개념이다. 즉, 동법에서는 영상물이란 "연속적인 영상이 필름·테이프·디스크 그 밖의 유형물에 고정되어 그 영상을 기계나 전자장치로 재생하여 보고 들을 수 있거나 송·수신할 수 있는

237) 박원순, "저작권법상 영상저작물", 대한변호사협회지, 1988. 3., 8면 참조.
238) 하용득, 「저작권법」, 법령편찬보급회, 1988, 288면.
239) 오승종, 「저작권법」, 박영사, 2007, 843면 참조.

물체(컴퓨터 프로그램에 의한 것을 제외한다)를 말한다"고 규정하고 있다.

② 저작권법 제2조 제13호의 '영상저작물' 개념이다. 동법은 "연속적인 영상(음의 수반 여부는 가리지 아니한다)이 수록된 창작물로서 그 영상을 기계 또는 전자장치에 의하여 재생하여 볼 수 있거나 보고 들을 수 있는 것"을 영상저작물이라고 정의하고 있다.

③ 영화 및 비디오물의 진흥에 관한 법률 제2조 제1호의 '영화'인데, 동법에 따르면 영화란 "연속적인 영상이 필름 또는 디스크 등의 디지털매체에 담긴 저작물로서 영화상영관 등의 장소 또는 시설에서 공중(公衆)에게 관람하게 할 목적으로 제작한 것을 말한다"고 규정하고 있다.

'영상물'이란 그 창작성 여하에 불구하고 연속적인 영상이 유형물에 고정된 것으로서 재생하여 시청각 가능한 것을 말하므로 가장 넓은 개념에 해당한다고 말할 수 있다. 이러한 영상물 중에서 창작성이 인정되는 것만이 '영상저작물'에 해당한다. 그리고 영상저작물 중에서 극장과 같은 영화상영관에서 관람할 목적으로 제작된 것만이 영화에 해당하게 된다. 즉, 영상물, 영상저작물, 영화의 관계를 도식화하여 설명하면 '영상물 〉 영상저작물 〉 영화'의 관계가 성립한다고 말할 수 있다.

다. 2차적 저작물에 관한 개념 정의

기존의 어떤 저작물을 번역, 편곡, 변형, 각색, 영상제작 그 밖의 방법으로 작성한 창작물을 2차적 저작물이라고 한다(저작권법 제5조 제1항). 그리고 2차적 저작물의 작성에 이용된 기존의 저작물을 원(原)저작물이라고 한다. 예컨대, 방송작가가 집필한 각본을 원저작물이라 하면, 각본을 토대로 하여 제작된 TV 드라마는 2차적 저작물에 해당한다. 이러한 2차적 저작물은 원저작물과는 별도로 저작권법에 의하여 보호된다.

2차적 저작물을 저작권법에 규정하는 이유는 2차적 저작물을 별개의 저작물로서 보호하고 원저작물과의 권리관계를 명확히 하려는 것인데, 이러한 2차적 저작물이란 개념은 상대적인 것이다. 즉, 원저작물과 2차적 저작물은 성립순서에 따라 상대적으로 구분되는 개념이다. 따라서 2차적 저작물을 토대로 다시 번역 또는 변형하여 작성된 새로운 저작물을 일응 3차적 저작물이라 부를 수도 있겠으나, 이것도 성질상으로는 역시 2차적 저작물이다.[240] 다시 말해 이 경우 2차적 저작물과 이를 토대로 작성된 3차적 저작물의 관계는, 원저작물과 2차적 저작물의 관계와 모든 면에서 동일하다.[241]

3. 영상화 계약(〉영화화 계약)과 영상제작계약(〉영화제작계약)

"소설은 영화나 드라마에 대본을 주는 장르로 바뀔 것 같다."[242]

"영화는 문학의 자매 예술이다. 그러나 영화는 문학의 다양한 표현을 단순화 시킨다."[243]

"영화는, 결코 예술이 아니라, 세균병기다. 영화를 산업이자 예술로 이해한 앙드레 말로가 오늘날 영화를 보았다면 예술이라는 진술을 즉각 철회할 것이다."[244]

가. 영상(〉영화)제작 관련 계약

일반적인 엔터테인먼트 법 관련 교재 등에서 설명하는 영상저작물의 제작 과정을 크게 나누어 보면, ① 기획(영상화 계약 등), ② 제작 준비(감독 계약, 주연 · 조연 배우

240) 황적인·최현호, 「저작물과 출판권」, 한국문예학술저작권협회, 1990, 41면.

241) 예컨대, A가 작성한 소설을 B가 각색하고, C가 각색저작물을 기초로 하여 TV 드라마를 제작한 경우, A의 저작물을 원저작물이라 한다면 B의 저작물은 2차적 저작물이 되고, C의 저작물은 3차적 저작물이 된다고 할 수 있으나, B의 저작물은 C의 저작물과의 관계에서 원저작물로 취급된다.

242) 소설가 복거일이 영상매체의 등장으로 인한 소설의 위기, 소설의 미래에 대해 묻는 기자에게 답한 말이다(경향신문, 2008. 2. 14.자). 복거일은 1987년 문학과지성사에서 출간한 「비명을 찾아서」라는 대체역사(alternative history) 소설로 문단에 등단하였다.

243) 2006년 노벨문학상 수장자 오르한 파무크(Orhan Pamuk)가 문학과 영화의 관계에 대해 표현한 말이다.

244) 변호사·시인 전원책이 자신의 홈페이지 아포리즘 222번 항목에서 올린 글이다. 전원책은 1990년 조선일보 신춘문예에 시 "나무를 꿈꾸며"가 당선되어 문단에 '재'등단하였다.

출연 계약, 스태프 계약), ③ 제작(촬영), ④ 완성(편집, 사운드 추가, 크레딧 삽입 등), ⑤ 배급으로 구성된다.[245)]

영상화(>영화화) 계약은 ①의 '기획' 단계에 속하는 것이고, 영상제작계약(>영화제작계약)은 ②의 '제작 준비' 단계에 해당하는 것이다. 특히 '영상화 계약'에 관해서는 우리나라 저작권법 제99조가, '영상제작계약'에 관해서는 제100조가 특례조항을 두고 있기 때문에, 두 유형의 계약에 관한 법률적 의미를 정확히 이해하는 것이 필요하다.

나. 영상화 계약

영상저작물이 기존의 저작물을 전제로 하지 않고 제작되는 경우도 있으나{예컨대, 풍경영화나 기록영화 등 실사(實寫)영화}, 일반적으로 영상저작물은 소설, 각본 등 기존의 저작물(즉, 원저작물)을 바탕으로 하여 이를 '영상제작'한 2차적 저작물이 대부분이다.[246)] 그리고 이와 같이 기존의 저작물을 2차적 저작물인 영화나 텔레비전 드라마 등의 영상저작물로 만들 수 있는 권리를 '영상화권'이라 하고, 이때의 계약을 보통 '영상화 계약'이라 한다.[247)]

그런데 기존의 저작물을 영상화하기 위해서는 기존 저작물의 저작권자로부터 계약에 의하여 2차적 저작물 작성권의 하나인 영상제작을 할 수 있는 권리, 즉 영상화권을 '양도'받거나 그 '이용허락'을 받아야 한다. 예컨대, 시나리오계약의 경우에는 영상화권을 양도받는 형태를 취하는 것이 보통이고 소설을 원작으로 하는 경우에는 영상화의 이용허락을 얻는 경우가 통상적이다.[248)] 그리고 영상화 계약(映像化 契約)은, 기존 저작물의 저작권자(즉, 원저작물의 저작권자)와 영상제작자와의 사이에 체결되는 것이 보통이다. 영상화 계약 중에서 특히 영상화의 이용허락의 경우를 영상화 허락계약(映像化 許諾契約)이라고도 한다.

245) 福井健策 외 지음, 김원중 옮김, 「엔터테인먼트 계약의 함정」, 새빛컬쳐, 2004, 168면.
246) 하용득, 앞의 책, 289면.
247) 저작권심의조정위원회 편, 「저작권용어해설」, 1988, 173면.
248) 임상혁, 「영화와 저작권」, 세창출판사, 2004, 81~82면.

영화 업계에서는 영상화 계약을 다시 소설 등의 원작의 사용권 취득(또는 영화판권 취득, 원작권 구입)에 관한 '영상화 허락계약'과, 이러한 원작을 기초로 시나리오를 작성하는 '시나리오계약'으로 구분하는 것이 일반적이다. 물론 소설 등의 원작 없이 맞바로 시나리오가 작성되는 경우(이른바 '오리지널 시나리오')에는 시나리오작가와 체결하는 시나리오계약 자체가 영상화 계약에 해당하게 된다.[249] 특히 '시나리오'의 완성도는 영화의 흥행을 좌우하는 중요 요소 중에 하나이므로 시나리오의 수정에 관한 사항을 '시나리오계약' 내용 중에 구체적이고 상세하게 명기하는 것이 요구된다.[250]

한편, 우리나라의 경우 그 사례가 흔한 것은 아니지만 미국 방식의 이른바 '옵션 계약'(option agreement) 형태로 소설 등의 원작에 관한 '영상화 허락계약'을 체결하는 경우가 있다.[251] 옵션 계약의 핵심은 원작의 권리자가 일정한 기간('옵션 기간') 타인에게 원작의 영상화를 허락하지 못하게 하는 대신에 일정한 비용('옵션 비용')을 영상제작자가 지급하는 것이다. 그 대가로 영상제작자는 옵션 기간 동안 원작을 토대로 시나리오를 개발할 수 있는 독점적 권리를 얻는다. 옵션 기간의 종료 전에 영상제작자는 옵션을 행사하여 계약 조건에 따라 영상화권을 구입하여야 한다. 옵션을 행사하지 않을 경우 그 권리는 저작권자에게 반환된다. 이러한 계약이 존재하는 이유는, 미국에서 원작을 토대로 시나리오를 개발하는 데에는 많은 비용이

---

249) 시나리오작가(screenwriters)는 시나리오(screenplay)를 쓰는 사람을 말한다. 여기서 주의할 것은 시나리오의 개념이다. 특히 시나리오, 트리트먼트, 시놉시스의 상호 관계이다. 과거에 시나리오(scenario)라고 부르던 것을 요즘에는 'screenplay' 또는 'script'라고 부르고 있는데, 용어 사용상의 혼동을 피하기 위하여 'screenplay'나 'script'에 대해서도 우리 영화 업계에서는 시나리오라는 번역어를 사용하는 것이 일반적이다. 참고로 시나리오(screenplay; script)의 작성에 이르기까지의 단계를 살펴보면, 제작하려는 영화의 플롯과 주요 장면의 개요를 그린 '시놉시스'(synopsis)가 만들어지면 그 다음 단계인 '트리트먼트'(treatment)를 거쳐 최종적으로 '시나리오'의 완성에 이르게 된다. 즉, '시놉시스 → 트리트먼트 → 시나리오' 라는 단계별 과정을 거치게 된다. Emphraim Katz, The Film Encyclopedia, 3d ed., HarperPerennial, 1998, p.1214, 1230, 1335, 1371 각 참조.

250) 영화 '과속스캔들'은 시나리오를 100회 이상 수정함으로써 영화의 완성도를 높였고 이것이 영화 흥행 성공의 주 요인이 되었다(기선민, "'과속스캔들' 770만 명 돌파 역발상 투자로 흥행 '과속'", 「중앙일보」, 2009. 2. 4.자 11면).

251) 이에 관한 소개로는, 조광희·안지혜·조준형, 「영화인을 법률 가이드」, 시각과 언어, 2003, 59~60면.

소요될 뿐 아니라 위험이 수반되는 투자이기 때문에 그 개발 비용을 낮추기 위한 목적으로 옵션 계약이 활용된다. 요컨대, '옵션 계약'은 일정 기간 동안 적은 비용으로 미리 원작을 확보해 놓을 수 있는 장점이 있는 계약이다.[252]

영상화 허락계약을 체결할 때 영상제작자가 주의할 것은, 원저작물의 저작자(즉, 원작자)가 저작권을 확실히 가지고 있는지 조사하고 확인해야 한다는 점이다. 장차 제3자가 나타나서 "이 원작은 내 스토리를 표절한 작품"이라고 주장하거나 아니면 "이 소설을 영상화하는 권리는 이미 나에게 양도되었다"는 식의 분쟁이 발생할 것에 대비하여, 영상화 허락계약 이후에 생기는 문제는 원작자의 책임으로 처리하며 영화제작사는 그 문제에 관여하지 않는다는 항목을 계약서 속에 명기하는 것이 필요하다. 그러나 원작의 저작권 관련 분쟁이 장기화하면 결국 영화제작사도 관여할 수밖에 없게 되는데, 미국의 경우에는 이러한 경우를 대비하여 과오(過誤)보험이라는 것이 발달해 있다. 설령 원작 관련 저작권소송에서 패소하더라도 보험금으로 손해를 보전하는 시스템이다. 미국에서는 영화제작사가 과오 보험에 가입해 있지 않으면 영화배급사가 영화배급권을 구입하지 않겠다고 거부하는 경우가 많다.[253]

다. 영상제작계약

영상저작물의 제작에는 많은 이해관계인이 참여한다. 우선 원저작자, 시나리오작가를 비롯하여 촬영기사, 작곡가, 음향전문가, 의상 및 장치담당자, 필름현상자 등이 있고, 실연자로서 배우도 있다. 또한 이들을 지휘하는 감독이 있으며 최종적으로는 영상제작자가 있다.

이러한 이해관계인 중에서 영상화의 대상이 되거나 영상저작물의 제작을 위하여 각색되는 소설 등 원저작물의 저작자, 영화의 시나리오를 작성한 시나리오작가, 방송작가 및 영화 속에서 사용되는 음악이나 미술저작물의 저작자를 '고전적

252) Kelly Charles Crabb, The Movie Business, Simon & Schuster, 2005, pp.42~45.
253) 미도리 몰 지음, 조원준 옮김, 「할리우드 비즈니스」, 엔북, 2002, 31~32면.

저작자'(classical authors)라 한다. 또한 극장용 영상저작물의 감독(director), TV 드라마의 프로듀서, 촬영을 담당하는 촬영감독(chief cameraman 포함) 및 미술감독, 음악감독 등을 '현대적 저작자'(modern authors)라 한다. 즉, 현대적 저작자는 영상저작물의 제작, 감독, 연출, 촬영, 미술 등을 담당하여 그 영상저작물의 전체적 형성에 창작적으로 기여한 자를 말한다.[254)]

영상제작계약이란 영상제작자와 현대적 저작자 간에, 영상제작자와 실연자 간에, 그리고 영상제작자와 그 밖의 스태프 간에 각기 체결되는 계약들을 일컫는 용어이다. 따라서 영상제작계약에는 영상제작자와 현대적 저작자 간에 체결되는 감독 계약, 프로듀서 계약, 영상제작자와 실연자 간에 체결되는 배우 출연 계약, 그리고 영상제작자와 그 밖의 스태프 간에 체결되는 스태프 계약 등이 포함된다.

4. 완성된 영상(또는 영화)저작물의 저작자는 누구인가?

가. 영상저작물의 저작자의 결정에 관한 입법례

소설이나 그림은 그 소설을 쓴 소설가나 그림을 그린 화가가 저작자라는 데에 별다른 의문이 생기지 않는다. 그러면 영화의 저작자는 누구인가? 영화사인가, 감독인가, 아니면 시나리오작가인가? 영화는 종합예술의 한 형태이며 그 창작 과정에 수많은 사람들이 참여하여 그 인적 범위가 광범위하기 때문에 그 저작자를 결정하는 문제가 복잡하다. 앞서 언급한 것처럼 영화가 처음 등장한 초창기에는 영화의 예술성 인정 여부를 둘러싸고 다툼이 있었지만 예술성 논란이 종식된 이후에는 영화작품의 저작자를 누구로 하느냐는 문제를 둘러싸고서 논의가 펼쳐졌다. 저작권에 관한 국제조약으로는 흔히 베른협약이라 약칭되는 '문학·예술 저작물의 보호를 위한 베른협약'이 가장 대표적인 것이다. 이 베른협약의 개정에 관한 1967년 6월 스톡홀름 개정회의에서는 "영상저작물의 저작권의 귀속(ownership of copyright)

254) 황적인·정순희·최현호, 「저작권법」, 법문사, 1988, 434면; 앞의 「저작권용어해설」, 176면 각 참조.

은 보호가 요구되는 국가의 법률로 정한다"(제14조의2 제2항)는 개정안을 채택하였다. 이에 따라 영상제작자는 원시적(原始的)으로 영상저작물의 저작권자가 될 수도 있고, 또한 법정양도에 의하여 영상저작물의 저작자로부터 저작권을 양도받은 저작권자가 될 수도 있으므로 국내법은 어느 쪽이든 자유롭게 이를 정할 수 있다.[255)]

여기서 주의할 것은 베른협약 제14조의2 제2항이 영상저작물의 '저작자'(author)를 어떻게 정할 것인지 여부를 국내법에 맡긴 것이 아니라, '저작권의 귀속'(ownership of copyright) 문제를 어떻게 할 것인가를 국내법에 맡겼다는 점이다. 저작자와 저작권자는 우선 개념적으로 구별된다. 저작물을 창작한 저작자에게는 저작권이 원시적으로 귀속되지만, 저작자가 제3자에게 저작권을 양도하면 제3자가 저작권자가 되기 때문이다. 따라서 위 조항은 영상저작물의 '저작자'(author)는 실제 창작자인가, 아니면 영상제작자인가에 초점을 맞춘 것이 아니라, 완성된 영상저작물의 이용에 관한 편의를 도모하기 위해서는 그 이용에 관한 권리를 누구에게 어떻게 귀속시키는 것이 중요한가를 염두에 두고 내린 타협의 산물이다. 그러므로 위 조항은 '저작자' 이외의 자를 저작권의 원시취득자로 인정할 수 있는 여지를 남겼다는 점에서 그 의의를 찾을 수 있다.[256)][257)]

영상저작물의 저작자를 정하는 데에는 두 가지 방법이 있다. 사례방법(Fallmethode)은 개개의 사례에 관하여 창작자원칙(Schöpferprinzip)에 입각하여 저작자인지 여부를 결정하는 것을 말한다. 이에 대하여 범주방법(Kategorienmethode)은 법적 안정성을 도모하기 위해 영상저작물의 창작 과정에 관여한 일정한 범주에 속하는 자(가령, 시나

255) 박성호, "영상저작물의 저작권 귀속에 관한 준거법의 결정", 「국제사법연구」(제14호), 한국국제사법학회, 2008. 12., 116면.

256) 박성호, 위의 논문, 115~116면.

257) '저작자' 이외의 자를 저작권의 원시취득자로 인정한 특이한 입법례로 대표적인 것이 영화저작물에 관한 일본 저작권법이다. 동법 제16조는 "제작, 감독, 연출 등을 담당하여 그 영화저작물의 전체적 형성에 창작적으로 기여한 자"들, 즉 이른바 '현대적 저작자들'(modern authors)이 영화저작물의 공동저작자가 된다는 점을 밝히고 있다. 한편 동법 제29조 제1항은 "영화저작물의 저작권은 그 저작자가 영화제작자에 대하여 당해 영화저작물의 제작에 참가할 것을 약속하고 있는 경우에는 당해 영화제작자에게 귀속한다"고 규정하여 영화저작물의 저작재산권이 영화제작자에게 원시적으로 귀속되는 것으로 하고 있어서 영화저작물의 성립 당초부터 저작자와 저작권자를 분리하는 특이한 입법형식을 취하고 있다.

리오 작가, 영화감독, 영상제작자)들을 저작자로 보는 것을 말한다.[258] 대륙법계 입법례는 실제로 창작행위를 한 자연인(自然人)만이 저작자가 될 수 있다는 이른바 '창작자원칙'(Schöpferprinzip)을 전제로 한다. 대륙법계 중에서 독일 저작권법은 사례방법을 취하고 있는 반면 프랑스, 이탈리아, 스페인, 일본 저작권법은 범주방법에 입각한 입법례를 취하고 있다. 한편, 영미법계 입법례는 '고용저작물' 혹은 '업무상 저작물' 조항을 가지고 있는 경우가 많다. 이는 실제로 저작물을 창작하지 않았더라도 그 창작자를 고용한 법인(法人)이나 사용자도 일정한 요건을 갖춘 경우 저작자가 될 수 있다는 규정이다. 이에 따라 영미법계 입법례는 범주방법 중에서도 영상제작자를 그 저작자로 인정하는 방법을 택한 것으로 이해할 수 있다.

대륙법계 입법례에서는 창작자원칙에 따라 실제로 창작행위를 한 자연인(自然人)들이 영상저작물의 저작자가 된다. 또 사례방법과 범주방법 어느 것을 취하든 영상저작물에는 많은 사람들이 관여하므로 영상저작물은 여러 사람의 공동저작물이 되는 경우가 많다. 이와 같이 여러 사람이 공동저작자가 되면 영상저작물을 이용하기가 불편하므로 원활한 이용을 위하여 영상저작물의 저작자들이 그 저작재산권을 영상제작자에게 양도하는 입법 형태를 취하는 것이 일반적이다. 예컨대, 프랑스와 독일 저작권법은 반증이 없는 한 저작재산권의 양도가 추정된다("*presumptio juris tantum*" 원칙)고 입법하고, 오스트리아와 이탈리아 저작권법은 저작재산권의 양도가 의제된다("*presumptio juris et de jure*" 원칙)는 입법을 하고 있다.[259] 영미법계 입법례에서는 영상저작물이 영상제작자의 '고용저작물'로서 만들어지는 경우가 많으므로 결과적으로 영상제작자가 영상저작물의 저작자로 인정된다. 따라서 영상제작자는 별도의 법적 조치 없이 영상저작물을 손쉽게 이용할 수 있어서 편리하다. 또한 이때 영상제작자는 법인 형태를 취하는 것이 일반적이기 때문에 자연인이 아닌 법인(法人)을 영상저작물의 저작자로 인정하는 결과가 된다. 미국, 영국, 호주, 그리고 뉴질랜드 등의 입법례가 여기에 해당한다.[260]

---

258) Manfred Rehbinder, Urheberrecht, 14. Aufl., C.H. Beck, 2006, S. 102.
259) J.A.L. Sterling, World Copyright Law, 2nd ed., Sweet & Maxwell, 2003, pp.194~195.

나. 이른바 '현대적 저작자'의 공동저작물로서의 영상저작물

(1) 영상저작물을 경제적으로 이용하기 위해서는 영상저작물의 저작권을 누가 가지고 있는지를 확인해야 한다. 어떤 저작물이든 그 저작물의 저작권을 최초로 가지는 것은 바로 그 저작자이다. 따라서 누가 영상저작물의 '저작권자'인지를 확인하는 문제는 누가 영상저작물의 '저작자'인지를 확인하는 문제에서 시작해야 한다. 그렇다면 우리나라 저작권법은 영상저작물의 저작자를 누구라고 규정하고 있는가?

우리나라 저작권법은 독일의 경우와 마찬가지로 영상저작물의 저작자에 관한 별도의 규정을 가지고 있지 않다. 그러므로 저작권법의 일반원칙인 '창작자원칙'(Schöpferprinzip)에 입각하여 저작자로 인정할 수 있는가를 판별하여 개개의 영상저작물의 저작자를 결정할 수밖에 없다(이른바 '사례방법'). 즉, 저작물을 실제로 창작한 자연인만이 저작자로 인정되어 저작권을 최초로 취득하게 된다는 일반원칙에 입각하여 영상저작물의 저작자를 결정하여야 한다. 결국 이 문제는 영상저작물의 제작에 관여하는 이해관계인들 중에서 누가 저작권법 제2조 제2호에서 말하는 저작물의 창작자인가 하는 해석상의 문제로 귀착하게 될 것이다.[261)]

이러한 관점에서 영상저작물의 저작자를 판단하면, 일반적으로는 영상저작물의 제작, 감독, 연출, 촬영, 미술 등을 담당하여 영상저작물의 전체적 형성에 창작적으로 기여한 자를 저작자로 인정할 수 있을 것이다. 다시 말해 이른바 '현대적 저작자'(modern authors)인 프로듀서, 감독, 디렉터, 촬영감독, 미술감독, 녹음감독, 필름편집자 등이 완성된 영상저작물의 공동저작자가 된다고 해석할 수 있을 것이다. 이에 반하여 조감독이나 보조카메라맨 등의 보조자는 공동저작자가 될 수 없으며, 영상저작물 제작의 토대로 이용된 소설 등과 같은 원(原)저작물의 저작자들, 즉 이른바 '고전적 저작자'(classical authors)도 영상저작물의 저작자로 보기는 어려운 경우

260) Ibid., pp.195~196.
261) 박성호, "'영상저작물에 관한 특례규정'의 해석상 몇 가지 문제점", 「계간 저작권」, 저작권심의조정위원회, 1992년 가을호, 56면.

가 많을 것이다.[262)]

한편, 영상저작물이 완성되었다는 것은 그 창작과정이 종료되었다는 의미이므로, 가령 영화의 미편집 필름은 아직 창작과정이 종료되지 않은 상태이므로 저작권법상의 영상저작물에 해당하지 않는다.[263)]

(2) 이와 같이 영상저작물을 '현대적 저작자'의 공동저작물이라고 본다면, 영상저작물을 제작하는데 많은 자본을 투자한 영상제작자가 영상저작물을 이용하는 데에 여러 가지 불편함이 따른다. 영상제작자가 영상저작물을 극장에서 상영하거나 DVD 등으로 제작하기 위해서는 영상저작물의 공동저작자인 '현대적 저작자'로부터 영상저작물의 저작재산권을 양도받거나 그 이용허락을 얻어야 하기 때문이다.

또한 특정 영화에 출연하여 등장인물로서 연기를 한 배우들은 영상저작물에 포함된 자신들의 실연(performance)에 대해서 저작인접권을 가진다. 따라서 영상제작자가 영상저작물을 이용하기 위해서는 출연 배우들의 저작인접권을 양도받거나 그 이용허락을 얻어야 한다.

그러므로 영상제작자는 감독 계약이나 프로듀서 계약을 체결할 때에 그 계약 내용 중에 영상저작물에 대해서 '현대적 저작자'인 감독에게 발생할 저작재산권을 영상제작자가 양도받거나 그 이용허락을 얻는다는 내용을 미리 명시할 필요가 있다. 마찬가지로 영상제작자는 배우 출연 계약 중에 영상저작물에 대해서 실연자인 배우에게 발생할 저작인접권을 영상제작자가 양도받거나 그 이용허락을 얻는다는 내용을 미리 명시할 필요가 있다.

다. 우리나라 저작권법 제100조, 제101조의 특례조항

(1) 문제는 감독 계약이나 프로듀서 계약, 또는 배우 출연 계약 등의 내용이 불분명한 경우이다. 이러한 사태에 대비하여 저작권법은 불분명한 계약 내용을 보충

262) 황적인·정순희·최현호, 「저작권법」, 법문사, 1988, 377면.
263) 日本 東京高裁 平成 5年 9月 9日 判決.

하는 특례 규정을 마련하고 있다.

저작권법 제100조 제1항은 "영상제작자와 영상저작물의 제작에 협력할 것을 약정한 자가 그 영상저작물에 대하여 저작권을 취득한 경우 특약이 없는 한 그 영상저작물의 이용을 위하여 필요한 권리는 영상제작자가 이를 양도받은 것으로 추정한다"고 규정한다. 위 조항을 이해하기 쉽게 두 부분으로 나누어 설명한다.

첫째, 저작권법 제100조 제1항의 앞부분인 "영상저작물의 제작에 협력할 것을 약정한 자가 그 영상저작물에 대하여 저작권을 취득한 경우"라는 것은, 영상제작자와 영상제작계약을 체결하고 영상저작물의 제작에 관여한 '현대적 저작자'들이 영상저작물의 공동저작자가 되어 저작권의 원시적 취득(originären Erwerb)을 한 경우를 말한다. 요컨대, 창작자원칙(저작권법 제2조 2호)이 적용되어 실제 창작행위를 한 자가 저작자로서 저작권을 최초로 취득하는 경우를 의미한다.

둘째, 이러한 경우 저작권법 제100조 제1항 뒷부분인 "특약이 없는 한 그 영상저작물의 이용을 위하여 필요한 권리는 영상제작자가 이를 양도받은 것으로 추정한다"는 것은, 감독 계약 등에 특약이 없는 한 보충적으로 적용되는 것으로서 '영상저작물의 이용을 위하여 필요한 권리'가 영상제작자에게 양도되는 것으로 추정한다는 의미이다. 따라서 감독 계약 등에 별도의 특약이 있다는 것을 반증하면 그 추정은 깨진다. 반증이 없는 한 저작재산권의 양도가 추정된다("*presumptio juris tantum*" 원칙)는 프랑스와 독일 저작권법의 입법례와 마찬가지이다.

여기서 '영상저작물의 이용을 위하여 필요한 권리'란 구체적으로 무엇을 말하는가? 이에 대해 저작권법 제101조 제1항은 "영상저작물의 제작에 협력할 것을 약정한 자로부터 영상제작자가 양도 받는 '영상저작물의 이용을 위하여 필요한 권리'는 영상저작물을 복제·배포·공개상영·방송·전송 그 밖의 방법으로 이용할 권리"를 말한다고 규정한다.

(2) 다음으로 배우 출연 계약의 내용이 불분명한 경우이다. 저작권법 제100조

제3항은 "영상저작물의 제작에 협력할 것을 약정한 실연자의 그 영상저작물의 이용에 관한 제69조의 규정에 따른 복제권, 제70조의 규정에 따른 방송권 및 제74조의 규정에 따른 전송권은 특약이 없는 한 영상제작자가 이를 양도 받은 것으로 추정한다"고 규정한다. 이 조항도 제100조 제1항과 마찬가지로 별도의 특약이 없는 경우에 적용되는 보충규정이다.

이 규정에 의하여 영상저작물의 제작에 출연한 실연자인 배우 등의 저작인접권은 영상제작자에게 양도된 것으로 추정되기 때문에 실연자는 영상저작물에 대하여 거의 아무런 권리도 가지지 않는 결과가 된다. 따라서 이러한 불이익을 고려할 때 실연자는 영상제작자와 배우 출연 계약을 체결할 경우 출연료나 그 밖의 보수 등으로 미리 보완해 두거나, 아니면 별도의 특약을 마련하는 등 조처를 취해 놓아야 할 것이다.

(3) 저작권법이 영상제작자에게 유리한 이러한 특례규정을 마련한 이유는 무엇일까? 영상제작자는 어문저작물인 서적 등을 간행하는 출판자에 상당하지만, 영상저작물의 경우에는 영상제작자가 그 저작물의 제작행위에 대하여 주도권을 가지고 있으며, 원고의 인쇄와는 비교도 할 수 없을 만큼 중요한 지위를 차지하고 있다. 또한 그들은 흥행의 성패가 불분명한 상태에서 위험을 무릅쓰고 자본을 투자한다.[264]

그런데 영상저작물의 창작과정에 실제로 관여한 사람들이 영상저작물의 공동저작자로서 권리를 행사한다면, 영상제작자는 영상저작물을 원활하게 이용할 수 없게 되므로 이들 사이의 이해관계를 명확히 해 둘 필요가 있어서 이러한 특례규정을 둔 것이다.

264) 송영식·이상정·황종환, 「지적소유권법 하」(제9판), 육법사, 2005, 554면.

라. 영상저작물에 저작권법 제9조가 적용되는 경우

(1) 전술한 것처럼 영상저작물의 저작자를 결정하는 데에는 '창작자원칙'에 따라 저작권법 제2조 제2호가 적용되어 저작자가 정해진다. 문제는 '창작자원칙'의 예외에 해당하는 '업무상 저작물의 저작자' 규정이[265] 영상저작물에도 적용 가능한지 여부이다. 요컨대, 저작권법 제9조가 영상저작물에 적용되어 법인 등 사용자, 즉 영상제작자가 영상저작물의 저작자로 인정될 수 있는지의 문제이다.

영상저작물에 저작권법 제9조가 적용되는지를 둘러싸고 긍정설과 부정설로 학설이 갈리지만,[266] 결론부터 말하자면 '업무상 저작물의 저작자'에 대해 규정한 저작권법 제9조는 영상저작물에도 적용 가능하다고 말할 수 있다.[267] 오늘날 영상저작물의 제작 실태를 살펴보면, 상당수의 영상저작물은 법인 등 사용자(영상제작자)가 기획하여 법인 등의 업무종사자(피용자인 영화감독)로 하여금 창작하게 한 다음 법인 등의 명의로 공표하는 업무상 저작물에 해당한다고 말할 수 있다. 이러한 경우 영상저작물의 저작자는 법인 등 사용자이다. 방송국이 제작하는 TV 드라마는 그 전형적인 예이다. 다만, 저작물에 실제 창작자인 피용자의 성명이 저작자로 표시된 저작물, 즉 기명(記名)저작물의 경우는 저작권법 제9조의 적용이 배제된다고 해석하는 것이 일반적이다.[268]

한편, 영상저작물의 제작에는 수많은 사람들이 참여하기 때문에 많은 사람들의 이름이 기여자로서 표시(credit)[269]되는 경우가 대부분이다. 문제는 이러한 기여자들

---

265) 저작권법 제2조 제31호(업무상 저작물)와 제9조(업무상 저작물의 저작자)를 결합하여 이를 요건별로 분석하면, 법인 등 단체가 저작물의 저작자로 의제(擬制)되기 위해서는, ① 법인 등 사용자(使用者)가 저작물의 작성에 관하여 기획(企劃)할 것, ② 저작물이 법인 등의 업무에 종사하는 자에 의하여 작성될 것, ③ 업무상 작성하는 저작물일 것, ④ 저작물이 법인 등의 명의로 공표될 것, ⑤ 저작물의 작성 당시 계약 또는 근무규칙 등에 다른 정함이 없을 것 등의 각 요건을 갖추어야 한다.

266) 이에 관해서는, 정상조 편, 「저작권법 주해」, 박영사, 2007, 943~945면(홍승기 집필부분).

267) 이에 관해서는, 박성호, "영화와 저작권법 제9조", 「Entertainment Law」, 박영사, 2007, 165면 이하.

268) 정상조 편, 「저작권법 주해」, 박영사, 2007, 310면(박성호 집필부분).

269) 크레딧(credit)이란 영화의 스크린이나 포스터, 예고편, 그 밖의 선전 매체에 아티스트가 영화제작에 기여한 바를 나타내는 표시이다. 크레딧은 아티스트를 영화작품과 관련짓게 하고 동시에 각각의 기여 형태를 나타낸다. 따라서 우리말 용어로는 '크레딧'을 '영화제작의 기여자 표시'

의 명의 표시와 법인 등 사용자의 명의 표시를 어떻게 이해할 것인가 하는 점이다. 만일 기여자들의 명의 표시 중에서 특히 창작적 기여자들의 명의 표시에 주목하여 이를 기명저작물로서의 저작자 명의 표시에 해당하는 것으로 판단한다면, 저작권법 제9조의 적용이 배제되어 영상저작물은 그 창작적 기여자들의 공동저작물이 될 것이다. 그렇기 때문에 기여자들의 명의 표시와 법인 등의 공표 명의를 어떻게 이해할 것인가는 중요한 문제이다. 이러한 경우 방송국이나 영화사를 명기하는 '○○○기획·제작' 또는 '△△△제작·저작'이라는 표시는 법인 등 사용자의 명의를 공표한 것으로서 저작권법 제9조의 저작명의요건에 해당한다고 해석한다. 이에 반해 영화감독이나 출연자 등의 성명 표시는 기명저작물의 저작자 명의를 표시한 것이 아니라 업무상 저작물을 작성함에 있어서 업무 분담 표시를 한 것에 불과한 것으로 해석하는 것이 일반적이다.

이와 관련하여 우리나라 하급심 재판례를 보면 영상저작물에 대해 저작권법 제9조의 적용을 인정하고 있다.

【재판례—1】 서울고법 2000. 9. 26.자 99라319 결정

"이 사건 영상시연물은 신청인회사의 직원이던 피신청인들이 신청인의 총괄적 기획 및 지휘·감독 하에 창작한 작품으로서 신청인 명의로 외부에 공표되었으므로, 그 저작권은 영상제작자에 대한 특칙과 관계없이 바로 법인인 신청인에게 귀속된다"고 하였다.

【재판례—2】 서울지법 2003. 7. 11. 선고 2001가합40881 판결

애니메이션 제작사의 영상시연물을 그 직원들이 퇴사한 후 이용한 사건에서 "이 사건 영상시연물은 원고의 직원이던 피고들이 원고의 총괄적 기획 및 지휘·감독 하에 창작한 작품으로서 원고 명의로 외부에 공표되었으므로 그 저작권은 원고에게 귀속된다고 할 것인데, 피고△△△의 주도로 피고들이 SBS, KBS 방송프로그램을 통해 피고○○○의 감독 하에 '봉

로 번역하는 것이 타당할 것이다.

스튜디오'가 이 사건 영상시연물을 제작한 것처럼 방송되게 하였으므로 이는 이 사건 영상시연물에 대한 원고의 동일성유지권 및 성명표시권 등 저작인격권과 복제권 및 방송권의 저작재산권을 침해"한 것이라고 판시하였다.[270]

(2) 그러므로 영상저작물에 관한 특례 규정 중의 하나인 저작권법 제100조 제1항은, 영상저작물에 대해 저작권법 제9조의 '업무상 저작물의 저작자' 규정이 적용되지 않는 경우 영상저작물의 유통을 원활히 하고 그 이용에 관한 권리관계를 명확히 하기 위해 마련된 규정이라고 설명할 수 있다. 따라서 영상저작물이 저작권법 제9조의 요건을 갖추어 법인 등 사용자(영상제작자)가 영상저작물의 저작자가 되는 경우에는, 영상저작물을 이용하는 데에 필요한 복제권이나 배포권 등은 당연히 그 저작자인 영상제작자에게 귀속되므로,[271] 저작권법 제100조 제1항은 적용될 여지가 없게 될 것이다.[272]

지금까지 설명한 영상저작물의 저작자의 결정에 관한 우리나라 저작권법의 태도를 정리하면 다음과 같다. 첫째, 우리나라는 독일과 마찬가지로 영상저작물의 저작자를 규정한 별도의 조항이 존재하지 않는다. 따라서 영상저작물의 저작자를 결정하려면 이른바 '사례방법'에 입각하여 '창작자원칙'에 따라 영상저작물의 저작자를 결정하여야 한다. 저작권법 제2조 제2호는 저작권법의 일반원칙인 '창작자원칙'에 관한 조항이다. 그리고 영상저작물의 원활한 이용을 위하여 영상저작물의 저작재산권이 영상제작자에게 양도된 것으로 추정한다는 특례조항이 저작권법 제100조 제1항이다. 이러한 입법 태도는 영상저작물에 관한 대륙법계 입법의 전형적인 모습이다. 둘째, 우리나라 저작권법은 여타 대륙법계 국가의 그것과는 달리 '업무상 저작물'에 대해 규정한 저작권법 제9조와 같은 조항이 존재한다. 그리고 영

270) 특히, 이 사건에서는 제작에 참여했던 피고들 일부의 성명이 스태프의 크레딧에 표시되었으나 문제의 영상시연물을 제작사의 영상저작물로 인정한 것이다. 정상조 편, 「저작권법 주해」, 박영사, 2007, 945면(홍승기 집필부분).

271) 같은 취지, 정상조 편, 위의 책, 943~945면(홍승기 집필부분).

272) 박성호, 「저작권법의 이론과 현실」, 현암사, 2006, 148면.

상저작물에도 '업무상 저작물'에 관한 조항이 적용된다. 이러한 법 논리는 영상저작물에 관한 영미법계의 입법과 마찬가지이다. 결국 영상저작물의 저작자의 결정에 관한 우리나라 저작권법의 입법 태도는 대륙법계와 영미법계의 모델이 병행하여 존재하는 매우 특이한 입법례라고 말할 수 있을 것이다.

5. 저작권법상 영상제작자의 의미

저작권법 제2조 제14호는 영상제작자(maker of cinematographic works)란 "영상저작물의 제작에 있어 그 전체를 기획하고 책임을 지는 자"라고 규정한다. 즉, 영상제작에 기업적인 창의와 책임을 가지고 많은 자본을 투자하며 예술가, 기술자 등을 총괄하고 영화감독·촬영감독 등 실제로 영상저작물의 제작에 참여하는 '현대적 저작자'에게 제작 지시 등을 행하여 영상제작의 주체가 되는 영상제작회사나 프로덕션을 가리키는 것이 일반적이다. 영상제작자는 극장용 영화의 경우 대개 법인인 경우가 많으나 비교적 소규모의 다큐멘터리 영화의 경우에는 자연인도 영상제작자가 될 수 있음은 물론이다.[273] 극장용 영화를 제작하는 영화제작자나 TV 드라마를 제작하는 방송국이 저작권법상의 영상제작자에 해당하는 전형적인 예이다.

일반적으로 '프로듀서'(producer)를 '영화제작자'라고 이해하지만 엄밀하게 말하면 프로듀서에는 영상제작회사의 대표를 의미하는 Executive producer(영화사 대표), 예산과 스케줄에 따라 제작을 진행하는 Line Producer(제작실장), 구체적 스케줄에 따라 실제 예산을 집행하고 일을 진행하는 Production Manager(제작팀장) 등이 포함된다. 그렇다면, 저작권법에서 말하는 영상제작자는 이들 각 프로듀서를 고용하거나, 이들 프로듀서들과 위임이나 도급계약에 의하여 영화를 제작하는 제작사 혹은 독립제작사를 의미한다고 할 것이다.[274] 요컨대, 저작권법상의 영상제작자는 여러

273) 社團法人 著作權情報センター編者, 「新版 著作權事典」, 出版ニュース社, 1999, 32~33면 참조.
274) 홍승기, "영화제작자의 권리", 「Entertainment Law」, 박영사, 2007, 184면; 미도리 몰 지음, 조원준 옮김, 「할리우드 비즈니스」, 엔북, 2002, 190면.

가지 유형의 프로듀서들을 포괄하는 상위 개념으로서 이른바 '현대적 저작자'와는 구별되는 개념이라고 이해하는 것이 타당할 것이다.

6. 영상저작물의 리메이크 계약 및 속편(續編) 제작 계약

가. 영화의 리메이크 및 속편(續編)의 제작

(1) 리메이크

영화의 리메이크(remake)란 과거 제작된 적이 있는 영화를 새로운 버전으로 재영화화하는 것을 말한다. 예컨대, 말론 브란도가 주연한 루이스 마일스톤 감독의 1962년 작 ≪바운티호의 반란≫(Mutiny on the Bounty)은 클라크 게이블이 주연한 프랭크 로이드 감독의 1935년 작품을 리메이크 한 것이다.[275] 그 후 이 영화는 1984년 로저 도널드슨 감독, 멜 깁슨 주연으로 두 번째 리메이크 되었다. 영화의 리메이크는 새로운 아이디어를 찾기 어려울 때 과거에 크게 흥행하였거나 높은 예술성을 보여주었던 작품을 선택하여 이루어진다. 영화 리메이크는 물론이고 후술하는 속편 제작과 관련해서는 영화의 제작과 흥행에 안정성을 담보할 수 있다는 장점이 있는 반면에 너무 흥행에만 집착한 안이한 발상이라거나 상업적 기획이라는 비판이 뒤따를 수 있다.

(2) 속편(續編)의 제작

영화의 속편(sequel)이란 "같은 캐릭터를 다른 플롯이나 전개과정(sequences)에서 사용하여 후속하는 스토리를 만드는 것"으로 정의된다.[276] 이러한 속편의 정의에 더하여 후속하는 스토리가 아닌 종전 작품보다 시간적으로 앞선 전반부(前半部)를 묘사하는 경우까지를 포함하여 속편(sequel)이라고 설명하기도 한다. 그런데 경우에 따

275) Ephraim Katz, revised by Ronald Dean Nolen, The Film Encyclopedia, 6th ed., HarperCollins, 2008, p.1193.

276) M.B. Nimmer & D. Nimmer, NIMMER ON COPYRIGHT, Vol. 3, Matthew Bender & Company, 2006, §10.14[L] pp.10-111~10-112.

라서는 시간적으로 전반부를 묘사한 속편의 경우에는 'prequel'이란 용어를 사용하기도 한다. 이러한 'prequel'이란 종전 작품의 캐릭터들이 마지막에 죽어서 후속하는 스토리를 만드는 'sequel'을 제작하기가 어려운 경우에 특히 유용하게 사용된다.[277] 문제는 영화의 속편을 제작할 권리('sequel rights' or the right to make 'sequels')가 누구에게 있는가 하는 점이다.

나. 우리나라 영화의 외국에서의 리메이크

우리나라 영화들도 국내나 국외에서 리메이크 되는 경우가 종종 있다. 그 중에서 네 번씩이나 리메이크 된 것으로 이만희 감독의 ≪만추≫(1966년)가 유명하다. 이 영화는 일본에서 사이토 코이치 감독의 ≪약속≫(1972년)으로, 우리나라에서는 김기영 감독에 의해 ≪육체의 약속≫(1975년)으로 두 번이나 리메이크 되었고, 그 후 김수용 감독의 세 번째 리메이크작 ≪만추≫(1981년)에 이어 김태용 감독에 의해 네 번째로 리메이크 되었다. 특히 네 번째 리메이크작인 ≪만추≫(2011년)는 현빈과 중국배우 탕웨이의 주연으로도 널리 알려졌다.

2000년대 이후 우리나라 영화는 영화산업의 본고장인 할리우드에서도 리메이크 되고 있는데, 리메이크 계약이 체결된 것은 십 수 편을 넘어서고 영화 제작이 완료되어 개봉되거나 DVD로 출시된 것도 여러 편에 이른다. 리메이크 되어 일반대중에게 공개된 작품들을 대략 열거하면, ≪시월애≫가 ≪레이크 하우스≫(2006년)라는 제목으로 극장에서 개봉된 것을 비롯하여 ≪엽기적인 그녀≫는 ≪마이 새시 걸≫(2008년)로, ≪거울 속으로≫는 ≪미러≫(2008년)로, ≪장화, 홍련≫은 ≪언인바이티드≫(2009년)로 각각 개봉되거나 DVD로 출시되었다.

우리나라 영화들이 할리우드에서 리메이크 되는 현상에 대해서는 긍정적으로 평가하는 견해가 있는 반면에 부정적인 평가도 제기된다. 국내 문화산업 관계자들은 "우리 문화 콘텐츠에 대한 할리우드의 관심이 커지고 있다는 점만으로도 높게

277) M.B. Nimmer & D. Nimmer, op. cit., §10.14[L], p.10-112; Leslie A. Kurtz, "The Independent Legal Lives of Fictional Characters", Wisconsin Law Review, 1986, p.436 n.42.

평가할만하다"[278]거나 "한국영화 재도약의 불씨로 작용할 것"이고 "우리 콘텐츠가 세계무대로 나갈 수 있는 또 하나의 판로를 제시한 것"이라고 긍정적으로 평가하는 쪽이 많다.[279] 이에 반해서 외국 감독들 중에는 "할리우드가 아시아 영화 고유의 색깔을 파괴하고 있다"면서 "한국영화의 할리우드 리메이크에 반대"하는 부정적인 시각을 보이기도 한다.[280] 리메이크 되어 개봉된 영화들 중에는 "원작의 섬세함을 망쳤다"고 미국 비평가들의 혹평을 받은 작품도 있다.[281]

다. 리메이크(또는 속편 제작) 계약의 성격과 내용

(1) 앞에서 소개한 사례들은 2000년대 이후 우리나라 영화에 대한 리메이크 권리(remake right)가 외국, 특히 할리우드 영화 업계에서 활발하게 판매되고 있다는 사실을 예증한다. 또한, 예컨대 ≪쿵푸 팬더≫, ≪캐리비안의 해적≫, ≪트랜스포머≫ 등과 같이 헤아릴 수 없이 많은 속편 시리즈를 이어가는 할리우드 제작 영화들은 물론이고, 우리나라 영화 업계에서도 ≪가문의 영광≫, ≪마음이≫, ≪고사≫ 등과 같이 흥행에서 성공한 영화들의 속편 제작이 활발히 이루어지고 있다. 이러한 리메이크(또는 속편 제작) 현상과 관련하여, 중요한 것은 리메이크 권리(또는 속편 제작 권리)의 구입계약, 즉 리메이크(또는 속편 제작) 계약의 법적 성격과 그 내용이다.

(2) 리메이크(또는 속편 제작) 계약은 기본적으로 소설 등의 원작의 사용권 취득(또는 영화판권 취득, 원작권 구입)에 관한 '영상화 허락계약'과 동일한 형태가 된다. 따라서 리메이크(또는 속편 제작) 계약은 우리나라 영화의 원작자인 소설가와 미국의 영상제작자 간에 체결되는 것이 일반적인 모습이다.[282] 만일 리메이크(또는 속편 제작)의 대

---

278) 김병헌, "한류여, 할리우드로 흘러라", 「경향신문」, 2008. 9. 29.자.
279) 전상희, "'추적자' 워너브라더스와 계약 … 할리우드 한국 따라 하기 열풍", 「스포츠조선」, 2008. 3. 10.자.
280) 영화 ≪캐리비안 해적≫을 연출한 고어 비번스키 감독의 인터뷰 내용이다(이경호, "'한국형 스토리' 할리우드서 통한다", 「스포츠동아」, 2008. 3. 25.자).
281) 김용호, "'장화, 홍련' 리메이크작 언인바이티드 '원작의 섬세함 망쳤다'", 「세계일보」, 2009. 2. 3.자.
282) 원작자인 소설가의 소설작품에 대한 저작재산권을 전부 제3자에게 양도한 경우라도, 저작권법

상이 원작과는 관련이 없고 영상저작물로 제작되면서 창작적으로 부가된 부분과 관련이 있는 경우에는 영상저작물의 저작권자와 리메이크(또는 속편 제작) 계약을 체결해야 할 것이다. 리메이크(또는 속편 제작)의 대상이 원작 및 창작적으로 부가된 부분 모두와 관련이 있는 경우에는 원작자는 물론이고 영상저작물의 저작권자와 리메이크(또는 속편 제작) 계약을 체결해야 할 것이다.[283] 한편, 미국에서는 '영상화 허락계약'에서 이미 설명한 '옵션 계약'이라는 형식으로 리메이크(또는 속편 제작) 계약이 체결되는 경우가 많다.[284] 그렇기 때문에 미국 영화 업계가 우리나라 영화에 대한 리메이크(또는 속편을 제작할) 권리를 구입하는 계약은 대부분 '옵션 계약' 형식으로 체결되고 있다.[285]

만일 리메이크(또는 속편으로 제작)하고자 하는 원작이 오리지널 시나리오인 경우에는 시나리오에 관한 저작권이 영상제작자에게 양도되는 경우가 대부분일 것이므로[286] 우리나라 영상제작자와 미국 영상제작자 간에 리메이크(또는 속편 제작) 계약이 체결될 것이다. 이 경우에도 시나리오 작가가 영상제작자에게 한국 내 저작재산권만을 양도한 경우라면 시나리오 작가가 리메이크(또는 속편을 제작할) 권리를 행사할 수 있을 것이다.[287] 리메이크(또는 속편 제작) 대상이 오리지널 시나리오와 관련이 없고 영화 제작시에 부가된 부분에 국한되는 경우는 영상저작물의 저작권자와 리메이크(또는 속편 제작) 계약을 체결해야 할 것이고, 만일 시나리오 및 영화에서 부가된 부분 모두가 리메이크(또는 속편 제작) 대상인 경우는 시나리오의 저작권자 및 영상저작물의 저작권자와 리메이크(또는 속편 제작) 계약을 체결해야 할 것이다.

제45조 제2항이 "저작재산권의 전부를 양도한 경우에 특약이 없는 때에는 제22조에 따른 2차적 저작물을 작성하여 이용할 권리는 포함되지 아니한 것으로 추정한다"고 규정하고 있으므로, 원작자인 소설가가 '영상화 허락계약'의 체결 주체가 될 것이다.

283) 조광희·안지혜·조준형, 「영화인을 법률 가이드」, 시각과 언어, 2003, 324면.

284) Kelly Charles Crabb, The Movie Business, Simon & Schuster, 2005, p.42, pp.48~49.

285) 그러한 정황으로 인해 우리나라 문화산업계 종사자들은 리메이크 계약을 영문으로 표기할 때 'option agreement' 혹은 'option purchase agreement'라는 용어를 사용하고 있다.

286) 임상혁, 「영화와 저작권」, 세창출판사, 2004, 81~82면.

287) 또한 최근에는 영화 시나리오를 기반으로 온라인게임이 제작되는 경우도 있으므로 이러한 경우를 대비하여 시나리오 작가는 영상제작자에게 영상화 권리를 양도하더라도 '온라인게임 제외'라는 단서를 부가할 수도 있을 것이다.

III. 유명인을 대상으로 한 영상저작물의 제작 : '퍼블리시티권'과 이른바 '샘의 아들법'

1. 영화·유명인·퍼블리시티권

역사 속의 위대한 인물은 물론이고 생존하는 정치인이나 운동선수, 또는 연예인 등과 같이 유명인이 영화나 TV드라마의 소재로 사용되는 경우가 빈번하다. 누구를 유명인으로 볼 것인지에 관해서는 논란의 여지가 있을 수 있지만 대략적이나마 그 개념 정의는 필요할 것이다. 유명인(celebrities)이란 공적인물(public figure)을 말하는 것으로서 다음과 같은 유형의 사람들을 포함한다고 말할 수 있을 것이다. (a) 정치인, (b) 연예인, (c) 스포츠선수, (d) 관계·실업계의 인물, (e) 성직자·문필가·학자·교육자·변호사·의사·언론인, (f) 사교계의 인물, (g) 범죄 용의자, (h) 범죄 피해자, (i) 관심이 집중된 사건의 관계자 등이다.[288] 이와 관련하여 주의할 점은 퍼블리시티권 침해가 반드시 유명인에 국한하여 발생하는 것이 아니라는 것이다. 일반인(non-celebrities)에 대해서도 퍼블리시티권 침해가 발생한 사건이 매우 드물지만 존재한다.[289] 유명인에 해당하는지 여부에 관한 판단은 상대적인 것으로서 퍼블리시티권의 존부 자체를 결정하는 요소라기보다는 손해액 산정의 고려요소라고 보는 것이 타당할 것이다.

유명인을 소재로 영화나 TV드라마가 제작되었을 때 유명인 측이 영화제작회사나 TV방송국을 상대로 흔히 내세우는 주장은 그 유명인의 명예가 훼손되었다거나 인격권 혹은 프라이버시권이 침해되었다는 것이다. 그런데 2000년대 후반에는 일반인에게는 다소 생소한 권리인 '퍼블리시티권'(right of publicity)이 침해되었다는 주

288) 한상범, 「기본적 인권」, 정음사, 1985, 161~162면; 한상범, "보도와 공인, 유명인", 「언론중재」, 언론중재위원회, 1986, 여름호, 18면 이하; 山川洋一郎·山田卓生 編, 「有名人とプライバシー」, 有斐閣, 1987, 112~118면 각 참조.

289) 서울동부지법 2004. 2. 12. 선고 2002가합3370 판결(다이어트에 성공한 가정주부를 광고에 무단 사용한 사건).

장까지 제기되고 있다.[290] 영화나 TV드라마가 관련된 것은 아니지만, 90년대 중반부터 우리나라에서는 소설 ≪무궁화 꽃이 피었습니다≫의 출판 등 금지가처분 사건에서 '퍼블리시티권'이란 용어가 처음 사용되기 시작하였고,[291] 평전 ≪메이저리그와 정복자 박찬호≫ 사건에서는 유명 운동선수의 대형 브로마이드 사진에 대해 퍼블리시티권의 침해를 인정하였다.[292] 그 후에도 다수의 퍼블리시티권 사건들이 존재하였는데,[293] 최근에는 프로야구 선수들의 성명을 영문 이니셜로 변경하여 인터넷 야구게임에 등장하는 캐릭터에 사용한 행위가 위 선수들의 퍼블리시티권을 침해한 것이라고 판단한 사례가 있다.[294]

원래 퍼블리시티권은 미국의 판례법 또는 성문법상 형성·발전되어온 것으로서 사람이 자신의 성명, 초상, 목소리, 서명, 이미지 등을 상업적으로 이용하거나 그 이용을 허락할 수 있는 권리를 말한다. 이를 간단히 정의하면 "초상·성명 등의 상업적 이용에 관한 권리", 즉 "사람의 초상·성명 등 그 사람 자체를 가리키는 것(identity)을 광고, 상품 등에 상업적으로 이용하여 경제적 이익을 얻을 수 있는 권리"를 말한다고 설명한다.[295]

그러면 이하에서는 퍼블리시티권이 미국에서 어떠한 연유로 생성·발전하여 오늘에 이르렀는지를 살펴보기로 한다.

290) 서울북부지법 2007. 7. 20. 선고 2006가합7284 판결(TV드라마 '야인시대' 사건).
291) 서울지법 1995. 6. 23. 선고 94카합9230 판결.
292) 서울고법 1998. 9. 29.자 98라35 결정.
293) 가령, 서울고법 2000. 2. 2. 선고 99나26339 판결(비달사순 사건); 서울고법 2005. 6. 22. 선고 2005나9168 판결(이영애 사건) 등.
294) 서울서부지법 2010. 4. 21.자 2010카합245 결정.
295) 정상조, 「부정경쟁방지법 원론」, 세창출판사, 2007, 132~133면; 한위수, "퍼블리서티권의 침해와 민사책임(상)", 「인권과 정의」, 대한변호사협회, 1996. 10., 27면; 남형두, "세계시장 관점에서 본 퍼블리시티권", 「저스티스」(제86호), 한국법학원, 2005. 8., 89면의 각주(10).

2. 퍼블리시티권의 기원 및 그 발전

가. 기원

퍼블시티권이 미국에서 탄생한 배경과 과정을 살펴보면, 먼저 '명예훼손'에서 '프라이버시권'으로 그 다음에는 '프라이버시권'에서 '퍼블리시티권'으로 이론이 전개되어 왔다는 것을 확인할 수 있다.[296]

하버드 로스쿨 출신 워렌(Samuel D. Warren)과 브랜다이스(Louis D. Brandeis)가 Harvard Law Review에 '혼자 있을 권리'(right to be let alone)로서의 프라이버시권을 이론화함으로써[297] 미국 법조계에 파문을 일으킨 것은 1890년경이었다. 당시 대중신문은 오늘날과 마찬가지로 발행부수 확장을 위하여 치열한 선정성 경쟁을 벌였는데, 워렌과 브랜다이스는 극성스러운 황색신문에 의해 사생활이 드러나도 그저 운수 탓으로만 돌리고 망연자실(茫然自失) 할 수밖에 없었던 낙담자들에게 '프라이버시권'이라 이름붙인 법적 무기를 제공한 것이다.

워렌의 부인은 연방상원의원의 딸로 태어나 곱게 자랐고, 남편의 사업(당시 워렌은 브랜다이스와 공동으로 변호사 사무실을 운영하다가 가업인 제지업을 잇기 위해 변호사를 폐업한 상태이었음)도 성공적이라 남부러울 것 없던 여인이었다. 그런데 보스턴의 황색신문이 자신의 사교생활을 들먹여 입방아를 찧어대 난처하던 차에 딸의 결혼식에 대해서까지 흥미위주로 세세하게 보도를 하자 도저히 울분을 참을 수 없었다. 당시 보스턴 지역 상류사회 인사들은 자신들의 이름이 황색신문에 오르내린다는 사실에서 이미 불쾌감을 느끼고 있던 터였다. 변호사 출신인 워렌이 아내의 정신적 고통을 못 본 체 할 수 없었고, 그리하여 그의 Harvard Law School 동기생이며 나중에 미 연방대법원의 대법관이 된 브랜다이스와 상의하여 당시로서는 획기적인 '프라이버시' 이론을 구성하게 된 것이다.[298]

296) 홍승기, "퍼블리시티권-그 실체와 입법론", 「국제법률경영」, 국제법률경영연구원, 2005년 겨울호, 74~79면.

297) S.D. Warren and L.D. Brandeis, "The Right to Privacy", 4 Harvard Law Review, 1890, pp.193~220.

그때까지 언론의 사생활 보도를 문제 삼아 손해배상을 청구하려면 '명예훼손'이 발생해야 한다고 생각하였다. 명예란 '사회적 관계에서의 평판'을 의미하고 이것이 권리로서 보호되어야 한다는 데는 이론(異論)이 없었다. 그런데 문제는 사생활 그 자체를 있는 그대로 보도하였다고 하여 반드시 명예가 훼손되었다고 할 수 없다는 것이 문제였다. 이제 워렌과 브랜다이스는 사회와의 관계를 떠나 개인의 내면에 초점을 맞추고, 개개인의 마음의 평온(peace of mind)을 프라이버시의 본질로 파악하고 여기에도 권리성이 인정되어야 한다고 들고 나온 것이다.[299][300]

즉, 사회적 평판에 어떠한 영향을 미쳤는가는 별 문제로 하고, 다만 남들로부터 방해받지 않고 혼자 있고 싶은 욕구가 침해되어 그 사람의 '마음의 평온'이 깨졌다면 그러한 경우에도 법이 개입하여 평온이 깨진 혼란 상황을 정리할 여지가 있다는 주장이었다. 이와 같이 프라이버시 개념의 출발점은 명예훼손 법리와의 결별에 있다. 워렌과 브랜다이스는 다음과 같이 양자를 구별하고 있다. 프라이버시는 자기 자신의 감정 및 스스로의 평가에 대한 침해인데 대하여, 명예훼손은 공동체와의 외부적 관계에 있어서 타인에 의한 평판이 침해된 것을 말한다. 또한, 전자는 정신적 침해로서 진실성 여부가 문제되지 아니하는데 대하여, 후자는 물질적 침해이며 진실인 경우 면책된다고 하였다. 요컨대, 프라이버시의 권리는 '마음의 평온'에 직접 관계하는데 대하여, 명예훼손으로부터 보호받을 권리는 평판(reputation)의 문제이다.[301]

나. '프라이버시'에서 '퍼블리시티'로

초창기에 프라이버시는 그 권리 여부가 다투어졌지만, 1905년 미국 조지아 주

298) 홍승기, 앞의 논문, 75면; 변재옥, 「정보화사회의 프라이버시와 표현의 자유」, 커뮤니케이션북스, 1998, 12~13면.

299) 홍승기, 앞의 논문, 75~76면.

300) 이러한 점에 착안하여 프라이버시(privacy)라는 용어를 "사람의 눈을 피한다"는 의미의 라틴어 privatue에서 이끌어 내어 사용하기 시작한 것이다.

301) 변재옥, 앞의 책, 33~34면.

대법원의 Pavesich v. New England Life Insurance 사건[302]을 비롯하여 1931년 캘리포니아 주 대법원의 Melvin v. Reid 사건[303] 등을 거치면서 손해배상 청구의 근거로서 확고히 그 권리성을 인정받게 되었다. 그 결과 1930년대 이후 미국에서는 프라이버시권의 권리성에 관하여 의문을 나타내는 분위기는 일소되었으며 1965년 미 연방대법원의 그리스월드 판결은 '헌법상의 프라이버시권'(constitutional right of privacy)을 승인하는 계기가 되었다.[304]

한편, 프라이버시권이란 명칭 대신에 '퍼블리시티권'(right of publicity)이란 용어가 처음 등장한 것은 1953년 미국 연방 제2항소법원이 Haelan 사건[305]에서 사용하기 시작한 때부터이다. 원고 껌회사(Haelan Laboratories Inc.)는 프로야구 선수들의 사진을 자사의 껌 광고에 독점적으로(exclusive) 사용할 수 있는 권리를 허락받았다. 그런데 피고인 경쟁 껌회사(Topps Chewing Gum)가 그 프로야구 선수들의 사진을 광고에 사용하자 원고는 피고가 동일 선수의 사진을 광고에 사용하지 못하도록 금지하기 위한 소를 제기하였다. 이에 대해 피고는 사진의 사용과 관련된 유일한 권리는 야구 선수들에게 속한 프라이버시권이므로 원고는 소를 제기할 수 없다고 주장하였다.

302) 원고인 페이브시크의 사진이 무단으로 신문광고에 사용되고 있음을 목격하고 광고주인 보험회사를 상대로 소송을 제기하였다. 문제의 광고에는 허름한 복장에 나약해 보이는 남성의 사진과 함께 원고의 사진이 실려 있었고, 사진 설명에는 그가 보험에 가입하여 보호를 받고 있다는 허위 사실이 기재되어 있었다. 이에 원고는 프라이버시권의 침해를 이유로 손해배상을 청구하였고 조지아 주 대법원은 원고 승소 판결을 내렸다.

303) 피고 레이드는 원고 멜빈의 공개되지 않은 과거사실을 소재로 '붉은 기모노'(The Red Kimono)라는 영화에서 원고의 결혼 전의 본명을 사용한 영화를 무단으로 제작하여 상영하면서 이 영화의 광고 포스터에 주인공의 과거사실에 대한 실화라는 점을 광고하였다. 멜빈은 과거에 창녀생활을 하였고 세상을 떠들썩하게 한 살인사건의 피고인으로 재판정에서 무죄판결을 받은 적이 있었다. 그러나 그 후에 개과천선하여 과거를 정리하고 결혼한 후 평온한 생활을 영위하고 있었는데, 자신의 과거가 폭로되어 새로운 생활이 파경을 맞게 되었기 때문에 레이드를 상대로 소송을 제기했던 것이다. 이에 대해 캘리포니아 주 대법원은 원고의 손해배상청구를 받아들였다.

304) Griswold v. Connecticut, 381 U.S. 479(1965). 이 사건은 코네티컷 주의 피임금지법을 위반하여 가족계획연맹의 소장대리인 그리스월드 여사와 예일대 산부인과 의사 1명이 부인들에게 피임법을 가르치고 피임약을 제공하였다는 혐의로 체포되어 유죄판결을 받은 사안이다. 이에 대해 연방대법원은 위 주법은 연방헌법 수정 1, 3, 4, 5, 9조에 의해 형성되는 프라이버시의 영역을 침해한다는 이유로 그리스월드 등의 유죄판결을 파기하였다. 이에 관한 상세는, 변재옥, 앞의 책, 80~83면.

305) Haelan Laboratories, Inc. v. Topps Chewing Gum, Inc., 202 F.2d 866 (2d Cir. 1953), cert denied, 346 U.S. 816 (1953).

법원은 “개인은 뉴욕 주 제정법으로 인정되는 프라이버시권에 더하여 그리고 이와는 별개로 사진에 대한 퍼블리시티 가치, 즉 사진을 공표할 수 있는 배타적 특권을 부여할 수 있는 권리가 인정되는데… 이 권리를 퍼블리시티권이라 부를 수 있다.” 원고는 이러한 배타적 특권(즉, 퍼블리시티권)을 야구선수들로부터 독점적으로 양도받았으므로 피고를 상대로 광고 금지 등을 청구할 수 있다고 하여 원고의 청구를 받아들였다.

이 새로운 권리의 법적 개념에 관하여 다음 해인 1954년 Melville B. Nimmer 교수는 그의 유명한 논문 “The Right of Publicity”를 발표하였다.[306] 이 논문에서 Nimmer는 프라이버시권과 퍼블리시티권을 법적 개념으로 구분하고 전통적인 프라이버시권 이론으로는 개인의 인적 속성(persona)이 가지는 상업적 가치를 보호하는데 미흡하다고 지적하였다.[307] 그러나 이러한 이론화에도 불구하고 퍼블리시티권의 개념을 둘러싸고 논란이 계속되던 중 불법행위법(Torts)의 대가인 William L. Prosser 교수가 1960년 “Privacy”라는 논문에서 ‘프라이버시권’에서 ‘퍼블리시티권’의 근거를 모색한 이론구성을 제창하였다.[308] 동(同) 교수는 프라이버시권 침해를 ① 사생활의 침해(intrusion), ② 개인적인 일의 공개 내지 무단 공표(public disclosure of private facts), ③ 오해를 낳게 하는 표현(false light in the public eye), ④ 성명이나 초상의 영리적 이용(appropriation)의 네 가지로 유형화하고, ④의 ‘성명이나 초상의 영리적 이용’에서 퍼블리시티권을 도출하였다.[309][310] 이러한 이론적 근거의 모색에 힘입

306) M.B. Nimmer, “The Right of Publicity”, 19 Law & Contemporary Problems, 1954, p.203 이하.

307) 김성환, 「퍼블리시티권의 법리와 실제」, 진원사, 2009, 42~43면.

308) W.L. Prosser, “Privacy”, 48 California Law Review, 1960, p.383 이하; Prosser and Keeton, The Law of Torts, 5th ed., West Publishing Co., 1984, p.849 이하.

309) Prosser and Keeton, op. cit., pp.849~868.

310) 다만, 퍼블리시티권이 실재인물인 자연인의 인적 속성(human persona)에서 도출된다고 이론구성하는 Prosser 교수의 견해와는 달리 가공(架空)의 캐릭터(fictional character)와 같이 자연인이 아닌 실체(non-human entities)에까지 퍼블리시티권의 범위를 확대할 수 있다는 견해를 취하는 경우에는 가공(架空)의 캐릭터의 창작자에게도 퍼블리시티권이 귀속된다고 한다. M.B. Nimmer, “The Right of Publicity”, 19 Law & Contemporary Problems, 1954, p.216; Julius C.S. Pinckaers, From Privacy toward A New Intellectual Property Right in Persona, Kluwer Law International, 1996, p.31에서 재인용.

어 퍼블리시티권에 관한 논의는 더욱 본격화되었다.

다. 발전[311)]

Prosser의 이러한 이론구성은 미국 학계와 법조계에 널리 받아들여졌지만, 퍼블리시티권의 법적 성격이 재산권(property)인지를 둘러싸고 논의가 분분하였기 때문에 상황은 여전히 유동적이었다. 그러다가 1970년대 접어들면서 퍼블리시티권이 보다 확고하게 인식되기 시작하였고 그 결정적 전환점이 된 것이 1977년 미 연방대법원의 Zacchini 사건이다. 동 사건에서 연방대법원은 “원고의 속성이 이용됨으로써 장래의 경제적 가치가 손상된다”고 판단하고, “개인은 자신의 노력에 의한 보상을 수확할 권리가 있다”는 점을 강조하여 퍼블리시티권을 프라이버시권과는 독립된 재산권적 성격의 권리로 파악하였다. 즉, 이 사건에서 법원은 처음으로 퍼블리시티권 침해는 프라이버시권이나 명예훼손법과는 완전히 다른 불법행위라고 인정한 것이다.[312)] 원고인 Zacchini는 스스로 대포 속에 들어가 발사되는 인간대포알의 실연행위를 하는 자로서 유명한 사람이었다. 원고의 실연행위는 시작부터 발사, 목표지점 도착에 이르기까지 15초 정도가 소요되는데, 이를 방송사가 원고의 허락을 얻지 않고서 원고의 실연행위 전부를 뉴스시간에 방영하였다. 원고는 그 실연행위를 보러 오는 사람들이 지불하는 입장료를 통하여 수입을 얻고 있었는데, 피고 방송사의 뉴스 방영으로 인하여 상당수의 입장객이 감소하는 등 손해를 입었다. 이에 원고는 소송을 제기하였다. 연방대법원은 “원고의 실연행위 전부를 방송한 것은 원고의 공연에 대한 경제적 가치에 대한 심각한 위협을 제기하고… 연예인으로서 생계를 유지하는 원고에게 피해를 끼친다”고 판시하여 원고 승소 판결을 내렸다.

이와 같이 1977년 미 연방대법원의 Zacchini 판결을 계기로 퍼블리시티권의 법

311) 이에 관해서는, 한위수, “퍼블리서티권의 침해와 민사책임(상)”, 30~32면; 홍승기, 앞의 논문, 78~82면; 김성환, 앞의 책, 45면 이하; 배금자, “미국에서의 퍼블리시티권”, 「계간 저작권」, 저작권심의조정위원회, 2004 가을호, 6면 이하 각 참조.

312) Zacchini v. Scripps-Howard Broadcasting Co., 433 U.S. 562 (1977).

적 성격이 재산권이고 인격권이 아니라는 것이 명확히 판시되었고, 위 판결을 전후하여 퍼블리시티권은 미국의 여러 주법(州法)에 의해 양도나 상속이 가능한 것으로 성문화되어 퍼블리시티권의 권리자 또는 그 권리를 양수하거나 상속한 자는 침해자에 대하여 손해배상은 물론이고 금지청구도 할 수 있게 되었다.

3. 이른바 '모델영화'의 제작과 퍼블리시티권의 침해 문제

가. 퍼블리시티권의 침해 판단

(1) 서언

영화제작을 할 때 유명인물을 소재로 하는 경우가 있다. 이를 흔히 '모델영화'라고 부르는데, 모델영화를 제작할 때에 유명인물로부터 허락을 얻지 않고서 영화를 제작하면 퍼블리시티권 침해에 해당하는지가 문제가 된다.

앞서 설명한 것처럼 퍼블리시티권은 "초상·성명 등의 상업적 이용에 관한 권리", 즉 "사람의 초상·성명 등 그 사람 자체를 가리키는 것을 광고, 상품 등에 상업적으로 이용하여 경제적 이익을 얻을 수 있는 권리"를 말한다고 정의한다. 이에 따르면 퍼블리시티권을 광고, 상품 등에 상업적으로 이용하는 경우 그 침해가 성립하게 될 것이다. 문제는 (a) 광고에의 이용, (b) 상품에 이용(즉 상품화), (c) 그 밖에 상업적 이용(commercial exploitation)이라는 세 가지 유형을 구체화 내지 실체화하는 작업이다. 요컨대, 이는 어떠한 행위가 퍼블리시티권의 침해에 해당되는가 하는 쟁점을 명료화하는 일이다. 특히 이것은 표현의 자유와 관련하여 제기되는 퍼블리시티권의 적용 한계에 관한 문제이다.

(2) 광고에의 이용

퍼블리시티권이란 개념이 내포하는 인격권의 영리적 측면을 성명이나 초상본인의 허락 없이 광고에 이용하는 경우 그 권리 침해가 성립한다는 데에 별다른 이론(異論)이 없을 것이다. 퍼블시티권 침해를 긍정한 우리나라 하급심 재판례의 대부분도 이러한 무단 광고이용행위와 관련된 것들이다.[313]

(3) 상품화 또는 그 밖에 상업적 이용

연예인의 초상을 그대로 브로마이드 사진이나 캘린더에 이용하는 경우가 상품화의 전형적인 사례이다. 이러한 경우에도 퍼블리시티권의 침해를 긍정하는 데에 별다른 문제는 없을 것이다. 우리나라 하급심 판결 가운데 영국의 유명 헤어디자이너의 성명과 초상을 미용학원에 이용한 경우,[314] 미국의 유명 배우의 성명과 초상 등을 의류 상품과 그 포장지에 이용한 경우,[315] 그리고 우리나라 유명 소설가의 초상 등을 상품권에 이용한 경우가[316] 상품화의 전형적인 사례에 해당할 것이다. 상품화의 또 다른 유형이라 할 수 있는 스포츠 게임물과 관련해서는 현역 또는 전직 야구선수 사건들의 성명·초상이나 성명의 영문 이니셜을 무단 이용하여 제작한 야구게임물 사건에서 보는 것처럼 우리나라 하급심은 퍼블리시티권의 침해를 긍정하고 있다.[317]

침해판단이 어려워 논란의 여지가 많은 사안은 본인의 허락 없이 전기를 쓰거나 소설화, 영화화, 연극화하면서 성명, 초상 등을 이용하는 경우이다. 예컨대, 어

313) 가령, 서울고법 1998. 3. 27. 선고 97나29686 판결(광고주인 피고가 TV탤런트 겸 광고모델인 원고의 동의를 얻지 아니한 채 광고출연계약의 존속기간이 경과한 후에도 광고물을 계속 방영한 사건); 서울중앙지법 2004. 10. 1. 선고 2002가단254093 판결(동의 없이 연예인의 성명과 사진을 인터넷사이트에 무단 게재하여 광고에 이용한 사건); 서울고법 2005. 6. 22. 선고 2005나9168 판결(TV드라마 '대장금' 등에 여 주인공으로 출연한 연예인과 광고모델계약을 체결한 후 그 계약기간 경과 후에도 원고의 초상이 등장하는 광고물을 제작하여 무단 이용한 사건) 등이다.

314) 서울고법 2000. 2. 2. 선고 99나26339 판결(영국의 유명 헤어디자이너 비달사순 사건).

315) 서울고법 2002. 4. 16. 선고 2000나42061 판결(미국의 저명한 영화배우였던 제임스 딘 사건). 이 사건의 원고는 퍼블리시티권의 양수인이었는데, 법원은 실정법이나 확립된 관습법의 근거가 없는 한 독점·배타적이고 양도·상속성이 인정되는 재산권인 퍼블리시티권을 인정할 수 없다는 이유로 청구를 기각하였다.

316) 서울동부지법 2006. 12. 21. 선고 2006가합6780 판결(소설가 이효석의 후손인 원고가 이효석의 초상 및 '메밀꽃 필 무렵'이라는 문구를 상품권에 무단 사용한 피고에 대해 퍼블리시티권 침해를 주장한 사건). 이 사건은 그 결론에서 퍼블리시티권의 보호기간이 경과하였다는 이유로 원고의 청구를 기각하였다.

317) 서울중앙지법 2006. 4. 19. 선고 2005가합80450 판결; 서울중앙지법 2009. 11. 23.자 2009카합2880 결정; 서울서부지법 2010. 4. 21.자 2010카합245 결정 등.

느 연예인이나 운동선수를 다룬 서적을 출판하면서 그 유명인의 성명이나 초상을 게재하였을 때 퍼블리시티권 침해를 긍정할 수 있을 것인지가 문제이다. 이러한 경우는 퍼블리시티권을 보호해야 한다는 요청이 있는 한편으로 서적의 저자가 가지는 표현의 자유나 언론·보도의 자유를 보장해주어야 할 필요도 있다. 그렇기 때문에 맞바로 퍼블리시티권의 침해를 긍정할 수 없는 경우가 적지 않을 것으로 생각된다.

우리나라 하급심 재판례 중에는 유명 물리학자에 관한 소설 형태의 서적출판에 관해 상업적 이용에 해당하지 않는다고 하여 퍼블리시티권 침해를 부정한 판결이 있고,[318] 유명 야구선수의 브로마이드 사진에 대해서는 상업적 이용에 해당한다고 하여 퍼블리시티권 침해를 인정하면서도 평전 형식의 서적출판 자체에 대해서는 그 침해를 인정하지 않은 결정이 존재한다.[319] 학설 중에는 소설이나 평전 형식의 서적출판은 상업적 이용에 해당하지 않으므로 퍼블리시티권 침해가 성립하지 않는다고 판단한 우리 재판례의 태도를 긍정적으로 평가하는 견해[320]가 있는 반면 이에 부정적인 의견을 표명하는 견해도 존재한다.[321] 전자는 전기물(傳記物)과 같은 서적출판의 경우 퍼블리시티권과 언론의 자유가 충돌할 때에 상업적 이용에 해당하지 않는다고 판단한 미국 뉴욕 주 법원의 일련의 판결들에 주목한 견해로 보인다.[322] 한편, 후자의 견해에 따르면 예컨대 "소설을 창작하는 것은 판매하기 위한

318) 서울지법 1995. 6. 23. 선고 94카합9230 판결(소설 '무궁화 꽃이 피었습니다' 사건).

319) 서울고법 1998. 9. 29.자 98라35 결정(평전 '메이저리그와 정복자 박찬호 사건).

320) 긍정적인 견해로는, 김재형, "모델소설과 인격권", 「인권과 정의」, 대한변호사협회, 1997. 11., 61면; 같은 취지 한위수, "퍼블리서티권의 침해와 민사책임(하)", 「인권과 정의」, 대한변호사협회, 1996. 11., 121면; 같은 취지 문건영, "실존인물의 모델화와 인격권 보호", 「Entertainment Law」, 박영사, 2007, 272면 이하 각 참조.

321) 부정적인 견해로는, 남형두, "세계시장 관점에서 본 퍼블리시티권", 「저스티스」(제86호), 한국법학원, 2005. 8., 104면; 정상조·박준석, "부정경쟁방지 및 영업비밀보호에 관한 법률에 의한 퍼블리시티권 보호방안 연구", 특허청, 2009, 20면, 23면; 같은 취지 오승종, 「저작권법」, 박영사, 2007, 830면 각 참조.

322) 가령, 전설적인 운둔의 대부호 하워드 휴즈의 전기에 관한 사건으로 Rosemont Enterprises, Inc. v. Random House, Inc., 58 Misc 2d 1, 294 N.Y.S. 2d 122(1968); 유명 영화배우 마릴린 먼로의 전기에 관한 사건으로 Frosch v. Grosset & Dunlap, Inc., 427 N.Y.S. 2d 828, 829(N.Y.A.D. 1980); 유명 추리소설작가 아가사 크리스티가 생존 중 겪은 사실을 기초로 집필된 소설 및 영화에 관한 사건으로 Hicks v. Casablanca Records, 464 F. Supp. 426, 433

것이므로 소설 속에 특정인의 아이덴티티를 이용하였다면 그 자체로 상업적 사용(commercial use)이라고 할 수 있기 때문"에 우리 하급심 판결에는 납득하기 어려운 점이 있다고 하면서 "오히려 원고의 청구를 배척하기 위해서는 소설에의 사용이 상업적 사용이 아니라고 할 것이 아니라, 표현의 자유와의 충돌에 의해 퍼블리시티권이 제한된다고 하는 것이 더욱 설득력"이 있었을 것이라고 한다.[323] 위 견해 가운데 어느 쪽을 취하든 표현의 자유를 퍼블리시티권에 우선하는 우월적 법익으로 인정하여 퍼블리시티권 침해를 긍정하지 않는다는 점에서 대부분의 경우에 있어서는 그 결론을 같이할 것이 아닌가 생각된다. 오늘날 현대 민주사회에서 언론의 자유가 가지는 중요성을 감안할 때, 작가 등이 상업적 성공을 위하여 전기를 쓰거나 소설화·영화화하거나, 심지어 기업이 직접 자금을 대어 작품을 제작하였다 하더라도 퍼블리시티권 침해로는 되지 않을 것이다.[324] 다만, 원고에 대하여 가공(架空)의 기사를 쓰면서 원고의 성명, 초상을 사용하는 경우 또는 작품과는 합리적인 관계가 없는 사람의 성명이나 초상을 이용하는 것은 타인의 눈길을 끌기 위한 '위장된 광고'(advertisement in disguise)로서 퍼블리시티권의 침해에 해당한다고 할 것이다.[325]

나. 이른바 '모델영화' 제작의 경우

위에서 살펴본 논의들을 '모델영화'를 제작하는 경우와 관련하여 적용해 보기로 한다. 우선 퍼블리시티권도 헌법이 보장하는 언론의 자유에 의하여 제약을 받게

(D.C.N.Y. 1978). 이에 관해서는, 김성환, 「퍼블리시티권의 법리와 실제」, 진원사, 2009, 387~388면; 한위수, "퍼블리서티권의 침해와 민사책임(하)", 121면.

323) 위 부정적인 견해를 취하는 문헌 각 참조.

324) 한위수, "퍼블리서티권의 침해와 민사책임(하)", 121면. Benavidez v. Anheuser Busch Inc., 873 F. 2d 102(5th Cir. 1989)는 맥주회사(피고)가 원고를 포함한 Hispanic Congressional Medal of Honor 수상자들의 공적을 기리는 다큐멘터리를 피고 비용으로 제작하여 공공기관 등지에서 상영한 사안에서 비록 피고의 이미지와 신용을 고양하는 역할을 하였더라도 다큐멘터리가 피고회사의 광고가 되어 원고의 퍼블리시티권을 침해한 것으로 볼 수는 없다고 판시하였다. 위의 논문, 121면의 각주(114).

325) 한위수, 위의 논문, 122면.

된다. 따라서 신문, 잡지, 방송 등에서 보도를 위하여 필요한 범위 내에서 타인의 성명, 초상 등을 사용하는 것은 비록 언론사가 공영기관이 아니고 영리를 목적으로 보도를 하는 것이라 하더라도 퍼블리시티권의 침해에 해당하지 않는다. 그리고 이러한 언론의 자유에는 연예오락, 픽션, 논픽션을 포함한 창작품에까지 미치므로 본인의 허락 없이 전기를 쓰거나 소설화, 영화화, 연극화하여 타인의 성명, 초상을 사용하더라도 퍼블리시티권의 침해에는 해당하지 않는다고 보아야 할 것이다.[326] 다만, 소설이나 평전 형식의 서적출판은 상업적 이용에 해당하지 않으므로 퍼블리시티권 침해가 성립하지 않는다고 하면서도 특히 영화에 대해서는 퍼블리시티권 침해가 성립하지 않는 범위를 좀 더 좁게 인정하는 견해가 있다. 이 견해에 따르면 영화는 소설 등 문학작품과 비교할 때 상대적으로 높은 상업성을 띠는 경우가 있을 수 있다고 전제한 다음 "영화에서의 성명, 초상 등의 사용은 그 개인에 대한 명예훼손이나 프라이버시 침해에 해당하지 않는 한 허용되어야 할 것이므로 이러한 한도 내에서는 퍼블리시티권 침해에 해당하지 않는다고 보아야 할 것"이라고 한다.[327] 그러나 퍼블리시티권 침해가 인정되지 않더라도 명예훼손이나 프라이버시권 침해가 성립할 수 있으므로,[328] 영화 매체에 대해서만 퍼블리시티권 침해 여부를 명예훼손이나 프라이버시권 침해 여부와 결부시킬 필요가 있는지는 의문이다.

한편, 모델영화를 제작하는 것이 퍼블리시티권 침해에는 해당하지 않더라도 그 영화로 인하여 유명인의 명예를 훼손하거나 프라이버시권을 침해하는 경우에는 유명인 본인의 허락이 없는 한 영화제작은 어렵다. 그런데 유명인의 경우에는 공적 인물(public figure)에 해당하기 때문에 공공적 성격이 인정될 수 있으므로[329] 그 밖의 위법성 조각사유 등이 충족된다면[330] 모델영화로 인한 명예훼손책임에서 벗

---

326) 한위수, 위의 논문, 121면.

327) 문건영, "실존인물의 모델화와 인격권 보호", 「Entertainment Law」, 박영사, 2007, 273~274면.

328) 명예훼손 성립 여부와 퍼블리시티권 침해 여부는 전혀 성격을 달리하는 별개의 문제이고, 또 프라이버시 침해와 퍼블리시티권 침해는 Prosser 교수가 제창한 프라이버시 침해의 네 가지 유형 중에서 ④의 '성명이나 초상의 영리적 이용'의 유형에 해당하지 않는 한 직접적인 관련이 없다.

329) 표성수, 「언론과 명예훼손」, 육법사, 1997, 386~387면.

330) 언론보도의 경우와 마찬가지로 모델영화의 경우에도 그 내용과 목적이 공공성을 가지고, 아울

어날 수 있을 것이다. 또한 유명인은 공적 인물이기 때문에 일정한 범위에서는 프라이버시권의 행사에 제약이 따를 수밖에 없다.[331] 물론 일정한 제약이 따른다 하더라도 프라이버시 자체가 없어지는 것은 아니므로 유명인에 대한 전기영화나 평전영화의 내용이 일정하게 제한되는 범위를 벗어나서 사생활을 과도하게 침해하는 경우에는 프라이버시권 침해가 인정될 수 있다.[332]

그런데 이른바 모델영화가 제작되는 실제 사례를 보면, 프라이버시권이나 인격권 침해 또는 퍼블리시티권 침해의 발생 여부와는 관계없이 영화의 소재가 된 사람에게 영화사가 영화화의 허락을 얻는 경우가 있다. 영화 ≪효자동 이발사≫, ≪너는 내 운명≫, ≪그때 그 사람들≫, ≪실미도≫, ≪살인의 추억≫, ≪마라톤≫ 등은 모두 실제 있었던 사건을 소재로 한 것인데, 이 중에서 ≪효자동 이발사≫, ≪너는 내 운명≫, ≪마라톤≫ 등은 모델이 된 사람으로부터 영화제작에 대한 동의를 얻은 영화들이다.[333]

영화제목에 사람의 이름이 사용된 경우는 만일 그 사용이 영화와 아무런 관련이 없는데도 광고나 홍보의 목적으로 유명인의 이름을 제목으로 사용하였거나 또는 단지 상품이나 서비스를 판매하기 위한 '위장된 광고'(advertisement in disguise)일 경우에는 퍼블리시티권 침해가 인정된다고 할 것이다. 그러나 영화의 제목이 영화내용과 최소한의 예술적 관련이 있을 경우에는 유명인의 이름을 사용하더라도 퍼블리시티권 침해에 해당하지 않는다고 보아야 할 것이다.[334]

참고로 영화나 TV 드라마에서 퍼블리시티권이나 명예훼손 또는 프라이버시권 침해가 문제된 우리나라 재판례를 소개하면 다음과 같다.

러 진실하거나 진실이라는 증명이 없더라도 그것을 진실이라고 믿을 만한 상당한 이유가 있는 경우에는 명예훼손행위의 위법성이 조각된다. 요컨대, ① 공공성, ② 진실성 또는 상당성을 갖추면 명예훼손책임에서 벗어날 수 있다. 후술하는 【재판례-2】 대법원 1998. 2. 27. 선고 97다19038 판결; 【재판례-4】 대법원 2010. 7. 15. 선고 2007다3483 판결 각 참조.

331) 변재옥, 「정보화사회의 프라이버시와 표현의 자유」, 커뮤니케이션북스, 1998, 105면 이하.

332) 변재옥, 위의 책, 110~112면.

333) 문건영, 앞의 논문, 201면.

334) 문건영, 앞의 논문, 277~278면.

【재판례—1】 서울북부지법 2007. 7. 20. 선고 2006가합7284 판결

대중들에게 협객, 정치가 등으로 유명한 김두한의 인생역정을 소재로 한 TV드라마 '야인시대' 사건이다. 김두한의 상속인들은 자신들의 허락 없이 SBS프로덕션이 김두한의 일대기를 그린 TV드라마를 제작하여 SBS방송국을 통해 방송함으로써 상속인인 원고들의 퍼블리시티권을 침해하였다고 주장하면서 손해배상청구소송을 제기하였다. 이에 대해 법원은 "퍼블리시티권 침해가 있기 위해서는 사람의 성명, 초상 등을 상업적으로 이용하는 경우이어야 하는데, 텔레비전 프로그램도 예술적 저작물의 하나로 보는 이상 망인의 인생역정, 성명을 사용하였다고 하더라도 이를 상업적으로 이용하였다고 볼 수 없다"고 판시하여 원고들의 청구를 기각하였다.

【재판례—2】 대법원 1998. 2. 27. 선고 97다19038 판결

'광복 50주년 기획드라마 김구' 사건에서 대법원은 백범 암살 사건을 묘사하는 과정에서 어느 정도의 허구가 생기지 않을 수 없지만 이로 인해 개인의 명예를 훼손하는 일이 발생하더라도 "그것이 공공의 이해에 관한 사항으로서 그 목적이 오로지 공공의 이익을 위한 것일 때에는 적시된 사실이 진실이라는 증명이 있으면 그 행위에 위법성이 없다 할 것이고, 그 증명이 없다 하더라도 행위자가 그것을 진실이라고 믿었고 또 그렇게 믿을 상당한 이유가 있으면 그 행위에 대한 고의, 과실이 없다고 보아야 할 것이다"고 판시하여 명예훼손책임을 부정하였다.

【재판례—3】 서울남부지법 2004. 10. 28. 선고 2003가합7839 판결

TV 드라마 '야인시대' 사건에서 자유당 정권 아래에서 활동하였던 망 임화수의 처와 후손들이 위 드라마에서 임화수를 묘사하면서 폭력조직을 결성하여 활동하고 정치권력과 결탁하였으며 인격을 심하게 비하하는 등 사실과 다른 장면을 방영하여 위 망인의 명예 및 그 처와 후손들의 추모의 감정 내지 인격권을 침해하였다고 주장하며 방송국과 방송작가 등을 상대로 정정보도와 위자료 등의 손해배상을 청구하였다. 법원은 드라마에서 문제가 된 부분

은 수긍할 수 있는 근거자료 또는 정황이 존재하거나 객관적으로 설정된 캐릭터의 동일성의 범위 내에서 상당한 근거와 추측에 의한 극적 재구성이라 인정할 수 있으므로 피고들에게 망인과 원고들에 대한 명예훼손에 관하여 고의 내지 과실이 있었다고 할 수 없다고 판시하여 원고들의 청구를 모두 기각하였다.

【재판례—4】 대법원 2010. 7. 15. 선고 2007다3483 선고

영화 '실미도' 사건의 판결이다. 원고들은 북파 공작업무를 목적으로 창설된 특수부대 훈련병이었던 이 사건 망인들의 유가족들이고 피고들은 영화의 공동제작사 및 감독이다. 대법원은 실제 인물이나 사건을 모델로 한 영화의 명예훼손책임 인정 여부에 관한 판단 기준에 대하여 "실제 인물이나 사건을 모델로 한 영화가 허위의 사실을 적시하여 개인의 명예를 훼손하는 행위를 한 경우에도 그것이 공공의 이해에 관한 사항으로서 그 목적이 공공의 이익을 위한 것일 때에는 행위자가 적시된 사실을 진실이라고 믿었고 또 그렇게 믿을 만한 상당한 이유가 있으면 그 행위자에게 불법행위책임을 물을 수 없다고 할 것인바, 그와 같은 상당한 이유가 있는지 여부를 판단함에 있어서는 적시된 사실의 내용, 진실이라고 믿게 된 근거나 자료의 확실성, 표현 방법, 피해자의 피해 정도 등 여러 사정을 종합하여 판단하여야 하고, 특히 적시된 사실이 역사적 사실인 경우 시간이 경과함에 따라 점차 망인이나 그 유족의 명예보다는 역사적 사실에 대한 탐구 또는 표현의 자유가 보호되어야 하며 또 진실 여부를 확인할 수 있는 객관적 자료의 한계로 인하여 진실 여부를 확인하는 작업이 용이하지 아니한 점 등도 고려되어야 한다. 아울러 영리적 목적 하에 일반 대중을 관람층으로 예정하여 제작되는 상업영화의 경우에는 역사적 사실을 토대로 하더라도 영화제작진이 상업적 흥행이나 관객의 감동 고양을 위하여 역사적 사실을 다소간 각색하는 것은 의도적인 악의의 표출에 이르지 않는 한 상업영화의 본질적 영역으로 용인될 수 있으며, 또한 상업영화를 접하는 일반 관객으로서도 영화의 모든 내용이 실제 사실과 일치하지는 않는다는 전제에서 이러한 역사적 사실과 극적 허구 사이의 긴장관계를 인식·유지하면서 영화를 관람할 것인 점도 그 판단에 참작할 필요가 있다."고 판시하였다.[335]

【재판례—5】 서울중앙지법 2006. 8. 10. 선고 2005가합16572 판결

영화 '그때 그 사람들' 사건에서 박정희 전 대통령과 관련된 묘사를 둘러싸고 원고인 유족(박지만)이 피고 영화사를 상대로 영화상영금지 및 손해배상청구 등을 한 사건이다. 법원은 위자료로서 1억 원의 손해배상청구를 인정하고 나머지 청구는 기각하였다.

[판시사항]

[1] 사자(死者)의 인격적 법익이 침해된 경우 그 유족에게 인정되는 민사상 구제수단

[2] 역사적 인물과 사건을 소재로 한 창작적 표현행위에 의하여 인격적 법익이 침해될 수 있는 경우

[3] 역사적으로 중요한 사자(死者)의 인격적 법익이 영화에 의하여 침해된 경우 그 영화의 제작·상영의 금지 여부에 관한 판단 기준

[4] 고인인 전직 대통령을 소재로 한 영화가 고인의 인격적 법익을 침해하였으나 그 침해가 영화상영 등을 금지해야 할 정도로 중대, 명백하지는 않다고 본 사례

[5] 영화에 의하여 유족의 사자(死者)에 대한 경애, 추모의 정이 침해되는 것을 이유로 영화상영 등의 금지 내지 손해배상을 명할 수 있는 경우

[판결요지]

[1] 사람은 죽은 후에 자신의 인격적 가치에 대한 중대한 왜곡으로부터 보호되어야만 살아 있는 동안의 인간으로서의 존엄과 가치를 진정으로 보장받는 것이므로, 사자(死者)의 인격적 법익에 대한 침해가 있는 경우에는 그 유족이 사자(死者)의 인격권 침해를 이유로 그 침해행위의 금지를 구할 수 있고, 다만 재산상속이 사망시를 기준으로 개시되는 이상 손해배상을 청구할 수는 없으나, 사자(死者)의 인격적 법익이 침해됨으로써 그 유족의

---

335) 이 판결은 언론보도에 의한 명예훼손 사건에서 형성·전개되어온 위법성 조각사유에 관한 법리를 모델영화에 적용한 것이다. 또한 이 판결은 영리적 목적 하에 일반대중을 관람층으로 예정하여 제작되는 상업영화의 경우에 역사적 사실을 다소 각색하는 것은 의도적인 악의의 표출에 이르지 않는 한 상업영화의 본질적 영역으로 용인될 수 있다고 하였다. 이는 상업영화가 소설과 마찬가지로 허구를 전제로 한다는 점에 기인한 것이다. 김재형, "2010년 분야별 중요판례분석(5) 민법 하", 「법률신문」, 2011. 4. 7.자.

명예, 명예감정 또는 유족의 사자(死者)에 대한 경애, 추모의 정 등이 침해된 경우에는 사자(死者)의 인격적 법익의 침해와는 별도로 유족 자신의 인격적 법익의 침해를 이유로 그 침해행위의 금지와 손해배상을 청구할 수 있다.

[2] 인격적 법익에 대한 침해는 영화나 소설과 같은 주관적인 창작적 표현행위에 의하여서도 가능하고, 직접적으로 구체적 사실을 적시하는 표현행위뿐만 아니라 간접적이고 우회적인 표현에 의하여서도 가능하다. 특히, 역사적 인물과 사건을 소재로 하여 극 중 인물과 이야기를 창출한 경우, 현실감 있는 표현으로 인하여 합리적인 독자나 관객이라도 창작된 극 중의 허구를 실제 있었던 사건이나 실제 인물의 모습으로 오인할 가능성이 있고, 이와 같이 허구와 진실의 경계가 불분명하여 혼동을 야기하는 장면이 일반인의 관용성과 감각에 비추어 사람의 인격적 가치에 대한 부정적인 평가를 야기할 내용을 담고 있거나 공개하고 싶어 하지 아니할 사적인 생활영역을 표현한 것이라면, 그 표현으로 인해 실존 인물에 대한 사회적 평가가 저하되고 사생활의 비밀 등이 침해됨으로써 실존 인물의 인격적 법익이 침해되고, 그 실존 인물이 사망한 경우에는 그 유족의 인격적 법익이 침해될 수 있다. 나아가 실존 인물과 사건이 작품 속에서 완전한 허구로서 승화되어 그 작품 속에서 실존 인물의 존재를 찾기 어려운 경우에는 실존 인물의 인격적 법익이 침해될 여지가 없겠지만, 관객의 입장에서 허구임을 인식할 수 있어도 완전히 허구로 승화되지 못하여 그 표현 안에서 실존 인물의 존재가 느껴질 때에는, 허구의 표현 자체가 실존 인물의 인격적 법익을 침해하는 내용을 담고 있다면, 그 표현으로 인해 실존 인물과 그 유족의 인격적 법익이 침해될 수 있다.

[3] 영화는 의사표현의 매체로서 그 제작과 상영은 헌법상 언론과 출판의 자유 및 학문과 예술의 자유에 의하여 보장되는 것이어서, 영화에 의하여 타인의 인격적 법익이 침해된 경우에는 인격적 법익의 보호와 표현의 자유의 보장이라는 두 헌법적 가치가 충돌하므로, 어떠한 경우에 인격적 법익의 침해행위로서 이를 금지할 수 있는지에 관하여는 인격적 법익의 침해 여부와는 별도의 판단이 필요하다. 먼저, 그 표현으로 인하여 인격적 법익이 침해되는 피해자가 공적인 존재인지, 사적인 존재인지, 그 표현이 공적인 관심 사

안에 관한 것인지, 순수한 사적인 영역에 속하는 사안에 관한 것인지에 따라 심사기준에 차이를 두어야 할 것인바, 공공적이고 사회적인 의미를 가진 사안에 대한 표현의 경우에는 여론의 자유로운 형성과 전달을 통하여 민주적 정치질서를 생성하고 유지하는 기능을 고려하여 최대한 보장되어야 하고, 특히 공직자의 도덕성, 청렴성이나 그 업무처리의 정당성 여부에 대한 감시와 비판은 그 표현이 악의적이거나 현저히 상당성을 잃은 공격이 아닌 한 쉽게 제한되어서는 아니 된다. 또한, 사자(死者)에 관한 사실은 세월의 흐름에 따라 역사적 사실이 되는 것이므로, 역사적 사실에 대한 학문적, 예술적 탐구와 표현은 그로 인한 가치가 이미 시간의 경과로 세인의 기억 속에서 잊혀져가는 역사적 인물의 인격적 법익을 보호함으로써 달성되는 가치보다 소중한 것으로 배려되어야 하고, 특히 역사적으로 중요한 인물의 경우에는 더욱 그 인물에 대한 탐구와 평가의 자유가 보장되어야 하므로 역사적으로 중요한 사자(死者)의 정치적, 사회적 행적과 그와 관련된 생활상 등을 표현한 경우에는 사자(死者)의 인격적 법익을 중대하게 침해한 경우에 한하여 그 표현을 금지할 수 있다. 그리고 인격적 법익의 침해에 대한 구제가 필요한 경우에도, 영화의 상영 등 표현행위 자체를 금지하는 것은 손해배상을 명하는 경우와는 달리 표현의 자유를 근본적으로 제한하는 것이고, 특히 표현행위에 대한 사전억제는 검열을 금지하는 헌법 제21조 제2항의 취지에 비추어 원칙적으로 허용되어서는 아니 되므로, 영화상영 등의 금지는 영화로 인한 인격적 법익의 침해의 태양 및 정도에 비추어 그 침해가 중대하고 명백할 뿐 아니라 피해자에게 중대하고 현저하게 회복하기 어려운 손해를 입힐 우려가 있어 그에 대한 유효적절한 구제수단으로서 금지의 필요성이 인정되는 경우에 한하여 예외적으로 허용된다.

[4] 고인인 전직 대통령을 소재로 한 "그때 그사람들"이라는 영화가 특정 장면을 통해 간접적이고 우회적으로 비유적이거나 상징적인 표현을 사용함으로써 고인의 인격적 가치에 대한 사회적 평가를 저하시키는 등 고인의 인격적 법익을 침해하였으나, 고인의 역사적 특수성, 위 영화가 다룬 사건의 역사적 특수성, 영화라는 표현물이 갖는 특수성, 위 영화의 특수성을 종합하여 볼 때, 위 영화로 인한 고인의 인격적 법익에 대한 침해가 영화상

영 등을 금지해야 할 정도로 중대, 명백하지는 않다고 본 사례.

[5] 유족의 사자(死者)에 대한 경애, 추모의 정의 침해를 이유로 영화상영 등의 금지를 명하는 것은, 그 영화로 인해 유족의 고인에 대한 경애, 추모의 정이 형해화되어 영화의 상영 등을 금지하지 않고서는 도저히 침해된 추모의 정을 회복하기 어려울 정도로 현저한 침해를 당하였다는 특별한 사정이 인정될 경우에만 가능하고, 정신적 손해에 대한 배상을 명하는 것은, 위와 같은 정도의 현저한 침해에 이르지 아니하더라도 고인의 유족으로서 감수해야 할 범위를 넘는 경우이면 가능하다.

4. 관련문제 : 이른바 '물건의 퍼블리시티권' 문제

가. 문제의 소재

퍼블리시티권의 보호대상에 관해서는 이른바 '인격 요소' 이외의 것도 보호될 수 있는지가 문제가 된다. 즉 자연인의 인적 속성(human persona)에 해당하는 성명이나 초상 또는 음성, 신체적 특징과 같은 인격 요소에 대해서는 별다른 문제가 없을 것이다. 퍼블리시티권을 성명이나 초상의 영리적 측면으로 파악하는 인격권설을 취하더라도 본인의 외형적이거나 시각적 특징, 말투나 연기 등을 보호대상으로 포함하는 데에 무리는 없을 것이다.[336] 문제는 물건의 명칭이나 그 영상도 퍼블리시티권의 보호대상으로 삼을 수 있을 것인지 하는 점이다. 동물을 소재로 하는 영화가 상당수 제작·상영되는 현실을 고려할 때, 이러한 문제는 영화제작을 둘러싸고 언제라도 불거질 수 있다. 이것이 바로 이른바 '물건의 퍼블리시티권' 문제이다.

나. 우리나라의 재판례

물건의 퍼블리시티권 침해의 전형적 사례는, 가령 갑(甲)이 키우는 애완견을 을(乙)이 몰래 사진을 찍거나 영상으로 촬영하여 광고 등에 사용하는 행위에 대해 갑

336) 백강진, "스포츠게임과 선수의 권리", 「Law & Technology」(제6권 제1호), 서울대학교 기술과 법센터, 2010. 1., 109면.

(甲)의 권리 침해를 인정하는 경우일 것이다. 이에 반해 갑(甲)이 저작재산권을 가지는 갑(甲)의 애완견 사진을 을(乙)이 무단으로 광고에 이용한 사안에 대하여 갑(甲)의 저작권 침해를 인정한 것이라면 물건의 퍼블리시티권 문제와는 관계가 없다.

이른바 '물건의 퍼블리시티권'을 둘러싼 국내 재판례는 아직 없는 것으로 보인다. 다만, 이 문제와 직접적인 관련성이 있는 전자의 경우는 아니지만 애완견 사진의 저작권 침해를 인정한 후자에 해당하는 판결은 있다. 유명 애완견 분양업체를 경영하는 원고는 전문사진사에게 의뢰하여 자신이 키우던 애완견의 사진을 찍어 달력 등의 제작에 사용하였는데 인터넷 사이트를 운영하는 피고가 이 사진들을 인터넷에 무단 게재하자 손해배상청구소송을 제기한 사건이다. 법원은 원고가 전문사진사로부터 애완견 사진의 저작재산권을 양수한 사실을 인정한 다음 피고에게 사진저작권 침해를 인정하여 손해배상책임을 인정하였다.

【재판례—6】 서울지방법원 2003. 1. 17. 선고 2001가단173463 판결

법원은 "이 사건 사진저작물들을 촬영함에 있어 원고가 사육하던 애완견들의 생김새, 색깔과 이미지 등에 따라 바닥과 배경의 색상 및 소재, 애완견이 착용하는 장식물 및 주변소품 등을 결정하고, 애완견의 배치, 조명의 선택, 촬영 각도, 움직이는 애완견들에 대한 촬영순간의 포착 등에 있어서 나름대로의 개성을 반영한 사실을 인정할 수 있으므로, 이 사건 사진들은 전문사진사의 창작성이 발현된 것으로 저작권법에 의하여 보호되는 저작물에 해당한다"고 인정한 다음 "피고는 적어도 원고로부터 이 사건 사진들을 교부받지 않았다면 동일한 수량의 애완견 사진들에 대한 사용권한을 타인으로부터 양도받거나 직접 전문사진사 등에게 같은 수준의 사진촬영을 의뢰하였어야 함에도, 이 사건 사진들을 무단 사용함으로써 지출하여야 하였을 비용을 지출하지 않게 되어 그 상당의 이득을 취하였다고 할 것이고, 저작재산권자가 그 저작권의 침해로 인한 손해배상을 청구하는 경우 권리를 침해한 자가 그 침해행위에 의하여 얻은 이익의 액이 저작재산권자가 입은 손해의 액으로 추정되는 바, 이 사건 사진들과 같은 애완견 사진 촬영료는 1장당 30만원 정도인 사실을 인정할 수 있으므로,

달리 애완견 사진들의 사용료에 대한 자료가 없는 이 사건에 있어서 피고가 이 사건 사진들의 무단 사용으로 인하여 적어도 그 촬영비용인 5,700,000원(19장×30만원)의 이득을 얻었다 할 것이고 원고에게 동액 상당의 손해를 배상할 의무가 있다 할 것이다"고 판시하였다.[337]

다. 외국의 재판례

(1) 미국

미국의 Bayer v. Ralston Purina Co. 사건에서[338] 법원은 원고가 소유한 말의 사진을 피고가 광고에 이용해서 원고의 퍼블리시티권이 침해되었다는 주장에 대하여 말의 사진을 원고의 인격적 징표로 볼 수 없다는 이유로 기각하였다. 또한 Lawrence v. Ylla 사건에서[339] 원고는 뉴욕타임즈 지면광고에 게재된 National Biscuit 회사의 광고에 자신의 애완견 사진이 허락 없이 실린 것이 원고의 퍼블리시티권을 침해한 것이라고 주장하였다. 이에 대해 법원은 뉴욕 주의 제정법인 퍼블리시티권법에는 사람(human being)의 사진이나 초상의 이용을 권리의 대상으로 한다고 규정하고 있으므로 애완견 사진을 허락 없이 이용한 것에 대해서는 뉴욕주법을 적용할 수 없다고 하였다. 다만, 이 사건에서 법원은 원고와 피고 사진사 간에 체결된 묵시적 계약조건에 따르면 다른 상업적 목적으로 사진을 이용하는 것이 금지된다는 이유로 계약 위반을 인정하였다.[340]

(2) 일본

일본에서는 가정용·업무용 게임소프트 '갤럽레이스' 개발자가 그 게임 내에 등장하는 경주마의 데이터에 실존의 경주마와 같은 말의 명칭, 성별, 털빛, 경주능력을 사용하자 실존 경주마의 마주(馬主)로부터 허락 없이 마주들의 경주마 명칭 등

---

337) 저작권위원회 편, 「저작권 분쟁조정 사례집」, 저작권위원회, 2007, 36~37면.
338) Bayer v. Ralston Purina Co., 484 S.W.2d 473(Mo. 1972).
339) Lawrence v. Ylla, 184 Misc. 807, 55 N.Y.S. 2d 343(Sup. Ct. 1945).
340) Dale A. Whitman, "Secrecy and Real Property", 27 The American University Law Review, 1978, p.262.

을 사용하였다고 하여 퍼블리시티권 침해를 이유로 게임소프트웨어의 제작·판매 중지와 손해배상을 청구한 사건이 있었다.

이에 대해 일본 최고재판소는 "경주마 등과 같은 물건의 소유권은 그 물건의 유체물(有體物)로서의 측면에 대한 배타적 지배권에 그치는 것이고, 그 물건의 명칭 등 무체물(無體物)로서의 면(面)을 직접 배타적으로 지배하는 권능에 미치는 것이 아니므로, 제3자가 경주마의 유체물로서의 측면에 대한 소유자의 배타적 지배권능을 침해함이 없이, 경주마의 명칭 등이 갖는 고객흡인력 등 경주마의 무체물로서의 면에 있어서 경제적 가치를 이용한 것이라 하더라도, 그 이용행위는 경주마의 소유권을 침해한 것은 아니라고 해석된다"고 하여 이른바 물건의 퍼블리시티권을 부정하였다. 따라서 경주마의 명칭 등 무체적 속성은 소유권 개념으로 보호되는 영역도 아니고, 현행의 상표법, 상법, 부정경쟁방지법, 저작권 등 지적재산권법에 의하여 보호되는 영역도 아니므로 현재로서는 공유(公有, public domain)에 속하는 영역이라고 판시하였다.[341)]

(3) 소결

퍼블리시티권의 법적 성격을 인격권설에 입각하여 이해하는 경우는 물론이고 재산권설을 취하더라도[342)] 퍼블리시티권을 실재인물인 자연인의 인적 속성에서 도출되는 것으로 이해하는 한 이른바 물건의 퍼블리시티권을 인정할 수는 없을 것이다.[343)] 원래 퍼블리시티권은 개념적으로 인간의 인격적 동일성을 보호하기 위한 권리이고, 나아가 동물이 권리의 주체가 되어야 한다고 인정할 특별한 사정이

---

341) 日本 最高裁判所 2004年 2月 13日 判決. 이 판결의 평석으로는, 中山信弘 외 3인 편, 비교상표판례연구회 역, 「상표판례백선」, 박영사, 2011, 735면 이하(백강진 번역부분).

342) 퍼블리시티권의 법적 성격을 둘러싼 국내 학설로는 ① 인격권설, ② 인격과 결합된 재산권설, ③ 인격권과 재산권의 결합설, ④ 재산권설 등이 있다.

343) 자연인이 아닌 실체(non-human entities)에까지 퍼블리시티권의 범위를 확대할 수 있다는 입장에서는 동물이나 무생물에도 퍼블리시티권을 인정할 수 있으며 그 권리는 소유주에게 귀속된다고 한다. M.B. Nimmer, "The Right of Publicity", 19 Law & Contemporary Problems, 1954, p.216; Julius C.S. Pinckaers, From Privacy toward A New Intellectual Property Right in Persona, Kluwer Law International, 1996, p.31에서 재인용.

보이지 않는다.[344] 만일 동물이 광고에 이용되었다면 소유주의 사용수익권으로 해결하면 충분할 것이다.

라. 물건을 영화나 TV 드라마에 사용하는 경우

지금까지 우리나라나 외국의 재판례, 그리고 이에 관한 학설의 동향을 보면, 동물과 같은 물건에 대하여 퍼블리시티권이 인정될 여지는 거의 없을 것으로 생각된다. 그렇다고 해서 타인이 법적으로 소유하는 물건을 허락 없이 영화에 사용할 수 있다는 의미는 아니다. 그 물건을 영화에 사용하기 위해서는 민사법상의 계약법리에 따라 사전에 허락을 얻어야 한다. 예컨대, 타인의 애완견을 영화나 TV 드라마에 출연시키고자 하는 영상제작자는 그 애완견의 소유주로부터 무상 또는 유상으로 허락을 얻어 사용하여야 할 것이다.

5. 이른바 '샘의 아들 법'(Son of Sam Law)에 관한 문제

가. 논의의 단서

2000년대 후반 각 개봉한 ≪그 놈 목소리≫나 ≪추격자≫와 같은 영화는 우리 사회를 충격에 몰아넣은 유괴살인사건이나 연쇄살인사건을 소재로 한 것이다. 만일 이와 같이 흉포한 사건의 범인이 자신이 저지른 범죄의 경위를 자서전 비슷하게 영화화하겠다고 나선 다면 어떤 일이 벌어질까? 무엇보다 그 범죄의 피해자나 유가족에게는 다시 한번 정신적 피해를 주는 일이 발생할 것이다. 게다가 범죄자가 그 사건의 스토리를 영화화 하도록 허락함으로써 금전적 이득까지 챙기는 사태까지 초래된다면 사회적 공분을 사게 될 것이 틀림없다.[345]

---

344) 애완견과 같은 동물을 애호하는 사람들의 관점에서는 동물이 물건, 그 중에서도 동산(動産)에 해당한다는 법 논리에 다소간 위화감을 가질 수도 있을 것이다. 그러한 점에서 인간에게 '인권'이 존재하듯이 동물에게는 '동물권'(animal rights)이 인정되어야 한다는 문제 제기는 인간 중심의 법 논리체계에 근본적 성찰의 계기를 마련해주고 있다. 이에 관한 국내의 선구적 연구로는, 박원순, "'동물권'의 전개와 한국인의 동물인식", 「형평과 정의」, 대구지방변호사회, 1994. 11., 324면 이하.

나. 미국의 'Son of Sam Law' : "자신이 저지른 범죄로 돈을 벌어서는 안 된다"[346)]

(1) 'Son of Sam Law' 제정 경위 및 내용

미국의 많은 주(州)에는 "누구도 자신이 저지른 범죄로 윤택해져서는 안 된다"는 취지의 법률이 있다. 흔히 '샘의 아들 법'(Son of Sam Law)이라 불리는 법인데, 이는 1977년 봄과 여름 젊은 여성들과 그 일행들을 연쇄 살인하여 뉴욕을 공포에 떨게 만든 사건의 범인인 데이비드 버코비츠(David A. Berkowitz)가 범죄 현장마다 'Son of Sam'이란 서명을 남겼기 때문에 붙여진 그의 별명에서 유래한다. '샘의 아들'이라 불린 살인범은 체포되기 전부터 연쇄 살인 사건의 스토리에 관한 권리로 부자가 될 것이라는 소문이 떠돌았고, 실제로 자신이 저지른 연쇄 살인 사건의 스토리를 출판사에 판매하는 계약이 체결되었다.[347)] 이 사건을 계기로 뉴욕 주 의회는 기존의 '범죄피해자구제법'[348)]의 내용을 대폭 강화하여 범인이 체포된 그 다음 날인 1977년 7월 11일부터 새로운 '범죄피해자구제법'을 전격 시행하였다.[349)] 그래서 이 1977년 법률을 흔히 '샘의 아들 법'이라 부르게 된 것이다.[350)]

동법(同法)의 핵심 내용은 다음과 같다.[351)] 첫째, 어떠한 법적 주체(any legal entity)라

---

345) 특히 2009년 초 강모(某)라는 연쇄살인범이 "내가 저지른 범행을 책으로 출판해 아이들이 인세라도 받도록 하고 싶다"고 발언한 것으로 알려지면서 '샘의 아들 법'에 대한 관심이 촉발되었다(유성열, "강씨『범행 책 써 아들에 인세 주고 싶다』", 「동아일보」 2009. 2. 4.자 A5면).

346) ミドリ・モール, 「ハリウッド・ビジネス」, 文藝春秋, 2001, 54면 이하; 김형진, "미국의 '샘의 아들 법'과 엔터테인먼트 산업", 「엔터테인먼트법학」 창간호, 한국엔터테인먼트법학회, 2007. 6., 269면 이하.

347) 맥그로우힐(McGraw-Hill) 출판사는 범죄 스토리를 구입하는 계약을 체결하였는데, 그 계약 내용 중에는 대필작가에게 25만 달러의 선인세(advance)와 15만 달러의 수익을, 데이비드 버코비츠에게는 법정(法定)관리인(court-appointed conservator)을 통해서 7만 5천 달러를 각 지급한다는 것이 포함되어 있었다.

348) 1966 Executive Law Article 223. 이 법률은, 범인의 체포 여부와는 관계없이 그 범죄로 인한 극심한 부상과 변제불능의 채무로 인해 생활고에 시달리는 범죄 피해자와 그 부양가족을 위한 보상체계를 마련하려는 취지에서 입법되었다.

349) New York Executive Law section 632-a "Distribution of moneys received as a result of the commission of crime".

350) Ralph W. Johnson, III, Comment, "Simon & Schuster, Inc. v. Members of the New York State Crime Victims Board: The Demise of New York's Son of Sam Law and the Decision that Could Have Been", 2 Fordham Intellectual Property, Media and Entertainment Law Journal, 1992, pp.198~199.

351) New York Executive Law section 632-a.

도 '범죄 사건의 피의자나 유죄판결을 받은 자'(이하, '범죄자'로 줄임)와의 사이에, 그 범죄를 영화, 서적, 잡지 기사, 테이프 녹음, 사진 기록, 라디오나 텔레비전, 그 밖의 유형의 오락거리로 발표하거나 그 범죄에 관한 감정, 의견, 느낌 또는 생각을 회상하는 등의 방법으로 '재현'하기로 하는 계약을 체결한 경우 그 법적 주체는 당해 계약서를 '범죄피해자보상위원회'(Crime Victims Board)에 제출하여야 한다. 둘째, 위 위원회가 그 계약이 이 법률의 적용을 받는다고 결정하면, 범죄자와 계약을 체결한 법적 주체는 그 계약으로 범죄자에게 지급해야 할 모든 수익을 위 위원회에 교부하여야 한다. 셋째, 위 위원회는 범죄 피해자에 대한 보상금 지급을 위한 기탁계정(escrow account)[352]을 개설한 다음 위 교부금을 위 계정에 5년간 보관한다. 넷째, 그 범죄의 피해자가 보상금지급청구 소송을 제기하여 승소판결을 받으면 위 기탁계정에서 보상금을 지급한다. 다섯째, 5년이 지나도록 그 범죄 피해자로부터 보상금지급청구 소송이 없는 때에는 위 기탁계정에서 남은 액수를 범죄자에게 반환한다.[353]

(2) 'Henry Hill' 사건과 'Jean Harris' 사건

뉴욕 주의 입법을 계기로 1991년까지 모두 41개 주에서 같은 취지의 법률을 제정하였다. 그런데 이 뉴욕 주 입법을 둘러싸고서 범죄자 측으로부터 몇 차례 이의 제기가 있었다. 그 중 유명한 것이 Henry Hill 사건과 Jean Harris 사건이다.

헨리 힐이라는 뉴욕의 한 마피아가 1985년 자신의 범죄를 고백하는 책 ≪Wiseguy: Life in A Mafia Family≫을 유명 출판사인 Simon & Schuster에서 출판하였다. 1986년 뉴욕 주 '범죄피해자보상위원회'는 출판사에게 그 저자에 대한 인세지급을 보류하도록 요청하였고 출판사는 이에 따라 그 지급을 보류하였다. 뒤이어 위 위원회는 이 책의 내용에서 저자가 범죄에 관련이 있다고 인정하였을 뿐 아니라, 그가 저지른 범죄에 관한 생각, 느낌, 의견 그리고 감정이 책 내용에 포함되어 있다

352) '기탁계정'이란 조건부 계정으로서 이 계정에 입금된 자금은 일정한 사실이 발생하여야만 인출이 가능하다. 통상의 예금계정은 예금자가 원하면 언제라도 인출할 수 있으나 기탁계정의 경우에는 그렇지 못하다.

353) Ralph W. Johnson, III, op. cit., pp.200~202.

고 판단하면서, 출판사에 대하여 "앞으로 출판사가 저자에게 지급할 모든 인세를 위 위원회에 교부하고, 이미 저자에게 잘못 지급된 인세 10만 달러에 대해서는 만일 저자가 이를 위원회에 교부하지 않을 경우 출판사가 이를 교부할 것"을 명령하는 결정을 내렸다. 이에 출판사는 1987년 8월 3일 위 위원회를 상대로 연방지법에 소송을 제기하였다. 제1심 재판에서 출판사는 이 법률이 미국 수정헌법 제1조(표현의 자유)와 제14조(적법절차)에 반하는 위헌적 법률이라고 주장하면서 위 결정의 무효확인 및 이 법률의 적용을 중지해 달라는 집행정지청구를 하였다. 그러나 출판사는 제1심과 제2심에서 모두 패소하였다.[354] 그런데 미 연방대법원은 1991년 12월 10일 전원일치 판결로 출판사의 손을 들어주면서 '샘의 아들 법'이 내용규제(content-based regulation) 입법으로서 수정헌법 제1조에 합치하지 않는 위헌 법률이라고 판시하였다.[355] 즉 연방대법원은 판결 이유에서 "유죄의 확정 판결이 없어도 기소되거나 범죄사실을 자백하면 이 법률이 적용되고, 범죄가 콘텐츠의 주요 모티브가 아니더라도 이 법률이 적용되는 등 그 적용범위가 너무 포괄적으로 규정되어 있어서 헌법상 표현의 자유에 반한다"고 판시하였다.

패소한 뉴욕 주는 그 위헌판결을 근거로 하여 '샘의 아들 법'을 수정하여 표현의 자유를 침해하지 않도록 배려하였지만, "누구도 자신이 저지른 범죄로 윤택해져서는 안 된다"는 원칙을 끝까지 지키고 있다. 덧붙여 말하면 그 마피아의 고백을 담은 이 책은 1990년 ≪좋은 친구들≫(Goodfellas)이라는 타이틀로 마틴 스콜세지 감독에 의해 영화화되었다.

한편, Jean Harris 사건은 비영리법인과 뉴욕 주 '범죄피해자보상위원회' 간에 벌어진 재판에 관한 것이다. 1980년 여학교 교장인 해리스는 14년 간 사귄 저명한 의사가 젊은 여성과 사귀자 그를 총으로 쏴 죽였다. 이 사건으로 해리스는 약 12년 복역 후 가석방되었는데, 그녀는 수감 중 ≪Stranger in Two Worlds≫라는 제

354) Ibid., pp.203~206.

355) Simon & Schuster, Inc. v. Members of the New York State Crime Victims Board, 112 S. Ct. 501(1991).

목의 책을 집필하여 인세 수입을 얻었고 변호사 비용 등으로 지출한 나머지 금액 전부를 그녀가 설립한 비영리법인에 출연(出捐)하였다. 이 비영리법인은 수감 중인 여성들의 자녀들에 관한 복지를 목적으로 설립·운영되고 있었다. 이 책의 출판계약을 입수한 범죄피해자보상위원회는 이 책이 '샘의 아들 법'의 규제 대상에 해당한다고 결정하였다. 이에 비영리법인은 위 위원회를 상대로 위 결정의 무효확인을 구하는 재판을 제기하였다.

이 사건도 최종 심급(審級)까지 올라가 다투어졌는데, 미 연방대법원은 1992년 1월 13일 "Henry Hill 사건에 대한 연방대법원 판결에 비추어 볼 때, 이 사건 판결을 파기하여 뉴욕 주 Court of Appeals에 환송한다"는 취지로 판결하였다.[356] 이에 뉴욕 주 Court of Appeals는 1992년 4월 3일 뉴욕 주 '범죄피해자보상위원회'의 위 결정을 취소한다는 판결을 내렸다.[357]

(3) 'Frank Sinatra, Jr.' 사건

1963년 인기 가수 프랭크 시나트라(Frank Sinatra, 1915~1998)의 아들로 당시 19세였던 프랭크 시나트라 주니어가 몸값을 노린 일당에 의해 캘리포니아의 호텔방에서 유괴를 당한 사건이 발생하였다. 유명인을 둘러싼 사건인 만큼 신문과 방송은 이를 크게 보도하였다. 결국 시나트라는 몸값 24만 달러를 주고 아들을 무사히 구출하였고, 우여곡절 끝에 범인들도 체포되어 사건은 일단 해피엔딩으로 마무리되었다.

그런데 이러한 유명인사의 사건을 두고 할리우드가 가만히 구경만 하고 있을 리가 없었다. 컬럼비아 픽처스는 1998년 실형을 마치고 사회로 복귀한 범인 중 한 명에게 150만 달러를 지불하고 유괴 사건을 영화화(제목 ≪Snatching Sinatra≫)할 권리를 사들였다. 히트 영화를 제작하기 위해 범죄자에게 거액을 지불하는 할리우드의 몰상식적 행위에 크게 격분한 시나트라 주니어는 영화사에 영화화권을 판매한 범인을 상대로 그 범인이 돈을 지급받지 못하게 해달라고 캘리포니아 주 로스앤젤

356) Children of Bedford, Inc. v. Petromelis, 112 S. Ct. 859(1992).
357) Children of Bedford, Inc. v. Petromelis, 583 N.Y.S. 2d 188(Ct. App. 1992).

레스 법원에 소송을 제기하였다.

프랭크 시나트라 주니어가 제기한 소송에 대하여 법원은 범죄인이 돈을 지급받지 못하도록 판결하였다. 이에 범죄인인 키넌은 캘리포니아 주 '샘의 아들 법'이 표현의 자유를 침해한다는 이유로 위헌재판을 제기하였는데, 2002년 캘리포니아 주 대법원은 이 법률이 "범죄행위와 무관하거나 거의 관련이 없는 넓은 범위의 아이디어와 표현물까지 창작하지 못하게 하고 그 배포를 금지시킨다"는 이유로 위헌판결을 선고하였다.[358]

다. 입법의 필요성에 관한 논의

미국의 여러 주에서 시행 중인 '샘의 아들 법'은 흉악범이 자신의 범죄 행각을 소설, 영화의 소재로 제공하여 경제적 수익을 얻게 되는 것을 방지하기 위해 제정된 것이다. 범죄를 소재로 한 책의 출간이나 영상물 제작은 사실을 왜곡하여 범죄나 범인을 미화할 우려 있을 뿐 아니라 유사 범죄를 조장할 우려도 있다. 또한 이로 인해 피해자와 그 가족들의 고통과 공포가 더욱 증대될 수 있고, 사법제도에 대한 불신을 조장할 수도 있다. 그래서 우리 사회의 일각에서도 범죄를 소재로 한 서적의 출간이나 영화 등의 제작이 이루어지고 이를 계기로 범죄인이 수익을 얻을 경우 그 이득금을 환수할 수 있는 특별법의 제정을 고려해 볼 필요가 있다는 의견도 제시되고 있다.[359] 반면에 이러한 특별법의 제정은 그 규정 범위가 포괄적일 경우 표현의 자유를 침해하는 등 많은 부작용이 초래될 수 있으므로 그 입법에 신중을 기해야 한다는 견해도 있다.

358) Keenan v. Superior Court of Los Angeles County, 27 Cal. 4th 413, 117 Cal. Rptr. 2d 1, 40 P. 3d 718(2002).

359) 홍승기, "저작권 침해수익 누구 것인가", 「동아일보」, 2008. 12. 24.자; 김상온, "흉악범의 인세타령", 「국민일보」, 2009. 2. 12.자 각 참조.

IV. 영화의 유통과 수익배분

1. 영화의 유통

완성된 영화의 유통은 1차 시장인 극장 상영과 그 이후 전개되는 2차 시장으로 나뉜다. 그 대략적인 순서는 극장 → 비디오·DVD → 유료케이블, 위성방송 → 지상파 → 무료 케이블 순으로 이루어진다. 영화가 극장에서 상영되기 위해서는 영화의 배급이 선행되어야 한다. 영화의 배급을 위해 체결되는 것이 영화제작자와 배급사 간에 이루어지는 배급계약(配給契約, distribution agreement)[360]이다. 그 다음 단계로 배급사와 극장 간에 체결되는 것이 상영계약(上映契約, exhibition agreement)이다.

2. 영화 상영수익의 배분

영화가 극장에서 상영되기 위해서는 상영계약이 체결되어야 하는데, 배급사가 지방 배급사를 거치지 않고 전국의 극장들과 직접 상영계약을 체결하는 방식을 '직접배급'이라 한다. 이에 대하여 중앙 배급사가 지방 배급사를 거쳐 극장들과 상영계약을 체결하는 방식을 '간접배급'이라 한다. 간접배급의 형태로 상영계약이 이루어지면 그 계약에서 정해진 로열티를 극장이 배급사에 지급하거나 단순한 수수료율에 의해서 수익을 나누게 되므로 문제될 것이 없지만, 직접배급의 경우는 조금 복잡한 수익배분 방식이 통용된다.[361] 즉, 직접배급 방식에 의해 배급사와 극장 간에 상영계약이 체결되면 영화가 극장에서 상영되고, 극장배급·상영으로 수익이

---

360) 배급계약의 주요 내용은 영화제작자가 영화의 극장배급을 허락하고, 배급사는 이에 대해 허락료를 지급하는 것이다. 배급계약에는 영화제작자가 오리지널 필름을 배급사에 인도하고, 배급사는 상영용 프린트를 여러 벌 복제하여 각 극장에 배급하고 홍보업무 등을 행한다는 내용도 규정된다. 아울러 극장 상영 후에 발생한 수익을 영화제작자와 배급사 간에 배분하는 것과 관련해서도 배급계약 중에 명시한다.

361) 양영철, 「영화산업」, 집문당, 2006, 159~160면, 162면; 장재옥 외 4인, 「스포츠 엔터테인먼트법」, 법문사, 2010, 292면 각 참조.

발생하면 이를 분배해야 하는데, 그 순서는 다음과 같다. 영화의 수익배분은 극장측이 취득한 매상총액(유료입장자의 수 × 입장료)에 해당하는 상영수익(Box Office[362] Receipt)을 배급사와 극장이 먼저 배분하고, 배급사가 확보한 배급수입(Film Rental)에서 P&A 비용 등 배급경비를 공제한 후에 그 나머지 잔액을 영화제작자와 배분하는 순서로 진행된다.[363]

이와 관련하여 직접배급 방식 하에서 이루어지는 한국 영화의 상영수익 분배구조의 특징을 살펴보기로 한다. 한국 영화를 극장에서 상영한 경우에 발생한 영화입장료 수입(매상 총액)에서 부가가치세와 영화발전기금 3%를 공제한[364] 나머지 수익을 배급사와 극장이 5 : 5(외화의 경우는 6 : 4)로 나누는 것이 일반적이다. 배급사는 분배받은 50%의 수익에서 P&A 비용과 배급수수료 등의 비용을 공제하고 그 나머지를 배급사와 영화제작자가 다시 5 : 5로 나누는 것이 일반적이다.[365] P&A(Print & Advertizing) 비용이란 프린트 제작비용, 광고·선전비용을 말하고 배급수수료란 극장을 확보하여 영화를 배급하는 업무와 관련하여 배급사에 지급하는 대가를 말한다.[366] 어쨌든 위와 같은 분배구조에 따르면 영화 입장료 수익은 극장 : 배급사 : 영화제작사가 대략 2 : 1 : 1로 분배받는다고 할 수 있다. 이와 같이 영화의 상영수익에 관한 분배비율을 영화업계에서는 소위 '부율'(賦率, ticket revenue sharing rate)이라 부른다.[367]

미국의 경우 배급사와 극장은 다양한 방식으로 수익을 공유하는 메커니즘을 가지고 있고 개별 극장과 개별 배급사 간의 계약내용에 따라 그 분배비율이 다르다.

---

362) 박스오피스(Box Office)란 ① 영화관의 매표소, ② 연극, 영화, 기타 공연의 흥행결과를 알 수 있는 총수입액, ③ 공연물의 흥행가능성 등을 일컫는 용어이다.

363) 양영철, 앞의 책, 162~163면; 加藤君人·片岡朋行·大川原紀之, 「エンターテインメントビジネスの法律實務」, 日本經濟新聞出版社, 2007, 193면 각 참조.

364) 과거에는 극장 입장료에서 문예진흥기금 6%를 공제하였는데 2003년 헌법재판소의 위헌 결정으로 위 기금은 2004년 1월 1일자로 폐지된 바 있다. 그러다가 2007년 7월 1일부터 입장료에서 영화발전기금 명목으로 3%를 다시 공제하고 있다.

365) 양영철, 앞의 책, 163면 참조.

366) 경우에 따라서는 P&A 비용에 배급수수료가 포함된다고 설명하기도 한다. 정명훈, 「영화보다 재미나는 영화투자의 법칙」, 을유문화사, 2005, 119면.

367) 최승수, "소위 '부율'의 공정거래문제", 「Entertainment Law」, 박영사, 2007, 307면.

문제는 한국의 경우 영화의 상영수익을 모든 극장이 획일적으로 동일한 비율로 배급사에게 분배한다는 점이다.[368][369]

3. 영화 상영수익의 배분 또는 영화 투자금 회수와 관련한 분쟁

영화제작은 영화산업의 기본구조가 벤처산업적인 특색을 가지고 있기 때문에 투자사가 많은 비용을 동원하였음에도 영화의 흥행 실패로 투자금 회수를 못하고 막대한 손해를 입는 경우가 빈번히 발생한다. 문제는 영화제작 및 흥행과 관련하여 실제로 손실이 발생하였는지를 누가 어떻게 확인할 수 있겠는가 하는 점이다. "할리우드에 순수익이란 없다"는 우스개 이야기가 있다. 하지만 우스개로 끝날 이야기가 아니다. 할리우드 영화사에는 4개의 장부가 있다고 흔히들 말하기 때문이다. 주주용, 투자자용, 세무서용, 그리고 내부용의 4가지이다. 그러면 왜 이렇게 여러 종류의 장부가 필요하게 되었을까?[370] 미 엔터테인먼트 산업의 금융 분석가인 해롤드 보겔(Harold L. Vogel) 교수는 이 문제를 에둘러서 이렇게 해명한다.

> 미국 공인회계사회(AICPA)는 1973년에 이르러서야 그간 영화산업계가 직면해왔던 많은(비록 전부는 아니지만) 문제점들을 실용적으로 해결하기 위해 영화산업에 관한 회계(Accounting for Motion Picture Films) 기준을 발표하였다. […] 하지만 이 AICPA 기준도 회계사들이 자금 제공자와 사용자들의 필요와 목적에 맞도록 재무보고서(financial reports)의 기본 수치를 손질하는 행위를 방지하지는 못하였다. 어떤 사물의 다양한 측면을 보여주기 위해 그 사물을 사진 촬영하는 데에 여러 가지 각도가 있는 것처럼, 동일한 토대에서 도출된 데이터를 검증하는 데

---

368) 최승수, 위의 논문, 308면. 이 논문은 2005년 당시를 기준으로 우리나라 영화업계에서 통용되는 불합리한 '부율' 책정 관행이 공정거래법 관점에서 많은 문제들을 내포하고 있다는 점을 지적하고 있다.

369) 이와 관련하여 공정거래위원회는 2008년 1월에 소위 '부율' 문제, 무료 초대권 남발 등을 이유로 일부 복합상영관들에게 시정명령을 내린 바 있다. 또 영화진흥위원회는 2011년 7월 '부율' 문제 개선 방안 등이 포함된 '표준상영계약서'를 제시하고 그 사용을 권고하고 있다.

370) ミドリ·モール, 「ハリウッド·ビジネス」, 文藝春秋, 2001, 136면.

에도 여러 가지 관점이 있을 수 있다. 사실 영화산업에서 이루어지는 많은 계약들의 복잡함을 고려한다면, 재무성과(financial performance)라는 것도 그것을 보고자 하는 측의 필요에 부합하는 관점에서 그 재무성과를 바라보는 것이 절대적으로 필요하다.[371)]

그래서 오늘날 미국 영화 관련 계약서에는 '순이익'(net profits)이란 용어 대신에 '정의된 수익'(defined proceeds)이란 용어를 사용하는 경향이 있다.[372)] 이것은 1990년 시나리오 작가와 파라마운트 영화사 간에 '이익'의 정의를 둘러싸고 벌어진 재판이 계기가 되었다.[373)] 그러면 우리나라 영화산업계를 되돌아 볼 때 우리의 상황은 과연 어떠한가? 과거에는 간접배급 방식과 극장 전산망의 미구축 등으로 정산을 둘러싼 법적 분쟁이 많은 편이었으나, 최근에는 전산망의 구축 등으로 그러한 분쟁이 많이 줄어들고 있다고 한다.[374)] 또한 현재 우리나라 영화산업에서 비용과 수입은 엄격하게 구분되어 분류되고 있는데, 업계 관행상 정산의 주체는 투자배급사가 되는 것이 통상적이며[375)] 검증시스템이 비교적 객관적으로 마련되어 있어서 법적 분쟁의 가능성은 높지 않다고 한다.[376)]

---

371) Harold L. Vogel, Entertainment Industry Economics: A Guide for Financial Analysis, 8th. ed., Cambridge University Press, 2010, p.179.

372) Ibid., p.230. n.32.

373) Buchwald v. Paramount Pictures, 13 U.S.P.Q. 2d(BNA) 1497(Cal. Superior Ct. 1990). 이 사건은 아트 버크왈드(Art Buckwald)라는 작가가 파라마운트사 제작의 영화 ≪커밍 투 아메리카≫(Coming to America)가 자신의 트리트먼트(treatment)를 발전시켜 만든 것이므로 당초의 옵션계약에서 약정한 대로 영화상영 순수익의 19퍼센트를 보상하라는 것 등을 내용으로 하는 재판이었다. 영화사는 적자를 주장하였지만 1심인 로스엔젤레스 상급법원은 시나리오 작가의 손을 들어주었고 상소심에서 화해로 종결되었다.

374) 표종록, "영화투자의 법적 문제점", 「Entertainment Law」, 박영사, 2007, 329면.

375) 우리나라는 투자사가 배급사를 겸하는 경우가 많기 때문에 그렇다고 한다.

376) 오병철, "영화제작투자계약", 「엔터테인먼트법 상」, 진원사, 2008, 200~201면. 객관적인 검증시스템의 예로는 영상전문투자조합의 경우 외부 회계법인이 실사를 하여 감사보고서를 발간하고 있고, 일정 규모 이상의 배급사 또한 외부 회계법인 감사대상이 되기 때문에 실사를 하여 감사보고서를 발간하고 있다는 것을 든다(위의 논문, 201면).

제4장 방송산업과 법

I. 방송산업의 성립과 발전

1. 라디오 방송

방송이란 "TV나 라디오 매체를 통해 수용자들에게 아무런 기술적 통제도 가함이 없이 메시지를 보내는 행위"라고 정의된다. 즉, 적절한 수신기를 보유하고 가청·가시 지역 내에 있는 사람이면 누구나 그것을 수신할 수 있는 것을 말한다. 주지하는 것처럼 제1차 세계대전을 통해서 비약적으로 발전한 무선 통신 기술이 라디오의 토대를 닦은 덕에 라디오 방송이 출현하였다.[377] 세계 최초의 라디오 방송국은 1920년 10월 27일 미국 피츠버그에서 개설되었다. 또한 독일에서 라디오 방송이 개시된 것은 1923년 10월 29일이다. 일본의 경우는 1925년 3월 22일이고, 우리나라는 1927년 2월 16일이다.

라디오 방송은 대부분의 국가에서는 국영 방송 형태로 시작되었으나 미국의 경우처럼 그 형성 초기부터 광고를 방송에 끌어들이면서 라디오가 상업적인 매체라는 인식을 대중들에게 심어준 경우도 있다. 미국 이외의 국가에서도 나중에 상업 라디오 방송이 출현하게 되는데, 라디오의 상업화는 당연히 라디오 방송 프로그램에도 상당한 변화를 가져왔다.[378] 미국의 경우 방송국 경영자들은 시간대의 할당을 통해 이윤의 극대화를 노렸는데, 이는 곧 라디오 청취자들의 청취시간 규정을 의미하였다. 오늘날 흔히 말하는 '황금 시간대'(prime time)가 바로 1920년대 이 시기에 맹아적 모습을 나타낸 것이다. 예를 들어 여성 청취율이 높은 낮 시간대에는 주로 화장품회사나 비누회사가 광고를 후원하는 여성 취향의 드라마(soap opera)가 주로 편성되었으며, 여러 상이한 청취자들의 평균 청취율이 높은 밤 시간대에는

377) 무선 통신 기술로부터 라디오 방송이 출현하기까지의 사회문화사에 대해서는, 吉見俊哉, 「聲の資本主義」, 講談社, 1995, 송태욱 옮김, 「소리의 자본주의」, 이매진, 2005, 224~260면 참조.

378) 우리나라 상업방송은 1961년 12월 문화방송(MBC)이 개국(HLKV)하여 라디오 방송을 시작한 것이 그 시초이다. 그 전사(前史)로서는 1954년 우리나라 최초의 민영방송 기독교방송(CBS) 설립되었고, 1959년에는 우리나라 최초의 민간 상업방송인 부산문화방송(HLKU)(라디오방송) 설립되었다.

대기업이 후원하는 버라이어티 쇼가 방송되었다.[379)]

미국의 경우 산업적인 측면에서도 라디오 방송과 음반 산업은 동반자로서의 공생과 발전을 경험하였다. 이는 단순히 음반이 방송에 많이 노출되면 음반 판매량이 늘어난다는 수준을 넘는 것이어서 음반회사와 라디오 방송사는 거대 자본들의 합종연횡으로 이어지기도 했다. 경제공황의 여파와도 관련이 있지만, 1930년대에 이르게 되면 최대 라디오 방송사였던 RCA와 최대 음반회사였던 빅터(Victor) 레코드가, 그리고 역시 그에 못지않은 규모였던 라디오 네트워크인 CBS와 콜롬비아(Columbia) 레코드가 합병되었다. 이와 같이 음반이라는 미디어가 라디오라는 미디어와 결과적으로 공생의 관계를 맺게 되어 산업화의 단계로 나아간 것과는 달리 작곡가들이나 가수, 연주자들의 경우에는 사정이 많이 달랐다. 특히 실연자인 가수와 연주자들은 더욱더 '기술적 실업'(technological unemployment)[380)] 상태가 가속화되었다. 라디오라는 뉴미디어의 세력 확장은 음반의 로열티와 '라이브' 공연을 업으로 생계를 유지하는 저작권자들과 가수, 연주자들에게는 커다란 위협이 되었다.[381)]

한편, 1947년 트랜지스터가 발명됨으로써 이것을 사용한 라디오는 보다 값이 저렴해졌고 크기가 작아졌으며 더욱더 내구력이 있었다. 이와 같이 라디오의 성능이 개량되자 라디오를 갖고 다니기 쉬워졌고, 라디오 방송 청취는 보다 더 개인적인 일이 되었다. 비록 미국의 경우 1950년대에 접어들면서 중심 매체로서의 자리를 텔레비전에게 내주고 마침내 1970년대 중반에는 부차적 매체로 내려앉지만, 오늘날에도 라디오 청취는 일상생활의 일부로서 대다수 사람들에게 영향을 주고 있다.[382)]

379) 강현두·원용진·전규찬, 「현대 대중문화의 형성」, 서울대학교 출판부, 1998, 121면.
380) 이에 관해서는, 제2장 I. 2. 참조.
381) 김토일, 「소리의 문화사」, 살림, 2005, 18~20면 참조.
382) 강현두·원용진·전규찬, 앞의 책, 132~133면.

2. 텔레비전 방송

주사선(走査線; scanning line)과 같은 현대 텔레비전 방송 기술에 있어서 결정적인 발전은 1920년대에 이루어졌다. 그리고 공개적인 방송의 초창기 실험들은 1930년대에 이루어졌다.[383] 프랑스와 독일은 1935년에, 영국은 1936년에, 미국은 1939년에 정규방송을 개시하였다. 이와 같이 선진 각국에서 텔레비전 방송이 처음 시작된 것은 1930년대이지만, 텔레비전이 대중매체로서 상업적인 도약을 한 시기는 1940년대 후반부터이다. 제2차 세계대전으로 중단되었다가 그 직후인 1945년에 프랑스와 미국이, 1946년에 영국이 텔레비전 방송을 재개하였다. 미국의 경우 1947년 14,000대에 불과하던 텔레비전 수상기는 1950년대에는 400만대로 늘었고 다시 1950년대 말에는 5,200만대로 늘었다. 이 시기 미국 가정의 텔레비전 보급률은 87%에 이르게 되었다.[384] 1950년대 말에 이르면 텔레비전은 영화(영화관)를 밀어내고 대중 오락산업의 중심 매체로 자리 잡았다. 영국에서도 1958년 텔레비전 도입이 영화관람을 33% 줄였고 관람에 대한 관심을 21% 줄였다고 한다.[385] 이와 같이 서구권에서 텔레비전이 대중오락의 지배적인 형태로 발전한 것은 1950년대 미국과 영국 등지에서 텔레비전이 영화를 대체하면서부터이고 그 이후 오늘날의 중심적 위치로 빠르게 발전하였다.

우리나라에서는 최초의 텔레비전 방송이자 상업방송인 HLKZ-TV가 1956년 5월 12일에 발족하였다. 가시청(可視聽) 지역은 서울을 중심으로 16~24km에 불과하였지만, 개국 초에는 시내 주요 상점에서 가두 텔레비전으로 미국 제품인 RCA 21인치 수상기를 설치하여 많은 사람들의 관심과 이목을 집중시켰다. HLKZ-TV는 1957년 5월 6일 DBC(대한방송주식회사)로 개편하여 방송을 계속하였지만, 1959년 2월 발생한 화재로 HLKZ-TV 시설이 전소되어 결국 DBC는 1961년 문을 닫았다. 그

383) Andrew Edgar & Peter Sedgwick, Key Concepts in Cultural Theory, Routledge, 2002, 박명진 외 옮김, 「문화 이론 사전」, 한나래, 2003, 428면.
384) 이재희·이미혜, 「예술과 경제」, 경성대출판부, 1998, 316면.
385) 이재희·이미혜, 위의 책, 316면.

뒤를 이은 것이 1961년 12월 31일 개국한 국영방송인 KBS-TV(서울텔레비전방송국)이다. 그리고 1964년 12월 7일 민간상업방송인 TBC-TV(동양텔레비전방송주식회사)의 개국과 1969년 8월 8일 MBC-TV(한국문화방송주식회사)의 개국으로, 우리나라 텔레비전 방송은 다양성을 갖추는 한편으로 치열한 경쟁시대로 접어들었다. 그런데 방송의 공공·공익성을 제고한다는 취지에서 1972년 12월 31일 '한국방송공사법'[386]이 제정되면서 1973년 KBS는 국영에서 공영으로 전환되었다. 한편, 1980년 12월 전두환 군사정권에 의한 언론통폐합 조치로 방송사 간에 통폐합이 단행되면서 텔레비전 방송은 KBS-TV와 MBC-TV의 이원 체제로 바뀌었다. 일부 프로그램에 국한되었지만 컬러 텔레비전 방송이 시작된 것도 1980년 12월부터이다. 그 중 KBS-TV는 제1TV(통폐합 전의 KBS)와 제2TV(통폐합 전의 TBC-TV), 교육방송인 신설 제3TV(1990년 12월 EBS로 독립)의 3개 채널을 갖추게 되었다. 그리고 MBC-TV도 전국을 연결하는 네트워크를 갖추어 지방방송이 가능하게 되었다. 1991년에는 서울방송(SBS)이 개국하였으며, 1995년에는 부산·대구·대전·광주·인천 등 5대 광역시에 지역 민간방송이 개설되어 운영되고 있다.[387]

우리나라의 경우 텔레비전 방송 산업 환경은 1980년대 말부터 1990년대까지 비디오와 케이블 텔레비전이 등장하면서 여러 각도에서 변화가 일어났고, 그 이후 케이블 텔레비전의 유료채널 방송도 대폭 늘어났고 위성방송도 이루어지고 있다. 최근에는 미디어 융합이 가속화됨으로써 방송 패러다임 자체가 변화하고 있다. 그러한 변화의 중심에 있는 것이 IPTV(Internet Protocol Television)이다. IPTV는 IP 네트워크를 통해 TV프로그램이나 영화 등의 영상을 송신하는 서비스이다. IPTV는 방송의 디지털화 및 방송과 통신을 연계하는 핵심적인 서비스이며, 새로운 산업혁명이라고 부를 정도로 파급효과가 엄청나다.

---

386) 2000. 1. 12. 법률 제6139호로 종래 방송법을 전면 폐지함과 동시에 신(新)방송법(이른바 '통합방송법')을 제정하면서 기존의 '한국방송공사법'을 폐지하였고 새로 제정된 방송법 제4장에 '한국방송공사'에 관한 부분을 신설하였다.

387) 〈네이버 백과사전〉의 '텔레비전방송의 역사' 부분을 인용하여 수정·보완한 것이다.

II. 텔레비전 방송프로그램의 포맷(format) 보호

1. 구체적 문제 상황

전 세계 방송콘텐츠 시장에서 텔레비전 방송 프로그램의 포맷(format)을 사고파는 일이 빈번해지고 있다. KBS의 ≪도전! 골든벨≫ 포맷은 중국과 베트남에 판매되었고 MBC의 ≪우리 결혼했어요≫는 터키와 미국에 판매되었다. 케이블 방송인 tvN의 ≪롤러코스터≫의 포맷은 중국에 판매되었다. 반대로 우리나라 프로그램 중에는 외국의 포맷을 구입하여 방송하는 경우도 많다. MBC의 ≪댄싱 위드 더 스타≫는 영국 BBC의 ≪스트릭틀리 컴 댄싱≫(Strictly Come Dancing)을 들여온 것이고, KBS 2의 ≪1 대 100≫은 네덜란드의 프로그램 제작회사 엔데몰 엔터테인먼트(Endemol Entertainment)의 포맷을 구입하여 2007년부터 방송하고 있다. 또 케이블 방송인 tvN의 ≪코리아 갓 탤런트≫(Korea's Got Talent)는 ≪브리튼스 갓 탤런트≫(Britain's Got Talent)라는 영국 프로그램의 포맷을 수입한 것이다.[388)]

과거 70~80년대 국내 텔레비전 방송사들은 봄, 가을 프로그램 개편 시즌이 되면 담당 PD들을 일본 텔레비전 방송 채널이 수신되는 부산 지역에 출장 보내곤 하였다. 그곳에 며칠씩 여관방을 잡아놓고 남의 나라 방송 프로그램을 공공연히 베껴대던 시절의 이야기이다. 신문 지상에 '일본 방송 프로그램 모방 시비'라도 제기될라치면, 아이디어만을 참조했다거나 모티프(motif)를 차용한 것일 뿐 표절은 아니라는 강변이 통하던 시절이었다.[389)] 오늘날의 관점에서 그러한 베끼기의 대부분은 방송 프로그램의 포맷을 모방한 경우에 해당한다고 말할 수 있을 것이다.

---

388) 김윤종, "무한도전 '포맷' 팝니다… 조립해서 방송하세요", 「동아일보」, 2007년 10월 23일자; 한수경, "프로그램 포맷과 슈퍼스타K 그리고 위대한 탄생", 「미디어스」, 2011년 6월 14일자; 남지은, "포맷 수입 프로그램 '봇물' 득될까 독될까", 「한겨레」, 2011년 7월 28일자; 양철민, "몸집 커지는 방송 콘텐츠 포맷 시장", 「서울경제」, 2011년 10월 5일자 각 참조.

389) 이에 관해서는, 이연 외 7인, 「일본 대중문화 베끼기」, 나무와숲, 1998, 123면 이하 참조.

2. 프로그램 포맷(program format)의 법적 보호

가. 프로그램 포맷의 정의

그러면 "방송프로그램의 포맷을 모방하였다"고 할 때, 여기서 말하는 프로그램의 포맷이란 무엇을 의미하는 것일까? 우선 포맷이란 프로그램이 기초하고 있는 기본적 아이디어나 전제(a format being the basic idea or premise upon which a program is based)를 말한다. 또는 "프로그램에 대한 일종의 약식 기획(informal plan)으로 프로그램의 시작부터 종료까지 연출자가 보고 지시할 내용을 이야기하듯 서술해 놓은 스토리 형식"이라고 정의하기도 하고, "프로그램 체제나 구성 등을 포함하여 다른 프로그램과 구별할 수 있을 정도의 프로그램 계획"으로 정의할 수도 있다.[390] 이러한 점에서 원칙적으로 프로그램의 포맷은 아이디어에 불과하므로 저작권법에 의하여 보호받지 못한다고 할 것이다. 그러나 현재 국제적 관행과 국내업계의 관행은 참신하고 새로운 포맷에 대해서는 대가를 받고 이른바 '포맷권 판매'가 이루어진다.[391]

나. 포맷권(format right) 판매 또는 포맷권 이용허락계약

텔레비전 방송프로그램의 '포맷권 판매'는 특히 리얼리티쇼나 게임쇼 등과 같은 버라이어티 프로그램 장르에서 주로 이루어진다. 달리 표현하자면 이것은 텔레비전 방송프로그램에 대해 리메이크를 허락하는 것과 유사하다. 다시 말해 텔레비전 드라마에 대해서는 리메이크 권리를 판매하는 것(즉, 리메이크권 이용허락계약)이 대부분이고, 리얼리티쇼나 게임쇼에 대해서는 포맷권을 판매하는 것(즉, 포맷권 이용허락계약)이 대세를 이룬다.[392] KBS가 중국과 베트남에 판매한 ≪도전! 골든벨≫이나 MBC가

---

390) 손경한, "한류의 확산과 보호", 「엔터테인먼트법 하」, 진원사, 2008, 253면; 최영묵 엮음, 「미디어 콘텐츠와 저작권」, 논형, 2009, 220면(임성원 집필부분).

391) 손경한, 앞의 논문, 253면.

392) 포맷에 대한 권리에는 기존의 텔레비전 드라마나 프로그램을 리메이크 하는 경우(전자)와 게임쇼나 아침 드라마와 같은 프로그램의 아이디어 또는 이보다 더 다듬어진 형태의 프로그램을 제공하는 형식의 경우(후자)가 포함된다고 설명하는 견해도 있다. 이에 따르면 포맷권은 실무상 전자의 'changed format rights'와 후자의 'format rights'로 구분되는데, '포맷'을 둘러싼 법

터키와 미국에 판매한 ≪우리 결혼했어요≫가 '포맷권 판매'의 대표적인 사례이다.

포맷권의 판매를 좀 더 알기 쉽게 설명하면, 어느 게임쇼와 같은 프로그램의 아이디어나 구성, 연출, 게임규칙 등 고유한 약속 사항이나 스튜디오의 세트 구성이나 각종 필요 도구, 게임쇼 특유의 진행방식, 사회자의 결정적 대사나 포즈 등의 총체를 하나의 '권리'로서 거래의 대상으로 하는 것이다. 오늘날 이러한 거래가 국제적으로나 국내적으로 하나의 관행처럼 이루어지고 있지만, 이에 관한 통일된 국제적 보호규범이나 기준이 마련되어 있는 것은 아니다.[393] 어쨌든 이러한 '권리'를 해외 방송사에 대해 이용허락하게 되면, 해외 방송사는 현지의 연예인들을 캐스팅하여 우리나라에서 방영되었던 게임쇼와 유사한 쇼를 제작할 수 있게 된다.[394]

포맷권의 이용허락과 관련하여 가장 큰 문제는 과연 그것을 '권리'라고 할 수 있는가 하는 점이다. 예컨대, 포맷이란 저작권법으로 보호되는 권리에 해당하는 것인가, 그렇지 않으면 그러한 보호가 미치지 않는 아이디어를 단순히 모아 놓은 것에 지나지 않는 것인가 하는 점이다. 프로그램 포맷(programme formats)과 관련하여 영국 특허청은 1996년 3월 저작물 형태로 수록된 일련의 방송 프로그램의 기획(scheme)이나 구상(plan), 즉 포맷에 대해 저작권 보호를 도입하는 것을 제안하는 자문의견서를 제출한 적이 있다. 그 핵심은 포맷에 대한 저작권 보호는 그 기획이나 구상이 "충분히 자세하게 설명된(sufficiently elaborated)" 경우에만 발생한다는 내용이었다. 그러나 영국 특허청은 모든 자문 과정의 결과를 평가한 다음 이 제안이 업계의 충분한 지지를 받지 못하고 있고, 방송프로그램의 포맷은 계약상의 신뢰관계의 무(the laws of confidentiality) 및 부정경쟁(passing off)의 법리에 의해 보호가 이루어지고 있을 뿐 아니라, 복제나 개작과 같은 일정한 행위에 해당하는 경우에는 저작권법에 의해서도 보호 받을 수 있으므로 포맷에 관한 별도의 법적 보호는 필요하지 않

적 보호 문제는 주로 후자의 경우에 집중된다고 설명한다(방석호, 「디지털 시대의 미디어와 저작권」, 커뮤니케이션북스, 2007, 78면).

393) 內藤篤, 「エンタテインメント契約法」, 商事法務, 2004, 278면; 八代英輝, 「コンテンツビジネス·マネジメント」, 東洋經濟新報社, 2005, 97면 각 참조.

394) 內藤篤, 위의 책, 278면.

다고 결론지었다.[395)]

물론 포맷권 거래의 대상으로 특정된 것은 충분히 '표현'으로까지 구체화된 것으로서 단순한 '아이디어' 이상의 것인 경우가 대부분일 것이다. 그런데 문제는 제3자가 그러한 '아이디어' 부분만을 베껴서 유사한 프로그램을 만들더라도 이의를 제기하기 어렵다는 점에 있을 것이다.[396)] 그렇기 때문에 포맷권의 이용허락계약을 체결함에 있어서는 부쟁(不爭)조항(noncontestability clause)[397)][398)]이나 독점성을 보증하지 않는다는[399)] 내용을 계약 중에 규정하는 등 여러 가지 대책을 마련할 수도 있을 것이다.[400)] 또한 영화의 리메이크 계약과는 달리 포맷권의 이용허락을 받은 사람은 그 포맷을 이용한 프로그램을 해외에서 판매하지 못하도록 한다거나, 동 프로그램에서 파생하는 새로운 프로그램 등을 제작할 수 없다고 규정하는 경우가 많다. 그러한 의미에서 텔레비전 프로그램의 포맷권 이용허락계약은 영화의 리메이크권 이용허락계약에 비하면 이용허락자(포맷권자) 측에서 통제를 할 수 있는 가능성이 많다.[401)]

리메이크권 이용허락계약이 우수한 시나리오를 그 대상으로 하는 것과 마찬가지로 포맷권 이용허락계약이란 참신한 방송 프로그램 기획이 보편적 가치를 갖고 있어서 계약의 대상이 되는 것이라고 말할 수 있다. 특히 새로운 형태의 엔터테인

395) Michael F. Flint, A User's Guide to Copyright, 4th ed., Butterworths, 1997, pp.21~22.

396) 內藤篤, 앞의 책, 279면의 각주28).

397) 피(被)이용허락자(라이선시)는 어떠한 경우에도 여기서 이용허락 받은 권리의 유효성을 다툰다거나 당해 권리가 이용허락자(라이선서)의 권리라는 것을 다툰다거나 해서는 안 된다는 식의 조항을 말한다.

398) 이러한 부쟁조항(不爭條項)과 관련하여 참고할 것은 2010년 3월 31일 개정된 공정거래위원회 예규 제80호 '지식재산권의 부당한 행사에 대한 심사지침'이다. 이에 따르면 "무효인 특허의 존속 등을 위하여 부당하게 실시권자가 관련 특허의 효력을 다투는 것을 금지하는 행위"와 같은 '부쟁의무(不爭義務)부과'는 불공정거래행위 등에 해당한다고 규정한다. 또한 이 지침은 "특허권 이외의 지식재산권 행사에도 유추하여 적용할 수 있다"고 규정한다. 특허권 등과 같은 지적재산권에 관한 부쟁조항의 경우도 이러할진대 하물며 권리성 자체가 불명확한 '포맷권'에 관하여 부쟁조항을 두는 것은 독점규제 및 공정거래에 관한 법률 제23조가 규정하는 '불공정 거래행위의 금지'에 저촉되어 동법의 위반에 해당할 수도 있다는 점에 유의해야 할 것이다.

399) 유사한 컨셉으로 제작된 경쟁 프로그램이 발생하지 않는다는 것을 보증할 수 없다는 내용을 말한다.

400) 內藤篤, 앞의 책, 279면.

401) 內藤篤, 앞의 책, 279면 참조.

먼트 계약 유형인 '포맷권 거래'는 말하자면 해외에서 해적판이 출현하지 않게 하는 하나의 대책으로서도 바람직한 것이라고 말할 수 있다. 앞서도 언급한 것처럼, 과거 우리나라는 봄, 가을 프로그램 개편시기가 되면 방송사 PD들이 부산에 내려가 일본 텔레비전 방송이 수신되는 여관방에서 며칠씩 묵으면서 일본 방송의 각종 프로그램들을 베끼는 경우가 많았다고 한다. 2003년에도 국내 모방송사의 교양오락 프로그램이 일본 후지텔레비전이 인기리에 방영한 ≪트리비아의 샘≫이라는 프로그램의 포맷을 베낀 것이 아닌지 문제가 된 적이 있다.[402]

다. 지적재산법에 의한 '포맷'의 보호 가능성

방송프로그램 포맷의 법적 보호는 기본적으로 민법상 계약의 법리에 이루어질 수 있을 것이다. 또한 프로그램의 포맷은 그 포맷의 구체적인 구성요소에 따라 지적재산법에 의해서도 보호될 수 있다. 우선 프로그램의 포맷 중에서 저작물로 표현된 부분은 저작권법으로 보호될 수 있을 것이다. 즉, 프로그램의 포맷 중에서 연극이나 무용 또는 무언극 등과 같이 동작으로 표현되는 부분은 연극저작물로서 저작권법에 의해 보호될 수 있을 것이다. 또한 프로그램의 주제가 되는 선율, 반복문구, 대본, 스토리 보드, 퀴즈쇼의 질문, 프로그램 진행자의 대사, 세트의 무대장치, 무대의 조명효과 등도 음악저작물이나 어문저작물 또는 미술저작물로서 각각 저작권법으로 보호받을 수 있을 것이다.[403] 아울러 프로그램의 명칭이나 로고가 상표로 등록된 경우에는 상표법으로, 그 명칭이나 로고가 상품이나 영업표지로서 국내에서 널리 알려진 경우에는 부정경쟁방지법으로 각 보호될 수 있을 것이다.

그러면 좀 더 구체적으로 방송프로그램의 포맷이 저작권법에 의해 보호되는 모습을 살펴보도록 하자. 프로그램 포맷이란 어느 게임쇼의 게임규칙과 같이 고유한 약속 사항 또는 스튜디오의 세트 구성이나 각종 필요 도구, 게임쇼 특유의 진행방

402) 이 ≪트리비아의 샘≫ 포맷에 관한 사례는 일본의 엔터테인먼트법 관련 실무지침서(八代英輝, 「コンテンツビジネス·マネジメント」, 東洋經濟新報社, 2005, 98~99면)에 소개되어 있다.
403) J.A.L. Streling, World Copyright Law, 2nd ed., Sweet & Maxwell, 2003, p.246 n.1 참조.

식, 사회자의 결정적 대사나 포즈 등을 총괄하여 일컫는 용어이다. 이러한 포맷의 구성요소 중에서 게임의 방법이나 그 진행 방식, 진행자의 결정적 대사 등을 표현한 대본(script)이 있는 경우 그 표현에 창작성이 인정된다면 어문저작물로서 보호된다. 그러나 대본 형태의 글로 표현되었더라도, 그것이 게임 관련 공통주제(common theme)에 불과하거나 상투적인 표현에 해당하여 아이디어 영역에 속하는 것으로 판단되는 것이라면 저작권법으로 보호되기 어려울 것이다. 또한 스튜디오 세트 구성이나 게임과 관련된 각종 필요 도구에 관한 도면 등이 있는 경우, 그 표현에 창작성이 인정된다면 미술저작물 내지 도형저작물로서 보호될 수 있다. 하지만 각종 도면이 게임 관련 공통주제에 지나지 않는 것이라면 저작권법에 의해 보호되기는 어려울 것이다. 다만, 위와 같이 아이디어에 해당하여 저작권법에 의한 보호를 받을 수 없는 경우라도 그것의 이용행위가 자유경쟁의 관점에서 정당화될 수 없는 특별한 사정이 있는 경우 민법상 불법행위 법리에 의해 보호될 수 있을 것이다.

한편, 포맷은 아이디어에 지나지 않는 경우가 많아서 저작권법이나 부정경쟁방지법 위반이 아닌 경우 민법상 불법행위를 이유로 손해배상청구를 하는 데에도 분명히 한계가 있으므로 아이디어를 보호하는 특별 입법이 필요하다는 견해도 주장되고 있다. 아울러 아이디어의 보호에 관한 특별 입법을 하는 경우 그 보호를 위하여 아이디어가 보호받을 만한 가치가 있을 정도의 구체성과 참신성을 갖추고 있을 것을 요건으로 하여야 할 것이라고 덧붙인다.[404)]

3. 소결

방송프로그램의 포맷을 구성하는 요소는 다양하고 또 포맷 중에는 단순한 아이디어에 불과한 것도 다수 존재한다. 그럼에도 불구하고 이른바 '포맷권 이용허락 계약'이 빈번하게 이루어지는 까닭은 무엇일까? 그것은 바로 그 아이디어를 집행

404) 손경한, 앞의 논문, 253면.

하는 과정에서 얻을 수 있는 각종 연출과정에서의 노하우 때문이다.[405] 포맷권 이용허락계약을 체결하면 불필요한 시행착오를 줄이고 게임쇼나 리얼리티쇼의 완성도를 한층 높일 수 있다는 장점이 있다.

III. 텔레비전 드라마의 외주제작과 PPL 문제

1. 독립제작사가 제작한 텔레비전 드라마의 저작권 귀속

가. 독립제작사의 정의와 그 기원

독립제작사(Independent Production)는 영상산업의 하위시장인 영상제작산업을 구성하는 경제주체로서 영상물을 제작하는 업무와 관련된 가치창출과정에 참여하는 회사를 말한다. 오늘날 현상적으로는 방송프로그램의 배급수단 또는 그 통로를 보유하는 방송사업자의 이른바 인 하우스 프로덕션(in-house production)이라 불리는 내부제작부문과 구별된다는 점에서, 그 외부에서 방송프로그램의 제작만을 전문으로 하는 회사를 일컫는다.[406] 요컨대, 독립제작사란 방송프로그램을 제작하여 방송사업자에게 공급하는 업체를 말한다.[407] 독립제작사 대신에 외주제작사라는 용어를 사용하기도 한다.

독립제작사의 기원은 미국 영화산업에서 찾아볼 수 있다. 미국은 1939년 텔레

---

405) 포맷 거래에는 '바이블'(bible)이라 통칭되는 제작매뉴얼이 제공된다. ≪프로젝트 런어웨이 코리아≫ 제작에 관여하였던 한 작가는 영국 프로듀서들이 작성한 꼼꼼한 제작매뉴얼이 인상적이었다고 말한다. 그에 따르면 제작매뉴얼에는 "카메라의 배치나 촬영횟수, 조명장치 등의 제작 관련 사항은 물론이고 출연자 선발의 노하우나 체크사항, 인선을 위한 설문지와 출연계약서 등 제작 관련 사항이 상세하게 기재되어 있었다"고 한다(김일중, "한국 예능프로그램, 포맷을 수출하라!", 「방송작가」 vol.55, 2010. 10., 26~27면).

406) 김우룡·김영석, 「방송과 독립프로덕션」, 나남, 1992, 136~137면; 최양수·조항제, 「TV제작산업 분석과 독립제작사 육성방안」, 한국방송개발원, 1994, 7면; 나낙균 편저, 「방송영상 저작권」, 인제대학교 출판부, 2010, 73면 각 참조.

407) 홍승기, "독립제작사의 저작권", 「법률신문」, 2004년 3월 18일자.

비전 방송을 시작한 이후 1950년대에는 이미 텔레비전 드라마의 황금시대를 맞이하였다. 당시 미국의 메이저 영화사들과 이들 메이저에 영화배급망을 의존하던 독립제작사들은 텔레비전의 등장과 함께 불황과 침체에 빠지게 된다. 그래서 많은 영화사들은 불황을 타개하기 위해 영화제작과 동시에 텔레비전 드라마의 제작에 참여하기 시작하였다. 아울러 전통적인 할리우드 시스템으로부터 자유로운 젊은 감독들이 1960년대 중반 수많은 독립제작사들을 새롭게 설립하였다. 그러므로 미국에서의 독립제작사는 기존의 영화산업을 기반으로 성장해왔을 뿐만 아니라 지상파 텔레비전 채널에 영화를 판매할 목적으로 새롭게 세워지기도 하였다. 1980년대에 이르러서는 미국의 3대 네트워크의 주시청시간대(prime time)에 방송되는 프로그램의 90퍼센트 이상이 외부에서 제작되었다.[408]

우리나라 독립제작사는 1984년 초 쌍룡그룹의 지원을 받아 설립된 시네텔 서울을 원조로 하며[409] 우리 방송사상 외주에 의한 첫 작품은 같은 해 시네텔 서울이 발주한 ≪나의 전쟁고백≫이다.[410] 우리나라 방송법은 1990년부터 방송사 외부에서 제작한 프로그램을 일정 비율 이상을 의무적으로 편성하도록 하는 정책을 도입하여 시행하고 있다.[411] 이와 관련하여 현행 방송법시행령은 “국내에서 당해 방송사업자가 아닌 자가 제작한 텔레비전방송프로그램(영화를 제외하며, 이하 ‘외주제작 방송프로그램’이라 한다)을 당해 채널의 매반기 전체 텔레비전방송시간의 100분의 40 이내에서 방송통신위원회가 고시하는 비율 이상 편성하여야 한다”고 규정하고 있

408) 김우룡·김영석, 앞의 책, 32~33면; 강현두·원용진·전규찬, 「현대 대중문화의 형성」, 서울대출판부, 1998, 189면; Daniel Royot, Hollywood, Presses Universitaires de France, 1992, 다니엘 로요 지음, 유지나 옮김, 「할리우드」, 한길사, 2000, 58~59면, 161면 각 참조.

409) 김우룡·김영석, 앞의 책, 137면, 144면 각 참조.

410) 위 같은 회사가 1985년 제작한 ≪웃음소리≫를 첫 작품으로 보기도 한다(김우룡·김영석, 앞의 책, 147면).

411) 1990년 당시 개정된 방송법(1990. 8. 1. 법률 제4263호로 일부 개정) 제31조 제3항은 “방송국은… 국내에서 당해 방송국이 아닌 자가 제작하는 방송순서가 전체방송순서에서 차지하는 비율이 대통령령이 정하는 비율 이상이 되도록 편성하여야 한다”고 규정하였다. 현행 방송법 제72조 제1항도 “방송사업자는 당해 채널의 전체 프로그램 중 국내에서 당해 방송사업자가 아닌 자가 제작한 방송프로그램(이하 ‘외주제작 방송프로그램’이라 한다)을 대통령령이 정하는 바에 따라 일정한 비율 이상 편성하여야 한다”고 규정하고 있다.

다.[412] 아울러 종합편성채널의 출범과 IPTV(Internet Protocol Television) 서비스의 본격화로 특징지어지는 우리나라 방송환경의 변화 양상은 필연적으로 방송프로그램의 수요 증가로 이어질 것이다. 그 결과 방송프로그램의 제작과 공급을 주요업무로 하는 독립제작사의 활동 영역은 더욱 넓어지는 추세에 있다고 할 수 있다.

나. 독립제작사의 저작권법상의 지위

이와 같이 변화하는 방송환경을 반영하여 방송사업자가 순수하게 내부에서 제작하는 방송프로그램보다는 외부의 독립제작사와 방송사업자가 공동으로 프로그램을 제작하거나, 독립제작사에게 제작 전부를 위탁하는 사례가 늘어나고 있다. 즉, '공동제작형'과 '위탁제작형'으로 대별(大別)할 수 있다. 위탁제작형은 다시 그 구체적 사례에 따라 방송사업자가 모든 기획을 세우고 독립제작사는 그 지시에 따라 하도급(下都給) 제작을 하는 것에 불과한 경우,[413] 방송사업자와 독립제작사가 공동으로 제작을 진행하는 경우, 독립제작사가 자주적으로 제작하는 경우 등 여러 가지 사례가 있을 수 있다. 위탁제작형 중에서 독립제작자가 자주적으로 제작하는 경우를 '완전외주형'이라 부르기도 한다.[414] 한편, 위탁제작되어 완성된 방송프로그램의 저작권 귀속도 그 사례에 따라서 방송사업자에게 귀속하는 경우, 독립제작사와 방송사업자에게 공동으로 귀속하는 경우, 공동으로 제작하였지만 계약에 의해 방송사업자에게 귀속하는 경우, 순전히 독립제작사에게만 귀속하는 경우 등으로 나누어 볼 수 있다.[415]

---

412) 방송법시행령 제58조 제1항.

413) 하도급 제작은 흔히 '하청'(下請) 제작이라고 속칭되기도 하는데, 이는 일본식 용어의 잔재이다.

414) 학자들 중에는 마치 위탁제작형과 완전외주형이 별개 유형인 것처럼 구별하여 서술하기도 하는데(가령, 정윤경, 「저작권과 방송콘텐츠 유통」, 커뮤니케이션북스, 2005, 118면; 방석호, 「디지털시대의 미디어와 저작권」, 커뮤니케이션북스, 2007, 133~134면; 나낙균 편저,「방송영상 저작권」, 인제대학교 출판부, 2010, 83면 등), 이는 오해이다. 오히려 위탁제작형 중에서 그 하위 범주의 하나로 완전외주형이 포함되는 것으로 이해하여야 한다. 첫째, '외주'(外注)라는 것은 방송사업자가 독립제작사에게 방송프로그램의 제작을 주문(注文)하는 것을 전제로 하는 개념이고, 둘째 '위탁'에는 수급인(또는 수임인)인 독립제작사의 자유재량을 전제로 하는 도급(또는 위임) 계약 등이 포함되는 개념이라는 점에서 그러하다.

415) 방석호, 「디지털시대의 미디어와 저작권」, 커뮤니케이션북스, 2007, 122~123면; 정윤경, 「저작

다. 우리나라의 문제 상황

방송사업자가 텔레비전 드라마의 제작을 독립제작사에게 '위탁제작형'으로 외주(外注, outsourcing)한 경우에, 당해 드라마의 저작권 귀속과 관련하여 독립제작사는 방송사업자와 불리한 계약관계를 맺을 수밖에 없는 경우가 자주 발생한다. 우선 전술한 하도급 제작의 경우는 완성된 드라마의 저작권이 방송사업자에게 귀속한다는 내용의 계약을 체결하거나, 나아가 그러한 취지로 해석하더라도 별 다른 문제가 발생하지 않는다. 그러나 방송사업자와 독립제작사가 공동으로 드라마의 제작을 진행하는 경우에는 그렇지 않다. 방송사업자가 방송시장에서의 우월적 지위를 이용하여 완성된 드라마의 저작권이 방송사업자에게 귀속하는 것으로 계약 체결을 강요하는 경우 당사자 간에 저작권 귀속을 둘러싼 갈등이 발생할 여지가 많다. 심지어 전술한 '완전외주형'으로 드라마가 제작된 경우에 있어서조차 드물기는 하지만 방송사업자가 우월적 지위를 이용하여 독립제작사로부터 그 드라마에 관한 저작재산권을 양도 받는 형태로 계약 체결을 강요하여 물의를 일으키기도 한다. 이미 오래 전부터 독립제작사들은 방송사업자들과의 불리한 계약관계 때문에 "비디오 판권, CATV방영권, 해외판매권 등 모든 권리의 양도를 요구"받고 있으며 "물건을 팔기 위해선 그러한 관행에 따를 수밖에 없다"고 불만을 토로해왔다.[416] 이러한 불공정한 거래관행으로 말미암아 독립제작사들의 경영이 악화되어 대기업 계열사로 인수·합병되는 상황이 초래된다는 비판도 제기되었다.[417] 급기야 2008년 독립제작사들은 방송사업자들이 거래상 지위를 남용하여 드라마에 대한 모든 저작권을 포괄적으로 양도 받는 불공정한 계약관행을 강요하고 있다는 이유로 지상파방송 3사를 공정거래위원회에 신고하였다.[418]

권과 방송콘텐츠 유통」, 커뮤니케이션북스, 2005, 118면; 한승헌, 「정보화시대의 저작권」, 나남, 1992, 192~193면; 清水幸雄 編, 「著作權實務百科」, 學陽書房, 1992, 9-26면(谷井精之助 집필부분) 각 참조.

416) 최성민, "역할커진 방송프로덕션 미국압력으로 위축우려-방송사와 불리한 계약관계도 한몫", 「한겨레신문」, 1993년 3월 22일자 12면.

417) 백승권, "독립을 세일합니다-독립프로덕션 정체성 위기", 「미디어오늘」, 1997년 3월 10일자 7면.

418) 권경성, "드라마 외주사, '저작권 없는 하청 신세'", 「미디어오늘」, 2008년 2월 15일자.

문제는 드라마의 기획에서 제작까지 방송사업자와 독립제작사 간에 공동 작업이 이루어지고 그 제작비용의 상당 부분을 방송사업자가 제공한 경우이다. '완전외주형'으로 드라마 제작이 진행되었지만 방송사업자가 그 제작비용의 상당 부분을 제공한 경우도 마찬가지이다. 어느 경우이든 방송사업자가 자기 방식대로의 견적에 따른 드라마 제작비용을 부담하였다는 이유만으로 독립제작사로부터 그 드라마의 저작재산권을 포괄적으로 양수한다는 내용의 계약을 강요하는 관행은 그 정당성을 인정받기 어려울 것이다.[419] 방송사업자와 독립제작사가 드라마의 모든 저작권을 공유하거나, 아니면 그 저작권을 지분권(支分權)[420] 별로 분리하여 보유할 수 있도록 하는[421] 등 구체적인 해결방안을 모색하는 것이 바람직할 것이다.

2. 텔레비전 드라마의 저작자를 결정하는 법적 구조

가. 원칙 — 창작자원칙

소설이나 그림은 그 소설을 쓴 소설가나 그림을 그린 화가가 저작자라는 데에 별다른 의문이 생기지 않는다. 그러면 방송사업자(또는 독립제작사)가 제작한 텔레비전 드라마의 저작자는 누구인가? 방송사업자(또는 독립제작사)인가, 피디인가, 아니면 방송대본 작가인가? 텔레비전 드라마를 비롯한 영상저작물의 저작자를 결정하는 방법에 관한 입법례 중에서 우리나라는 대륙법계와 영미법계의 모델이 병존하는 특이한 국가에 속한다고 말할 수 있다.[422]

우리나라 저작권법 제2조 제2호는 저작자란 "저작물을 창작한 자를 말한다."고 정의하고 제10조 제2항은 "저작권은 저작물을 창작한 때로부터 발생하며 어떠한 절차나 형식의 이행을 필요로 하지 아니한다."고 규정한다. 이와 같이 저작자는

419) 홍승기, "독립제작사의 저작권", 「법률신문」, 2004년 3월 18일자.
420) 저작권은 '권리의 다발'(bundle of rights)로 이루어졌으므로 그 다발을 구성하는 복제권, 공중송신권 등과 같은 권리를 지분권(支分權)이라 부른다.
421) 저작권을 지분권 별로 나누어 가지는 해결방안을 흔히 'split right approach'라 부른다.
422) 이에 관해서는 본서 제3장 II. 4. 참조.

저작물을 창작한 자이고 저작자에게는 저작권이 원시적으로 취득되는 것을 이른바 '창작자원칙'(Schöpferprinzip)이라고 한다.[423] 이러한 '창작자원칙'에 따르면, 예컨대 어느 만화작가가 플래쉬 애니메이션을 손수 창작한 경우 그 만화작가는 영상저작물인 플래쉬 애니메이션의 저작자로서 저작재산권과 저작인격권을 행사하게 되는 것은 당연한 일이다. 문제는 텔레비전 드라마의 구체적인 창작 실태를 살펴볼 때, 누가 창작행위자인지를 결정하는 것이 쉬운 일이 아니라는 데에 있다. 게다가 문제를 더욱 복잡하게 만드는 것은 '창작자원칙'의 예외에 해당하는 저작권법 제9조의 '업무상 저작물의 저작자' 규정이 텔레비전 드라마에도 적용 가능하다는 점이다.[424]

나. 드라마가 법인 등 사용자의 업무상 저작물에 해당하는 경우

텔레비전 드라마가 방송사업자(또는 독립제작사)와 같은 법인 등 단체에 의해 업무상 작성되는 경우에 그 드라마의 저작자는 누구인가?

구체적인 사실관계에 따라 달라지겠지만, 예컨대 어느 드라마의 제작에 창작적으로 관여한 감독이나 피디가 방송사업자(또는 독립제작사)의 직원으로 고용되어 근무하면서 드라마를 제작한 경우를 생각해 보자. 이러한 경우 저작권법 제2조 제31호의 '업무상 저작물'이 제9조의 '업무상 저작물의 저작자' 규정 요건에 해당하게 되어 법인·단체 그 밖의 사용자(방송사업자 또는 독립제작사)가 업무상 저작물(드라마)의 저작자로서의 지위를 부여받게 된다.[425] 즉, 이러한 경우에는 실제로 창작행위를 하지 않은 법인 등 단체(방송사업자 또는 독립제작사)에 당해 저작물(드라마)의 저작권이 원시

423) '창작자원칙'이란 창작행위는 자연인만(nur natürliche Personen)이 할 수 있으며 당해 저작물을 실제로 창작한 자연인만이 저작권을 원시적으로 취득한다는 저작권법상의 일반원리를 말한다. Helmut Haberstumpf, Handbuch des Urheberrechts, Luchterhand, 1996, S.68 f.

424) 이에 관해서는 본서 제3장 II. 4. 라. 참조.

425) 법인 등 사용자에게 저작자로서의 지위를 부여하는 우리나라 저작권법 제9조의 규정은 전술한 '창작자원칙'에 하나의 예외를 인정하는 것이므로 저작권법 제9조의 입법취지와 실제로 저작물을 창작한 자가 저작자라고 하는 일반원칙 등을 고려하여 가능한 한 제한적으로 해석되어야 할 것이다. 같은 취지 대법원 1992. 12. 24. 선고 92다31309 판결.

적으로 귀속되는데, 이러한 경우를 구체적으로 요건에 따라 살펴보면 아래와 같다.

저작권법 제2조 제31호와 제9조를 결합하여 이를 요건별로 분석하면, 법인 등 단체가 저작물의 저작자로 의제(擬制)되기 위해서는, ① 법인 등 사용자(使用者)(=방송사업자 또는 독립제작사)가 저작물의 작성에 관하여 기획(企劃)할 것, ② 저작물이 법인 등의 업무에 종사하는 자(피디, 감독 등)에 의하여 작성될 것, ③ 업무상 작성하는 저작물일 것, ④ 저작물이 법인 등(방송사업자 또는 독립제작사)의 명의로 공표될 것, ⑤ 저작물의 작성 당시 계약 또는 근무규칙 등에 다른 정함이 없을 것 등의 각 요건을 갖추어야 한다.[426]

다. 방송사업자 또는 독립제작사가 드라마의 저작자로 의제(擬制)되는 요건[427]

(1) 법인·단체 그 밖의 사용자가 저작물의 작성에 관하여 기획할 것

여기서 말하는 사용자에는 개인으로서의 사용자도 포함되므로 법인이 아닌 개인회사의 경우에는 사업자등록증에 대표자로 기재된 자가 드라마의 저작자로 될 수 있다. 방송사업자의 경우는 법인인 경우가 많겠지만, 독립제작사의 경우는 법인이 아니라 대표자 개인 명의의 회사인 경우도 있을 것이다.

한편, 여기서 말하는 기획이란 법인 등 사용자가 아이디어를 제시해 방침을 세울 뿐만 아니라 저작물 작성행위 전체를 지휘·감독하는 것을 말한다. 즉, 저작물 작성에 관한 피용자 등의 능력에 비추어 법인 등이 저작물 작성의 방법과 수단을 통제할 수 있는 지위에 있고, 현실적으로 그러한 통제가 이루어진 것을 의미하며, 필요에 따라서는 저작물 작성과정에 수정이나 보완 등을 요구하는 경우에 성립될 것이다. 따라서 기획이란 저작물을 작성하고자 할 때에 저작물 작성의 전단계(前段階)에 나타나 있을 필요가 있다. 사용자가 법인인 경우에는 피용자에 대해 지휘·감독의 권한을 가지는 상사(上司)(담당부서의 책임자)의 기획이 있었을 때에 법인의 기

426) 이러한 요건은 저작권법 제2조 제31호 및 제9조를 결합하여 이를 몇 가지 요건으로 분류한 것이다.

427) 이 부분은, 정상조 편, 「저작권법 주해」, 박영사, 2007, 281면 이하(박성호 집필부분)를 정리한 것이다.

획이 있었다고 볼 것이다.

(2) 저작물이 법인 등의 업무에 종사하는 자에 의하여 작성될 것

법인 등 사용자와 업무에 종사하는 자와의 사이에는 고용관계가 존재하지 않으면 안 된다. 여기서 고용관계란 지휘·감독관계가 있는 것을 가리킨다. 법률적으로 이러한 관계는 민법상의 고용계약[428]이나 노동관계법상의 근로계약 또는 공법상의 근무계약에 기하여 발생하게 된다. 나아가 고용계약이 없더라도 실질적으로 지휘·감독에 복종하는 지위에 놓여있다면 저작권법 제9조에서 말하는 '업무에 종사하는 자'라고 할 수 있을 것이다.

(3) 업무상 작성하는 저작물일 것

이 요건과 관련해서는 피용자가 해당 저작물을 작성하는 것이 업무범위에 속하는 것이어야 한다. 여기서 말하는 '업무'란 직접 명령받은 것뿐만 아니라 '고용의 과정'에서 통상적으로 업무로서 기대되는 것을 포함한다. 예컨대, 상품 광고를 담당하는 카피라이터(copywriter)가 광고 문안을 작성하는 것은 자기의 업무이며, 드라마 연출을 위해 방송사업자나 독립제작사에 고용된 피디나 감독이 드라마를 제작하는 것도 자기의 업무에 속하는 것이다.

또한, 업무의 범위에 속하는가 속하지 않는가 하는 것도 근무 시간이나 근무 공간에 좌우되는 문제가 아니다. 예컨대, 저작물의 작성이 근무 시간 외에 또는 근무 장소 밖에서 이루어진 경우에도 그 작성이 저작물의 성질·내용 등에 비추어 업무범위에 속하는 경우가 있을 것이다. 이에 반하여, 저작물의 성질과 내용 여하에 따라서는 근무 시간 중에 근무 장소 안에서 작성된 것이라도 업무상 저작물이 아닐 수도 있을 것이다. 예컨대, 방송국에 근무하더라도 회계업무 담당자로서 근무하는 사람이 사무실에서 근무하는 중에 우연한 기회에 사건 전개가 탁월한 드

428) 우리나라 민법 제655조.

라마 대본을 창작하였더라도 이것은 업무범위에 속하지 않는다고 할 것이고, 따라서 업무상 작성한 저작물에는 해당하지 않는다고 할 것이다.

(4) 저작물이 법인 등 사용자의 명의로 공표될 것

이 요건은 제작된 텔레비전 드라마가 방송사업자의 명의로 공표되는 것을 뜻한다. 또는 독립제작사가 제작한 드라마의 경우에는 독립제작사 명의로 공표되는 것을 말한다.

(5) 계약 또는 근무규칙 등에 다른 정함이 없을 것

전술한 모든 요건들을 모두 갖춘 업무상 저작물(드라마)에 대해서도 계약이나 근무규칙 등에서 피용자(피디나 감독 등)를 저작자로 한다는 취지의 정함이 있는 경우에는 저작권법 제9조의 적용은 없게 된다. 여기서 '계약'이라 함은 일반적인 고용계약이나 혹은 저작물의 작성에 따른 특별계약 등을 말하는 것이며, '근무규칙'이란 법인 등 단체 내부의 취업 규정이나 근무 규정 등을 말하는 것이다. '다른 정함'이라 함은 일반적으로 피용자를 업무상 작성한 저작물의 저작자라고 명시하는 경우를 말한다. 그러나 이와 같이 적극적으로 명시하지 않더라도 법인 등 사용자의 저작물이 아니라는 취지를 정하고 있다면, 원칙으로 돌아가 당해 저작물을 실제로 창작한 피용자가 저작자가 되므로, 여기서 말하는 '다른 정함'에 해당된다.

라. 소결 — 구체적 사안의 해결

오늘날 우리나라에서 이루어지는 텔레비전 드라마의 제작 실태에 비추어 보면 대부분의 드라마는 저작권법 제2조 제31호 및 제9조의 각 요건을 갖춘 업무상 작성한 저작물에 해당한다고 말할 수 있다. 특히 방송사업자가 제작하는 드라마 등이 전형적인 예이다. 만일 방송사업자가 텔레비전 드라마를 자체 제작하지 않고 독립제작사에게 외주(外注)하여 제작하는 경우에는 사안 별로 나누어 살펴볼 필요가 있다. 먼저 방송사업자가 드라마의 기획을 비롯한 실질적인 제작 업무를 지휘·감독하고, 독립제작사는 단지 엑스트라들의 배치와 관리, 야외촬영 장비의 섭외 등 단순한 노무 하도급만을 제공한 경우라면, 드라마는 방송사업자의 '업무상 저작물'에 해당하여 방송사업자가 드라마의 저작자가 될 것이다. 그러나 만일 독립제작사가 드라마를 기획하고 그 제작을 지휘·감독한 경우라면 독립제작사가 드라마의 저작자가 될 것이다.

좀 더 구체적 사안들을 살펴보기로 한다. 예컨대, 어느 독립제작사가 방송사업자의 드라마 제작기획서 공모(公募)에 응모하여 제작기획서 및 대본을 제출하였다고 가정하자. 방송사업자는 일정한 내부절차를 거쳐 해당 독립제작사를 외주제작업체로 선정하고 양자 간에 드라마 제작계약을 체결하였다. 독립제작사는 자사에 고용된 피디 등 관련 스태프를 동원하여 드라마를 제작한 다음 그 드라마를 방송사업자에게 납품하고 방송사업자는 제작비를 지급하였다. 이와 같이 독립제작사가 기획구성, 대본 및 제작까지 마치고 이를 방송사업자에 납품한 경우라면, 해당 드라마는 독립제작사의 '업무상 저작물'에 해당하므로 독립제작자가 그 드라마의 저작자가 될 것이다.

구체적 사안에 따라서는 양자의 관계가 애매모호할 수도 있다. 예컨대, 어느 독립제작사가 방송사업자와의 사이에 장차 제작하고자 하는 드라마 기획구성안, 대본 등에 대하여 기본적인 합의를 한 후에 방송사업자가 파견한 피디와 독립제작사 소속의 피디 등 스태프들이 공동으로 작업하여 드라마의 제작을 완료한 경우를 상정(想定)해 보자. 이 경우에는 누가 드라마의 제작에 관한 기획을 주도하였고, 또 누가 그 제작과정에 창작적 기여를 하였는지를 결정하는 것이 관건이다. 만일 방송사업자가 기획 및 창작적 기여를 주도하였고 독립제작사는 업무 보조를 한 것에 그쳤다면 방송사업자가 '업무상 저작물'인 드라마의 저작자로 인정될 것이다. 만일 그 반대의 경우라면 독립제작사가 드라마의 저작자로 인정될 것이다. 물론 현실적으로는 양쪽 모두의 기획과 창작적 기여가 인정되어 방송사업자와 독립제작사가 드라마의 공동저작자로 인정되는 사례가 대부분일 것이다.

【공정위 결정】 공정거래위원회 2008. 8. 21.자 결정

[사실관계]

사단법인 한국드라마제작사협회와 그 소속 25개 독립제작사는 2008. 2. 12. 공정거래위원회에 저작권법상의 방송사업자인 KBS, MBC, SBS 지상파방송 3사를 '독점규제 및 공정거래에 관한 법률'(이하 '공정거래법'이라 한다) 위반에 따른 불공정거래행위로 신고하였다. 독립제작사들은 방송사업자들이 거래상 지위를 남용하여 독립제작사들이 제작한 드라마에 대한 모든 저작권을 포괄적으로 양도 받는 불공정한 계약관행을 강요하고 있다고 주장하였다. 이에 대해 공정거래위원회는 방송사업자들이 독립제작사가 제작한 드라마의 저작권을 양수하는 것의 부당성 여부 등에 관하여 조사권을 발동하여 본 조사를 실시한 결과 공정거래법 위반으로 보기 어렵다고 판단하여 '무혐의' 결정을 내렸다.

[결정요지]

방송사업자들에게 거래상 지위 남용이 인정되기 위해서는, 방송사업자들이 드라마에 대한 저작권을 양도 받는 것 자체가 부당하거나 양도 받음으로써 독립제작사들에게 불이익이 발생하여야 할 뿐 아니라 그 불이익을 산정하는 것이 가능하고 또 그 불이익 산정 기준 등이 존재하는 등 여러 요건들이 충족되어야 할 것이다. 그런데 실제로 독립제작사들이 제작한 드라마별로 구체적 사정이 달라 이를 일률적으로 규율하기 어렵다. 더구나 독립제작사들이 제작한 드라마의 저작권 원시적 귀속과 관련해서는 누가 드라마의 제작에 창작적으로 기여하였는지 여부를 기준으로 판단해야 할 것인데, 방송사업자와 독립제작사 간에 드라마별로 기획·극본·연출 등을 다양한 형태로 분담하고 있어서 어느 한 쪽에 일방적으로 저작권이 귀속된다고 보기도 어렵다. 나아가 드라마에 대한 저작권의 포괄적 양도와 관련하여 독립제작사에게 발생한 불이익을 산정하는 경우에도 드라마별로 제작비용의 차이가 매우 클 뿐만 아니라 실제 투입된 금액 역시 명확하지 않아 그 규모의 측정도 용이하지 않다. 뿐만 아니

라 방송사업자와 드라마의 저작권을 포괄적으로 양도 받는 경우와 방송권만을 양도 받는 경우를 살펴볼 때 방송사업자가 독립제작사에게 지급하는 대가에 상당한 차이(포괄적 양도시 총 제작비의 70~90퍼센트, 방송권만의 양도시 10~30퍼센트 수준)가 있어서 이를 포괄적 양도에 대한 적정한 대가로 볼 여지도 있다.

위 공정위 결정의 요지는 드라마별로 방송사업자와 독립제작사 간에 기획·극본·연출에 대한 그 창작적 기여에 차이가 있어서 누가 주도적으로 창작활동을 수행하였는지 일률적으로 판단하기 어려울 뿐만 아니라, 또한 방송사업자가 드라마의 저작권을 포괄적으로 양도 받는 것에 대해서도 적정한 대가가 지급되었다고 볼 여지도 있어서 불공정거래행위라고 보기 어렵다는 취지이다. 그러나 무엇보다 총 제작비의 70~90퍼센트를 적정한 양도대가라고 할 수 있을지는 의문이다. 설령 방송사업자가 총 제작비의 백퍼센트에 해당하는 대가를 지급하였더라도, 이는 '드라마'의 수록매체인 유체물에 대한 소유권의 양도대가는 될 수 있을지언정 영상저작물인 '드라마'라는 무체물에 대한 저작권의 양도대가라고 인정하기는 어려울 것이다. 오히려 양자 모두가 창작적 기여를 한 것으로 인정되는 사례에서는 방송사업자에 의한 총 제작비의 지급 수준을 반영하여 양자 간의 공유 지분 비율을 조정하는 것이 올바른 해결책일 것이다.[429] 그렇지 않고 드라마의 저작권 전부를 방송사업자에게 양도하는 것으로 계약 내용을 관행화하는 것은 방송사업자의 거래상 지위를 관철한 전형적인 예라고 말할 수밖에 없다.

3. 텔레비전 드라마의 제작과 PPL

"작가님은 그렇게 자존심이 세서 드라마마다 PPL로 범벅을 하시나 봐요?"

"배우가 회당 2000이나 가져가니 제작은 뭔 돈으로 해요? PPL 하기 싫으면 출연료를 깎든

429) 방송사업자와 독립제작사 간 호혜적 협력과 상회 신뢰에 기반을 둔 이익공유(revenue sharing)라는 것은 양자 간의 저작권 공유를 토대로 할 때만이 그 내실을 기할 수 있을 것이다.

가!" — SBS 드라마 ≪온에어≫에서 주인공 여배우(승아)와 방송작가(영은)의 대화

"드라마가 예술로 가는 길은 아주 멀다. 앞에 놓인 선택지는 고작해야 정권 홍보 아니면 기업 홍보, 그나마 나은 상품 광고 정도다." 430)

가. 텔레비전 드라마 제작의 실상

우리나라 텔레비전 드라마의 제작비는 계속 상승하고 있다. 스타 배우나 유명 작가의 회당 출연료 또는 회당 원고료와 같은 인건비가 올라가다 보니 당연히 제작비가 치솟아 총 제작비가 수십 억 원에 이르는 미니시리즈도 부지기수이다. 그럼에도 독립제작사가 방송사업자로부터 받는 제작비는 전체 제작비의 60~70퍼센트 수준에 머무는 소위 '적자 수주' 관행이 계속되고 있다. 이러한 상황 아래에서 부족한 드라마 제작비는 '작품 내에 제품을 배치'하는 광고를 뜻하는 PPL(Product Placement)과 같은 간접광고(indirect action advertising)를 통해 메우고 있다.[431] 그러다 보니 이제는 PPL이 없는 드라마를 찾아보는 것이 어려울 정도이다.

나. PPL의 의미와 그 역사

(1) 의미

PPL(Product Placement)이란 "제품을 적절히 배치한다"는 뜻을 지닌 간접광고 형태의 마케팅 커뮤니케이션 기법을 말한다. PPL은 광고주가 판매촉진이나 이미지 개선을 목적으로 영화제작자나 방송사업자에게 일정한 대가(현금 또는 물품)를 지불하고 자사의 제품이나 브랜드 명, 이미지 등을 매체에 자연스럽게 노출시켜 소비자를 설득하는 고도의 판촉 전략이다.[432]

이와 같이 PPL은 광고주가 마케팅을 위하여 행하는 판촉광고로서 실제 상품과

430) 우석훈, 「문화로 먹고살기 – 경제학자 우석훈의 한국 문화산업 대해부」, 반비, 2011, 88면.

431) 방송법 제73조 제2항 제7호는 '간접광고'란 "방송프로그램 안에서 상품을 소품으로 활용하여 그 상품을 노출시키는 형태의 광고"라고 정의한다.

432) 하윤금, 「다자간 연합에 의한 엔터테인먼트 산업 활성화 방안 – PPL, 협찬을 중심으로」, 커뮤니케이션북스, 2004, 13면.

서비스를 매체에서 사용하는 것을 말하고, 이 경우 특정 브랜드를 나타나게 하려면 경제적 대가가 따른다. 이에 반하여 경제적 대가 없이 상품의 특징을 나타내는 경우에는 이를 Product Plug 라고 한다. PPL은 연극, 영화, 텔레비전 시리즈, 뮤직비디오, 비디오 게임, 그리고 서적에서 나타난다. 미국의 경우 PPL은 적어도 1949년까지 거슬러 올라갈 수 있지만, 이것이 통상적으로 사용된 것은 1980년대부터이다.[433)]

PPL의 양태(樣態)로는 화면 중에 브랜드의 로고가 노출되는 경우, 화면 중에 제품을 등장시키거나 우호적인 언급을 하는 경우 등을 들 수 있다. 또한 PPL은 작품의 자연스러운 일부를 이룬다는 전제 아래에서 노골적으로 노출시키지 않는 것이다. 오늘날 대부분의 주요 영화들에는 PPL이 포함되어 있다. 가장 통상적인 형태는 영화와 텔레비전에서 행해지는 PPL이다. 근래에는 비디오 게임의 PPL도 증가하고 있다. 최근 웹사이트들은 수익모델의 하나로서 사이트 내에서 PPL을 활용하고 있기도 하다.

(2) 미국에서의 PPL 역사

PPL의 실제적인 역사는 미국 영화에서 처음 시작되었다고 말할 수 있다. 1920년대 스타들은 영화에 등장한 의상의 유행에 큰 역할을 했고, 담배산업이나 소매상들은 배우들이 영화에서 담배를 피울 수 있도록 로비를 했다. 인기영화에 유명상표의 상품을 등장시켜 그 상품의 수요를 창출하려는 시도는 새로운 현상이 아니다. 이러한 목적으로 영화에 제품을 배치하는 PPL 기법의 대표적 예로는 1945년 제작된 영화 ≪마일드레드 피어스≫(Mildred Pierce)에서 조안 크로포드가 '잭 다니엘즈' 위스키를 마시는 장면을 들 수 있다.[434)] 초창기 영화에서의 PPL에 관한 또 다른 예는 프랭크 카프라 감독의 1946년 영화인 ≪멋진 인생≫(It's a Wonderful Life)

433) 〈http://en.wikipedia.org/wiki/Product_placement〉 2008. 6. 30. 검색.

434) Janet Wasco, Hollywood in the Information Age, Polity Press Ltd., 1994, 최현철 옮김, 「정보화시대의 영화산업」, 나남출판, 2005, 316면; 하윤금, 앞의 책, 30~31면.

에서 등장한다. 이 영화에서 탐험가가 되고 싶어 하는 어린 소년은 내셔널 지오그래픽 잡지 한 권을 눈에 띄게 드러내놓고 보여준다. 그 밖의 예로는 1949년 영화 ≪Love Happy≫를 들 수 있다. 여기서는 악당에 쫓기던 배우 하포 마르크스(Harpo Marx)가 여러 광고판들 중 어느 하나의 광고판 상단 부분을 이리 저리 뛰어다니다가 어느 한 순간에 오래된 Mobil의 로고인 "Flying Red Horse" 광고판 위에서 악당의 추적으로부터 벗어나는 장면이 나온다.[435]

가장 널리 알려진 PPL 성공 사례들 중의 하나는 영화 ≪E.T.≫이다. 여기에는 M&M사의 '리지스 피시즈'(Reese's Pieces)라는 초코볼(초콜릿 캔디)이 등장하는데, ≪E.T.≫ 개봉 후 이 초코볼의 판매가 무려 85퍼센트까지 증가하였다. 다른 예는 디트로이트에 있는 그다지 알려지지 않은 멈포드 고등학교의 경우이다. 에디 머피가 ≪비벌리 힐스 캅≫에서 이 고등학교 티셔츠를 입고서 등장한 이후 이 학교는 1백만 달러어치의 티셔츠를 판매하였다.[436] 근래의 PPL 사례로는 톰 행크스가 FedEx 직원으로 등장하는 영화 ≪캐스트 어웨이≫(cast away)가 있다. 이 영화에서는 상영시간 2시간 23분 중 약 70분 이상을 FedEx의 상표를 노출하였고, 5년간 무인도 생활에서 유일한 친구는 윌슨(Wilson) 배구공이었다. 톰 행크스는 5년 후 구조되자 FedEx의 우편물을 고객에게 잊지 않고 배달함으로써 FedEx의 기업정신을 자연스럽게 전달하고 있다. FedEx는 ≪캐스트 어웨이≫에 1천만 달러를 투입하여 1억 달러 이상의 광고효과를 누린 것으로 평가된다.[437]

한편, 영화와는 달리 1930~40년대 라디오와 1950년대 초창기 텔레비전과 같이 초기 미디어는, 기업체들로부터 프로그램 제작비용을 제공받곤 하였다. 라디오 연속극이나 텔레비전 드라마를 'soap operas'라고 부르는 이유도 이들 연속극이나 드라마가 초기에 P&G나 Unilever와 같이 소비자용 포장제품 제조사의 협찬을 받았

435) 〈http://en.wikipedia.org/wiki/Product_placement〉 2008. 6. 30. 검색.
436) Janet Wasco, 앞의 책, 320~321면.
437) 김동현, "PPL 마케팅 개념과 이용", 「다이아몬드애드」, 금강기획, 2002, 7~8면; 홍승기, "영화와 엔터테인먼트법", 「스포츠·엔터테인먼트법」, 대한변호사협회 변호사연수원, 2009, 94면에서 재인용.

기 때문이다. 또 다른 예는 ≪Mr. Ed≫라는 텔레비전 쇼에서 스튜드베이커 자동차를 눈에 잘 띄게 전시한 것을 들 수 있는데, 스튜드베이커 자동차 회사는 위 쇼를 1961년부터 1963년까지 후원하였다. 컴퓨터나 비디오게임에서의 PPL의 초창기 예는 1984년 Action Biker 라는 게임에 KP 회사의 Skips crisps 과자제품이 등장한 것을 들 수 있다.

오늘날에도 Hallmark와 같은 대형 도매업체가 후원하는 프로그램들이 여전히 존재한다. 텔레비전 쇼의 실제 플롯 속에 제품이 결합되는 경우를 일반적으로 '브랜드 통합'(brand integration)이라 부른다. 최근의 예로는 타임워너의 프로그램 제작 자회사인 HBO의 ≪Sex & The City≫를 들 수 있다. 이 드라마(시즌 6 에피소드 80)에서는 여자 주인공들 중의 한 사람과 데이트를 하는 매력적인 남자 모델을 축으로 플롯이 전개된다. 여자 주인공은 Absolut Vodka(Hunk)의 광고 캠페인에 관여하고 있는데, 타임 스퀘어에 있는 대형 광고판에 그 모델의 모습이 보드카 병으로 은밀한 곳을 가린 채 등장한다. 제너럴 모터스의 폰티악 트랜스 엠에 관한 이야기를 주된 내용으로 하는 NBC의 TV 시리즈 ≪Knight Rider≫는 브랜드 통합의 또 다른 예이다.[438]

미국에서는 PPL 대행사들로 구성된 PPL 협회인 ERMA(Entertainment Resources and Marketing Association)가 영화제작사 등과 같은 매체사와 개개의 PPL 대행사들을 연결해 주는 역할을 한다.[439] 이 협회에 따르면, 실제 PPL은 두 가지 카테고리로 나뉜다고 한다. 제작비용을 절감하기 위해 무료로 제조사로부터 제품을 얻거나 소유주로부터 촬영장소를 허락받는 경우와, 비용을 받고서 제작되는 작품 속에 의도적으로 제품을 배치하는 경우이다.

---

438) 〈http://en.wikipedia.org/wiki/Product_placement〉 2008. 6. 30. 검색.

439) PPL 협회인 ERMA는 1991년 설립되었는데, 2000년대 초 당시를 기준으로 할 때 이 협회는 "제품을 노출만 할 경우 2만 달러, 배우가 브랜드 이름을 언급할 경우 4만 달러, 그리고 배우가 직접 사용할 경우 6만 달러로 PPL 금액을 구체화"하고 있다(손일권, 「브랜드 아이덴티티」, 경영정신, 2003, 450면).

(3) 우리나라의 경우

우리나라의 경우도 PPL은 영화에서 먼저 등장하였다. 영화산업에서 시작된 PPL이 텔레비전 드라마는 물론이고 연극,[440] 뮤지컬 등 공연산업, 게임산업, 만화·소설 등 출판산업, 광고 속의 광고까지 그 영역을 넓혀 가고 있다.[441] 우리나라의 경우 1991년 개봉된 ≪결혼이야기≫에서 최민수, 심혜진의 신혼집에 삼성전자 가전제품을 배치한 것을 PPL이 적용된 첫 사례라고 이야기한다. 당시 삼성전자는 가전제품을 제공하고 영화표 5만장을 구입하였다고 한다. 그 이후 PPL 사례는 끊임없이 이어지고 있다.[442][443] 대표적인 것이 1999년 개봉된 영화 ≪쉬리≫이다. 이 영화에서 남파간첩 최민식은 도서관에서 유니텔에 접속하여 김윤진과 접선하였고 김윤진이 죽은 뒤 한석규는 "SK 텔레콤, 소리샘입니다" 라는 휴대전화 안내 목소리를 듣고 음성 메시지를 확인하였다. 특히 영화의 마지막 장면에 등장하는 이 휴대전화 안내 목소리는 PPL의 성공사례로 거론된다.[444] 또 영화 ≪JSA 공동경비구역≫에 초코파이를 배치한 동양제과는 100만원 미만의 투자로 엄청난 광고 효과를 얻은 이후 북한군이 초코파이를 먹는 장면을 패러디한 텔레비전 광고물을 제작하여 좋은 반응을 얻기도 하였다.[445] 영화 ≪주유소 습격사건≫에서는 강도들이 주유소를 점거한 후 주유소 직원을 가장하여 주유한 후 손님에게 현금을 요

---

440) 대학로에 전용관을 마련한 연극 ≪아트≫에 코로나(Corona) 맥주가 PPL 방식으로 등장하였다.

441) 홍승기, "영화와 엔터테인먼트법", 「스포츠·엔터테인먼트법」, 대한변호사협회 변호사연수원, 2009, 94면.

442) 가령, 영화 ≪구미호≫에서 저승사자가 롯데 껌을 씹는 조건으로 제작비를 지원받은 것을 비롯하여 ≪네온 속으로 노을지다≫의 제일제당, ≪꼬리치는 남자≫의 아모레화장품, ≪총잡이≫의 타이레놀, ≪진짜 사나이≫의 대우자동차의 에스페로, ≪맥주가 애인보다 좋은 7가지 이유≫의 국내 3개 주요 맥주 제품, ≪접속≫의 PC통신 유니텔, ≪간첩 리철진≫의 신라면큰사발, ≪미술관 옆 동물원≫의 하이트맥주, ≪나도 아내가 있었으면 좋겠다≫의 한미은행과 한국야쿠르트 등이 그 예이다.

443) 홍승기, 앞의 논문, 94면.

444) 하윤금, 「다자간 연합에 의한 엔터테인먼트 산업 활성화 방안-PPL, 협찬을 중심으로」, 커뮤니케이션북스, 2004, 32~33면.

445) 참고로 군인들이 군대 내에서 간식으로 초코파이를 먹는 장면은 스토리 전개의 개연성이 극히 높은 사례에 해당한다. 이러한 장면은 어떤 주제를 다루는데 없어서는 안 되는 사건·구성인물·배경 등의 '표준적 삽화'(scènes à faire) 또는 전형적(典型的)이거나 정형적(定型的) 장면에 해당하므로 저작권법의 보호를 받지 못하게 되는 경우가 많을 것이다.

구하자 “온 국민이 다 쓰는 ‘BC카드’가 안 되느냐?” 라는 손님의 대사, ‘펩시콜라’에 태극마크가 있으니 국산이라고 우기는 장면은 단순한 제품 노출에서 나아가 이른바 ‘에피소드’로 삽입하여 성공한 예라고 할 수 있다.[446)]

한편, 우리나라에서도 2000년대 이후에는 텔레비전 드라마를 중심으로 PPL이 많이 사용되고 있다. 물론 그 이전에도 드라마에서 PPL의 사용 사례가 없었던 것은 아니다. 1991년 방송된 MBC 드라마 ≪사랑이 뭐길래≫에서 극중 김혜자·이순재 부부의 안방에 배치된 바로크 가구가 초기의 사례에 해당한다. 하지만 당시의 PPL은 드라마 촬영 장소의 무료 제공처럼 단순한 수준에 머무르는 것이 대부분이었다.[447)] 그 이후 텔레비전 드라마에서 PPL이 본격적으로 사용된 예로는 2004년 KBS에서 방송한 ≪그녀는 짱≫에서 협찬사인 ‘한미전두유’의 제품 ‘콩두’를 노출하기 위해 협찬사를 ‘한국전두유’로 제품명을 ‘콩백’으로 변형하면서, 드라마의 에피소드로서 ‘콩백’의 효능을 강조한 사례를 들 수 있다. 또 2004년 방송된 SBS 드라마 ≪발리에서 생긴 일≫에서 ‘ParkLand’ 상표를 노출하기 위하여 PaxLand로 변형 노출하였고, 2003년 방송된 MBC 드라마 ≪그대 아직도 꿈꾸고 있는가≫에서는 ‘2003 볼쇼이 아이스쇼’를 노출하기 위해 그 공연을 관람하는 에피소드를 삽입하면서 위 공연장면을 보여준 적도 있다.[448)] 그러나 2009년 7월 텔레비전 방송에서 PPL을 허용하는 방송법의 일부 개정[449)]과 뒤이어 2010년 1월 동법시행령의 일부 개정[450)]이 이루어지기 전까지 텔레비전 드라마에서 사용된 대부분의 PPL 사례들은 방송법이나 이에 근거한 하위 법령들에 저촉·위반되는 것들이었다.[451)] 그렇지만 방송법시행령 개정 이후 PPL에 관한 한 텔레비전 프로그램의 제작 환경은 크게 변화하였다. 그 실례(實例)로 2010년 말 방송된 SBS 드라마

446) 홍승기, 앞의 논문, 94면.
447) 하윤금, 앞의 책, 34~35면.
448) 홍승기, 앞의 논문, 99면.
449) 2009년 7월 31일 법률 제9786호로 일부 개정된 방송법을 말한다.
450) 2010년 1월 26일 대통령령 제22002호로 일부 개정된 방송법시행령을 말한다.
451) 그래서 본문에서 언급한 ≪그녀는 짱≫은 방송위원회로부터 제재를 받았고, ≪발리에서 생긴 일≫이나 ≪그대 아직도 꿈꾸고 있는가≫도 방송위원회로부터 각 경고조치를 받았다.

≪시크릿 가든≫은 'PPL 천국'으로까지 불릴 정도로 많은 상품과 서비스가 극중에서 노출되었다. 드라마 뿐 아니라 ≪슈퍼스타K≫와 ≪우리들의 일밤—나는 가수다≫, ≪위대한 탄생≫, ≪기적의 오디션≫과 같은 음악 예능 프로그램들도 PPL 경연장을 방불케 하고 있다. 이 밖에도 ≪무한도전≫, ≪1박2일≫ 등 소위 리얼 버라이어티 프로그램들에서 PPL을 찾기란 더 이상 어려운 일이 아니다.[452]

다. 방송의 공익성과 PPL의 법적 의의

(1) 방송 프로그램 제작 현장에서 PPL의 사용 빈도가 증가하는 이유

오늘날 텔레비전 방송 프로그램에서 PPL이 점점 자주 사용되는 이유는 무엇일까? 무엇보다 광고주의 관점에서 그 원인을 바라보면 쉽게 찾아낼 수 있다. 방송 프로그램에서 PPL이 빈번하게 사용되는 가장 큰 이유는 전통적인 광고전달 방법이 그 효용가치를 잃었기 때문이다. 광고주 입장에서는 새로운 대안적 광고수단이 필요하게 되었다. 기업의 활발한 광고경쟁으로 인해 소비자들은 하루에도 엄청나게 많은 광고를 접한다. 그래서 소비자들은 광고혼잡을 피해 선택적으로 정보에 노출되도록 주의를 기울이고 있다. 텔레비전의 경우에는 리모콘으로 채널을 이리저리 돌리는 행위(zapping), 프로그램을 시청하는 중에 CM 등 일부를 건너뛰는 행위(zipping) 같은 광고회피행동이 일반화되어 광고주들은 광고료를 지불하고도 노출기회가 줄어드는 일이 빈번하게 발생한다.[453]

이러한 상황에서 효과적인 광고 메시지 전달을 위한 새로운 광고 커뮤니케이션 수단과 매체 전략이 필요하게 되었다. 이에 따라 종래의 직접적인 광고보다는 PPL과 같은 간접적인 광고방식을 새로운 광고수단으로 모색하게 되었다. 요컨대, 광고주의 입장에서 PPL은 환경의 변화에 새롭게 대응하기 위해 등장한 새로운 마케팅 전략이다.[454] 더구나 PPL은 제품의 로고나 제품 자체를 단순히 보여주는 소

452) 박진영, "2011 PPL 시장의 현주소", 「방송작가」, 한국방송작가협회, 2011. 10., 16~19면; 허미경, "간접광고가 '주연'되고 드라마가 '조연' 될라", 「한겨레」, 2011. 10. 14., 24면 각 참조.
453) 홍승기, 앞의 논문, 95면.
454) 하윤금, 앞의 책, 28~29면 참조.

극적인 단계에서부터 적극적인 스토리텔링을 통하여 제품을 노출시키는 수준까지 그 층위가 여러 가지이다. 스토리텔링을 통한 제품의 노출 단계는 변형적인 광고 형태로 등장한 '혼성 메시지'(hybrid message)라는 커뮤니케이션 방식과 관련이 있다.[455] '혼성 메시지'라는 것은 전통적인 광고 메시지의 약점을 보완하고 극복하기 위하여 비상업적인 이미지의 커뮤니케이션을 사용하면서 상업적 이득을 위해 수용자에게 영향을 미치려는 모든 시도를 의미한다.[456] 즉, 광고 메시지와 방송 프로그램 내용 간의 메시지의 혼성을 통해 상업적인 의도를 감추는 커뮤니케이션 방식을 일컫는다.[457] 영화 ≪주유소 습격사건≫에 등장하는 PPL 중에서 펩시콜라와 BC카드에 관한 스토리텔링이 그 대표적인 예이다. 펩시콜라에 태극마크가 있으니 국산이라고 우기는 장면, 온 국민이 다 쓰는 BC카드를 왜 받지 않는냐고 항의하는 장면은 영화를 보는 관객에게 무의식적으로 해당 제품을 각인시킨다.[458]

(2) PPL에 관한 법적 규제

㉮ PPL의 법적 의미

PPL(Product Placement)은 대가를 받고, 영화나 텔레비전 드라마 등의 방송 프로그램에 특정 제품, 서비스, 그와 관련된 상표, 기업의 로고, 상호 등을 의도적으로 배치하여 이를 노출하고, 이에 대하여 언급하게 함으로써 제품 등을 광고하는 대표적인 '간접광고'(indirect action advertising) 기법을 말한다.[459] PPL과 유사한 것으로 BPL(Brand Placement)가 있다. '브랜드 배치'는 일반적으로 '제품 배치'와 동일하게 취급되지만, 배치에 있어서 초점이 되는 것은 제품(product)이 아니라 특정 브랜드(brand)라는 점에서 양자를 엄밀하게 구별하기도 한다.[460] 이러한 PPL의 개념을 전

455) 하윤금, 앞의 책, 41~42면 참조.
456) 홍승기, 앞의 논문, 95면.
457) 하윤금, 앞의 책, 41면.
458) 하윤금, 앞의 책, 42면.
459) 홍승기, 앞의 논문, 95면.
460) 하윤금, 앞의 책, 17~18면.

제로 하여 지금까지 우리나라에서 PPL에 관한 법적 규제가 어떠한 내용과 방식으로 전개되었는지를 살펴보도록 하자.

㉯ 영화의 PPL에 관한 규제

고부가가치성과 고위험성이라는 영화산업의 특성을 고려할 때 영화의 PPL에 관한 법적 규제는 현실적으로 적절하지 않다고 이해된다. 우리나라에서 영화의 PPL에 대한 법률적 제한은 존재하지 않는 것으로 보인다. 영상물등급위원회의 규정에도 PPL 규제와 관련된 내용은 발견되지 않는다.[461] 동 위원회는 영상물의 윤리성 및 공공성을 확보하고 청소년을 보호하기 위하여 영상물의 유해 여부를 심의하는 것을 주된 임무로 하며 PPL에 관한 규제와는 관련이 없다. 영화의 경우는 그 산업적 특성으로 말미암아 PPL에 관한 표현의 한계가 자율적으로 조절되고 있다. 즉, 높은 제작비를 조달하기 위해서 PPL이 사용되기도 하고, 예술성 뛰어난 영화를 지향하는 경우에는 자제되기도 한다. 결국 영화의 산업적 특성의 하나인 '고위험성'으로 인하여 무절제한 PPL의 사용은 영화의 품격을 떨어뜨리고 소비자들에게 나쁜 이미지를 심어주어 부정적인 효과를 초래할 뿐 아니라 이로 인한 수익성의 저하를 가져올 수 있기 때문에 자율적으로 조절되고 있다고 말할 수 있다.[462]

㉰ 방송의 PPL에 관한 규제

종래 우리나라에서 방송의 PPL 사용과 관련해서는 이를 간접광고라 하여 법적 규제를 받았다. 방송은 공공자원인 전파를 사용하기 때문에 공익성을 지녀야 하고 방송의 영향력은 다른 매체보다 크다는 점에서 PPL과 같은 간접광고는 규제대상이 되었던 것이다. 더구나 구 방송법은 직접광고인 텔레비전 방송광고와 관련하여 반드시 '사전심의'를 받도록 규정하고 있었다. 즉, 한국광고자율심의기구가 행정기

461) 홍승기, 앞의 논문, 96면.
462) 하윤금, 앞의 책, 44면.

관인 구 방송위원회(현재의 '방송통신위원회')의 위탁을 받아 심의업무를 담당하도록 규정하고 있었다.[463] 그러나 헌법재판소는 2008년 6월 26일 텔레비전 방송광고의 사전심의는 위헌이라고 결정한 바 있다.

【재판례】 헌법재판소 2008. 6. 26. 선고 2005헌마506 결정

텔레비전 방송광고에 관하여 사전 심의를 받도록 규정하고 있는 구 방송법 제32조 제2항, 제3항, 방송법시행령 제21조의2 본문 중 '텔레비전 방송광고' 부분, '방송심의에 관한 규정' 제56조, 방송법 제32조 제2항, 제3항은 헌법에 위반된다는 결정을 선고하였다.

한편, 구 방송법[464] 제74조(협찬고지), 구 방송법시행령[465] 제60조(협찬고지) 및 동법 시행령에 기해 제정된 '협찬고지에 관한 규칙'에 따르면, 방송사업자에게는 예외적인 경우에 허용되는 '협찬'만이 가능하였고 PPL과 같은 간접광고는 엄격히 금지되었다. 즉, 구 방송법시행령 제60조에 의하면, 방송사업자는 공익성 캠페인, 문화예술, 스포츠 등 공익행사에 대해서만 '협찬'을 받을 수 있었고 텔레비전 드라마나 오락 프로그램에 대해서는 협찬을 받을 수 없도록 규정하였다. 다만, 방송사업자를 제외한 방송 프로그램 제작자(가령, 독립제작사)는 텔레비전 드라마나 오락 프로그램에 대해서도 '협찬'을 받을 수 있다고 규정하였다. 또한 위와 같이 방송사업자 등이 협찬을 받은 경우에는 '협찬고지'를 하도록 하였다. 구 방송법 제2조 제22호에 따르면 '협찬고지'라 함은 "타인으로부터 방송프로그램의 제작에 직접적·간접적으로 필요한 경비·물품·용역·인력 또는 장소 등을 제공받고 그 타인의 명칭 또는 상호 등을 고지하는 것"을 말한다.

요컨대, 구 방송법 아래에서는 예외적인 경우에만 방송사업자에게 '협찬'이 허용되었고, 특히 텔레비전 드라마나 오락 프로그램에 대해서는 방송사업자를 제외

463) 구 방송법 제32조(방송의 공정성 및 공공성 심의), 제103조(권한의 위임·위탁), 방송법시행령 제68조(권한의 위임·위탁) 현재는 모두 삭제되었다.
464) 2009년 7월 31일 법률 제9786호로 일부 개정되기 전의 방송법을 말한다.
465) 2010년 1월 26일 대통령령 제22002호로 일부 개정되기 전의 방송법시행령을 말한다.

한 방송 프로그램 제작자(가령, 독립제작사)에게만 '협찬'이 허용되었다. 그럼에도 불구하고 방송사업자 등은 구 방송법상 허용되는 '협찬' 제도를 활용하여 텔레비전 드라마나 오락 프로그램 속에서 PPL과 같은 간접광고를 편법적으로 사용하였다.[466) 드라마의 연기자로 하여금 특정 제품을 사용하도록 하거나, 특정 기업의 로고를 약간 변형하여 화면에 반복적으로 노출시켰다. 또는 드라마 대사 속에서 특정 상품명을 노출시키고 그 기능이나 사용법을 설명하는 방식도 이용되었다.[467)]

【재판례】 서울고등법원 2007. 5. 15. 선고 2005나60231 판결[468)]

[사실관계]

원고는 2004. 3. 13.부터 같은 해 5. 30.까지 SBS 텔레비전을 통하여 방송된 기업멜로드라마 ≪폭풍 속으로≫를 제작하면서 피고 주식회사 위버인터랙티브와 사이에 협찬계약(제작지원계약)을 체결하였다. 피고는 같은 해 3. 31. 제작지원금으로 계약금액의 25퍼센트, 수퍼자막비용 일부를 지급하였다. 원고는 ≪폭풍 속으로≫를 종영하였으나 피고가 1차로 지급한 25퍼센트 이외에 나머지 75퍼센트에 해당하는 협찬대금을 지급하지 않고 있어 이를 청구하는 소송을 제기하였다. 피고는 원고가 약속한 노출을 제대로 이행하지 못하였다는 이유로 2004. 5. 14. 원고에게 해지의사를 밝혔으므로 제작지원계약이 적법하게 해지되었고, 제작지원계약의 내용이 방송심의위원회[469)] 규정에서 금지하는 '간접광고'에 해당하여 결국 광고효과를 볼 수 없게 되었으므로 원고의 기망 혹은 동기의 착오를 이유로 제작지원계약을 취소한다고 주장하였다.[470)]

466) 예컨대, "지상파 방송사업자는 늘어나는 드라마 제작비를 충당하기 위해서 드라마에 대해서도 협찬이 허용되는 독립제작사를 끼고서 온갖 협찬을 받아 제작비를 충당하였다"(오연주, "'온에어'로 보는 한국드라마 PPL 딜레마", 「헤럴드경제」, 2008. 4. 10.자 기사).

467) 구 방송위원회 자료에 따르면 2006년에는 PPL의 급격한 증가 추세로 인하여 '협찬 고지에 관한 규칙' 위반으로 인한 심의 제재 건수가 전체 제재 사유의 절반에 육박하였다고 한다.

468) 이 판결은 대법원 2007. 9. 6. 선고 2007다38489 판결에 의해 심리불속행으로 상고가 기각됨으로써 확정되었다.

469) 2008년 '방송통신심의위원회'로 개칭되었다. 따라서 구 방송위원회는 현재의 '방송통신위원회'에, 구 방송위원회 산하의 구 방송심의위원회는 현재의 '방송통신심의위원회'에 각 해당한다.

470) 홍승기, 앞의 논문, 103면; 강영수, "엔터테인먼트 마케팅–작품내제품배치(PPL)를 중심으로", 「엔터테인먼트법(하)」, 진원사, 2008, 305면.

[판결요지]

(1) 제작지원계약상의 '노출' 및 '에피소드'의 의미

드라마의 경우 제작지원계약을 체결한 회사와 유사한 회사명을 사용한다거나 드라마의 내용이 그 회사와 직접적인 관련이 있거나 직접적이지 않더라도 그 회사를 연상할 수 있는 정도의 내용이 드라마를 통하여 한 장면이라도 방영되면 이를 '노출'이라 하고, 제작지원사가 제공한 그 회사와 관련된 특정한 내용을 드라마에서 다루는 것으로 통상 그 회사가 제공한 내용을 드라마에 반영하게 되는데 이를 '에피소드'라고 한다. 드라마에서 방영되는 에피소드의 적정 가액은 1회당 2천만 원에서 3천만 원 정도이고, 노출은 1회당 1천만 원에서 1천5백만 원 정도이다. 이와 같은 노출 및 에피소드는 간접광고를 금지하는 관련 법령 및 규정에 위반되지 아니한 범위 내에서 수행되어야 한다는 법령상의 제약이 있다.

(2) '노출' 및 '에피소드'의 이행 여부·정도 및 평가

원고는 이 사건 제작지원계약에 따라 피고 회사 관련 이미지를 노출하고, 에피소드를 다룰 의무 중 이 사건 드라마의 15회부터 24회까지의 노출의무와 21회, 22회, 24회에 걸쳐 에피소드를 다룰 의무를 이행하였다고 봄이 상당하다.

한편, 이 사건 드라마에서 노출 및 에피소드의 적정한 가격은 앞서 인정한 일반적인 가격의 평균치로서 노출의 경우는 1회당 1,250만 원, 에피소드의 경우는 1회당 2,500만 원 정도로 봄이 상당하다. 이를 기초로 이 사건 제작지원계약에서 노출 및 에피소드의 전체 대금으로 정한 3억 원을 기준으로 한 노출 및 에피소드의 회당 가격을 계산해 보면, 노출은 1회당 13,043,478원이고, 에피소드는 1회당 26,086,956원이 된다.

(3) 이 사건 제작지원계약의 성격

이 사건 계약의 법률적 성질은 일종의 제작물공급계약으로서 그 공급의 목적물이 특정의 주문자의 수요를 만족시키기 위한 비대체물이라는 점에서 도급의 성질을 띠는 것이라고 볼 것이고, 원고의 의무를 구체적으로 보면, 피고 회사의 인지도 및 이미지를 제고하기 위하여

피고 회사의 기업이미지를 노출시키고, 피고 회사와 관련된 에피소드를 드라마에 반영하되 이는 위 계약에서 특정한 바와 같이 노출이나 에피소드의 횟수에 근거하여 그 이행 여부를 판단할 수 있을 뿐이지 피고의 주장과 같이 위와 같은 노출 등의 결과로 피고 회사의 인지도 및 이미지가 현실적으로 향상됨으로써 그로 인한 구체적인 광고효과의 발생까지 그 계약내용으로 한 것은 아니라고 할 것이다.

(4) 계약해지의 요건 충족 및 적법 여부

이 사건 제작지원계약의 경우, 원고가 이행하여야 할 급부가 가분적인 점, 이 사건 드라마의 방영기간 내에서는 그 횟수가 문제될 뿐 이행시기는 계약의 목적을 달성하는데 크게 문제될 여지가 없는 것으로 보이는 점에 비추어 당초 이 사건 드라마의 10회분부터 노출하기로 한 원고의 의무이행이 지체되기는 하였으나, 피고가 해지통고를 하기 전에 이미 이 사건 드라마의 15회분부터 18회분까지 4회에 걸쳐 이 사건 제작지원계약에서 정한 피고 회사의 노출이 이루어진 점, 위 계약서 제7조 제3호에서 '드라마의 단축 방영시 원고는 회당 지원금에 대한 단축 방영횟수를 곱한 금액을 피고에게 반환'하는 것으로 정하고 있는 점 등에 비추어 보면, 비록 원고가 이 사건 제작지원계약에서 정하고 있는 노출의 시기나 횟수와 관련하여 이 사건 드라마 중 10회분부터 14회분까지 5회분의 노출의무를 이행하지 않았다 하더라도 피고가 위와 같은 사유를 들어 이행되지 아니한 부분에 대한 대금지급을 거절할 수 있음은 별론으로 하고, 이로써 피고가 이 사건 제작지원계약의 목적을 달성할 수 없게 되었다고 보기는 어렵다 할 것이므로 이 사건 제작지원계약을 해지할 사유로는 되지 않는다.

(5) 기망·착오로 인한 취소주장

간접광고와 관련한 방송법이나 방송심의규정이 이 사건 제작지원계약에서 정하고 있는 정도의 노출이나 에피소드 삽입 등을 일체 금지하는 취지는 아니라 할 것이므로, 피고의 기망에 의한 취소주장은 이유 없고, 동기의 착오가 계약 상대방인 원고에게 표시되어 이 사건 제작지원계약의 중요한 내용이 되었음을 인정할 증거가 없으므로 이유 없다.[471)]

㉣ 방송법의 개정과 간접광고의 허용

2009년 7월 31일 법률 제9786호로 일부 개정되어 같은 해 11월 1일부터 시행되는 방송법은 '간접광고'를 허용하는 규정을 신설하였다. 즉, 방송법 제73조 제2항 제7호는 방송사업자에게 허용되는 방송광고의 종류 중에 '간접광고'를 열거한 다음 '간접광고'란 "방송프로그램 안에서 상품을 소품으로 활용하여 그 상품을 노출시키는 형태의 광고"를 말한다고 정의하고 있다. 또한 2010년 1월 26일 공포·시행되는 방송법시행령 제59조의3 제1항은 간접광고의 허용범위·시간·횟수 또는 방법 등을 제1호 내지 제6호로 규정하고 있다.[472] 이에 따르면 전체 방송시간의 5퍼센트 이내, 화면 크기 4분의 1을 초과하지 않는 선에서 브랜드를 노출하는 간접광고가 허용된다. 또한 같은 조 제2항에 따르면 "방송사업자는 방송프로그램에 간접광고가 포함되는 경우 해당 프로그램 방송 전에 간접광고가 포함되어 있음을 자막으로 표기하여 시청자가 명확히 알 수 있도록 하여야 한다"고 규정한다. 그러므로 '간접광고'가 사용된 방송 프로그램의 경우에는 해당 프로그램의 시작 전에 "이 프로그램은 간접광고를 포함하고 있습니다"라는 안내 자막을 표기하여야 한다.

---

471) 홍승기, 앞의 논문, 105~107면; 강영수, 앞의 논문, 309~312면.

472) 방송법 시행령 제59조의3(간접광고)

제1항 "법 제74조 제2항 제7호에 따른 간접광고의 허용범위·시간·횟수 또는 방법 등은 다음 각 호의 기준에 따른다."

제1호 "방송분야 중 오락과 교양 분야에 한정하여 간접광고를 할 수 있다. 다만, 어린이를 주 시청대상으로 하는 프로그램과 보도·시사·논평·토론 등 객관성과 공정성이 요구되는 방송프로그램의 경우에는 간접광고를 할 수 없다."

제2호 "간접광고는 방송프로그램의 내용이나 구성에 영향을 미치거나 방송사업자의 편성의 독립성을 저해해서는 안 된다."

제3호 "간접광고를 포함하고 있는 방송프로그램은 해당 상품을 언급하거나 구매·이용을 권유하는 내용을 방송해서는 안 된다."

제4호 "방송광고가 금지되거나 방송광고의 허용시간을 제한받는 상품 등은 간접광고를 할 수 없다."

제5호 "간접광고로 노출되는 상표, 로고 등 상품을 알 수 있는 표시의 노출시간은 해당 방송프로그램 시간의 100분의 5를 초과할 수 없다. 다만, 제작상 불가피한 자연스러운 노출의 경우는 그러하지 아니하다."

제6호 "간접광고로 노출되는 상표, 로고 등 상품을 알 수 있는 표시의 크기는 화면의 4분의 1을 초과할 수 없다. 다만, 이동멀티미디어방송의 경우는 3분의 1을 초과할 수 없다."

이와 같이 2009년 7월 방송법의 일부 개정과 2010년 1월 방송법시행령의 일부 개정으로 방송사업자에게 PPL과 같은 간접광고가 허용됨에 따라 텔레비전 드라마 등에서 PPL의 사용에 따른 광고수익은 거의 대부분 방송사업자에게 귀속되고 있다. 한국 케이블TV방송협회의 보고에 따르면 2010년에 집행된 PPL 가운데 약 75퍼센트가 방송사업자 3개사와 그 계열 채널사업자에게 집중되었다고 한다.[473] 이에 반하여 방송법 및 방송법시행령 개정 전에 활용되던 '협찬'은 줄어들었다. 즉, 과거 방송사업자로부터 외주를 받은 독립제작사가 부족한 텔레비전 드라마의 제작비를 충당하기 위하여 PPL을 사용하기 위한 방편으로 활용하던 '협찬'이 대폭 줄어들어 그렇지 않아도 열악한 독립제작사의 재정 상황을 과거보다 크게 악화시키고 있다.

라. 소결

구 방송법 및 구 방송법시행령 아래에서 텔레비전 드라마나 오락 프로그램에 대해서는 독립제작사에게만 '협찬'이 허용되었다. 독립제작사는 비록 편법이었지만 '협찬'을 활용하여 PPL을 유치함으로써 부족한 드라마 제작비를 충당할 수 있었다. 그런데 2009년 7월 방송법의 일부 개정과 2010년 1월 방송법시행령의 일부 개정으로 방송사업자에게 '간접광고'가 허용되기 시작하면서 방송사업자가 간접광고 수익을 '독식'하게 되었고[474] 그에 상응하여 독립제작사의 '협찬' 수입은 크게 감소하였다. 이와 관련하여 현 단계에서는 PPL의 사용으로 인하여 발생한 '간접광고'의 수입을 방송사업자와 독립제작사 간에 어떠한 기준에 따라 어떻게 배분할 것인지의 문제가 새롭게 제기되고 있다.[475] 결국 방송사업자와 독립제작사 간에 논의되어온 외주제작 드라마의 저작권 귀속이라는 '오래된' 쟁점에, 간접광고 수익의 배분이라는 '새로운' 쟁점까지 더해진 형국이다.[476] 이로써 우리나라에서 텔레

---

473) 김병희, "간접광고, 약(藥)으로 쓰는 해독(解毒)처치법", 「방송작가」, 한국방송작가협회, 2011. 10., 29~31면.

474) 유재혁, "지상파 간접광고 독식 논란", 「한국경제」, 2010. 3. 31.자.

475) 김병희, 앞의 글, 31면 참조.

비전 드라마의 외주제작 현실을 둘러싼 법적·경제적 문제는 더 한층 복잡다단(複雜多端)해지고 있다. 이러한 상황에서 텔레비전 드라마의 제작 현실을 둘러싼 경제적 문제의 해결을 위한 해법의 하나로서 문화 공공성의 증대를 목표로 하는 '드라마 보조금' 제도가 제창되기도 한다.[477)]

IV. 스포츠 경기와 방송

1. 스포츠시합의 방송권

가. 고액의 방송권료

많은 사람들이 스포츠시합을 즐겨 관전한다. 축구든 야구든 격투기 경기든 인기 있는 스포츠경기를 관전하다 보면 소설책을 읽거나 영화를 보는 것과 마찬가지의 감동을 받는 경우가 많다. 그래서 프로축구나 야구, 올림픽 경기의 중계방송은 높은 시청률을 올리는 인기 프로그램 중의 하나이다. 특히 월드컵 축구경기나 올림픽경기 중계 방송권료는 그 비용만 해도 엄청난 규모이다. 2002년 한국과 일본에서 개최된 월드컵 축구대회 방송권료는 총액이 10억 4천만 달러에 달했다. 국제적인 스포츠 중계의 방송권료는 해마다 높은 가격으로 계약이 체결되고 있다.[478)] 2010년 밴쿠버 동계올림픽의 중계방송과 관련해서도 SBS의 단독 중계방송

---

476) 이와 관련하여 방송통신위원회는 2011. 10. 19. 외주제작사에 대한 간접광고 허용을 담은 '방송법 일부개정안'을 의결한 바 있다. 즉, 방통위는 방송법 제2조에 제17호에 '외주제작사'에 대한 정의를 신설하고, 제73조(방송광고 등)에서 외주제작사에 간접광고(PPL) 영업을 허용한 방송법 일부개정안을 최종 의결하였다. 이날 의결된 방송법 개정안이 국회에서 통과되면, 외주제작사는 간접광고를 할 수 있게 되는 동시에 방송분쟁조정위원회의 분정조정대상(방송법 제35조의3) 및 협찬고지 규칙위반에 대한 과징금 부과 대상(방송법 100조)에 포함된다. 또한 방통위 등 정부는 외주제작사로부터 관련 자료를 요구(방송법 제98조)할 수 있게 된다.

477) 우석훈, 「문화로 먹고살기-경제학자 우석훈의 한국 문화산업 대해부」, 반비, 2011, 92면 이하. 특히 "드라마 분야에서 문화 공공성 명목으로 보조금을 준다고 할 때 우리가 합의할 수 있는 분야는 문화다양성, 지역 드라마, 청년 고용 지원, 이 세 가지 정도일 것이다"(위의 책, 92면)라는 대목은 주목할 만하다.

문제와 더불어 과도한 중계방송권료의 지급 문제 등이 논란된 바 있다.[479]

나. 방송권은 누가 보유하는가?

그러면 실제 벌어지는 스포츠시합에 대하여 누가 방송권을 가지고 있는지를 살펴보도록 하자. 이를 위해서는 우선 방송권을 구성하는 권리의 법적 근거를 모색해 보아야 한다.

이 문제와 관련하여 올림픽의 경우에는 올림픽헌장 제1장 제11조에 의해 올림픽대회의 경기의 모든 방송권은 국제올림픽위원회(IOC)에 귀속된다고 규정되어 있다. 그리고 그 방송권 수입은 IOC와 대회조직위원회(OCOG) 간에 일정 비율로 분배되어 올림픽운동의 유지발전과 대회운영비로 충당되고 있다. 또한 국제축구연맹(FIFA)규약 제74조에 의하면, FIFA, 그 회원, 지역연맹은 각각 그 관할하는 이벤트에서 발생하는 방송권을 포함한 각종 권리에 대하여 원시적인 권리를 가진다는 취지로 규정하고 있다.

한편, 우리나라 프로야구의 경우를 보면 한국야구위원회(KBO)의 야구규약 제24조(방송 허가권)는 "구단은 각기 연도 선수권대회 중 홈 게임에 대해서는 라디오 방송 또는 TV방송(재생방송 및 유선방송 포함)을 자유로이 허가하는 권리를 갖는다. 단, 이사회의 의결에 의하여 방송권료 수입금은 구단이 부담할 위원회비로 충당할 수 있다"고 규정한다.[480] 즉, 주최시합(홈경기)의 방송권은 주최구단(홈팀)이 보유하고 있다고 규정하고 있다. 이에 따라 주최구단은 자유롭게 방송권을 방송국에게 유료로 허락하고 그 방송권료를 수입으로 취득하고 있다. 특히 인기가 좋고 시청률도 높기 마련인 특정 팀의 경기에 대한 방송권료는 다른 시합보다도 높은 가격으로 계약이 이루어진다.[481] 이와는 달리 대한축구협회(KFA)의 마케팅규정 제4조(방송권의 대

478) 伊藤堯·濱野吉生·浦川道太郎·菅原哲朗 編, 「スポーツの法律相談」, 青林出版, 2000, 손경한·김용섭 공역, 「문답 스포츠법」, 법영사, 58면.

479) 장달영, "올림픽 중계 논란, 다음은 출혈경쟁 차례", 「조선일보」 2010. 2. 18. A39면; 정강현, "SBS 단독이냐 공동이냐, 밴쿠버 올림픽 중계 큰 싸움 났다", 「중앙일보」 2010. 2. 3.자 29면 각 참조.

480) 「2011 야구규약」, 사단법인 한국야구위원회, 38면.

상)는 동 협회가 보유하는 방송권의 대상에 대해 규정하고,[482] 제5조(방송권의 귀속)는 "FIFA의 TV 및 라디오 방송 규정에 의거하여 방송권은 어떠한 경우에도 협회 소유이며, 이는 시간이나 장소에 구속되지 아니한다"고 규정한다. 이와 관련하여 한국프로축구연맹(Korea Professional Football League, 약칭 K-리그)은 대한축구협회(KFA)의 회원 단체로서 KFA, 아시아축구연맹(AFC), FIFA의 정관, 규정 등을 준수한다.[483] 그리고 동 프로축구연맹이 주최하는 K-리그 프로축구는 연맹과 구단이라는 조직에 의해 운영되는데, 그 가운데 연맹은 구단이나 팀들로부터 권한을 위임받아 리그를 관장하는 역할을 담당한다. 따라서 연맹은 각종 규약을 제정하며, 연맹 차원에서 K-리그 중계방송권이나 스폰서 계약 등을 담당한다.

문제는 올림픽헌장, FIFA규약 또는 KBO야구규약이나 KFA마케팅규정 등의 법적 성격과 그 국내법적 효력이다. 우선 올림픽헌장은 IOC라는 단체의 내규적(內規的) 성격을 갖는 것에 지나지 않는다.[484] 또한 FIFA규약이나 KBO야구규약, KFA마케팅규정 등은 그 적용을 받는 사인(私人) 간의 내부규칙이고 법률의 경우처럼 모든 사람을 구속하는 것이 아니다. 따라서 이러한 규약은 그 연맹이나 협회의 회원, 또는 그의 회원인 대표 팀, 프로 팀, 그 각 팀에 소속된 선수, 감독, 코치, 심판, 그 밖의 관계자에 대해서만 적용될 뿐이다.[485] 그러므로 이와 같은 올림픽헌장, FIFA규약 또는 KBO야구규약이나 KFA마케팅규정의 법적 성격에 비추어 볼 때, 원래 방송권은 누구에게 귀속되어야 하는 것인가를 이론적으로 검토하는 것은

481) 伊藤堯 외 3인, 앞의 책, 59면 참조.

482) KFA 마케팅 규정 제4조(방송권의 대상) ① 협회가 보유하는 방송권은 다음 각 호를 대상으로 한다.
   1. 대표팀이 국내에서 치르는 협회 주최의 모든 경기
   2. 대표팀이 국외에서 치르는 경기 중 협회가 중계권을 가진 모든 경기
   3. FA컵을 포함하여 협회가 주최 및 주관하는 모든 대회
   4. FIFA나 대륙연맹(AFC, EAFF 등 포함) 및 다른 단체로부터 중계권을 양도받은 경기

483) 한국프로축구연맹 정관 제3조 제1항 참조.

484) 박성호, "'올림픽' 명칭 사용을 둘러싼 서울시와 IOC 간의 법적·문화적 갈등의 문제점", 「대한변협신문」, 2008. 4. 28., 5면.

485) 石原修·水戸重之·中村勝彦·升本喜郎 編著者代表, 「著作権の法律相談(第2版)」, 青林出版, 2005, 513~514면 참조.

의미가 있다.[486]

2. 방송권의 법적 근거와 그 한계

가. 스포츠시합과 저작물

원래 방송권이란 누가 보유해야 하는 것일까를 이론적으로 검토해 보기 위하여, 먼저 스포츠시합이 저작물에 해당하여 저작권이 발생하는가를 살펴볼 필요가 있다. 만일 스포츠시합이 저작물에 해당한다면 그 저작물의 저작권자에게 방송권이 원시적(原始的)으로 귀속될 것이므로 해당 스포츠시합을 중계방송 하려는 방송사업자는 그 저작권자로부터 방송권에 대해 이용허락을 얻으면 될 것이다.

우리나라 저작권법은 저작물이란 "인간의 사상 또는 감정을 표현한 창작물을 말한다"고 규정한다(제2조 제1호). 그런데 스포츠시합은 '인간의 사상·감정의 창작적 표현'에 해당한다고 말하기 어려우므로 일반적으로는 저작물에 해당하지 않는다고 해석된다. 예외적으로 피겨 스케이트의 자유종목 연기나 아이스댄싱 경기는 무용과 같이 창작성이 인정될 여지가 있어서 그러한 경우 저작물에 해당한다고 볼 수도 있다.[487]

지난 2006년 독일 월드컵 예선 1차전 우리나라와 아프리카의 강호 토고와의 경기에서, 우리나라는 전반전에 1실점하였다가 후반전에 동점과 역전골을 거푸 성공하여 게임을 뒤집는 극적인 경기를 펼쳤다. 우리는 이러한 경기를 일컬어 흔히 '각본 없는 드라마'라고 부른다. 토고를 상대로 역전승을 거둔 뒤 중계방송 해설을 맡았던 전 국가대표 감독 차범근 해설위원도 모(某) 신문 칼럼에서 "축구는 피겨 스케이트가 아니다"고 썼다. 그러면서 축구는 "경기가 끝난 뒤 경기 내용을 종합해 점수를 매기는 게 아니라 공을 골대 안에 넣는 팀이 이기는" 게임이라는 설명을 덧붙였다.[488] 차 감독은 '각본 없는 드라마'라는 진부한 표현을 사용하는 대신에

486) 伊藤堯 외 3인, 앞의 책, 59면 참조.
487) 伊藤堯 외 3인, 앞의 책, 59면.

상대방과의 관계성 때문에 우연한 사정이 연속될 수밖에 없는 축구경기를, 미리 연습한 순서대로 실연하는 피겨 스케이트 시합과 비교한 것이리라.

피겨 스케이트의 자유종목 연기에는 드라마의 각본이나 무용의 무보(舞譜)와 같은 것이 존재할 수 있다. 그러한 점에서 차 감독이 표현한 맥락을 따라가자면, 피겨 스케이트와 축구는 분명히 같은 스포츠임에도 그 성격은 다르다. 축구는 미리 짜놓은 '각본'이나 '무보' 같은 것이 있을 까닭이 없고 말 그대로 우연의 연속이다. 그러니 축구시합과 같은 운동경기가 저작물이 될 수 없는 것은 어쩌면 당연한 것일지 모른다.[489] 이에 반해 피겨 스케이트의 자유종목 연기나 아이스댄싱 경기에 대해서는 전술한 것처럼 저작권법의 보호대상인 저작물에 해당한다고 볼 수 있는 여지도 있다. 하지만 이에 관해서도 학설이 명확한 것은 아니다.[490] 또한 스포츠시합에서 선수가 행하는 경기의 내용이 저작권법상 저작인접권의 보호대상인 '실연'에 해당한다고 볼 수 있는 경우가 없는 것은 아니지만,[491] 이는 극히 예외적인 상황에서 그러할 뿐이고 일반화하기는 어렵다.[492] 그러므로 방송권의 법적 근거를 저작권법상의 저작권이나 저작인접권에서 찾기는 곤란하다고 할 것이다. 그래서 방송권의 법적 근거로서 일반적으로 거론하는 것이 후술하는 선수의 초상권과 시설관리권이다.

나. 선수의 초상권과 시설관리권

(1) 선수의 초상권

스포츠시합을 비디오 녹화하거나 텔레비전 카메라로 중계하는 경우 최소한 두

---

488) 차범근, "프랑스도 안다, 우리가 얼마나 독한지 …", 「중앙일보」, 2006. 6. 16.자.

489) 박성호, "축구와 저작권법, 그리고 문화산업", 「대한변협신문」, 2006. 7. 10., 4면.

490) 石原修 외 3인, 앞의 책, 514면; 伊藤堯 외 3인, 앞의 책, 59면 각 참조.

491) 2010년 밴쿠버 동계올림픽 피겨스케이팅 시합에서 금메달을 수상한 김연아 선수의 연기에 대해 NYT는 "김연아가 연기할 때 그것은 단순한 스포츠가 아니라 예술이기도 하다"고 표현하였고, 개최국인 캐나다 일간지 밴쿠버 선(Sun)은 "김연아는 한국에서 온 살아 숨 쉬는 예술품(work of art)"으로 소개하였다고 국내 한 일간지는 보도한 적이 있다. 「조선일보」 2010. 2. 27.자 A5면.

492) 다만, 후술(IV. 2. 라.)하는 것처럼 브라질 저작권법은 스포츠 경기를 복제하거나 방송 또는 전송하는 권리를 저작인접권의 일종으로 규정하여 보호하고 있다.

가지 문제를 명확히 할 필요가 있다. 그것은 ① 녹화나 방송의 대상이 되는 사람, 즉 시합하는 '선수'의 초상권 문제와, ② 촬영용, 중계용 카메라와 같은 방송 기기를 경기장에 반입하는 것이 허용되는가 하는 문제이다.[493]

먼저 선수의 초상권 문제인데, 시합이 선수 개개인의 플레이에 의해 성립하는 것이므로, 시합의 영상에도 선수의 초상권 문제가 원칙적으로 작용한다. 다만, 만일 선수 한 사람이 초상권을 이유로 방송을 거부하게 되면 시합 전체를 방송할 수 없게 되는 매우 불합리한 상황이 초래될 수도 있다. 그렇기 때문에 선수의 초상 사용이나 방송에 관하여 미리 허락을 얻거나, 선수가 소속된 경기단체의 규약에 그러한 취지를 명시하는 것이 일반적이다. 그리고 선수 개개인은 그 규약에 따라야 한다. 예컨대, 올림픽 시합에 출장(出場)하는 선수에 대해서는 각 선수의 엔트리 서식에 초상권 사용에 대해서 이의를 제기할 수 없다는 취지의 내용이 기재되어 있다. 출장 선수는 이러한 서식에 서명하지 않으면 시합에 나갈 수 없기 때문에 방송에 아무런 지장이 없도록 되어 있다.[494]

개별 스포츠시합의 경우도 마찬가지이다. 예컨대, 프로야구의 경우 한국야구위원회(KBO)의 야구선수계약서 제29조는 "구단과 선수는 한국야구위원회 규약과 이에 부속하는 제 규정 및 프로야구 운영에 관한 한국야구위원회 총재의 결정을 성실히 준수하여야 한다"고 규정한다.[495] 또 전술한 것처럼 KBO야구규약 제24조는 각 구단이 홈 게임에 대한 방송 허가권을 가진다고 명시하고 있다.[496] 축구의 경우 대한축구협회(KFA)의 마케팅 규정 제9조는 동 협회가 '대표팀원 초상'[497]에 대한 권리를 보유한다고 규정한다. 또 동 마케팅 규정 제4조 및 제5조에 의해 동 협회가 대표팀 경기에 대하여 방송권을 보유한다고 규정되어 있다는 점은 전술한

493) 石原修 외 3인, 앞의 책, 514면.
494) 石原修 외 3인, 앞의 책, 515면.
495) 「2011 야구규약」, 사단법인 한국야구위원회, 81면.
496) 「2011 야구규약」, 사단법인 한국야구위원회, 38면.
497) KFA마케팅 규정 제9조에서 규정하는 '대표팀원 초상'이라 함은 대표팀원 개개인이 "대표팀 복장을 착용한 초상"(같은 조 제1호)과 "대표팀 경기와 연습 및 협회주최 공식행사 등에서 얻어진 초상"(같은 조 제2호)을 말한다.

바와 같다. 아울러 KFA의 산하 단체인 한국프로축구연맹의 마케팅 규정 제4조는 “K-리그는 K-리그 구단 소속의 선수, 코칭스태프 등의 초상, 이름, 약력 등을 포괄적으로 이용하는 경우에 이것을 무상으로 사용할 수 있다. 단, 선수에 대한 초상권은 원칙적으로 소속구단에 있으며, 특정 선수의 초상을 상업적으로 사용하는 경우에는 사전에 해당 구단의 허락을 받아야 한다”고 규정하고 있다.

이상과 같이 선수의 초상권에 대해서는 시합에 관한 한 협회나 연맹 또는 그 소속 구단이나 팀이 이를 자유롭게 사용할 수 있도록 하는 여러 가지 해결책이 마련되어 있다. 또한 시합에 출장하는 선수들의 경우도 시합 자체의 중계에 관해서는 당연한 것으로 받아들이는 것이 일반적이다. 이론적으로는 선수는 소속 구단이나 팀에 대하여 방송에 대한 동의를 하고 당해 구단이나 팀은 그가 소속하는 협회나 연맹과 같은 경기단체에게 중계방송에 대하여 동의를 하고 있다.[498] 그렇기 때문에 경기단체(예컨대, 대표팀이나 프로팀의 축구시합인 경우) 또는 그 소속 구단(예컨대, 프로야구 홈경기의 경우)은 방송사업자에게 스포츠시합에 대한 방송권을 허락할 수 있다는 논리관계가 성립하는 것이다.

(2) 시설관리권

다음으로 문제가 되는 것은 ②의 카메라와 같은 방송기기를 경기장에 반입하는 것과 관련된다. 어느 경기장과 같은 체육시설에 어떠한 물건을 반입해도 좋은지 여부를 결정하는 것은 원칙적으로 그 시설에 대해 소유권을 가진 소유자이다. 소유권이란 물건의 지배·이용·처분을 할 수 있는 권리이기 때문이다. 시설의 소유자는[499] 그 소유하는 시설을 스스로 관리하거나 시설의 관리업무를 행하는 자(시설관리자)에게 위탁한다.[500] 그래서 시설소유자 또는 시설관리자는 어느 스포츠시합을 열고자 하는 주최자에게 그 시설의 이용·관리를 허락한다.[501] 그리고 그 이용·관

498) 石原修 외 3인, 앞의 책, 515면; 伊藤堯 외 3인, 앞의 책, 60~61면 각 참조.
499) 축구나 야구시합을 위한 체육시설의 소유자는 국가나 지방자치단체인 경우가 대부분이다.
500) 국가나 지방자치단체는 체육시설을 관리하는 관리 주체를 ‘시설관리공단’ 혹은 ‘경기장관리재단’ 형태로 만들어 경기장을 운영·관리하고 있다.

리의 허락범위에 관해서는 체육시설이용허락계약에서 구체적으로 정해지므로 카메라 등 방송기기를 경기 시설 안에 반입할 수 있는지 여부에 관한 것도 그 계약조건 중의 하나가 된다. 이에 따라 시합주최자인 시설관리권자는 스스로 방송기기를 시설 안으로 가지고 들어갈 수도 있지만, 보통은 특정한 방송사업자에게 그 방송기기를 반입할 수 있도록 허락한다.[502)]

결국 방송권의 근거는, 체육시설이용허락계약에 기해 경기장에 대한 시설관리권을 가지는 시합주최자로부터, 중계를 위한 촬영용 방송기기를 경기장 안으로 반입하는 것에 대해 허락을 얻을 필요성에서 인정된다. 다시 말해 시합주최자가 방송사업자에 대해 방송을 허락할 수 있는 권리는 경기장의 시설관리권에서 유래하는 것이라고 설명할 수 있다. 이와 같이 방송권의 근거를 시설관리권에서 찾을 수 있으므로, 방송권을 얻고자 하는 방송사업자는 시설관리권자인 시합주최자와 계약체결에 대해 교섭하게 된다.[503)]

요컨대, 홈 게임을 주최하는 프로야구 구단 또는 대표팀 간의 A매치 시합을 주최하는 대한축구협회가 각기 방송사업자에 대하여 방송을 허락할 수 있는 권리(즉 '방송권')는, 선수 개개인의 초상권으로부터 유래할 뿐 아니라 스포츠시합이 열리는 체육시설의 이용·관리권으로부터도 유래하는 것이라고 설명할 수 있다. 이와 같이 방송을 허락하는 시합주최자의 권리의 근거를 선수의 초상권과 시설관리권 양자에서 찾을 수 있으므로, 전술한 것처럼 경기단체 내부규약은 시합주최자가 '방송권'을 가진다는 취지의 규정을 마련할 수 있는 것이다.

다. 스포츠시합의 중계방송영상의 저작물성

스포츠시합 자체에 저작물성이 인정되는지 여부와, 스포츠시합을 중계방송한

501) 예컨대, 우리나라 프로야구의 경우 본문에서 언급한 KBO야구규약 제24조에 따르면, 야구시합의 주최자는 홈 게임을 주최하는 홈 구단이 될 것이다. 만일 체육시설 자체를 홈 구단이 소유한다면 체육시설이용허락계약을 체결할 필요가 없을 것이다.

502) 石原修 외 3인, 앞의 책, 515~516면 참조.

503) 石原修 외 3인, 앞의 책, 516면; 金井重彦·龍村全 編著, 「エンターテインメント法」, 學陽書房, 2011, 341면 각 참조.

영상에 저작물성이 인정되는지 여부는 별개의 문제이다. 앞에서 살펴본 것처럼 스포츠시합 자체는 저작물성을 인정하기 어렵다 하더라도, 그러한 시합을 촬영한 영상은 저작물성이 인정될 수 있기 때문이다. 즉, 시합 장면을 촬영한 영상은 어느 장면을 어떤 각도에서 어떤 '샷'으로 촬영할 것인지에 대한 카메라 감독 등의 창작적 기여를 인정할 수 있으므로 영상저작물로서 저작권법의 보호대상이 될 수 있다.

우리나라 저작권법 제2조 제13호는 영상저작물은 '영상의 수록'과 '기계 또는 전자장치에 의한 재생'을 필요로 한다고 규정함으로써 영상저작물의 경우에는 예외적으로 유형물에 고정될 것을 성립요건으로 요구한다.[504] 따라서 영상저작물은 영상의 형태가 어떤 '유형물에 고정'되어야 비로소 성립한다. 예컨대, 필름이나 비디오테이프 등에 수록되어야 비로소 영상저작물이 될 수 있다. 유형물에 고정되지 않고 이루어지는 텔레비전 '생방송'은 저작권법이 보호하는 영상저작물에 해당하지 않는다. 다만, 텔레비전 생방송이라 하더라도 영상이 나가는 것과 동시에 비디오테이프 등에 고정되는 경우에는 영상저작물로 보호된다. 따라서 스포츠 중계방송의 경우도 영상신호의 송신과 동시에 녹화가 이루어지므로 영상저작물로서 보호되는 데에는 아무런 문제가 없다.[505]

스포츠시합을 중계 방송하는 경우 영상신호와 송신과 동시에 녹화가 이루어져 영상저작물로서 보호될 때에 그 영상저작물의 저작권이 누구에게 귀속되는지가 문제가 된다. 저작권의 귀속에 관해서는, 스포츠시합의 주최자에게 귀속한다고 정하는 경우, 방송사업자에게 귀속(컨소시엄 형식으로 취득하는 경우는 그 멤버의 공유로 귀속)한다고 정하는 경우, 시합주최자와 방송사업자의 공유라고 정하는 경우 등을 상정할

---

504) 우리나라 저작권법 제2조 제1호는 저작물이란 "인간의 사상 또는 감정을 표현한 창작물을 말한다"고 정의한다. 따라서 저작물의 성립요건으로는 ① 인간의 사상 또는 감정, ② 외부적 표현, ③ 창작성이 요구될 뿐이고, 그 밖에 유형물에 고정하는 것을 성립요건으로 요구하지 않는다. 따라서 원고(原稿) 없이 이루어지는 강연이나 즉흥 연주는 위 세 가지 요건만 갖춘다면 소송상 입증의 곤란은 있을지언정 저작물로 성립하는 데 아무런 문제가 없다. 하지만 영상저작물에 대해서만은 예외적으로 '유형물에 고정'하는 것을 성립요건으로 요구한다.

505) 日本 東京高裁 1997(平成9)年 9月 25日 判決(골프 경기를 생방송으로 중계한 사안에서 방송과 동시에 녹화되었다면 영상저작물에 해당한다고 인정한 사례).

수 있다. 만일 저작권이 방송사업자에 귀속한다고 정해지는 경우에도 그 2차적 이용(예컨대, DVD화 등)에 대해서는 계약상 제한이 두어지는 경우가 많다. 또한 저작권은 방송사업자에게 귀속한다고 하면서도, 시합주최자 측의 요구가 있으면 방송사업자가 그 영상을 무상 제공하도록 하는 의무가 정해지는 경우도 있다.[506] 일반적으로 스포츠시합의 중계방송영상의 저작권은 해당 스포츠시합을 조직하고 운영하는 스포츠경기의 주최자, 예컨대 올림픽조직위원회(IOC), 국제축구연맹(FIFA), 미국야구협회(NBA) 등에게 귀속되는 것으로 정해지는 경우가 많다.[507] 대한축구협회(KFA)의 마케팅 규정 제7조도 "방송권과 관련된 경기의 영상에 대한 저작권은 협회의 소유이며, 이는 시간이나 장소 또는 향후 개발될 신기술에 의한 변화에도 변화에도 구속되지 아니한다"고 규정하고 있다.

라. 브라질 저작권법의 '스타디움 권리'

브라질 저작권법 제5장은 '저작인접권'(Related Rights)이란 표제 아래 운동선수가 속한 스포츠단체는, 공중으로부터 입장료를 받는 스포츠 경기(sporting events)를 어떤 절차나 수단에 의해서든지 유형물에 고정(fixation)하거나 송신(transmission) 또는 재송신하는 것을, 허락하거나 금지할 권리를 가진다고 규정한다(제100조 제1항). 이 권리는 개개의 선수가 아닌 스포츠단체에 귀속되지만, 경기에 참가한 선수 개개인은 스포츠단체가 이 권리에 기해 허락해주고 얻은 수입의 20퍼센트를 별도의 약정이 없는 경우 서로 균등하게 배분받을 수 있다(제100조 제2항). 이 권리의 존속기간은 60년이다(제102조).[508] 이 권리는 운동선수의 특정한 동작이나 실연에 기해 발생하는 것이라고 이해하기보다는, 스포츠 경기 자체와 관련하여 존재하는 권리로 분류하는 것이 타당할 것이다.[509] 이 권리는 저작인접권의 일종으로서 흔히 '스타디움 권

506) 金井重彦·龍村全 編著, 「エンターテインメント法」, 學陽書房, 2011, 345~346면.

507) 최정환, "유료스포츠 채널의 인기스포츠 독점중계", 「엔터테인먼트법학」 창간호, 한국엔터테인먼트법학회, 2007. 6., 178면 참조.

508) Antonio Charves, "Arena rights : legislative problems concerning broadcasting of large shows(sports or other)", COPYRIGHT, Vol. 23, WIPO, 1987, pp.310~319; J.A.L. Sterling, World Copyright Law, 2nd ed., Sweet & Maxwell, 2003, pp.260~261.

리'라고 불린다. 축구왕국다운 브라질 특유의 제도라고 할 수 있다.[510]

3. 소결

스포츠 경기가 벌어지는 스타디움과 그 현장의 열기와 박진감을 실시간으로 중계방송하는 텔레비전 브라운관. 스포츠 경기와 텔레비전은 이제 떼려야 뗄 수 없는 관계에 놓여 있다. 중계방송을 위해 스포츠시합의 주최자와 방송사업자 간에 체결되는 것이 '스포츠 경기 방송권계약'이고 여기서 텔레비전 방송권료라는 수입이 발생한다. 스포츠 경기에서는 입장료 뿐 아니라 방송권료도 그 전체 수입의 매우 큰 부분을 차지한다. 올림픽이나 월드컵 경기와 관련하여 고액의 방송권료가 정해지는 것을 보더라도 그 수입의 중요성을 짐작할 수 있다. 예컨대, 유럽 프로축구의 경우 텔레비전 방송권료가 클럽들의 주 수입원이 되면서 많은 수익을 창출하고 있다. 그래서 많은 텔레비전 방송사들이 아예 명문 팀의 소유주나 대주주가 되어 구단 운영에 관여하고 있다. 실제로 이탈리아의 정치인이자 미디어 재벌 총수인 실비오 베를루스코니는 AC 밀란의 소유주이며, 프랑스의 미디어 재벌 카날 플뤼스(Canal+)도 한때 파리 생제르맹을 소유한 적이 있다.

509) J.A.L. Sterling, op. cit., p.261.
510) 石原修 외 3인, 앞의 책, 516면; 伊藤堯 외 3인, 앞의 책, 61~62면.

제5장 공연예술 산업과 법

I. 공연예술 산업의 성립과 발전

1. 공연예술이란 무엇인가?

가. 공연예술의 정의

공연예술(performing art)이란 무대에서 공연되는 모든 형태의 예술을 가리킨다. 무대와 같이 공개된 자리에서 연주·상연·가창(歌唱)되거나 그 밖의 방법으로 연출되는 음악·무용·연극 등 예술적 또는 오락적 관람물을 말한다. 공연예술은 무대 위에서 공연되기 때문에 흔히 무대예술이라고도 한다.[511] 공연예술은 인쇄하여 출판할 수 있는 문학과는 달리 무대 위의 공연자를 통해 공연되는 동안만 존재하다가 공연이 끝나면 없어져버리는 일회적인 예술이라 할 수 있다. 즉, 무대라는 공간적 제약과 공연시간이라는 시간적 제약, 그리고 제작상의 여러 가지 제약 때문에 그대로의 재현은 불가능하므로 가장 적합하고 적절한 표현기법이 요구되는 예술이다. 본질적으로는 공연예술이란 표현자와 관객이 같은 시간과 공간을 공유하면서, 그 자리에서 작품의 실체가 만들어져 가는 형태의 예술을 가리킨다.[512]

나. 공연예술의 종류

공연예술의 기본 장르로는 연극, 음악, 무용의 3가지가 있으며 각각 다양한 하위 장르가 있다. 특히 대표적인 공연예술인 연극은 무대장치(미술)·조명·음향효과·안무·음악 등 인접하는 여러 예술의 참여를 필요로 하기 때문에 종합예술이라 할 수 있다. 오늘날에는 육체 그 자체로 표현하는 행위예술을 공연예술에 포함하기도 한다. 음악은 목소리나 악기를 통하여 감정과 사상을 나타내는 예술이다. 음악은 공연예술 가운데 가장 많은 하위 장르가 있다.[513] 무용은 몸의 율동적인 움

511) 다만 후술하는 것처럼 무대예술이란 용어 자체는 개념상 넓은 의미와 좁은 의미로 나누어 정의된다는 점에 유의하여야 한다.
512) 네이버 "ⓒ 두산백과사전 EnCyber & EnCyber.com" 및 "위키백과"의 공연예술 항목 각 참조.
513) 음악산업의 성립과 발전에 관해서는 이 책 제2장 I. 참조.

직임을 통해 감정과 사상을 표현하는 예술이다.

연극, 음악, 무용이 공연예술의 기본 장르이지만 이들이 어우러져 여러 새로운 공연예술을 만들어냈다. 오페라의 초기 형태는 '오페라 인 무지카'(opera in musica), 즉 음악에 의한 극이다. 그 발상지는 이탈리아의 피렌체인데, 이곳의 학자, 시인, 음악가들이 머리를 맞대고 새로운 극 형식을 창조해내려고 시도하여 1597년 초에 드디어 '전원극'(favola pastorale) ≪다프네≫(Dafne)가 음악사의 첫 오페라로 등장하였다. 이와 같이 오페라는 음악을 중심으로 하여 연극의 요소가 부가된 일종의 음악극이다. 음악적 형식에 충실하고 연극과 달리 대사가 노래로 표현되는 것이 특징이다. 오페레타(operetta)는 가벼운 형식의 오페라로, 내용이 희극적이며 비음악적 대사와 무용이 들어 있다. 19세기 후반에 유럽에서 성행하였다. 뮤지컬은 뮤지컬 코미디 혹은 뮤지컬 플레이를 줄인 말로, 음악과 무용이 들어 있는 일종의 연극이다. 음악은 대중음악을 많이 차용하고 있다. 오페레타에서 발전하여 20세기 미국을 중심으로 크게 성장하였다. 최초의 뮤지컬은 1866년의 ≪흉악한 사기꾼≫(The Black Crook)인데, 우연한 계기로 발레가 뮤지컬에 포함되었다. 줄거리는 아직 미진하며, 음악은 뒤죽박죽이고 그다지 중요하지도 않았다. 초기에는 각 장면들을 대충 이어 만든 뮤지컬 코미디가 주를 이루다가 20세기에 들어서면서 점차 견고하게 엮이고 처음부터 끝까지 일관성 있는 음악으로 작곡된 작품들이 등장하기 시작한다. 특히 현대 뮤지컬에서는 춤이 핵심적인 요소를 차지한다.[514)]

다. 공연의 개념과 무대예술의 의미

그러면 공연예술 산업의 중심 개념인 공연(公演)이란 무엇을 의미하는 것일까? 일반적으로 공연이란 공개된 장소에서 연극이나 음악, 무용 등을 연출하여 관객에게 보여주는 것을 말한다. 법적으로는 공연법과 저작권법이 공연에 관하여 개념

514) Annette Kreutziger-Herr/Winfried Bönig, Die 101 wichtigsten Fragen: Klassische Musik, C.H. Beck, 2009, 홍은정 옮김, 「클래식 음악에 관한 101가지 질문」, 경당, 2010, 179~180면, 210~211면; 이재희, 「공연예술경제학」, 삼영사, 2009, 13면 각 참조.

정의를 하고 있다.

공연법 제2조 제1호는 "공연이라 함은 음악·무용·연극·연예·국악·곡예 등 예술적 관람물을 실연에 의하여 공중에게 관람하도록 하는 행위를 말한다. 다만, 상품판매 또는 선전에 부수한 공연을 제외한다"고 규정한다. 저작권법 제2조 제3호는 "공연은 저작물 또는 실연·음반·방송을 상연·연주·가창·구연·낭독·상영·재생 그 밖의 방법으로 공중에게 공개하는 것을 말하며, 동일인의 점유에 속하는 연결된 장소 안에서 이루어지는 송신(전송을 제외한다)을 포함한다"고 규정한다. 또한 저작권법 제2조 제32호는 공중이라 함은 "불특정 다수인(특정 다수인을 포함한다)을 말한다"고 규정한다. 이와 같이 공연의 대상에는 저작물 뿐 아니라 저작인접물(즉, 실연·음반·방송)도 포함된다. 특히 저작권법상 공연의 정의에는 '저작물 또는 저작인접물의 상연 등의 공개'와 이와 같이 공연한 것을 '복제하여 재생한 것'도 포함된다. 이러한 넓은 개념의 공연 중에서 특히 공연예술 산업과 관련이 깊은 것에는 저작물(연극, 음악, 무용 등)을 상연·연주·가창 등의 방법으로 공중에게 공개하거나, 예컨대 서커스 공연처럼 실연(實演)을 공중에게 공개하는 것이 해당한다.

이러한 공연은 무대를 중심으로 이루어지는 경우가 대부분이므로 무대예술의 의미에 관해서도 살펴볼 필요가 있다. 무대예술(stage art; art of the stage)이란 연극, 뮤지컬 뿐 아니라 오페라나 라이브 콘서트 등 무대에서 대중을 상대로 라이브로 공연하는 대중예술 전반을 지칭하는 것으로 폭넓게 정의할 수 있을 것이다. 이와 반대로 좁게 파악하면 무대장치와 조명과 같은 무대미술을 의미하는 것으로 이해할 수도 있을 것이다. 여기서는 전자의 의미로 폭넓게 이해하면서, 문화산업의 경제적 성과가 뚜렷한 뮤지컬이나 연극 등을 중심으로 살펴보고자 한다.

2. 공연예술 산업의 발전 상황과 앞으로의 과제

가. 연극과 뮤지컬 등의 산업화

연극과 뮤지컬 등으로 대표되는 무대예술은 역사적으로 시장성이 적다고 말한다. 그래서 금전적인 손익을 떠나 개인의 열정을 그 추진력으로 하여 무대예술이 유지되어온 측면이 강하다. 시장성이 적다는 것은 달리 말하면 프로페셔널리즘이라기보다는 아마튜어리즘의 색채가 짙은 세계라고 말할 수 있다. 그런 까닭에 법률이나 계약과는 점점 동떨어진 소위 관행이란 것에 얽매이게 될 가능성도 크다.[515)]

1986년 구 저작권법이 1987년 7월 1일부터 시행되고 외국인저작물의 보호를 위한 세계저작권협약(Universal Copyright Convention; UCC)이 같은 해 10월 1일부터 우리나라에서 발효되자, 당시 국내 연극인들은 외국인저작물 보호에 따른 충격파에 어떻게 대응할 것인가로 고심하였다. 이에 대해 한승헌 변호사는 우리나라 연극계의 현실을 다음과 같이 진단한 바 있다.

> "종래에 (국내작가의 희곡을) 무단 공연하는 행위를 개탄하던 사람이 이제는 (외국작가의 작품을) 무단 공연할 수 없음을 개탄하는 이중성마저 보이는 실정이다. 앞의 것은 국내법의 준수문제요, 우리 동포 사이의 문제인데 비하여 뒤의 것은 국제조약상의 의무문제요, 외국인을 상대로 하는 문제이다.
>
> 우리나라의 실정인즉, 아직은 극단의 재정기반이나 수익성이 약한데다가 번역극 공연의 비중이 적지 않은 만큼, 외국작품의 자유이용이 막힌다는 것은 연극계로서는 큰 고통이 될 수밖에 없다. 외국인저작물 보호 의무는 비단 공연예술 분야에만 부담을 미치는 것이 아니지만, 연극처럼 수지맞지 않는 예술도 없기 때문에 그 충격파는 다른 분야보다 크다고 볼 수 있다."[516)]

---

515) 文化法研究會 編著, 「舞臺藝術と法律ハンドブック: 公演實務Q&A」, 藝團協出版部, 2002, 9면 이하.
516) 한승헌, 「저작권의 법제와 실무」, 삼민사, 1988, 296면.

우리나라에서 1990년대 중반 무렵까지 연극 뿐 아니라 뮤지컬 등을 비롯한 대부분의 공연예술 분야는, 다른 문화산업 분야와 비교할 때 경제적 수익성이 낮게 평가되었다. 과거 미국 공연예술 분야의 사정도 우리나라의 경우와 크게 다르지 않았던 것으로 생각된다. 미국의 유명한 공연예술 분야 전문 변호사인 도널드 파버(Donald C. Farber)의 다음과 같은 발언은 의미심장하다. "이 비즈니스를 잘 알고 있는 우수한 공연예술 전문 변호사를 선임하시오. 만약 그가 이 비즈니스를 잘 알고 있다면, 당신에게 고액의 수임료를 청구하는 따위의 일은 하지 않을 것이요."[517] 이 말은 과거 미국에서도 뮤지컬 등으로 대표되는 공연예술이 결코 수익이 많이 생기는 좋은 비즈니스가 아니었다는 것을 뜻한다.

하지만 이것은 어디까지나 과거 미국의 상황이다. 오늘날 미국의 공연예술 산업은 영화산업과 나란히 힘차게 부활하여 대중문화산업의 주요 부분으로 발전을 거듭하고 있다. 뉴욕 브로드웨이의 흥행수입은 매년 최고기록을 갱신하고 있으며, 크게 히트한 작품도 적지 않다. 예를 들어 제임스 캐머런 감독의 영화 ≪타이타닉≫은 2009년까지 전 세계에서 총 18억 4,320만 달러를 벌어들여 영화 역사상 최고의 흥행수입을 올린 작품으로 기록된 적이 있다.[518] 그러나 앤드루 로이드 웨버(Andrew Lloyd Webber)의 대표적인 뮤지컬 ≪오페라의 유령≫(The Phantom of the Opera)의 전 세계 흥행수입은 2001년 이미 총 20억 달러를 넘어섰다.[519] 그 후에도 수입은 계속 증가하여 ≪오페라의 유령≫이 전 세계에서 벌어들인 흥행수입은 2009년 9월 기준으로 ≪타이타닉≫의 수입의 2.7배인 50억 달러에 이른다고 한다.[520]

517) Donald C. Farber, From Option to Opening: A Guide to Producing Plays Off-Broadway, 4th rev. ed., Limelight Editions, 1993; 福井健策 編著, 「エンタテインメントの罠」新編, すばる舎, 2003, 222면에서 재인용.

518) 세계 영화 역사상 최고의 흥행기록은 제임스 캐머런 감독의 2009년 개봉작 ≪아바타≫에 의해 갱신되었다. ≪아바타≫는 2010년 1월 기준으로 이미 18억 9,740만 달러의 흥행수입을 올려 동(同) 감독의 1997년 개봉작 ≪타이타닉≫의 수입을 넘어섰다(http://boxofficemojo.com/alltime/world/) 참조.

519) 福井健策 編著, 「エンタテインメントの罠」新編, すばる舎, 2003, 222면; 김원중 옮김, 「엔터테인먼트계약의 함정」, 새빛컬처, 2004, 218면.

520) 최민우, "23년간 6조 … ≪오페라의 유령≫은 돈 버는 귀신 - '대박 뮤지컬'로 본 문화산업의 사회·경제학", 「중앙일보」 2009년 9월 23일자 31면: "9월 17일 미국 브로드웨이 공연 9000회

우리나라 뮤지컬의 역사는 ≪오페라의 유령≫이 초연된 2001년을 기점으로 나뉜다.[521] 2001년 우리나라 초연 당시 24만 명이란 경이로운 관객 수를 돌파하며 뮤지컬 시장을 확대한 ≪오페라의 유령≫의 상징성은 단순히 작품으로서의 가치를 넘어선다. 그 후 우리 뮤지컬 시장은 창작 뮤지컬, 라이선스 뮤지컬 등으로 양적 성장을 거듭하고 있다. 이와 관련하여 2006년 3월초 삼성경제연구소는 「신(新) 감성상품, 뮤지컬 산업이 뜬다」는 보고서를 통해 2005년 국내 뮤지컬 시장은 1천억 원 규모이고, 2008년에는 3천억 원 규모에 이를 것으로 예상한 바 있다.[522] 하지만 이러한 예상 수치에서 벗어나 국내 뮤지컬 시장의 실제 성장추세는 2010년 2천억 원, 2011년 2천 5백억 원 규모에 머물러 있다.

나. 공연예술의 산업화를 위한 과제 : 법률과 계약에 따른 제도 정비

공연예술 또는 무대예술 분야가 문화산업의 주요 부분으로 성장하기 위해서는 제도 정비가 필요하다. 제도 정비는 공연예술 분야의 시장 적합성을 달성하기 위해 요구되는 것인데, 그 핵심을 이루는 것은 무엇보다도 법률이나 계약에 따라 해당 예술분야를 운영하는 것이다. 바꿔 말하면, 묵시적인 승낙이나 관습, 애매하고 불투명한 관행에서 벗어나는 것을 의미한다. 종래의 구습(舊習)을 유지한다는 것은, 예컨대 선배라는 이름으로 기득권을 추인 받거나 공정성과 공평성이 결여된 결정을 강요하는 것을 뜻하는 것이다. 특히 신참자의 진입을 막아 해당 예술 분야의

돌파를 기념해 ≪오페라의 유령≫ 제작사인 영국의 RUG(Really Useful Group)는 21일 『1986년 10월 9일 영국 런던에서 첫 막이 오른 '오페라의 유령'은 이후 27개국 144개 도시에서 공연하면서 1억 명 이상의 관객을 끌어 모았으며, 티켓 판매량은 50억 달러에 이른다』고 발표했다. 한국 돈 약 6조원을 '유령'이 집어삼킨 셈이다."

521) ≪오페라의 유령≫은 1986년 영국 런던에서 초연된 이래 24년째, 1988년 이래 미국 브로드웨이에서도 22년째 각기 공연 중이다. ≪오페라의 유령≫ 무대 세트는 현재 4벌이 제작되어 있는데, 이 중 세 벌은 미국·영국·일본 공연장에 고정되어 있고, 나머지 한 벌의 무대 세트는 세계 각지를 돌아다닌다고 한다(최민우, 위의 기사 참조). 참고로 일본에서도 1989년 ≪オペラ座の怪人≫이란 제목으로 초연한 이래 21년째 공연 중이다. 당시 일본의 오페라 가수 이치무라 마사치카[市村正親]는 하이 바리톤이 돋보이는 '밤의 노래'(the Music of the Night)를 불러 인기를 모았고 그 해(1989년) 제40회 NHK 紅白歌合戰에서도 이 노래를 불렀다.

522) 「조선일보」 2006. 3. 7.자 기사.

인적교류와 변화를 가로 막는 결과가 될 것이다.[523] 더구나 유교적 전통이 강한 동아시아 국가들의 일부 문화산업 분야에서는 아직도 비합리적인 구습이나 불투명한 관행이 엔터테인먼트 업계에서 통용되는 사례가 종종 발견되기도 한다.[524] 이러한 잘못된 행태는 문화산업 전반에 부정적인 영향을 미칠 수도 있다는 점에 유의해야 한다.

법률과 계약에 따른 제도 정비는 공연예술의 산업화를 촉진하게 될 것이다. 예컨대, 제도 개선을 통해 뮤지컬, 연극과 같은 공연예술 분야에서 경제적 수익의 극대화를 달성해가는 과정은, 영화 산업의 그것과 유사한 방향과 절차를 거치게 될 것이다. 따라서 영화 산업과 마찬가지로 공연예술의 경우에도 무엇을 어떻게 공연할 것인가 하는 '콘텐츠' 관련 법적 과제로부터 이 문제를 해결해나가지 않으면 안 될 것이다. 이러한 과제 해결을 위하여, 예컨대 어느 연극 극단은 무대에 올릴 작품을 정하는 문제와 관련하여 물망에 오른 작품의 저작권자들과 교섭할 수도 있을 것이고, 또 작품이 결정되면 특정 공연에 출연할 배우들을 섭외하기 위하여 관계자들 사이에 상호 의견 교환이 이루어질 수도 있을 것이다. 뒤에서 보는 것처럼, 전자는 대개 공연계약의 체결문제와 관련된 것이고, 후자는 주로 출연계약의 체결을 둘러싼 문제에 관한 것이다.

523) 文化法硏究會 編著, 앞의 책, 9~10면 참조.

524) 가령, 宮崎學, 「ヤクザと日本: 近代の無頼」, ちくま書房, 2008, 강우원용 옮김, 「야쿠자, 음지의 권력자들」, 이다미디어, 2008, 109~141면 참조. 이 책의 제4장 "야쿠자와 예능의 세계"(109~141면)는 야쿠자 조직과 일본 연예산업의 관련성을 구체적으로 기술하고 있다. 일본 대중문화에 밝은 국내 한 영화감독은 일본 연예인들이 전속(專屬)계약에 묶인 채 '박봉'의 월급을 받으면서도 이른바 예능(藝能)프로덕션을 뛰쳐나갈 수 없는 이유 중의 하나로 예능산업에 대한 야쿠자의 영향력을 거론한다: "…여기에는 여러 가지 이유가 있을 것이다. 프로덕션이란 게 옛날부터 야쿠자 사업이니까 무서워서 그럴 수도 있다"(이규형, 「J·J가 온다」, 해냄, 1998, 188면). 이 책에서는 일본 예능프로덕션의 파워를 보여주는 하나의 사례로 1990년대 일본의 유명한 연예인 카세 다이슈 [加勢大周]가 소속 프로덕션과의 전속계약의 갱신을 거부하고 독립을 시도하다가 미움을 사서 몰락의 길은 걸은 사건을 소개하고 있다(이규형, 위의 책, 187~188면). 카세 다이슈[加勢大周] 사건 재판에 관하여 자세히 소개한 국내 문헌으로는, 박성호, "실연자의 '예명'에 대한 법적 보호(하)—성명권·성명표시권·상표권, 그리고 이른바 '퍼블시티권'을 둘러싼 몇 가지 문제점", 「법조」, 법조협회, 2007. 11., 190~203면 참조.

다. 기업의 메세나 활동을 통한 공연예술의 지원

문화예술에 대해서는 현대적 의미의 후원제도가 필요하다. 특히 공연예술 분야에서 뮤지컬과 같이 일부 인기를 끄는 장르를 제외하고는 다른 문화산업 분야와 비교할 때 공연에 따른 경제적 수익이 낮기 때문에 현대적 의미의 후원이 절실히 요구된다. 이러한 후원제도로서 주목을 끄는 것이 기업의 메세나(mecenat) 활동이다. 메세나란 문화예술·스포츠 등에 대한 원조 및 사회적·인도적 입장에서 공익사업 등에 지원하는 기업들의 지원 활동을 총칭하는 용어이다.[525)]

공연예술에 대한 공공지원의 근거를 마련하는 데는 공연예술이 공공재(public goods)의 성격을 지니고 있음을 논증하는 것보다 확실한 방법은 없다.[526)] 공공재는 소비에 있어서 비경합성(non-rivalry in consumption)과 비배제성(non-exclusiveness)의 특징을 지닌 재화이다. '소비에 있어서 비경합성'이란 한 사람이 소비한다고 해서 그만큼 다른 사람의 소비가 줄지 않는 것을 의미한다. 예를 들어 불꽃놀이를 생각해보자. 누군가가 불꽃놀이를 보는 편익을 누린다고 해서 다른 사람이 불꽃놀이를 보는 편익이 줄어들지 않기 때문에 소비에 있어서 경합성이 없다. '비배제성'이란 사람들이 재화를 소비하는 것을 막을 수 없다는 것을 의미한다. 사람들이 불꽃놀이를 보는 것을 막을 수 없기 때문에 불꽃놀이는 배제성이 없다. 이와 같이 불꽃놀이와 같은 공공재는 돈을 내지 않고도 볼 수 있기 때문에 '무임승차'할 유인이 있다. 무임승차자(free rider)란 어떤 재화를 소비하여 이득을 보았음에도 불구하고 이에 대한 대가를 지불하지 않는 사람을 말한다. 이러한 경우 그 재화의 생산을 시장에 맡겨

525) 메세나는 베르길리우스(Publius Vergilius Maro)·호라티우스(Quintus Horatius Flaccus) 등 문화예술가들에게 지원을 아끼지 않은 로마제국의 정치가 마에케나스(Gaius Clinius Maecenas)에서 유래한다. 1967년 미국에서 기업예술후원회가 발족하면서 이 용어를 처음 쓴 이후, 각국의 기업인들이 메세나협의회를 설립하면서 메세나는 기업인들의 각종 지원 및 후원 활동을 통틀어 일컫는 말로 쓰이게 되었다(네이버 "ⓒ 두산백과사전 EnCyber & EnCyber.com" 참조). 우리나라에서는 1994년 문화예술에 대한 국민의식을 높여 문화예술 인구의 저변을 넓히고, 한국의 경제와 문화예술의 균형발전에 이바지할 목적으로 비영리 사단법인인 한국메세나협의회(http://www.mecenat.or.kr)가 발족하였다. 발족 당시 167개였던 회원사는 2009년 말 현재 204개로 늘었다. 한국메세나협의회에 따르면 2008년 한 해 동안 기업들의 문화예술지원액은 1659억8000만여 원에 달한다고 한다.

526) 이재희, 「공연예술경제학」, 삼영사, 2009, 202면.

두면 전혀 생산이 안 되거나 사회적으로 바람직한 수준보다 적은 양만 생산되어 시장에서 효율적인 양의 재화가 공급될 수 없다.[527)]

많은 경제학자들은 예술을 사적재(private goods)와 공공재의 성격을 동시에 가진 혼합재(mixed goods) 또는 준공공재(semi-public goods)로 간주한다. 우선 예술은 교육과 마찬가지로 그것을 소비한 사람에게 직접적·개인적 편익을 준다. 즉, 공연예술에 참가함으로써 개개인은 기쁨과 만족을 얻는다. 이러한 점에서 예술은 사적재(私的財)의 성격을 지닌다. 하지만 예술은 수요자 혹은 참가자에 대한 직접적인 편익을 넘어서 사회 전체적으로도 외부적·집합적 편익을 제공하는 공공재의 성격을 갖는다.[528)] 특히 문화적 측면에서 공연예술이 제공하는 여러 가지 외부편익은 경제적 측면에서 제공하는 그것과 비교할 때에 더 많은 사람들로부터 그 중요성을 인정받고 있다.[529)] 요컨대, 공연예술에 대한 정부나 민간 기업 차원의 공공지원의 필요성은 공연예술의 공공재로서의 성격을 강조할 때에 제기된다. 공공지원은 두 가지 방식으로 이루어진다. 하나는 정부 자신이 지원주체가 되어 정부 예산과 재원으로 공연예술을 직접 지원하는 방식이고, 다른 하나는 민간의 기업, 재단, 개인을 지원주체로 하고 이들의 지원에 대해 조세를 감면해줌으로써 공연예술을 간접 지원하는 방식이다.[530)][531)] 요컨대, 공연예술에 대한 공공지원은 지원주체에 따라 정부가

527) N. Gregory Mankiw, Principles of Economics, 5th ed., South-Western, 2009, 김경환·김종석 옮김, 「맨큐의 경제학」 제5판, 교보문고, 2009, 274~280면.

528) 이재희·이미혜, 「예술과 경제」, 경성대출판부, 1998, 345~346면.

529) 문화적 측면에서 공연예술이 제공하는 외부편익에는 세 가지가 있다고 한다. 첫째, 공연예술은 사람들의 감성을 훈련시키고 삶의 질을 개선하는 점에서 외부편익을 준다는 것이다. 둘째, 공연예술이 미래세대를 위한 문화적 유산으로서 외부편익을 지닌다는 것이다. 셋째, 공연예술이 국민적 위세를 높이는 주요 수단이라는 것이다(이재희·이미혜, 앞의 책, 347면; 이재희, 앞의 책, 202면). 이에 비하여 공연시설이나 공연활동이 국가나 지역경제에 미치는 경제적 효과, 즉 고용창출, 관광객 증대, 기업유치 등과 관련하여 긍정적인 파급효과를 미친다는 주장은, 해석상 과장될 소지가 있어서 예술의 공익성과 예술지원의 필요성을 이끌어 내는 데 부족한 점이 있다고 한다(이재희·이미혜, 앞의 책, 346면; 이재희, 앞의 책, 201면).

530) 이재희, 앞의 책, 204면.

531) 참고로 유럽을 비롯하여 대부분의 나라에서는 직접 지원이 중심을 이루고 민간 차원의 간접 지원은 미미하다. 이에 비하여 미국은 간접 지원이 중심이고 직접 지원의 비중은 매우 낮다. 미국의 경우 공연예술기관들은 개인, 기업, 재단으로부터의 간접 지원에 주로 의존하고 있다(이재희 앞의 책, 204~205면).

주체인 보조금(grant)과 민간의 기업, 재단, 개인이 주체인 기부금(charitable donation)으로 구분된다. 여기서 민간 부문의 기부금에 대해 조세 혜택을 주는 경우 정부가 간접적인 방식으로 공연예술을 지원하는 결과가 되는 것이다.[532] 현재 우리나라 조세 관련법상 문화예술에 대한 기업이나 개인의 기부와 '문화비로 지출한 접대비'에 관해서[533] 일정한 세제 혜택을 부여 하고 있다.[534]

II. 연극, 뮤지컬 등의 공연계약

1. 공연이란 무엇인가?

일반적으로 공연이라 함은 공개된 장소에서 연극이나 음악, 무용 등을 연출하여 관객에게 보여주는 것을 말한다. 공연법 제2조 제1호와 저작권법 제2조 제3호는 공연에 관한 정의 규정을 각 두고 있다.[535]

이에 따르면 공연의 대상에는 저작물 뿐 아니라 저작인접물(즉, 실연·음반·방송)도 포함된다. 특히 저작권법상 공연의 정의에는 '저작물 또는 저작인접물의 상연 등의 공개'와 이와 같이 공연한 것을 '복제하여 재생한 것'도 포함된다. 이러한 넓은 개념의 공연 중에서 특히 공연예술 산업과 관련이 깊은 것은 저작물(연극, 음악, 무용 등)을 상연·연주·가창 등의 방법으로 공중(公衆)에게 공개하거나, 실연(實演)을 공중에게 공개하는 것이다. 그리고 이때의 공중이라 함은 저작권법 제2조 제32호는 불특정 다수인(특정 다수인을 포함한다)을 말한다고 규정한다.

532) 이재희·이미혜, 앞의 책, 350면; 김훈민·박정호, 「경제학자의 인문학 서재」, 한빛비즈, 2012, 239~240면.

533) 이에 관해서는, 김성규 외 4인, "문화접대비 세제효과 분석 2차 연구", 한국메세나협의회, 2009. 5., 1면 이하.

534) 조세특례제한법 제136조(접대비의 손금 불산입 특례) 제3항, 조세특례제한법시행령 제130조(접대비의 손금 불산입 특례) 제5항 참조.

535) 이에 관해서는 본장 I. 1. 다. 참조.

【재판례—1】 대법원 1996. 3. 22. 선고 95도1288 판결

[1] 음악저작물에 대한 저작권위탁관리업자인 사단법인 한국음악저작권협회가 영상반주기 등 노래방 기기의 제작이나 신곡의 추가 입력시에 그 제작업자들로부터 사용료를 받고서 음악저작물의 이용을 허락한 것은 특별한 사정이 없는 한 위 제작업자들이 저작물을 복제하여 노래방 기기에 수록하고 노래방 기기와 함께 판매·배포하는 범위에 한정되는 것이고, 그와 같은 허락의 효력이 노래방 기기를 구입한 노래방 영업자가 일반 공중을 상대로 거기에 수록된 저작물을 재생하여 주는 방식으로 이용하는 데에까지 미치는 것은 아니다.

[2] 저작권법 제2조 제3호의 규정에 의하면 공연이라 함은 저작물을 상연·연주·가창·연술·상영 그 밖의 방법으로 일반 공중에게 공개하는 것을 말하며, 공연·방송·실연의 녹음물을 재생하여 일반 공중에게 공개하는 것을 포함하는 것인바, 여기서 일반 공중에게 공개한다 함은 불특정인 누구에게나 요금을 내는 정도 외에 다른 제한 없이 공개된 장소 또는 통상적인 가족 및 친지의 범위를 넘는 다수인이 모여 있는 장소에서 저작물을 공개하거나, 반드시 같은 시간에 같은 장소에 모여 있지 않더라도 위와 같은 불특정 또는 다수인에게 전자장치 등을 이용하여 저작물을 전파, 통신함으로써 공개하는 것을 의미한다.

[3] 노래방의 구분된 각 방실이 4~5인 가량의 고객을 수용할 수 있는 소규모에 불과하다고 하더라도, 일반 고객 누구나 요금만 내면 제한 없이 이를 이용할 수 있는 공개된 장소인 노래방에서 고객들로 하여금 노래방 기기에 녹음 또는 녹화된 음악저작물을 재생하는 방식으로 저작물을 이용하게 한 이상, 일반 공중에게 저작물을 공개하여 공연한 행위에 해당된다.

【재판례—2】 대법원 2009. 1. 30. 선고 2008도5897 판결

[사실관계]

이른바 '이미테이션 가수'인 피고인이 영리의 목적으로 일반에 널리 알려진 직업가수인 피

해자의 모자, 선글라스, 수염 등 특징적인 외양과 독특한 행동을 의도적으로 모방하여 마치 위 피해자인 것처럼 '립씽크' 방식으로 피해자의 성명을 사용하여 나이트클럽 등에서 공연한 사안이다. 이에 대해 법원은 피해자의 성명(전자)은 '국내에 널리 인식된 영업표지'에 해당하지만 피해자의 특징적인 외양 등(후자)은 위 '영업표지'에 해당한다고 보기 어렵다고 보아 전자에 대해서만 '부정경쟁방지 및 영업비밀보호에 관한 법률'(이하, '부정경쟁방지법'으로 약칭) 위반죄가 성립한다고 한 사례이다.

[판시내용]

직업가수가 영리의 목적으로 나이트클럽 등에서 손님들에게 행하는 공연활동은 구 부정경쟁방지법(2007. 12. 21. 법률 제8767호로 개정되기 전의 것) 소정의 '영업상의 활동'에 해당하고, 일반대중이 접하는 매체를 통하여 공연활동 등을 하면서 사용하는 '가수의 성명'이 일반인들에게 장기간 계속적·독점적으로 사용되거나 지속적인 방송출연 등에 의하여 그 가수의 속성이 갖는 차별적인 특징이 그 가수가 가지는 고객흡인력 때문에 일반인들 대부분에게 해당 가수를 인식시킬 정도로 현저하게 개별화되고 우월적 지위를 취득한 경우, 이러한 가수의 성명은 위 법률 제2조 제1호 (나)목의 '국내에 널리 인식된 영업표지'에 해당한다고 하였다. 요컨대, 이와 같이 가수의 성명은 국내에 널리 인식된 영업표지에 해당하지만, 그러나 가수의 특징적인 외양 등은 이러한 영업표지에 해당하지 않는다고 판시하였다.

위 재판례 중에서 【재판례—2】 사건은 가수의 공연활동과 관련하여 발생한 사건으로서 부정경쟁방지법의 보호대상인 직업가수의 성명은 사람의 동일성을 나타내는 인격적 징표로서의 일반적인 성명을 의미하는 것이 아니라 영업표지로서 주지성 있는 성명만을 의미한다는 데에 유의해야 한다. 따라서 만일 누군가가 저명인의 성명을 모용(冒用)하여 사용한 경우라도 그 성명이 영업표지의 기능을 갖지 않는다면, 성명권 침해와 같은 불법행위가 성립하거나 이른바 퍼블리시티권 침해의 문제가 될지언정 부정경쟁방지법의 문제가 발생하지는 않을 것이다. 위 판결은 직업가수가 나이트클럽 등에서 손님들에게 행하는 공연활동이 부정경쟁방지법상의 영업주체혼동행위에서 규정하는 '영업상의 활동'에 해당하고 '가수의 성명'은 그 영업표지에 해당한다고 판시한 점에 그 의의가 있다.[536]

2. 공연계약 — 창작 뮤지컬인가, 라이선스 뮤지컬인가?

가. 공연계약의 의의와 유형

(1) 의의

우리나라 저작권법 제17조는 "저작자는 그의 저작물을 공연할 권리를 가진다"고 규정한다. 따라서 누군가의 저작물을 공연하려는 자(즉, 공연자)는 그 저작물에 대해 공연권을 가지고 있는 저작자로부터 공연에 대해 허락을 얻어야 한다. 예컨대, 어느 극작가의 작품을 연극무대에 올리고자 하는 극단의 대표자는 계약을 통하여 공연의 허락 여부는 물론 허락의 대가, 허락의 범위 등에 관해서 미리 극작가와 합의하여야 한다. 이렇게 볼 때 공연계약이라 함은 저작물의 공연허락과 그 허락의 조건에 관한 저작자와 공연자 간의 합의라고 정의할 수 있을 것이다.[537]

(2) 유형

공연계약은 그 계약에 의하여 공연자가 취득하는 권리의 성질이나 범위에 따라 공연허락계약과 저작재산권의 일부 양도계약인 공연권양도계약으로 나눌 수 있다. 허락계약과 양도계약은 그 성질과 효력 면에서 차이가 있다. 전자는 채권계약으로서 공연자가 취득한 권리는 채권적 효력을 가지는 데 지나지 않는다. 이에 반하여 후자는 준물권(準物權)계약으로서 양도된 공연권이 종국적으로 공연자에게 귀속하며 공연자가 취득한 권리는 준물권적 효력을 가진다.

한편, 공연계약은 계약으로 허락되는 공연이 대상으로 하는 장르에 따라 연극

536) 박성호, "2008년 지적재산법 판례 연구", 「인권과 정의」, 대한변호사협회, 2009. 3., 216면 참조.
537) 정상기, "표준공연계약서", 「저작권연구자료(8)」, 저작권심의조정위원회, 1991. 12., 9~10면.

공연계약, 뮤지컬공연계약, 영화화 및 상연계약 등으로 나눌 수 있고, 또 공연자가 원저작자에게 무엇을 요구하는가에 따라 시나리오나 각본집필계약, 원작이용계약, 원작개작계약 등으로 나눌 수도 있다. 이하에서는 뮤지컬 공연을 위하여 공연계약을 체결할 경우에 유의할 사항들에 대하여 언급하고자 한다.

【재판례】 대법원 2005. 10. 4.자 2004마639 결정 (공연금지가처분)

뮤지컬은 음악과 춤이 극의 구성·전개에 긴밀하게 짜 맞추어진 연극으로서, 각본, 악곡, 가사, 안무, 무대미술 등이 결합된 종합예술의 분야에 속하고 복수의 저작자에 의하여 외관상 하나의 저작물이 작성된 경우이기는 하나, 그 창작에 관여한 복수의 저작자들 각자의 이바지한 부분이 분리되어 이용될 수도 있다는 점에서, 공동저작물이 아닌 단독 저작물의 결합에 불과한 이른바 '결합저작물'이라고 봄이 상당하고, 한편 뮤지컬 자체는 연극저작물의 일종으로서 영상저작물과는 그 성격을 근본적으로 달리하기 때문에 영상물제작자에 관한 저작권법상의 특례규정이 뮤지컬 제작자에게 적용될 여지가 없다.

(3) 관련 문제 — '창작 뮤지컬'과 '라이선스 뮤지컬'의 구별

'창작 뮤지컬'과 '라이선스 뮤지컬'이라는 용어는 법적으로 그 구별에 실익(實益)이 있는 용어들이 아니다. 언제부터인가 우리나라 뮤지컬 업계와 언론에서, 전자는 예술성을 후자는 상업성을 각기 강조하려는 취지에서 관행적으로 사용되어왔을 뿐이다. 어쨌든 업계의 용례에 따르면 창작 뮤지컬이란 기존 작품이 아닌 새로 창작된 작품을 무대에 올려 공연하는 경우를 가리킬 때 사용되고, 라이선스 뮤지컬이란 기존 뮤지컬 작품에 대해 공연이용허락을 받아 공연하는 경우를 일컫는다. 특히 후자는 외국에서 상업적으로 성공한 뮤지컬을 국내로 수입하여 공연하는 경우에 주로 사용되어왔다. 그러나 아래에서 보듯이 '창작 뮤지컬'은 다른 장르의 작품(예컨대, 소설, 영화, 드라마 등)을 뮤지컬로 만드는 2차적 저작물 작성 및 이용허락(즉, 라이선스)계약을 체결하고 제작되는 경우가 많다. 또한 '라이선스 뮤지컬'의 경우에

도 국내 상황에 맞게 내용을 변경하거나 우리말로 옮기는 과정에서 창작적 요소가 더해져 2차적 저작물로서 인정되는 경우가 대부분이다. 그렇기 때문에 뮤지컬 업계의 용례(用例)에 따르더라도 이들 두 용어의 구별은 상대적인 것일 수밖에 없다. 다만, 새로운 뮤지컬 작품의 창작을 장려(奬勵)한다는 관점에서 '창작 뮤지컬'이란 용어가 함축하는 문화·예술적 의미를 도외시해서는 안 될 것이다. 더욱이 우리나라 공연예술 분야의 발전 정도를 고려할 때에 문화·예술적인 의미에서 그 구별의 실익(實益)이 강조될 필요가 있을지도 모른다. 이하에서는 뮤지컬 업계의 용례를 중심으로 이들 두 용어가 내포하는 법률적 의미를 설명하고자 한다.

나. 창작 뮤지컬의 경우

(1) 창작 뮤지컬이란 기존 뮤지컬 작품이 아니라 새로 창작된 작품을 무대에 올려 공연하는 것을 말한다. 예컨대, 공연자가 공연에 관한 일정한 컨셉을 정한 다음 극작가, 작곡가 등에게 창작을 의뢰한 후 그 창작된 작품을 무대에 올리는 경우, 또는 공연자가 이미 창작 완료된 작품들 중에서 무대에 올릴만한 작품을 선정하여 공연하는 경우 등이 이에 해당한다.

전자의 경우 공연자는 창작자들과의 사이에 공연을 위하여 각본집필계약, 음악작곡계약 등을 체결한다. 이때 각본집필(또는 음악작곡)계약의 내용 중에 공연에 관한 항목이 기재되는 것이 일반적이므로 그 계약 자체가 공연계약이 된다.[538] 이것은 마치 영화제작사가 영화화를 위하여 오리지널 시나리오 작가와 시나리오계약을 체결하는 경우 그 계약이 영상화 계약이 되는 것과 마찬가지의 경우라고 이해할 수 있다. 후자의 경우에도 공연자는 그 창작자들과의 사이에 그들의 창작물을 무대에 올리기 위하여 공연계약을 체결할 것이다.

(2) 한편, 소설이나 영화와 같은 기존의 작품을 원저작물(원작)로 하여 2차적 저

538) 물론 경우에 따라서는 각본집필(또는 음악작곡)계약과는 별도로 공연계약이 체결될 수도 있다.

작물인 뮤지컬 작품이 '창작'되는 경우도 많이 일어난다. 이처럼 기존 작품을 원작으로 하여 뮤지컬이 만들어지는 것은 최근에 한정된 일이 아니라 예전부터 꾸준히 이루어진 공연예술 분야의 하나의 흐름이다. 예컨대, 소설을 원작으로 무대에서 공연된 예로는 프랑스의 대문호 빅토르 위고의 대하소설을 뮤지컬로 만든 ≪레미제라블≫ 등 무수히 많다.[539] 소설을 원작으로 하여 뮤지컬 작품을 창작하는 경우 공연자는 그 원작의 이용허락을 얻어야 한다. 이때 공연자는 원작자가 가지는 권리와 그 권리의 보호기간을 확인한 다음 아직 보호기간이 남아 있다면 원작의 저작(권)자로부터 그 원작을 무대화할 수 있는 권리(2차적 저작물 작성권 및 공연권)에 대한 이용허락, 즉 라이선스를 얻어야 한다.[540]

영화를 이용하여 무대에서 공연하고자 하는 경우도 마찬가지이다. 과거에는 연극과 뮤지컬 공연장이 몰려있는 뉴욕의 브로드웨이에서 성공적으로 공연한 다수의 뮤지컬 작품들이 영화화되었다. 영화화된 주요 브로드웨이 작품으로는 ≪드라큘라≫, ≪오즈의 마법사≫, ≪신사는 금발을 좋아해≫, ≪왕과 나≫, ≪웨스트사이드 스토리≫, ≪사운드 오브 뮤직≫, ≪뜨거운 양철지붕 위의 고양이≫, ≪지붕위의 바이올린≫, ≪지저스 크라이스트 슈퍼스타≫, ≪아마데우스≫, ≪에비타≫, ≪시카고≫ 등을 들 수 있다.[541]

그런데 오늘날에는 영화로 성공한 작품들이 거꾸로 뮤지컬로 제작되어 히트하게 되는 경우가 발생하고 있다. 만화영화인 ≪미녀와 야수≫(Beauty and the Beast), ≪라이언 킹≫(The Lion King) 같은 것이 대표적인 예이다.[542] 그 밖에도 ≪42번가≫, ≪토요일 밤의 열기≫, ≪풀 몬티≫, ≪8 1/2≫(펠리니 감독의 명작 영화를 원작으로 ≪나인≫이라는 타이틀로 무대화함), ≪Never Gonna Dance≫(프레드 애스테어의 대표적인 뮤지컬 영

539) 福井健策·二關辰郎, 「ライブ·エンタテインメントの著作權」, 社團法人 著作權情報センター, 2006, 28면.

540) 福井健策·二關辰郎, 위의 책, 142~145면 참조.

541) 福井健策 編著, 「エンタテインメントの罠」新編, すばる舍, 2003, 225면; 김원중 옮김, 「엔터테인먼트계약의 함정」, 새빛컬쳐, 2004, 221면.

542) Sherrri L. Burr, Entertainment Law, 2nd ed., Thomson & West, 2007, p.30.

화) 등이 브로드웨이에서 무대에 올랐다. 우리나라의 사례로는 영화나 텔레비전 드라마로 인기를 얻은 ≪미녀는 괴로워≫, ≪대장금≫, ≪겨울연가≫ 등이 뮤지컬로 제작되어 공연되었다.

영화 작품을 뮤지컬로 무대에 올리기 위해서는 영상화의 대상이 된 원작의 저작(권)자 및/또는 영화의 저작(권)자로부터 영화를 무대화할 수 있는 권리(2차적 저작물 작성권 및 공연권)에 대한 허락, 즉 라이선스를 얻어야 한다.[543)]

(3) 최근 창작 뮤지컬의 일종으로 인기를 모으는 것으로 '주크박스[544)] 뮤지컬'(Jukebox Musical)이 있다. 주크박스 뮤지컬이란 히트곡을 엮어 만든 뮤지컬을 일컫는 업계의 용어로서 연관성이 없는 히트곡의 노래 말을 가지고 스토리를 구성하여 만드는 뮤지컬을 말한다. 1960년대 인기밴드 '포 시즌스'의 노래들로 엮어 만든 뮤지컬 ≪저지 보이스≫(Jersey Boys)는 2006년 미국 브로드웨이에서 초연되었다. 이 뮤지컬은 '포 시즌스' 그룹의 자전적 스토리를 담아냈다. 그룹 아바(ABBA)의 히트곡을 엮은 ≪맘마미아≫(Mamma mia), 이영훈 작곡가의 노래들로 만든 ≪광화문 연가≫도 이에 해당한다.[545)] 1990년대 왕성한 활동을 했던 3인조 그룹 'DJ DOC'의 히트곡들로 꾸며진 ≪스트릿 라이프≫(Street Life)도 창작 주크박스 뮤지컬 중의 하나이다.

기존의 히트곡을 엮어 뮤지컬로 만들기 위해서는, 우선 공연자는 히트곡의 음악저작권자들과 해당 음악에 대한 이용허락계약은 물론이고 필요한 경우 편곡을 위한 2차적 저작물 작성·이용허락계약을 체결해야 한다. 아울러 공연자는 극작가

543) 일반적으로 공연자가 영화를 뮤지컬로 만들어 공연하기 위해서는 통상 영상화의 대상이 된 원작의 저작(권)자 및 영화의 저작(권)자 양쪽으로부터 2차적 저작물 작성 및 이용허락을 얻어야 할 것이다. 그러나 예외적인 경우에는 원작의 저작(권)자나 영화의 저작(권)자 어느 한 쪽으로부터 2차적 저작물 작성 및 이용허락을 얻는 것만으로 충분한 경우도 있을 수 있다.

544) '주크박스'(Jukebox)는 동전을 넣고 좋아하는 곡목이 있는 레코드를 틀어주는 선술집(juke) '음악 자동판매기'를 말한다. 미국에서는 51개 주 전체의 주크박스 속 레코드의 연주 빈도수를 주 단위로 집계해 히트곡의 기준으로 삼았기 때문에 '주크박스'라는 말은 '히트곡'을 상징하는 용어가 되었다.

545) 최민우, "'광화문 연가' 뮤지컬인가 콘서트인가", 「중앙일보」, 2011. 4. 2., 27면.

와 각본집필계약도 체결하여야 한다. 이때 2차적 저작물에 대한 이용허락계약이 바로 공연계약이고, 한편 각본집필계약의 내용 중에는 공연에 관한 항목이 기재되는 것이 일반적이므로 그 계약 자체가 공연계약이 된다.

다. 라이선스 뮤지컬의 경우

라이선스 뮤지컬이란 기존 뮤지컬 작품에 대해 공연이용허락, 즉 라이선스를 얻어야 공연하는 경우를 말한다. 특히 외국에서 상업적으로 성공한 뮤지컬을 국내로 수입하여 공연하는 경우를 주로 일컫는 의미로 사용되고 있다. 예컨대, ≪오페라의 유령≫을 국내에서 뮤지컬로 제작하려면 그 작품을 무대화 할 수 있는 권리(2차적 저작물 작성권과 공연권)를 누가 갖고 있는지를 조사해야 한다. 원작자인 소설가 가스통 루르(Gaston Leroux, 1868~1927)는 1927년 사망하였으므로 사후 50년을 더하더라도 원작자의 저작권은 우리나라에서 이미 소멸한 것으로 보아야 할 것이다. 그러므로 이때에는 뮤지컬 작곡자 앤드류 로이드 웨버 또는 국내 공연에 앞서서 뮤지컬로 성공을 거둔 뮤지컬 제작자(거장 카메론 매킨토시)나 그 해당 극단 등과 교섭할 필요가 있을 것이다.[546]

【재판례】 서울지법 2000. 5. 15.자 2000카합774 결정 (공연금지가처분)

[사실관계]

세계적 뮤지컬 작품 ≪캣츠≫(Cats)를 저작권자의 허락 없이 국내 극단이 2000. 1.경 공연을 시작하자 저작권자는 저작권 침해를 이유로 공연금지가처분 신청을 하였다. 이에 대해 국내 극단은 다음과 같이 주장하였다. ≪캣츠≫ 뮤지컬 원작은 1980년대 창작된 작품으로서 이른바 저작권법상의 '회복저작물', 즉 저작권법의 1995. 12. 6.자 개정(1996. 7. 1. 시행)에 의하여 새로이 보호되는 외국인의 저작물로서 위 법 시행 전에 공표된 것에 해당하는데, 위 개정법 부칙[547] 제4조 제3항에 의하면 회복저작물 등을 원저작물로 하는 2차적 저

546) 福井健策 編著, 앞의 책, 245면; 김원중 옮김, 앞의 책, 239면 각 참조.
547) (구)저작권법 부칙[제5015호, 1995. 12. 6.]

작물로서 1995. 1. 1. 이전에 작성된 것은 위 법 시행 후에도 이를 계속하여 이용할 수 있고, 다만 그 원저작물의 권리자는 1999. 12. 31. 이후의 이용에 대하여 상당한 보상을 청구할 수 있음에 그치는 것이다. 그런데 국내 극단은 일찍이 1991년경 위 원작 뮤지컬을 기초로 독자적 창작성을 가미한 2차적 저작물인 국내판 ≪캣츠≫를 창작한 바 있고 최근에 공연 중인 이 사건 ≪캣츠≫ 뮤지컬 역시 위 1991년판 ≪캣츠≫ 작품을 계속 이용하는 데 불과하므로 이는 위 부칙 조항에 의하여 원저작자의 사전 허락 없이도 계속 이용 가능한 사안이라고 주장하였다.

[결정내용]

법원은 1991년 국내판 ≪캣츠≫가 노래가사와 대사를 우리말로 번역한 점과 출연배우의 분장, 안무나 무대장치를 우리나라 공연 실정에 맞게 일부 변형, 각색한 점이 인정되기는 하나, 위 원작의 음악(악곡)만큼은 거의 그대로 베껴서 사용하여 선율, 리듬, 화음 등이 기본적으로 같으며, 또한 그 외 분장, 안무 등도 원작과 유사하게 제작하려고 한 사실 등이 인정되므로 위 1991년판 ≪캣츠≫ 뮤지컬 작품(뮤지컬을 구성하는 각 저작물들의 결합)이 2차적 저작물에 해당한다고 보기 어렵다고 하여 국내 극단의 주장을 배척하고 공연금지가처분 신청을 인용(認容)하였다.

제1조 (시행일) 이 법은 1996년 7월 1일부터 시행한다.
제2조 (적용범위에 관한 경과조치) 이 법 시행전에 종전의 규정에 의한 보호기간의 만료로 인하여 저작권등의 전부 또는 일부가 소멸한 저작물등에 대하여는 그 전부 또는 일부에 대하여 이 법을 적용하지 아니한다.
제3조 (보호기간의 특례) 제3조 제1항 및 제61조의 규정에 의하여 새로이 보호되는 외국인의 저작물 및 음반으로서 이 법 시행전에 공표된 것(이하 "회복저작물등"이라 한다)의 저작권과 실연자 및 음반제작자의 권리는 당해 회복저작물등이 대한민국에서 보호되었더라면 인정되었을 보호기간의 잔여기간동안 존속한다.
제4조 (회복저작물등의 이용에 관한 경과조치) ① 이 법 시행전에 회복저작물등을 이용한 행위는 이 법에서 정한 권리의 침해행위로 보지 아니한다.
② 회복저작물등의 복제물로서 1995년 1월 1일전에 제작된 것은 1996년 12월 31일까지 이를 계속하여 배포할 수 있다.
③ 회복저작물등을 원저작물로 하는 2차적저작물로서 1995년 1월 1일전에 작성된 것은 이 법 시행후에도 이를 계속하여 이용할 수 있다. 다만, 그 원저작물의 권리자는 1999년 12월 31일후의 이용에 대하여 상당한 보상을 청구할 수 있다.
④ 이 법 시행전에 회복저작물등이 고정된 판매용음반을 취득한 때에는 제43조 제2항, 제65조의2 및 제67조의2의 규정을 적용하지 아니한다.

3. 공연실황과 저작권 또는 실연자의 권리 ― 공연장에서의 촬영이나 녹음

가. 문제의 소재

콘서트 공연장에서 실연자의 공연 모습을 자신이 소지하는 휴대폰으로 촬영하거나 녹음하려는 사람들이 있다. 더구나 공연주최자 측에서 촬영이나 녹음이 금지된다고 안내방송을 하여도 촬영이나 녹음을 감행하는 사람들이 있다. 결론부터 말하면, 공연 모습을 촬영하거나 녹음하는 것은 출연자 뿐 아니라 그 공연에 관계된 저작권자, 실연자(實演者) 전원이 이를 허락하지 않는 한 저작권 침해에 해당하거나 저작인접권 침해에 해당한다.

나. 구체적인 침해 내용

(1) 무대예술에는 이에 관계하는 사람들의 여러 가지 권리가 복잡하게 얽혀 있다. 예컨대, 저작권이나 저작인접권에 대해서 말한다면, 원작자, 각본가, 작곡가, 무대미술가, 의상디자이너 등이 저작권자로, 또한 연출가, 출연자가 실연자로서, 각각 무대예술작품에 대하여 저작권 내지 저작인접권을 가지게 된다.

그러므로 이러한 무대예술작품을 무단으로 촬영하거나 녹음하는 것은 저작권자의 저작권(복제권), 실연자의 저작인접권(복제권)의 침해가 된다. 또한 촬영의 경우에는 출연자의 초상권 침해도 성립하게 된다.548)

(2) 문제는 사적이용을 위한 목적으로 촬영하거나 녹음하는 경우이다. 저작권법 제30조는 “공표된 저작물을 영리를 목적으로 하지 아니하고 개인적으로 이용하거나 가정 및 이에 준하는 한정된 범위 안에서 이용하는 경우에는 그 이용자는 이를 복제할 수 있다”고 규정한다. 저작권법 제87조는 저작인접권의 목적이 된 실연 등의 이용에 관해서도 제30조를 준용한다고 규정한다. 그러므로 예컨대, 병석에 계

548) 文化法研究會 編著, 「舞臺藝術と法律ハンドブック: 公演實務Q&A」, 藝團協出版部, 2002, 142면.

신 아버지가 이번 공연을 꼭 보기를 원하므로 촬영에 임하는 경우에는 사적이용을 위한 복제에 해당할 수도 있을 것이다.

그러나 이러한 경우에도 관객이 무턱대도 촬영을 강행하면 안내요원들로부터 제지를 받게 되거나 불필요한 몸싸움 등으로 소기의 목적을 이루지 못하게 될 수도 있다. 따라서 주최 측에게 사전에 양해를 구하거나 협조를 얻을 필요가 있다. 행사주최 측에서는 거짓으로 촬영이나 녹음을 시도하는 경우도 있을 수 있으므로 전화연락 등으로 확인을 구하거나, 또는 촬영된 녹화물을 가정에서 부친에게 시청하도록 하는 목적 이외에는 절대 이용하지 않겠으며 이를 위반하면 손해배상을 감수하겠다는 취지의 각서를 받아놓을 수도 있을 것이다.[549)]

(3) 한편, 영화관 등에서 상영 중인 영화를 저작권자의 허락 없이 캠코더나 휴대폰으로 촬영하는 행위, 즉 도촬(盜撮)행위도 자주 발생되는 사안이다. 영상저작물인 영화의 상영도 저작권법상의 공연에 해당하므로 콘서트 무대에서 허락 없이 이루어진 촬영과 마찬가지로 공연장(영화관)에서의 촬영 또는 녹음 문제를 해결하면 된다. 따라서 상영 중인 영화를 관객이 허락 없이 촬영하는 것은 영상저작물에 대한 저작권 침해는 물론이고, 영화에 출연한 배우의 실연자로서의 저작인접권 침해에 해당할 수도 있다. 또한 이 경우도 전술한 것처럼 저작권법 제30조의 '사적 이용을 위한 복제'에 해당하여 저작재산권이 제한될 수 있을 것이다. 그런데 영화 등 영상저작물의 경우에는 그 제작에 막대한 비용이 소요되고, 그 이용에 있어서는 제1차적으로 영화관에서의 상영, 제2차적으로 비디오, DVD 등의 복제물의 판매, 그 다음으로 유선방송, 공중파 방송의 순서로 이용되는 특성을 가지고 있다.[550)] 만일 시사회나 영화관에서 상영 중인 영화를 몰래 촬영하여 배포 또는 전송하는 경우에는 영화 산업 전반에 막대한 피해를 주게 된다. 그래서 우리나라 저작권법은 영화관 등에서 영상저작물을 몰래 녹화하거나 공중송신하는 행위에 대해서 '사적

549) 文化法硏究會 編著, 위의 책, 144~145면.
550) 이에 관해서는 제3장 II. 1. 참조.

이용을 위한 복제'라는 저작재산권 제한 규정의 적용 여부와 관계없이 형사처벌하기 위하여 저작권 침해죄와는 독립된 별개의 범죄로 처벌하는 규정을 마련한 것이다.[551)]

이에 따라 아래에서 살펴보는 것처럼 우리나라 저작권법은 '영상저작물 녹화 등의 금지' 및 이를 위반한 경우의 형사처벌에 관한 조항들을 규정하고 있다. 이는 우리나라와 미국 간에 체결한 한미 FTA 내용[552)]을 이행하기 위하여 2011년 12월 2일 법률 제11110호로 저작권법을 일부 개정할 때에 도입된 것이다. 즉, 우리나라 저작권법 제104조의6(영상저작물 녹화 등의 금지) "누구든지 저작권으로 보호되는 영상저작물을 상영 중인 영화상영관 등에서 저작재산권자의 허락 없이 녹화기기를 이용하여 녹화하거나 공중송신하여서는 아니 된다"고 규정한다. 여기서 말하는 '영화상영관 등'이란 제2조(정의) 제36호에 따르면 "영화상영관, 시사회장, 그 밖에 공중에게 영상저작물을 상영하는 장소로서 상영자에 의하여 입장이 통제되는 장소를 말한다"고 정의된다. 그리고 영상저작물 녹화 등의 금지 규정을 위반한 경우에 대해 제137조(벌칙) 제1항 제3호의3은 "제104조의6을 위반한 자"는 "1년 이하의 징역 또는 1천만 원 이하의 벌금에 처한다"고, 제2항은 "제1항 제3호의3의 미수범은 처벌한다"고 각 규정한다.

참고로 일본은 저작권법의 특별법 형식으로 영화의 도촬행위를 규제한다. 일본은 2007년 5월 30일 법률 제65호로 '영화 도촬의 방지에 관한 법률'[映画の盜撮の防止に関する法律]을 제정하여 같은 해 8월 30일부터 시행하고 있다. 이 법에 따르면 영화저작권자의 승낙 없이 영화관 등에서 상영되는 영화의 영상을 녹화하거나 음성

---

551) 김현철, "한미 FTA 이행을 위한 저작권법 개정 방안 연구", 저작권위원회, 2007. 12., 242~243면 참조.

552) 한미 FTA 제18.10조 제29항은 "각 당사국은 공공 영화상영 시설에서 영화 또는 그 밖의 영상저작물의 상영으로부터 그 저작물 또는 그 일부를 전송하거나 복사하기 위하여 영화 또는 그 밖의 영상저작물의 저작권자 또는 저작인접권자의 허락 없이 고의로 녹화장치를 사용하거나 사용하려고 시도하는 자에 대하여 형사절차가 적용되도록 규정한다." 참고로 한미 FTA가 규정한 '영화관 등에서의 도촬 행위 형사처벌'에 관한 구체적 내용과 각국 입법례 등에 관해서는, 김현철, 위의 논문, 242~251면.

을 녹음하는 것을 '영화의 도촬'이라 정의하고(제2조 제3호), 영화 도촬의 경우 사적 이용을 위한 목적으로 복제한 경우 저작권이 제한된다는 일본 저작권법 제30조 제1항의 규정은 적용되지 않는다고 규정한다(제4조 제1항). 따라서 영화를 도촬한 자는 벌칙(10년 이하의 징역이나 1천만 엔 이하의 벌금 또는 이들의 병과)의 대상이 된다.[553)]

III. 연극, 뮤지컬 등의 출연계약

1. 가수들의 뮤지컬 출연 러시현상

뮤지컬에 출연하는 가수들이 늘고 있다. 홍보를 위해 특별 출연으로 구색을 맞추는 것이 아니라, 가수들이 아예 작품의 주인공으로 전면에 나서는 경우가 많다. 목소리를 가장 중요하게 여기는 오페라 가수와 달리, 뮤지컬 배우는 다방면의 재주를 고루 갖추고 있어야 한다. 뛰어난 노래 실력만이 아니라 멋진 춤 실력도 겸비해야 이상적인 뮤지컬 배우라고 할 수 있다. 오페라 가수는 무대 위에서 고정된 자세로 노래를 부르지만, 뮤지컬 배우는 노래하면서 동시에 춤도 추고 펄쩍 뛰어다니기도 해야 한다. 특히 현대 뮤지컬에서는 춤이 핵심적 요소를 차지한다.[554)] 뮤지컬 배우로서 갖추어야 할 이러한 자질은 뮤지컬에 출연하는 가수들이 늘어나고 있는 문화 현상을 적절히 설명해준다.

뮤지컬 제작자 입장에서 보면, 가수들은 연예계 데뷔 이전에 가창력과 안무 연습과정을 거친 경우가 대부분이고 연기력 면에서도 어느 정도 기본 이상의 실력을 갖추고 있는 경우가 많다. 연기자 겸업을 하려는 가수 입장에서는 드라마나 영

553) 다만, 일본 국내 영화관 등에서 영화가 유료로 최초 상영된 날로부터 8개월이 경과된 영화를 도촬한 경우에는 위 제1항의 규정은 적용되지 않는다(제4조 제2항). 따라서 사적 이용을 위한 목적으로 복제한 경우 저작권이 제한된다.

554) Annette Kreutziger-Herr/Winfried Bönig, Die 101 wichtigsten Fragen: Klassische Musik, C.H. Beck, 2009, 홍은정 옮김, 「클래식 음악에 관한 101가지 질문」, 경당, 2010, 211면.

화 분야로 이동하기 전에 뮤지컬 분야가 연기력을 검증받는 장으로도 활용되고 있다. 더구나 뮤지컬 제작자 입장에서는 가수가 주인공을 맡으면 인터뷰나 홍보 등으로 그들의 스타 파워를 흥행에 이용할 수 있다. 일부 제작자들은 "실력은 있지만 무명인 뮤지컬 배우보다 돈을 조금 더 주고라도 알려진 가수를 쓰는 것이 흥행엔 더 도움이 된다. 아이돌 스타 1~2명만 잘 캐스팅 해 쓰면 작품이 별로여도 팬들이 몰려 손해는 보지 않는다"고까지 말한다. 이에 대해 원종원 순천향대 교수 겸 뮤지컬 평론가는 "가수들이 뮤지컬에 진출해 소비자들에게 다양성을 주는 것은 긍정적인 측면이 있지만, 가끔 준비도 되지 않은 허술한 연기로 원작의 질을 떨어뜨리는 경우도 있다. 역에 맞는 적절한 캐스팅과 충분한 준비 기간은 필수적이다"고 지적한다.[555]

2. 관행으로 말미암은 분쟁의 발생

유명 배우나 가수라 할지라도 연극이나 뮤지컬 등의 출연(出演)과 관련하여 그 보수, 출연에 관한 여러 가지 사항 등 구체적 내용을 명확하게 결정하여 계약서를 작성하지 않고 단지 구두로만 계약을 체결하는 경우가 있다. 이러한 잘못된 관행 때문에 훗날 예상치 못한 법률문제가 크게 불거질 수도 있다. 그러므로 연극이나 뮤지컬 등에 출연하는 가수나 배우들은 공연자와의 사이에 약정한 계약내용을 구체적으로 서면화(書面化)하여 작성해 둘 필요가 있다.

555) 김성의, "가수들 뮤지컬로 몰리는 이유", 「일간스포츠」 2008. 1. 28.자 참조.

3. 출연계약(出演契約) 내용으로 확인할 필요가 있는 기본사항

가. 출연

출연계약의 가장 기본적인 사항은 어느 공연에 출연하는가를 정하는 것이다. 그러므로 '공연명, 공연의 개요' 등이 기재되어야 한다. 또한 '일시와 기간', '공연회수', '공연장소' 등도 구체적으로 정해야 한다. 또 공연에 앞서 리허설이 필요하므로 리허설에 참가하는 의무 등에 관해서도 상세하게 정해야 하고, 다소 부끄럽거나 창피스러운(scandalous) 장면이나 위험한 장면이 포함되는 경우에도 미리 설명하고 출연자로부터 승낙을 얻어 두는 것이 바람직하다.[556)]

나. 보수

출연보수에 관해서는 그 금액이 세금을 포함한 것인지, 세금과는 별도인지를 정해야 하고 지급시기, 지급방법 등도 정할 필요가 있다. 그 소정의 보수가 출연 자체의 대가에 한정되는 것인가, 아니면 광고·선전에 협력하는 부수적 서비스제공의 대가도 포함된 것인지 등도 결정하는 것이 좋다. 그 밖에 교통비, 숙박비 등 출연에 수반하여 발생하는 비용의 부담은 어떻게 할 것인지에 대해서도 명확히 정할 필요가 있다.[557)]

다. 녹음·녹화·사진촬영

뮤지컬 등의 제작자는 출연자가 출연한 공연을 녹음·녹화하기 위해서는 미리 이를 출연계약 중에 명확히 해 둘 필요가 있다. 왜냐하면 출연자는 실연자로서 녹음·녹화 등의 복제에 관하여 권리를 가지고 있기 때문이다. 뿐만 아니라 초상권의 문제도 있으므로 이에 관해서도 미리 허락을 받을 필요가 있다.[558)]

556) 文化法研究會 編著, 「舞臺藝術と法律ハンドブック: 公演實務Q&A」, 藝團協出版部, 2002, 102~103면.
557) 文化法研究會 編著, 위의 책, 103면.
558) 文化法研究會 編著, 위의 책, 103면.

라. 비디오화·CD화·텔레비전 방영 등

공연을 녹음·녹화하여 비디오로 제작하거나 CD로 제작하여 판매하고자 하는 경우, 또는 공연을 텔레비전으로 중계하고자 하는 경우, 이러한 사항에 대해서도 미리 출연계약 속에 그 내용을 명확히 하여 출연자로부터 허락을 받을 필요가 있다. 이러한 경우 출연자의 보수 결정이 문제가 되는데 일정액 지급방식을 취할지 아니면 로얄티 방식을 취할지도 결정할 필요가 있다.[559)]

마. 광고·선전에의 협조

신문·잡지, 텔레비전 그 밖의 각종 미디어의 취재에 응하고, 출연하거나 사진촬영에 응하는 등 광고나 선전에 협조할 것을 명기할 필요도 있다. 포스터, 팸플릿, 광고전단 등의 제작과 관련해서도 마찬가지이다.[560)]

바. 공연중단의 경우에 대한 조치

만일 출연자가 병이나 사고 등으로 출연할 수 없게 되는 등 출연자의 사정에 따른 공연중단, 주최자 측의 사정으로 인한 공연중단, 화재 등 어쩔 수 없는 사정으로 인한 공연중단 등 다양한 케이스에 관해서도 이러한 각각의 경우에 출연료는 어떻게 할 것인지, 발생한 손해의 부담은 누가 할 것인지 등에 관해서도 계약서상에 기재할 필요가 있다.[561)]

559) 文化法研究會 編著, 위의 책, 103~104면.
560) 文化法研究會 編著, 위의 책, 104면.
561) 文化法研究會 編著, 위의 책, 104~105면.

IV. 무대예술과 법 ― 무대장치 등의 권리

1. 사례 혹은 해프닝

가. 해프닝 하나 ― 대통령 취임식장 디자인 도용사건

1998년 2월 대통령 취임을 며칠 앞둔 어느 날 모두들 당시 '국민의 정부' 출범에 기대를 걸며 들떠 있을 때, 디자이너 한 사람이 어느 변호사를 찾아왔다. 용건인즉슨 대통령 취임식장의 전체 디자인이 자신의 작품을 모방한 것이므로 저작권 침해를 이유로 재판을 하겠다는 것이었다. 아연 긴장할 수밖에 없는 사건이었다. 그의 주장이 사실이라면 자칫 대통령 취임식장의 디자인을 둘러싼 말 그대로 '전대미문'의 법적 분쟁이 벌어질 수도 있기 때문이었다. 도면만을 놓고 보면 유사한 측면이 있었다. 다만, 현상모집에 응모한 작품이었기에 추가로 확인할 몇 가지 법률문제가 있었다. 디자이너에게 관련 자료를 더 보여 달라고 요구하자 디자이너는 그렇게 하겠다고 해놓고는 연락을 끊어 버렸다. 어쨌든 역사적인 대통령 취임식을 앞두고 저작권 문제 때문에 '취임식장' 자체가 재판대상이 될 뻔했다는 사실은 무대장치에 관한 권리의 중요성을 새삼 일깨워준다.[562]

나. 해프닝 둘 ― 콘서트 무대 디자인 도용 사건

이 사건은 유명가수 vs. 유명듀엣 간에 벌어진 콘서트 무대 디자인 도용 여부를 둘러싸고 다투어진 사건이다. 양 당사자는 분쟁 직전 모 방송사의 '불멸의 명곡'이란 프로그램에서 유명가수는 '노래 선생'으로 유명듀엣은 '노래를 배우는 학생'으로 출연하였고, 상호간에 우애를 과시한 바도 있어서 더더욱 이 사건의 결말에 사람들의 관심이 집중된 바 있었다. 그런데 관련 보도 내용에 비추어 보면, 이 사건은 무대장치의 디자인에 관한 미술저작권의 도용이 문제된 사건이라기보다는 이

562) 박성호, "박성호 변호사의 책세상 뒤지기", 「문화일보」 2002. 2. 1.자

미 설치되어 있는 무대장치를 그대로 사용하였기 때문에 발생한 사건이었던 것으로 이해된다. 따라서 콘서트 무대 디자인을 도용하여 저작권을 침해한 것이 문제된 사건이 이라는 측면보다는, 오히려 실제로 무대에 설치된 무대장치라는 물적 소유물을 그 권리자의 허락 없이 제3자가 무단 사용하였다는 점에서 제기된 사건으로 파악하는 것이 타당할 것으로 생각한다.

2. 권리의 내용

가. 무대장치디자인의 의의

무대예술은 원작이나 각본, 음악, 무대장치, 의상 등 다양한 요소로 이루어져 있다. 원작이나 각본은 어문저작물, 음악은 음악저작물, 무대장치나 의상은 미술저작물에 해당하므로 무대예술이란 이들 여러 저작물들의 결합저작물이다.[563] 특히 무대장치, 의상, 조명 등을 일컬어 '무대미술'이라고도 하는데, 이 중에서 가장 중요하고 핵심이 되는 것은 무대에 설치되는 무대장치이다.[564] 무대장치는 각본을 기초로 하여 연출가나 프로듀서 등과 협의하면서 세트의 기본적인 디자인 컨셉을 다듬고, 디자인화(畵), 모형, 설계도면 등의 '장치(裝置)디자인'을 작성한다. 이와 같이 완성된 '장치디자인'은 저작물로서 이를 창작한 무대미술가가 저작자가 되며, '장치디자인' 중에서 디자인화(畵)와 모형은 미술저작물에, 설계도면은 도형저작물에 각 해당하게 될 것이다.[565]

나. '장치(裝置)디자인'과 이를 기초로 실제로 제작된 무대장치

이와 관련하여 실제로 제작된 무대장치만이 미술저작물에 해당하고, 디자인화(畵)나 설계도면은 이를 위한 중간제작물이라는 견해가 있을 수 있다. 그러나 이러

563) 文化法研究會 編著, 「舞臺藝術と法律ハンドブック─公演實務Q&A」, 藝団協出版部, 2002, 36면.
564) 文化法研究會 編著, 위의 책, 106면 참조.
565) 福井健策·二關辰郎, 「ライブ·エンタテインメントの著作權」, 著作權情報センター, 2006, 114~115면.

한 견해에 대해서는 무대장치를 제작하는 것은 '장치디자인'을 충실하게 입체화하는 작업에 불과하고, 또한 동일한 '장치디자인'에서 때로는 복수(複數)의 무대장치가 제작될 수도 있다는 점에서 타당하지 않다는 비판이 제기되고 있다.[566]

문제는 실제로 제작된 무대장치 그 자체가 미술저작물에 해당하는가 아니면 미술저작물의 복제물에 불과한 것인가 하는 점이다. 이와 관련해서는 미술저작물인 디자인화(畵)나 모형 또는 도형저작물인 설계도면에 따라 무대장치를 제작하는 것은 미술저작물인 '장치디자인'의 복제물에 해당한다고 보는 견해가 있다.[567] 그러나 생각건대 '장치디자인'인 디자인화(畵)나 모형은 물론이고 이에 기해 실제로 제작된 무대장치 자체도 미술저작물에 해당한다고 보는 것이 타당할 것이다.[568] 다만, 제3자가 허락 없이 미술저작물인 무대장치 자체를 그대로 베껴서 동일한 무대장치를 설치한다면, 이때에는 미술저작물인 무대장치에 대한 복제권 침해를 구성하게 될 것이다.[569]

이러한 논의는 저작권법 제35조의 적용과 관련하여 그 실익(實益)이 있다. 이에 따르면 미술저작권자로부터 사전 허락을 얻지 않더라도 자유롭게 "미술저작물의 원본(原本)의 소유자나 그의 동의를 얻은 자는 그 저작물을 원본에 의하여 전시할 수 있다"고 규정하고 있다. 그런데 만일 실제의 무대장치 자체를 미술저작물(즉 원본)로 보면 그 무대장치의 물적 소유권을 취득한 공연기획사는 제35조를 적용할 수 있겠지만, 그렇지 않고 미술저작물의 복제물에 불과하다고 보면 그 무대장치의 소유권자는 미술저작권자로부터 별도의 허락을 얻지 않는 한 기왕에 설치된 무대장치를 남에게 빌려주는 등의 재사용행위(즉 일종의 전시행위)를 하는 데에 제약을 받을 수밖에 없게 될 것이다.

566) 福井健策·二關辰郎, 위의 책, 115~116면 참조.
567) 福井健策·二關辰郎, 위의 책, 116면.
568) 다만 이 경우에도 '장치디자인'인 설계도면은 도형저작물에 해당한다.
569) 이것은 미술저작물인 회화(繪畵)나 조각(彫刻)을 모사(模寫)하는 것이 복제에 해당하는 것과 동일한 이치이다. 尾中普子 外 3, 「著作權法(全訂二版)」, 學陽書房, 1996, 63면, 188면 각 참조.

다. 무대장치 외에 의상, 조명을 포함하는 무대효과 전체

그런데 무대공연의 경우에는 무대장치에 한하지 않고 의상, 조명을 포함하는 무대효과 전체를 하나의 저작물로서 문제 삼을 수도 있지만, 무대효과 전체를 하나의 저작물로 보게 되면 공연되는 연극과의 관계에서 복잡한 문제가 제기된다.[570] 가령, 희곡·각본의 저작자가 가지는 저작물의 공연권과의 관계나 이에 사용된 음악작품의 저작자의 연주권과의 관계가 문제가 된다. 또한 배우의 저작인접권과의 관계나 연출가의 역할을 어떻게 평가할 것인가도 문제가 된다. 따라서 어느 나라의 저작권 제도도 무대 그 자체를 저작물로 보지 않으며, 무대는 희곡·각본 등이 공연되는 공간으로 파악하고 필요에 따라 음악·무대미술 등을 개별적인 저작물로 취급하고 있다. 그러므로 이 경우 보호의 대상이 되는 것은 무대에 설치된 무대장치이지 의상, 조명 등을 포함하는 무대효과 전체는 아니다.[571]

【재판례—1】 東京高裁 2000. 9. 19. 판결; 最高裁 2002. 9. 24 판결[572]

일본 하급심과 최고재판소는 무대장치의 저작권 침해가 문제된 사건에서 조형미술작품인 무대장치만을 분리하여 미술저작물로서 보호할 수 있다고 판시하였다.

【재판례—2】 서울중앙지방법원 2009. 2. 6. 선고 2008가합1908(본소), 30029(반소) 판결[573]

[사실관계]

가수 이승환은 2007년 연말 공연을 위해 한국체육산업개발 주식회사로부터 올림픽공원 제2체육관 펜싱경기장(이하, '이 사건 공연장'이라 한다)을 2007. 12. 19.부터 같은 달 25.까지 대관하였고 위 기간 중 이승환의 공연은 12. 22.과 12. 24. 이틀 동안 열릴 예정이었다.

570) 內田晋, 「問答式 入門 著作權法」, 新日本法規出版, 1979, 53면.
571) 內田晋, 위의 책, 53~54면.
572) 本橋光一郎·本橋美智子 編著,「要約 著作權判例 212」, 學陽書房, 2005, 181~182면 참조.
573) 위 판결의 사실관계 및 판시내용에 대해서는, 윤나리, "자신의 물건을 타인이 촬영했을 경우 소유권자는 이를 막을 수 있을까? : 서울중앙지방법원 2009. 2. 6. 선고 2008가합1908(본소), 2008가합30029(반소) 판결", 「Law&Technology」제6권 제1호, 서울대학교 기술과법센터, 2010. 1., 165~166면 참조.

그룹 컨츄리꼬꼬의 매니지먼트사와 기획사인 피고들은 2007. 10.경 이승환의 공연 계획이 없는 2007. 12. 25. 이 사건 공연장에서 공연을 하기 위해 이승환 측으로부터 이 사건 공연장을 재대관받았다. 이승환은 2007. 12. 22.과 24. 이틀에 걸쳐 이 사건 공연장에서 공연을 하였고 위 공연을 위해 이승환이 직접 기획, 디자인하여 자인아트에서 제작, 공급한 무대 중앙에 위치하며 그 개폐가 가능한 원통형 게이트, 무대 전체에 걸쳐 드리워져 무대 뒤를 가려주고 신비감을 주는 방식으로 사용된 휘장 천, 무대 옆 스피커 주위를 장식하기 위해 부착된 금빛 테두리 등을 무대장치로 사용하였다. 그 다음 날인 2007. 12. 25. 컨츄리꼬꼬는 위 3개의 무대장치를 이용하여 이 사건 공연을 하였다. 컨츄리꼬꼬의 공연은 촬영되어 영상물로 제작되었다.

원고들(이승환과 그의 매니지먼트사)은 먼저 피고들에게 이 사건 공연장을 재대관하면서 위 3개의 무대장치에 대해서는 이용허락을 한 바 없음에도, 피고들은 위 무대장치들을 무단으로 사용하고 나아가 위 공연을 촬영한 영상물을 제작, 판매하려고 하고 있다고 주장하면서 그 공연물의 제작 및 판매금지 등을 청구하였다. 원고들이 주장한 구체적인 청구원인은, 피고들의 행위는 위 3개의 무대장치 중 원통형 게이트에 대한 원고들의 저작권(전시권, 복제권, 동일성유지권)을 침해하는 것이므로 저작권에 기한 침해정지권과, 위 3개의 무대장치 전부에 대한 원고들의 소유권을 침해하는 것이므로 소유권에 기한 방해배제청구권이었다.

[판시내용]

법원은 저작권 관련 주장에 대해서는 원통형 게이트의 창작성을 인정하여 컨츄리꼬꼬가 공연 중 이를 무대장치로 사용한 것은 전시권 침해에 해당되고, 위 공연을 영상물로 촬영하는 과정에서 원통형 게이트 역시 촬영되었으므로 이는 복제권 침해에 해당하나 원고들과 피고들 사이에 원통형 게이트의 사용에 대한 이용허락이 있어 원고들의 주장이 이유 없다고 판시하였다. 소유권 주장과 관련해서는, 일반적으로 타인의 소유물을 촬영한 행위만으로는 그 소유자가 소유물을 사용, 수익, 처분할 수 있는 권리가 침해되었다고 보기 어렵고, 다만 그 촬영행위로써 소유자가 소유물의 전시를 통해 얻을 수 있는 구체적 이익이 침해되었다는 등의 특별한 사정이 있는 경우에만 소유권에 기한 방해제거, 예방청구권에 근거하여 위 행위의 금지를 구할 수 있다 할 것인데, 위 3가지 무대장치에 대한 묵시적 이용허락이 이루어진 것으로 봄이 상당하므로 원고들의 위 주장도 이유 없다고 판시하였다.

제6장 광고산업과 법

I. 광고산업의 성립과 발전

1. 광고산업의 형성과 발전

가. 광고의 역사

"역사란 언제나 새로 씌어 진다."

"진정한 의미의 모든 역사는 현재의 역사이다."

—크로체(Benedetto Croce)

광고라는 말의 어원은 라틴어인 'adverter'에서 유래되었다고 알려지고 있는데, 이 말은 '주의를 돌리다'는 의미를 갖고 있다. 광고는 본질적으로 주의를 끌게 하는 것을 중요한 목적으로 삼고 있는 활동이라고 말할 수 있다.[574] 우리가 사용하는 '광고(廣告)'라는 한자 용어 자체는 영어 'advertisement' 또는 'advertising'의 번역어이다.[575] 광고의 정의에 대해서는 확인 가능한 광고주(廣告主)가 다양한 매체를 통하여 제품이나 서비스 또는 아이디어에 관하여 통상적으로 유료이며, 대개는 사실상 설득적인 정보를 제시하는 비대칭적 커뮤니케이션을 의미한다고 설명한다.[576]

광고의 역사는 인류의 유구한 문명역사의 시작부터 항상 존재해왔다. 세계 최초의 광고가 무엇인지 그 기원에 관해서는 다양한 견해가 존재한다. 첫째는 나폴레옹이 이집트 원정 중 나일강변에서 발견한 것으로 이집트 왕 프톨레미를 숭앙하는 내용을 담고 있다는 BC 196년 만들어진 로제타석(Rosetta stone)이라는 견해, 둘째는 이집트 테베(thebae)의 BC 1200~1300년경 유적에서 발굴된 파피루스(papyrus)에

574) 이구현, 「광고법학」, 법문사, 1997, 1면.

575) '광고'라는 번역어는 다른 대개의 번역어들과 마찬가지로 일본에서 만들어져 사용되기 시작하였는데, 처음에는 引札, 報條, 告條, 告白, 報告, 告知, 弘告 등이 번역어로 사용되다가 1882년(明治 15년) 경에 '광고'로 정착되었다고 한다(일본판 야후 백과사전 참조 〈http://100.yahoo.co.jp/detail〉).

576) William F. Arens, Company Advertising, 6th ed., Irwin, 1996, p.6; 오인환,「현대광고론」, 나남출판, 2001, 55면에서 재인용.

적힌 것으로 셈(shem)이란 이름의 도망 노예를 잡아주면 금화를 준다는 내용이라는 견해, 셋째는 BC 1000년경 리디아(Lydia) 왕국에 속해 있었고 BC 670~546년경 번영을 누리던 터키 서해안의 옛날 항구 에페소스 유적에서 발견된 대리석에 새겨진 유곽 안내 광고라는 견해, 넷째는 BC 1700년경 고대 바빌로니아의 수도 바빌론의 가게 주인들이 호객꾼을 고용해서 자신의 가게 앞에서 행인을 대상으로 호객행위를 하도록 시킨 것과 또한 가게 앞에 내걸었던 간판이라는 견해 등이다.

네 가지 견해 중에서 오늘날의 현상광고와 흡사하게 도망 노예를 잡아주면 금화를 주겠다고 적어놓은 파피루스 문서에 대해서는, 파피루스를 전단처럼 뿌렸고 그 내용 중에 광고주를 명시하여 문안을 작성하였다는 점에서 많은 학자들이 오늘날의 광고형식을 갖추었다고 평가하여 세계 최초의 광고로 꼽는다.[577] 에페소스 유적에서 발견된 유곽 안내문이 세계 최초의 광고라는 견해는 1972년 1월 일본의 유명 광고회사 덴츠[電通]가 발행하는 주간 소식지에서 처음 주장된 이래[578] 일본과 우리나라 업계 관계자들에게 널리 알려진 사례이다.[579] 네 번째 소개하는 고대 바빌로니아의 수도 바빌론 사례는 일본 광고회사 덴츠[電通] 출신의 광고 연구자가 주장한 견해이다.[580]

---

577) 예컨대, 「광고의 역사와 발달」(1968)의 저자 F. 프레스벨리와 「광고의 역사」(1974)의 저자 H. 샘프슨은 파피루스에 적힌 내용을 세계 최초의 광고라고 소개하고 있는데, 이 견해가 업계에서 널리 통용되고 있다(일본판 야후 백과사전 참조 〈http://100.yahoo.co.jp/detail〉). 일본의 광고 관련 서적에도 파피루스 내용이 세계 최초의 광고라고 소개되어 있다(春山行夫, 「西洋廣告文化史(上)」, 講談社, 1981, 31면).

578) 「電通報」 1972年 1月 12日号, 2면.

579) 예컨대, 高桑末秀, 「廣告のルーツ」, 日本評論社, 1981, 1~7면. 이 책에서는 이집트 테베 유적에서 발굴된 파피루스 광고과 터키 서해안의 항구 에페소스에서 발견된 대리석 광고를 세계 최고(最古)의 사례로 소개하면서, 특히 후자는 「電通報」 1972年 1月 12日号에 기재된 내용에서 입수하였다고 적고 있다. 우리나라에서는 리즈 경영 컨설팅 대표 이해익 씨가 에페소스에서 발견된 대리석 광고를 "'매춘광고'가 인류의 첫 광고"라는 제목의 글을 써서 널리 알렸다(joins 열린마당에 게재된 2008년 1월 8일자 e칼럼).

580) 高桑末秀, 「廣告の世界史」, 日經廣告研究所, 1994, 3~17면. 이 책에서는 이집트 테베의 파피루스 광고, 터키 에페소스의 대리석 광고를 소개한 다음 과연 이들이 세계 최초의 광고일까 하는 의문에서 연구를 진행한 결과 BC 1700년경 고대 바빌로니아의 수도 바빌론의 가게 주인들이 가게 앞에 간판을 내걸었다는 사실을 확인하게 되었다면서 이것을 세계 최고(最古)의 광고라고 소개하고 있다.

그러면 우리나라 최초의 광고는 무엇일까 하는 궁금증이 제기될 수 있는데, 이에 관해서는 전술한 세계 최초의 광고와 비교할 때 아직 본격적인 연구가 이루어지지 않은 까닭에 학술적 논의라고 할 만한 것이 제시되고 있지 않다. 그 대신 우리나라 최초의 근대적 광고라고 일컬어지는 것을 소개하면 다음과 같다. 우리나라 최초의 근대 광고는 1886년에 한성주보라는 주간 신문 제4호에 실려 있는데, 모두 한문이고 광고주는 독일의 무역상인 세창양행이었다. 이런 광고가 나오기는 했으나, 실제로 광고를 많이 이용한 것은 그로부터 10년이 지난 1896년 서재필이 미국에서 돌아와 〈독립신문〉을 발행한 이후부터이다. 구한말부터 20세기 초에는 독립신문 외에도 제국신문, 황성신문, 매일신문, 대한매일신보 등 일간지와 더불어 상당수의 잡지가 있었고, 또한 간판 광고, 우편 광고, 전단 광고 등이 있었으며, 한성광고사라는 대행사도 있었다.

나. 문화산업으로서 광고산업의 발전

현재 우리는 생활 속에서 광고라는 용어를 수없이 접하고 있으며, 실로 접하는 광고의 양 역시 아주 방대하다. 텔레비전, 신문, 라디오와 같은 대중 매체를 통한 광고 뿐 아니라 인터넷, 전단지, 스팸 메일 등 광고가 우리에게 우리 삶에 아주 일상적으로 접해있음을 쉽게 알 수 있으며, 또한 우리는 그 영향력 아래에서 살아가고 있다. 이러한 광고는 우리 사회에서 다양한 의미를 갖고 해석되며, 큰 영향을 미치고 있다. 학문적, 사회적, 경제적, 개인적, 심리적 관점 등 다각도로 정의내릴 수 있으며 무엇보다 산업으로서의 광고는 한 나라의 경제적 상황으로부터 긴밀한 영향을 받으며 발달해왔다.

특히 문화로서의 광고는 다음과 같은 상식적인 생각에 기초하고 있다. 첫째, '선전에 그치는 광고'라고 정의해 버리면 안 된다는 것이다. 전술한 것처럼 광고의 역사를 보면 보통 어떤 상품을 판매하기 위한 수단으로 시작된 것이었지만 현재와 가까워지면 질수록 광고는 어떤 상품에 대한 품질, 사용법, 가격 등의 정보를 제공하는 것에서부터 어떤 생활양식이나 가치관을 믿도록 만들고 경우에 따라서는 강제성을 띠는 것으로 변해가며 그런 경향을 강화하고 있기 때문이다. 이제 광고산업은 일종의 설득산업이며, 그곳에 종사하는 사람은 설득자인 셈이다. 둘째, 광고산업은 이미지를 파는 산업이라는 것이다. 이것은 기업의 존재방식과도 관련된다. 회사는 자사의 제품을 제품으로서 선전하는 것만이 아니라 자사의 이미지를 좋게 하려고 노력한다. 그래서 이른바 CI(corporate identity)가 더욱더 중요해진다. 셋째, 우리가 어떤 상품을 살 때, 특히 선택해서 구입해야 하는 경우 광고에 설득되어 어느 특정한 생활양식이나 가치관을 선택한 것이라는 의미가 강조되는 경우가 많다는 것이다. 넷째, 광고 자체를 좋아하는 사람들도 있다는 점이다. 대학생들이 광고연구회 등의 동아리에서 광고를 연구한다거나, 텔레비전 광고를 하나의 오락으로 즐기고 광고가 패러디의 소재가 되는 경우도 흔히 있다. 다섯째, 광고산업이 거대해질수록 이 산업에 모여드는 카피라이터, 일러스트레이터, 디자이너, 사진작가, 디렉터 등이 급증하게 된다. 광고산업은 이러한 아티스트들의 집합체이며 그것만으로도 광고산업은 이미 문화산업이다. 여섯째, 텔레비전이나 라디오 방송은 물론이고 신문이나 잡지는 광고주 없이는 그 존립 자체가 불가능하다. 사람들이 광고를 듣고 보고 하기 때문에 광고주가 방송프로그램을 제공하고 있는 것이다.[581]

다. 광고산업의 발전에 따른 광고 연구의 활성화

광고산업이 발전함에 따라 여러 가지 관점에서 광고에 관한 연구가 이루어지고 있다. 먼저 전통적인 관점에서 이루어지는 광고 연구이다. 이는 소비자가 광고에 의해 상품을 구입하는지 여부에 대한 측정, 즉 상품 구입 여부와 같은 행위 선택에 영향을 주는 장치의 하나로 광고를 연구하거나, 광고를 보거나 읽고 상품을 구입한다는 경험적 관찰을 중시하는 마케팅 이론 등이 여기에 해당한다. 이와는 달

581) 清水知久, 「アメリカの大衆文化 : ポップの蜜と毒」, 明石書店, 1992, 박시종 옮김, 「팝문화의 꿀과 독」, 개마고원, 1993, 173~176면.

리 문화적·사회학적 관점에서 접근하는 광고 연구도 있다. 이에 속하는 것으로 광고라는 것을 '의미'를 공급하는 매체로 자리매김하는 소위 '소비사회론'을 들 수 있다. 또한 광고의 수용자가 광고의 의미를 능동적으로 해석하는 주체라고 설정한 다음 광고를 해석과정에서 제기되는 광고의 의미를 둘러싼 갈등 구조를 이데올로기적으로 분석하는 스튜어트 홀 중심의 '문화연구'(cultural studies)의 입장도 이에 해당한다. 한편, 광고를 학문 연구자 중심으로 이해하는 기존의 연구와는 차별적으로 사회적·역사적 관점에서 이루어지는 광고 연구도 있다. 말하자면 광고를 '꿈의 형상의 귀결'로서 파악하는 발터 벤야민의 사고방식을 근거로 광고 수용자의 일상세계 속으로 교묘하게 파고 들어가는 '꿈의 장치'로서 광고를 이해하는 입장이다.[582)]

라. 우리나라 광고산업의 현재

현재 우리나라에서는 다음과 같이 광고산업을 설명한다. 광고산업이라 함은 광고주(advertiser)를 중심으로 광고주의 광고활동을 지원하는 기반조직과 광고와 광고활동을 규제하는 통제조직으로 이루어져 있다. 광고산업을 구성하는 다양한 조직에는 광고주, 광고회사, 광고매체사, 광고물 제작회사, 조사회사 등이 있는가 하면 정부나 자율규제 기구, 압력단체 등과 같은 통제기관도 있다. 광고주는 광고회사에 광고제작을 의뢰하고 광고회사에 의해 제작된 광고는 텔레비전, 신문, 잡지 등과 같은 매체를 통해 소비자들에게 전달된다. 기반조직 중의 하나인 조사기관은 광고제작에서부터 광고효과에 대한 평가까지 필요한 정보를 광고주, 광고회사, 광고매체사 등에게 제공한다. 광고산업은 이들 여러 구성체가 상호작용을 하는 하나의 시스템을 이루는 과정이다.[583)]

한국표준산업분류(KSIC; Korean Standard Industrial Code)를 통해 우리나라 광고산업의

---

582) 이에 관한 상세는, 北田暁大, 「広告の誕生 : 近代メディア文化の歴史社会学」, 岩波書店, 2000, 4면, 9면, 15면 각 참조.
583) 유진룡, 「엔터테인먼트 산업의 이해」, 넥서스BIZ, 2009, 320면.

위치를 파악해보면, 광고는 '사업서비스업(M)'으로 편제되어 있다. 이는 서비스산업의 구조변화 및 전문화 경향을 반영한 결과라고 볼 수 있으며 광고업은 결국 독립적인 사업서비스업으로 영역을 구축할 수 있게 되었다.[584] 2007년 한국표준산업분류 제9차 개정에 따르면,[585] 광고업(713)(Advertising)은 광고대행업(7131)(Advertising Agencies)과 기타 광고업(7139)(Other Advertising)으로 세(細)분류된다. 이러한 세(細)분류는 다시 세세(細細)분류되는데 광고대행업의 경우는 광고대행업(71310)(Media Advertising Agencies)으로, 기타 광고업의 경우는 옥외 및 전시 광고업(71391), 광고매체판매업(71392), 광고물작성업(71393), 그외 기타 광고업(71399)으로 각각 나누어진다. 이러한 세세(細細)분류 중 광고매체판매업은 2000년 제8차 개정 때 신설된 것으로[586] TV나 신문 등 광고매체 소유자를 대리하여 광고시간 또는 지면을 판매하거나 광고매체로부터 광고시간 또는 지면을 구입하여 광고대행사 또는 광고주에게 직접 재판매하는 산업활동을 말한다.

2. 대중문화와 광고

가. "오늘날의 신화는 광고에서 시작된다."[587]

> "오스카 와일드가 지금 살아 있다면, 『신이 우리를 벌하고 싶으면, 신은 우리에게 광고를 믿게 하는 벌을 내렸을 것이다』라고 말했을 것이다."
>
> — 다니엘 부어스틴(Daniel J. Boorstin)[588]

584) 유진룡, 위의 책, 320면.

585) 한국표준산업분류 제9차 개정은 통계청 고시 제2007-53호(2007. 12. 28.)로 확정·고시되어 2008년 2월 1일부터 시행되고 있다.

586) 통계청 고시 제2000-1호.

587) 마정미 "오늘날의 신화는 광고에서 시작된다", 「대중문화 낯설게 읽기」, 문학과경계사, 2003, 305면.

588) Daniel J. Boorstin, THE IMAGE : A Guide to Pseudo-Events in America, Simon & Schuster, Inc., 1962, 정태철 옮김, 「이미지와 환상」, 사계절, 2004, 327면.

미국은 광고에 의해 생겨났고 광고에 의해 성장한 나라이다. 자신이 살던 곳을 버리고 새로운 미지의 세계로 훌쩍 떠날 수 있는 사람이 얼마나 될까? 영국에서 이루어진 이주민 모집 광고는 허황된 과장 일색이었다.[589] 1609년에 나온 광고는 한 번도 아메리카 대륙을 가본 적이 없는 사람이 작성했는데, 버지니아의 생활이 '훌륭한 결과'를 보장해 준다고 광고함으로써 식민지에 대한 영국 하층계급의 환상을 부추겼다. 과장은 갈수록 심해져 아메리카 식민지를 지상낙원처럼 묘사하였다. 그래서 미국의 역사학자 다니엘 부어스틴(Daniel J. Boorstin)은 「미국사의 숨은 이야기」라는 책에서 "정착민들을 이곳으로 데려오기 위해 이민사업 추진자들이 썼던 광고만큼 터무니없고 왜곡된 것은 없었다. (…) 신대륙은 금과 은, 젊의 샘, 무진장한 고기떼들과 사슴들이 약속된 땅이라는 그런 종류"의 노골적인 거짓말로 가득 차 있었다고 썼다.[590] 그렇게 탄생된 미국이 오늘날 '광고의 천국'이 된 것은 결코 우연이 아닐 것이다. 미국의 건설 자체가 광고의 역사였다고 단언하는 부어스틴은 광고야말로 대표적인 '민주주의의 수사학'(rhetoric of democracy)이라고 말한다.[591]

오늘날 우리는 일상생활 속에서 광고와 무관한 것이 없을 정도로 광고 속에서 생활하고 있다. 특히 현대에 와서는 광고가 각종 매체를 통해 집중적으로 이루어지는 특징을 지닌다. 우리가 간과할 수 없는 광고의 본질적인 속성은 광고가 바로 한 시대, 한 사회의 삶의 양식을 지배하는 문화 현상이라는 점이다. 이제 우리는 광고를 떠나서는 하루도 살 수 없다. 특히 오늘날 광고의 가장 가시적이며 대표적 형태로 자리 잡고 있는 텔레비전 광고의 경우 그것이 소비자에게 미치는 영향력은 말할 수 없이 크다. 텔레비전 광고는 신문, 잡지 등 인쇄매체의 광고와는 다르게 소비자들에 대한 노출빈도가 아주 높기 때문이다. 광고는 본질적으로 소비자에 대한 편익제공과 더불어 기업의 이익을 추구하는 이중적 성격을 띠고 있다. 그런

589) 강준만, 「대중매체 법과 윤리」, 인물과사상사, 2001, 383면.
590) 다니엘 J. 부어스틴 지음, 이보형 외 옮김, 「미국사의 숨은 이야기」, 범양사출판부, 1991, 197면.
591) 강준만, 앞의 책, 383~384면.

데 텔레비전 광고에는 먹고 마시고 입고 말하고 행동하는 모든 것, 더 나아가 생각하고 지향하는 모든 것이 함축되어 있다. 광고의 이중적 성격으로 인해 소비자들에게 사회 문화적 역기능을 초래할 수도 있다.[592] 다음의 예는 광고의 사회 문화적 영향력을 실감하게 한다.

1980년대 초 어느 화장품 광고에 동요가 반복적으로 사용되었는데, 학생들이 음악 시간에 동요 제목을 그 화장품 이름으로 말해서 논란의 대상이 된 일이 있었다. 또한 1990년대 중반 모 가구회사의 광고문구 "침대는 가구가 아니라 과학입니다" 때문에 소동이 빚어진 적도 있다. 한 초등학교 시험에 "다음 중 가구가 아닌 것은?"이란 문제가 출제되었다. 정답은 '전화기'였는데, 대부분의 학생들은 '침대'라고 응답하였다고 한다. 침대가 과학적으로 제작되었다는 설명이 생략된 광고문구가 어린 학생들에게 침대 개념에 혼동을 준 사례이다.[593] 2008년 모 이동통신사 CF에 나온 "살라가둘라 메치가불라 비비디바비디부"라는 노랫말이 유명해지자 그 의미가 히브리어로 "아이를 불태우면 소원이 이루어진다"는 뜻이라는 인터넷 괴담이 확산된 적이 있다. 광고의 영향으로 유명해진 노랫말이 인터넷을 통해 엉뚱한 괴담으로 퍼진 예이다.[594]

위 사례보다 더 근원적인 질문을 대중문화와 관련해서 던져볼 수도 있다. 다이아몬드가 결혼 예물이 된 것은 언제부터일까? 산타클로스는 왜 하필 빨간 모자와 옷을 입고 있을까. 아마 이런 것을 궁금해 하는 사람은 많지 않을 것이다. 왜냐하면 이런 문화와 상징은 이미 우리에게 관례화된 것이어서 그 근원에 대해 의문을 제기할 필요를 느끼지 못하기 때문이다. 그러나 이러한 관례가 실은 광고가 만들

592) 이구현, 「광고법학」, 법문사, 1997, 1~12면 참조.

593) 강준만·전상민, 「광고, 욕망의 연금술」, 인물과사상사, 2007, 139~145면.

594) 해당 통신사는 고대 히브리어 전문가로부터 그 노랫말에 전혀 그런 의미가 담겨 있지 않다는 확인을 받았고, '비비디바비디부' 노래를 처음 만든 월트디즈니사로부터도 "특별한 의미 없이 구전되던 노랫말"이라는 답변을 받았다고 한다. 해당 통신사는 이와 같이 인터넷 괴담의 진위를 파악한 다음 이를 공식적으로 발표하지 않고 회사가 운영하는 블로그에 가벼운 에세이 형식으로 사실이 아니라는 내용을 올렸고, 그러자 "괴담이 허위라는 판명이 났다"는 댓글이 퍼지면서 괴담이 사라졌다고 한다(「동아일보」 2009년 4월 24일자 B2면).

어낸 소비문화의 소산이라는 것을 아는 사람은 많지 않다.[595)]

우선 다이아몬드의 경우 다이아몬드 광맥은 계속 개발되지만 소비계층이 왕족이나 귀족들에게 한정된 소비품이어서 미국의 대공황 이후 다이아몬드 시장은 큰 위기를 맞게 된다. 더욱이 다이아몬드는 탄소 원자로만 이루어진 동소체(allotropes of carbon)인 돌[石]이기 때문에 영원히 없어지지 않는다. 그래서 소비자들이 사기는 하되 결코 팔지 말아야 살아남을 수 있는 시장이 다이아몬드 시장인 것이다. 그리하여 드비어스 연합광산회사가, 사랑·결혼의 이미지와 관련하여 개발한 광고 카피가 "다이아몬드는 영원히"이다. 사랑과 결혼만큼 인간이 영원을 갈구하는 대상도 없을 것이다. 이 광고 카피 덕분에 다이아몬드는 영원한 결혼예물, 결혼기념일 선물로 대중적인 소비재가 되었다.[596)]

산타클로스의 경우도 그렇다. 산타클로스가 성 니콜라스의 변형된 캐릭터라는 것을 아는 사람은 많다. 그런데 우리가 아는 산타클로스의 복장은 왜 코카콜라처럼 빨간색과 흰색일까? 문화사가 트위첼(James B. Twitchell)에 의하면, 우리가 알고 있는 산타클로스의 이미지는 코카콜라사가 겨울철의 콜라 소비를 위해 벌인 광고캠페인에서 유래하였기 때문이라는 것이다.[597)]

그 밖에도 광고가 만들어낸 소비문화의 예로 들 수 있는 것은 많다. 가령, 오늘날 10~20대 젊은이들 사이에 유행하는 '발렌타인 데이'는 원래 아버지와 자녀가 사랑의 교훈과 감사를 적은 카드를 교환하던 풍습에서 유래하는 것이라고 한다. 그러면 언제부터 현재와 같은 형태로 '발렌타인 데이'가 고착된 것일까? 여러 견해들 중 가장 유력한 견해에 따르면, 1960년 일본의 모리나가 제과가 연인에게 초콜릿을 선물하라는 신문광고를 한 이래 오늘날과 같은 초콜릿 선물 소비풍조로 굳어졌다고 한다. 이에 '일본 전국 이과자(飴菓子; 엿과자) 공업협동조합'은 발렌타인 데이로 인해 일본의 전통 사탕 소비가 줄어들게 되자 1978년 화이트 데이를 제정하

595) 마정미, "오늘날의 신화는 광고에서 시작된다", 「대중문화 낯설게 읽기」, 문학과경계사, 2003, 305면.
596) 마정미, 위의 논문, 305~306면.
597) 마정미, 위의 논문, 306면.

여 1980년부터 시행함으로써 사탕(즉, 엿을 원료로 하여 만든 사탕) 소비를 늘려가는 계기로 삼았다고 한다.[598] 이와 같이 광고를 통해 소비문화를 선도한 일본의 업계의 예를 본 따서 롯데제과는 11월 11일을 이른바 '빼빼로 데이'라고 명명하여 상품판매의 촉진을 도모하고 있다.

나. 대중문화와 광고의 상호 관계

이러한 사례로 알 수 있듯이, 사회의 흐름을 파악해 변화의 주류를 유도하는 광고의 효과는 더 이상 판매만을 위함이 아님을 알 수 있다. 유행을 만들고, 다시 이용하고, 또 다른 파급효과를 이루어내는 등의 역할을 광고는 수행한다. 흔히 광고를 '자본주의의 꽃'이라고 부른다. 우리들은 자연스럽게 대중의 의식 속으로 침투하는 광고매체를 통해 대중문화를 접하기도 하고 대중문화를 통해 광고를 접하기도 한다. 이와 같이 자본주의 문화 환경 아래에서 하나의 산업으로 번성한 대중문화와 광고는 서로 직·간접적인 영향을 미치고 있다. 더욱이 상품 판매 수단으로서 등장한 광고가 이제 판매 촉진으로만 머무르지 않고, 대중의 의식과 가치관, 그리고 생활양식까지도 변화시킨다.

광고와 대중문화의 상호 영향 관계에 대한 논의는 대개 다음의 네 가지 입장으로 요약해 볼 수 있다. 첫째 광고가 문화를 반영한다는 입장, 둘째 광고가 문화를 창조한다는 입장, 셋째 광고가 문화를 반영함은 물론 창조함으로써 상호간에 영향을 미친다는 입장, 넷째 광고가 생활에 영향을 미치기는 하나 광고와 문화가 상호작용하지 않고 독자적으로 운용된다는 입장이다.[599]

현대 자본주의 사회에서 다양한 매체 환경 속에서 표현되고 있는 광고와 대중문화는, 그 표현수단으로서 매체를 활용하여야 하는 공통의 속성 때문에, 어떠한 방식으로든 직접적이든 간접적이든 상호간에 일정한 영향을 주고받을 수밖에 없다고 보는 것이 타당할 것이다.

---

598) 일본판 위키피디아 참조.
599) 김병희, 「광고와 대중문화」, 한나래, 2000, 39면.

II. 광고계약과 비교광고

1. 광고의 법적 의미

광고의 법적 의미에 대해서는 민법상의 '현상광고'와 관련하여 다음과 같이 설명한다. "광고라고 하면 불특정 다수인에 대한 의사표시를 말하며, 여러 가지가 있다. 상품의 선전광고와 같이 법률적 의미가 전혀 없는 것, 법률적 의미가 있는 것에도 사원총회소집의 광고와 같은 것은 관념의 통지, 또는 구인광고·세방(貰房)의 광고와 같은 청약의 유인 등 여러 가지가 있[다.]"[600] 이 설명에 따르면, 상품의 선전광고는 법률적 의미가 전혀 없는 것이 된다.

상법상으로 상품의 선전광고를 영업으로 하는 행위의 경우는 상법에서 말하는 기본적 상행위의 하나인 '광고, 통신 또는 정보에 관한 행위'(상법 제46조 제7호)에 해당하게 되는데, 이러한 영업적 상행위는 광고를 영업목적으로 하는 상인(商人)(상법 제4조)에 의하여 행하여질 때 비로소 상행위가 된다. 광고대행업·광고업 등을 하는 광고회사가 이에 해당한다.[601]

종래에는 광고가 단순히 상품을 판매할 목적으로 다수의 사람들을 대상으로 이루어짐으로써 다수인의 의사에 정신적 영향을 미치는 것이라고 인식되어 왔다. 그러나 오늘날 광고는 사법(私法)적 법률관계 외에 행정법 및 형법 등 공법적 법률관계까지도 영향을 미치는 점을 고려하여 볼 때, 광고에 대한 종래의 개념과는 달리 비(非)영업광고까지도 포함하여 광범위하게 법률적 의의를 갖는 광고의 개념을 정립할 필요가 있다. 이에 따라 광고의 개념을 법률적으로 정립하면 법률적 의의를 갖는 광고라 함은 일반 공중에게 인식시킬 수 있는 방법으로 의사를 표현하고 그 표현행위가 그 표의자의 이익으로 돌아오도록 하는 일체의 행위라고 정의할 수 있을 것이다. 그러한 점에서 법적으로 의미 있는 광고는 생산자의 광고에 한정되

600) 곽윤직, 「채권각론」(재전정판), 박영사, 1984, 436면.
601) 임홍근, 「상행위법」, 법문사, 1989, 167~168면, 178면 각 참조.

는 것이 아니라고 할 것이다.602)

이러한 광고의 대(對) 공중성(公衆性) 내지 대(對) 공개성은 광고와 관련된 공·사법의 모든 법률관계에 특수한 영향을 미치고 있고, 심지어 공·사법 쌍방의 법률관계에 동시에 법률관계를 발생시키기도 한다. 이러한 광고의 법률적 특질은 공법, 사법, 공·사법 쌍방의 법률관계에 있어서 각 그 일반원리에 독특한 수정을 필요로 하게 만들고, 독자적인 광고법의 영역을 탄생하게 한다.603)

2. 광고계약 — 광고물의 표현에 대한 법적 책임을 중심으로

가. 문제의 제기

대중문화와 광고간의 상호관련성을 고려할 때, 광고물 표현에 대한 법적 책임의 귀속주체를 둘러싼 문제가 제기될 수 있다. 즉, 만일 광고물(=광고제작물) 중에 타인의 명예를 훼손하는 내용이 포함되어 있다면, 그 법적 책임은 광고를 의뢰한 광고주(廣告主)와 광고회사(≧광고대행사 또는 광고대리점), 그리고 광고매체업자(가령, 신문·잡지사, TV·라디오 방송국, 인터넷 사업자) 중에서 누가 부담하게 되는가 하는 문제이다.

법적 책임의 주체로서 먼저 생각할 수 있는 것은 광고주이다. 광고주야말로 광고를 통한 선전·표시의 행위자이고, 광고의 수용자인 소비자도 광고내용이 광고주와 직접 결부되어 있다는 것을 인식하면서 그 광고를 계기로 광고주와 거래관계에 들어가는 것이 보통이기 때문이다. 따라서 광고주는 그 광고물을 자신이 직접 작성하지 않았다는 이유로 법적 책임이 면제되지 않는다. 이러한 법적 취급은 어느 나라의 입법에서도 발견할 수 있는 원칙적 태도이다.604) 그런데 광고회사는, 광고주와 광고매체업자 사이에서, 광고주의 광고물을 매체업자의 지면에 게재하

602) 高田源淸, 「廣告法論」, 立命館出版部, 1936, 45면 이하; 이정일, "우리나라 광고시장 개방에 대한 법적 고찰", 서울대학교 대학원 법학석사 논문, 1990. 2., 2면에서 재인용.

603) 高田源淸, 위의 책, 45면 이하.

604) 長尾治助, "廣告事業者責任の比較法的考察", 「民事責任の現代的課題」中川淳先生還曆祝賀論集, 世界思想社, 1989, 27면.

거나 광고매체업자의 전파를 타고 방송할 수 있도록 광고 관련 역무(役務)를 위탁받거나 매입 또는 대리·중개·위탁매매 하는 업무를 행하고 있다.[605][606] 뿐만 아니라 오늘날 광고회사는 단순한 광고 업무 외에 종합 엔터테인먼트 회사를 지향하는 경우도 점차 많아지고 있기 때문에, 광고회사의 광고물의 표현에 대한 법적 책임 문제도 주요 관심 대상으로 부각되고 있다. 따라서 광고회사의 광고물 게재와 관련된 법적 책임 문제를 고찰하기 위해서는, 그 선결 과제로서 광고매체업자, 광고회사, 광고주 간에 유기적으로 이루어지는 광고계약의 법적 구조를 이해할 필요가 있다.

나. 광고계약의 체결구조

(1) 광고계약의 의미

오늘날 광고주는 자신이 광고매체업자와 직접 계약을 체결하여 광고를 집행하는 경우는 드물고, 광고주가 광고회사와 계약을 체결한 다음 광고회사를 통하여 광고매체에 광고를 집행하는 경우가 대부분이다. 광고매체업자도 광고주의 경우와 마찬가지로 광고회사와 계약을 체결한 다음 광고회사를 통하여(또는 광고회사에게) 광고매체가 제공할 수 있는 추상적(抽象的)인 '시간' 또는 '공간'을 판매하고,[607] 해

605) 광고회사가 광고 관련 역무의 '위탁'을 받는다는 것은, 광고회사가 독립적인 지위에서 매체업자와의 사이에 광고업무의 처리에 관한 민법상 비전형(非典型)계약을 체결한다는 의미이다. 광고회사가 광고 관련 역무를 '매입'한다는 것은, 광고회사가 매체업자로부터 가령 신문 지면에 확보된 '공간'(space)이나 방송 전파에 확보된 '시간'(time)을 유형물은 아니지만 민법상의 물건으로 취급할 수 있는 관리가능한 재화의 일종으로 매입한다는 것이고, '대리'는 광고회사가 매체업자를 위한 상법상의 대리상(代理商)이 된다는 의미이며, '중개'는 상사중개인으로서의 역할을, '위탁매매'는 상법상의 위탁매매업을 행한다는 의미이다. 이와 같은 취지의 설명으로는, 國弘正樹·長尾治助 外3人,「廣告の法理-紛爭と法的責任」, 民事法硏究會, 1998, 15~31면 참조{이 책에서는 '위탁'계약이라는 무명(無名)계약, '매절'(買切)계약, 대리상, 취차(取次) 내지 중립(仲立)영업, 문옥(問屋)영업 등으로 설명한다}.

606) 한편, 국내 문헌에서는 "광고대행업자의 법률적 성격이 매매중개업으로부터 위탁판매업을 거쳐 오늘날은 위탁판매와 도급업을 경영하는 상인(商人)으로 변천되어 왔다"고 볼 수 있으며 "최근에는 광고대행업자는 영업자의 영업고문 역할까지 하므로 상업사용인화 내지 대리상(代理商)화하는 측면을 가지기까지 한다"고 설명하기도 한다. 이정일, 앞의 논문, 28면.

607) 신문이나 잡지와 같은 활자매체는 지면상에 확보된 '공간'(space)을, TV나 라디오와 같은 방송매체는 전파상에 확보된 '시간'(time)을, 그리고 온라인서비스제공자와 같은 인터넷매체는 온라인상에 확보된 '시·공간'을 판매하게 된다.

당 광고매체의 '시간' 또는 '공간'에 광고주의 구체적(具體的)인 광고물을 담아 표현함으로써 광고를 집행한다.

그런데 우리가 일반적으로 말하는 광고계약이란 광고매체업자와 광고회사 간의 계약과, 광고주와 광고회사 간의 계약이라는, 두 가지 계약이 유기적으로 연결되어 '광고'라는 하나의 사회적 효과를 달성하는 것을 의미한다. 그런데 이러한 두 가지 계약이 연결되어 형성하는 법률관계는 그 계약의 구체적인 양상에 따라 매우 다양하고 복잡하게 전개되기 때문에, 광고계약의 구체적인 내용도 다양할 수밖에 없다. 따라서 여기서는 이해의 편의를 위하여 오늘날 광고업계에서 빈번히 이루어지는 몇 가지 유형을 기준으로 광고계약의 의미를 살펴보는 것이 필요할 것이다.

(2) 광고계약 체결과정의 이해

'광고'라는 하나의 사회적 효과를 실현하기 위해서는 전술한 바와 같이, ① 광고주와 광고회사 간의 계약, ② 광고매체업자와 광고회사 간의 계약, 이렇게 두 가지 계약이 유기적으로 연결된다.

광고매체업자는 신문, 방송과 같은 매체를 소유하고 이를 관리하는 업자를 말하는데, 제작된 광고물이 방송과 같은 매체의 전파를 타거나 신문과 같은 매체의 지면에 게재되어 소비자에게 전달될 수 있는 상태에 놓이게 하는 것을 "광고물을 매체에 설정(設定)[608] 또는 화체(化体)한다"[609] 라고 표현하는 경우가 있다. 이를 좀 더 구체적으로 설명하면 "완성된 광고물을 매체에 광고한다"라든가 "완성된 광고

608) 1984년 한국표준산업분류에 따르면 광고업을 광고대행업과 광고물작성업으로 세세(細細)분류하면서, 광고대행업을 "수수료 또는 계약에 의하여 광고주를 대리하여 광고물을 작성하고 각종 광고매체에 광고를 설정하거나 광고매체를 대리하여 광고주에게 매체의 지면, 시간을 판매하는데 종사하는 산업활동을 말한다"고 정의하는데, 여기서 "광고매체에 광고를 설정"한다는 표현을 사용하고 있다. 경제기획원, 「한국표준산업분류」, 1984, 389~390면 참조.

609) 화체(化体)라는 표현의 용례는 일본 변호사들의 광고계약 관련 저술에서 발견할 수 있다. 가령, 완성된 광고물은 "매체에 화체되는 것을 목적으로 하고" 있는데 "이것들을 여기서는 간단히 '광고 (화체) 계약'으로 부르고자 한다" 라는 표현이 바로 그것이다. 國弘正樹·長尾治助 外3人,『廣告の法理―紛争と法的責任』, 民事法研究會, 1998, 34면.

물을 매체에 집행(=실행, 시행)한다"라고 표현할 수 있을 것이다.

이하에서는 이러한 두 가지 계약에 대한 설명의 편의를 위하여 〈①의 계약〉과 〈②의 계약〉으로 약칭하기로 한다.

㉮ 〈①의 계약〉 : 광고주와 광고회사 간의 계약

광고주와 광고회사 간에 체결되는 〈①의 계약〉은, 다시 광고 문안을 작성하고 관련 도안, 광고물을 설계하는 것과 관련된 ≪①-1 계약 = 광고물 작성 계약≫과, 제작 완성된 광고물을 매체를 통해 소비자에게 전달하기 위한 ≪①-2 계약 = 광고물을 매체에 광고하는 계약≫[610]으로 나누어진다. ≪①-1 계약≫과 ≪①-2 계약≫은 동시(同時)에 또는 이시(異時)에 체결될 수 있는데, 그 결과로 ≪①-1 계약≫과 ≪①-2 계약≫은 병존(竝存)하는 경우가 생긴다.[611]

그런데 ≪①-1 계약≫과 ≪①-2 계약≫은 그 내용이나 법적 성격을 고려할 때 관념상으로는 각 별개의 계약으로서 인식 대상이 될 수 있는 것이지만, 현실적인 법적 분쟁에서는 〈①의 계약〉이라는 전체적인 틀 속에서 위 각 계약을 서로 혼동하거나 일원적(一元的)으로 파악하는 경우가 생길 수 있으며, 이로 말미암아 광고주와 광고회사 간의 법률분쟁을 복잡하게 만들 가능성도 있다. 이러한 문제와 관련해서는, 위 각 계약의 목적이 처음부터 서로 다른 것이었다는 점을 명확히 인식하는 것이 필요하다.[612] 즉, ≪①-1 계약≫은 광고물을 작성하는 것을 목적으로 하는 계약이고, ≪①-2 계약≫은 완성된 광고물을 매체에 집행하는 것을 목적으로 하는 계약이라는 점을 명확히 인식하는 것이 필요하다. 이러한 인식은 실제로 발생한 법적 문제를 해결하는 데에 유용할 것이다.

≪①-1 계약 = 광고물 작성 계약≫의 경우 광고회사가 직접 광고물을 작성하

610) 본문의 ≪①-2 계약≫을 '광고 설정 계약' 또는 '광고 화체 계약'으로 명명하는 것도 가능할 것이다.

611) 國弘正樹·長尾治助 外3人, 위의 책, 34면. 참고로 이 책의 저자인 일본 변호사들은 ≪①-1 계약≫을 '광고제작계약'으로 ≪①-2 계약≫을 '광고(화체) 계약'으로 부르고 있다.

612) 國弘正樹·長尾治助 外3人, 위의 책, 34면.

지 않고 외부의 제3자에게 광고제작을 의뢰하는 경우에는 다시 광고회사와 그 제3자 간에 광고물작성위탁계약이 체결된다.

한편, 광고물작성계약에 기해 완성된 광고물을 매체에 광고하기 위해서는 광고회사와 광고주 사이에 계약이 체결되어야 한다. 이 계약은 매체가 무엇이냐에 따라 달리 부를 수 있는데, 매체가 신문인 경우 '신문광고게재계약'으로, 매체가 텔레비전인 경우 'TV광고방영계약'으로 부를 수 있다. 이러한 유형의 계약을 총칭한 것이 전술한 ≪①-2 계약 = 광고물을 매체에 광고하는 계약≫이다. 이 계약에 기해서 광고회사는 광고주를 위해 매체를 확보하고 완성된 광고물이 해당 매체에 집행되도록 하는 것이다.

㉯ 〈②의 계약〉 : 광고매체업자와 광고회사 간의 계약

광고매체업자와 광고회사 간의 계약은 매체업자를 위하여 광고를 판매하는 역할을 하는 것이기 때문에 광고회사는 매체업자로부터 판매 수수료를 받게 된다. 한편 이러한 〈②의 계약〉과는 별개로 앞에서 보았듯이 광고주와 광고회사 간에는 ≪①-2 계약 = 광고물을 매체에 광고하는 계약≫이 체결되므로, 결국 광고회사는 이러한 두 가지 계약을 통하여 광고주와 매체업자 양쪽을 연결시키는 역할을 하게 된다. 즉, 광고회사는, 광고주와 광고매체업자 사이에서, 광고 관련 역무(役務)를 위탁받거나 매입 또는 대리·중개·위탁매매 하는 업무를 수행하게 되는 것이다.

이상에서 설명한 광고계약 체결과정의 전체적 구조를 도시(圖示)하면 아래에서 보는 바와 같다.

광고주 → <①의 계약> ← **광고회사** → <②의 계약> ← **광고매체업자**

≪①-1 계약 = 광고물 작성 계약≫

≪①-2 계약 = 광고물을 매체에 광고하는 계약≫

다. 광고물의 표현에 대한 광고회사 등의 법적 책임

가령, 광고회사가 광고주가 직접 제작한 광고물을 '인터넷 종합 정보제공 사업자'[613]인 포털서비스제공자의 사이트에 배너광고 형태로 집행하였다고 가정하면, 이때 체결되는 일련의 광고계약은 다음과 같이 된다.

즉, 배너광고와 관련하여 광고회사는 광고주와 ≪①-2 계약 = 광고물을 매체에 광고하는 계약≫을 체결하게 될 것이고, 광고회사는 광고매체업자인 포털서비스제공자와의 사이에 〈②의 계약〉을 체결하게 될 것이다. 그러나 배너광고는 광고주가 직접 제작한 것이므로 배너광고에 대해서는 광고회사와 광고주 간에 ≪①-1 계약 = 광고물 작성 계약≫을 체결하지 않아도 될 것이다.

이러한 경우 광고회사로서는 매체업자와 체결한 〈②의 계약〉과 광고주와 체결한 ≪①-2 계약 = 광고물을 매체에 광고하는 계약≫만이 문제가 될 것이다. 따라서 이러한 경우 광고회사는 광고주와의 관계에서 ≪①-2 계약≫만을 체결하였을 뿐이고 ≪①-1 계약≫은 체결조차 하지 않았으므로, 설령 제작 완료된 광고물 내용 중에 타인의 명예를 훼손하거나 그 밖의 인격권 등을 침해하는 내용이 포함

---

613) 참고로 대법원 2009.4.16. 선고 2008다53812 판결은, 포털서비스제공자를 '인터넷 종합 정보제공 사업자'라고 칭하고 있다: "정보통신망 이용촉진 및 정보보호 등에 관한 법률 제2조 제1항 제3호 소정의 정보통신서비스 제공자로서, 인터넷 가상공간 내에 있는 각종 정보제공 장소(인터넷 이용자들은 '사이트'라고 부른다)들에 게재된 정보에 대한 분야별 분류 및 검색 기능을 비롯하여 인터넷 이용자가 직접 자신의 의견이나 각종 정보를 게시·저장하거나 이를 다른 이용자들과 서로 공유·교환할 수 있는 인터넷 게시공간(그 중 '블로그', '미니 홈페이지', '인터넷 동아리', '카페'라는 이름으로 개설된 게시공간을 아래에서는 '사적(私的) 인터넷 게시공간'이라고 한다)을 제공하고, 아울러 전자우편, 게임 이용 서비스를 제공하는 등 인터넷에 관한 종합적인 서비스를 제공하는 자(인터넷 이용자들은 위와 같은 서비스를 '포털서비스'로, 그 서비스가 이루어지는 정보제공 장소를 '포털사이트'로 부른다. 아래에서는 그 서비스를 '인터넷 종합 정보서비스', 그 서비스가 이루어지는 장소를 '인터넷 종합 정보제공 장소', 그 서비스를 제공하는 사업자를 '<u>인터넷 종합 정보제공 사업자</u>'라고 한다)가 보도매체가 작성·보관하는 기사에 대한 인터넷 이용자의 검색·접근에 관한 창구 역할을 넘어서서 보도매체로부터 기사를 전송받아 자신의 자료저장 컴퓨터 설비에 보관하면서 스스로 그 기사 가운데 일부를 선별하여 자신이 직접 관리하는 뉴스 게시공간에 게재하였고 그 게재된 기사가 타인의 명예를 훼손하는 내용을 담고 있다면, 이는 단순히 보도매체의 기사에 대한 검색·접근 기능을 제공하는 경우와는 달리 인터넷 종합 정보제공 사업자가 보도매체의 특정한 명예훼손적 기사 내용을 인식하고 이를 적극적으로 선택하여 전파한 행위에 해당하므로, 달리 특별한 사정이 없는 이상 위 사업자는 명예훼손적 기사를 보도한 보도매체와 마찬가지로 그로 인하여 명예가 훼손된 피해자에 대하여 불법행위로 인한 손해배상책임을 진다."

되어 있다고 하더라도 광고회사로서는 원칙적으로 법적 책임을 부담하지 않는다고 보아야 할 것이다.

결국 이상과 같은 계약 관계에 비추어 보면, 광고물을 직접 제작하지 않은 광고회사로서는 그 광고물에 명예훼손이나 그 밖의 인격권 침해 등의 사실이 포함되어 있다고 하더라도, 이러한 사실을 알았거나 알 수 있었으면서도 이러한 광고물의 광고행위에 협력하거나 방조한 경우에 해당하지 않는 한, 손해배상 책임은 발생하지 않는다고 보아야 할 것이다.[614]

만일, 광고회사가 광고주와 ≪①-1 계약 = 광고물 작성 계약≫을 체결하고 이에 따라 광고회사가 광고물을 작성하여 배너광고로 포털서비스제공자의 사이트에 게재하였는데, 그 내용 중에 타인의 명예를 훼손하는 내용 등이 포함되어 있다면 그 법적 책임은 광고회사에게 귀속하게 될 것이다. 또한 이 경우 광고주는 광고물을 광고하는 행위주체로서 타인의 명예를 훼손하는 내용 등에 대하여 법적 책임을 지게 될 것이다. 그러나 광고매체업자의 경우는 그러한 사실을 알았거나 알 수 있었으면서도 당해 광고물의 광고행위에 협력한 것이 아닌 한, 원칙적으로 법적 책임은 부담하지 않게 될 것이다.

광고물 표현의 인격권 침해 등과 관련하여 광고회사의 법적 책임 여부가 문제된 사건은 아니지만, 광고물의 허위·과장 표시와 관련하여 사이버몰 운영자가 입점업체의 광고행위에 대하여 광고행위의 주체로서 행정적 책임을 지는지 여부에 관하여 판단한 재판례를 소개한다.

【재판례】 대법원 2005. 12. 22. 선고 2003두8296 판결 (시정명령 등 효력정지)[615]

[사실관계]

① 원고는 오프라인에서 이미 가지고 있던 유통망을 기반으로 인터넷 쇼핑에 진출한 사이

614) 長尾治助, “廣告事業者責任の比較法的考察”, 「民事責任の現代的課題」中川淳先生還暦祝賀論集, 世界思想社, 1989, 29면 참조.

615) 위 대법원 판결에 대한 평석으로는, 나지원, “사이버몰 운영자의 표시·광고법상의 책임”, 「법률신문」, 2006. 8. 28.자 참조.

버몰과는 달리 인터넷 포탈업체(http://www.daum.net)에서 출발하여 사이버몰 다음(http://shop.daum.net)을 운영하고 있기 때문에 직접 상품구매, 재고관리, 물류, 판매 등을 하지 않는 임대형 사이버몰로 알려져 있는 사실, ② 원고는 수호통상이라는 상호로 의류, 잡화 도소매업을 하는 소외인과 사이에 소외인이 원고 운영의 사이버몰을 통하여 그 이용자에게 상품의 관련 정보를 전시 또는 게시하고 상품을 판매하되 그에 따른 모든 책임을 지기로 하는 내용의 거래약정을 맺은 사실, ③ 소외인은 원고가 정한 웹디자인상의 등록절차에 따라 '상품공동구매'란에 상품명 "유명아동 후드패딩 2종 세트", 상점 "e-패션", 제조원 "e-패션", 원산지 "중국", 제조시기 "2001년 겨울 신상품", 판매가 "19,800원", 공동구매기간 "10월 20일~11월 15일" 등의 내용을 표시 또는 게시(이하 '이 사건 광고'라 한다)함과 아울러 자기를 나타내기 위한 문구로 "상품문의 : (전화번호 생략)", "배송문의 : (전화번호 생략)", "A/S 및 제품문의 : (이메일 주소 생략)"을 표시한 사실 등이다.

[판시내용]

[1] 사이버몰 운영자가 입점업체의 광고행위에 대하여 입점업체와 공동으로 또는 입점업체와 독립하여 광고행위의 주체로서 행정적 책임을 지는지 여부는 사이버몰 운영자와 입점업체 사이의 거래약정의 내용, 사이버몰 운영자의 사이버몰 이용약관의 내용, 문제된 광고에 관하여 사이버몰 운영자와 입점업체가 수행한 역할과 관여 정도, 광고의 구체적 내용은 물론 광고행위의 주체에 대한 소비자의 오인가능성 등을 종합하여 구체적·개별적으로 판단하여야 한다.

[2] 사이버몰 운영자가 입점업체의 광고행위에 대하여 그 주체로서 표시·광고의 공정화에 관한 법률 제3조, 제7조 제1항에 의한 행정적 책임을 진다고 볼 수 없다고 한 사례.

3. 비교광고(comparative advertising)를 둘러싼 법적 문제점

가. 비교광고란 무엇인가?

(1) 사례

광고와 대중문화 상호간의 관련성을 고려할 때에, 소비자에게 가장 큰 광고효과를 가져오는 광고기법 중의 하나가 비교광고이다. 또한 비교광고는 소비자의 이익에 기여하는 측면이 있다. 대량생산된 상품의 품질 저하에 항의하기 위해 미국에서 시작된 소비자운동도 소비자에게 제공되는 생산품들을 분석하고 판단할 수 있게 하는 비교광고와 일정한 관련성을 갖는다.[616]

최근 국내에서도 활성화되고 있는 비교광고의 사례들을 보면, 아래에서 소개하는 것처럼 비교광고에서 사용되는 표현방법의 일정한 유형을 보여준다.

㉮ "싼타페에 갔다. 좋은 건 다 옵션이란다."(2008년)

GM대우는 주요 신문에 "싼타페에 갔다. 좋은 건 다 옵션이란다"란 타이틀을 달고 이어서 "윈스톰을 샀다. 후방카메라와 최첨단 내비게이션이 기본이다!"라는 문구를 덧붙인 광고를 게재하였다. 라디오 광고에선 GM대우가 출시한 윈스톰의 기본 옵션 제공에 대한 설명을 곁들인 뒤 "그럼 싼타페는?"이라고 현대차 차명을 직접 거명하기도 했다.

싼타페는 현대자동차의 베스트셀러 SUV 모델이기도 하지만, 미국 뉴멕시코주의 주도의 명칭이기도 하다. 해발 2100m에 위치하고 일년에 300일 이상이 맑은 고원도시이다. 싼타페라는 도시에 가면 손해란 표현이자 현대차 싼타페를 사면 옵션 부담이 크다는 뉘앙스를 한 데 담은 비교광고이다.[617]

---

616) Gérard Lagneau, La sociologie de la publicité, Presses Universitaires de France, 1977, 제라르 라노 지음, 김혜련 옮김, 「광고사회학」, 한길사, 2000, 131~132면 참조.

617) 「머니투데이」 2008년 3월 6일자 기사 참조.

㉯ "Daum 검색 VS. 네이버 검색"(2008년)

'다음'의 홈페이지에 게시되고 있는 이 비교광고는 '네이버'를 나타내는 녹색 검색창 쪽으로 무게가 기울어지는 듯하다 '다음'의 파란 검색창으로 역전된다. 곧이어 "이젠 검색도 다음입니다"라는 문구가 게시된다.

㉰ "있을 때 잘하지 그랬어~ 안녕, 난 네이버 카페로 간다"(2004년)

'네이버'는 광고모델인 전지현 씨를 텔레비전 광고에 출연시켜 '다음'과 비교하는 광고를 시작하였다. 이 광고에서는 "있을 때 잘하지 그랬어~안녕, 난 네이버 카페로 간다"라는 노골적인 문구를 앞세워 다음을 떠나 '네이버'로 옮기라는 메시지를 선보였다. 이 광고 이후 '네이버' 사이트에는 하루 평균 98만 명의 방문자가 다녀오는 등 일주일만에 방문자수가 약 4배나 증가하였다고 한다.[618]

㉱ "현대카드는 좋은 경쟁상대인 삼성카드가 있어 한발 더 앞서갈 수 있습니다"(2004년)

한밤 중 조명등이 켜진 농구장을 찍은 사진의 정중앙에 "라이벌이 있다는 건… 참 좋은 일입니다. 현대카드는 좋은 경쟁상대인 삼성카드가 있어 한발 더 앞서갈 수 있습니다"라는 문구가 등장하는 광고이다.

자산이나 시장점유율 면에서 경쟁상대가 될 수 없던 상황임에도 현대카드가 삼성카드를 경쟁상대라고 거론함으로써 현대카드의 서비스를 소비자에게 강조한 것이다. 이 광고는 비교광고의 성공 사례로 인용되곤 하는 1962년 에이비스(Avis) 렌트카 회사의 "에이비스는 렌트카 업계 2위입니다. 그러니 우리 회사를 이용하십시오"라는 문구로 시작되는 유명한 광고 헤드라인을 떠올리게 한다.[619]

---

618) 「이데일리」 2008년 3월 24일자 기사.

619) 에이비스(Avis)사가 1962년 당시 미국 렌트카 시장 점유율 1위를 차지하던 헤르츠(Hertz)사를 상대로 벌인 비교광고에 대해서는, Dean K. Fueroghne, "But the People in Legal Said…" : A Guide to Current Legal Issues in Advertising, Dow Jones-Irwin, 1989, 딘 푸에로뉴 지음, 김연호·한상필 옮김, 「미국 광고법의 이해」, 도서출판 한울, 1998, 204~205면 참조.

㉤ "이젠 별도 콩도 잊어라. 커피도 Smart Choice 하세요"(2009년)

광고 문구 속의 '별'과 '콩'은 익히 알려진 것처럼 커피 전문점 '스타벅스'(일명 별다방)와 '커피 빈'(일명 콩다방)을 뜻한다. 패스트푸드업체 맥도날드 사가 커피 전문점 후발업체로서 새롭게 내놓은 커피 브랜드 '맥카페'를 알리기 위해 직설적으로 비교광고를 실시한 사례이다.

(2) 개념

비교광고(comparative advertising)란 광고형식의 하나로서, 이미 시장에 유통되고 있는 기존의 상품과 광고자의 상품을 품질, 가격, 기능적으로 비교하는 광고를 말한다. 이러한 비교광고의 효용 때문에 소비자는 쉽게 당해 상품의 우열을 판단할 수 있으며, 이미 유력한 선행상품이 시장을 점유하고 있는 경우 시장에 새로이 진입하려는 상품의 광고에 효과가 있다.[620] 또한 비교광고는 경쟁 회사의 상품과 비교하는 경우는 물론이고 과거 자기 회사가 판매하던 상품과 비교하는 경우도 포함된다.

일반적으로 실시되는 비교광고를 구체적으로 설명하면, 상대방 상품과 비교를 함에 있어서 품질, 가격, 특성, 이미지, 유사성, 내용, 기능, 내구성, 안락함, 환경친화성, 에너지 절약형 등 상품에 관한 다양한 정보를 소비자에게 알려줌으로써 상대방 상품이나 서비스에 비해 자사 상품이 우위에 있다는 사실을 알리고자 하는 경우가 많다.[621] 이와 같이 비교광고는 자사 상품의 몇 가지 속성들에 대해서 경쟁 상품들을 직·간접적으로 거명함으로써 자사 상품과 경쟁 상품을 비교하는 복합적인 특성을 갖는다.

비교광고의 방식에는 경쟁 회사의 상품을 직접 명시하는 직접비교와, 경쟁대상을 간접적이고 암시적으로 표현하는 간접비교가 있다. 어느 경우나 모두 비교대상

620) 土肥一史, "比較廣告における他人の登録商標の使用", 「工業所有權-中心課題の解明」, 勁草書房, 1989, 251-252면.
621) 이구현, 「광고법학」, 법문사, 1997, 237면.

이 되는 상대방 회사의 기분을 상하게 하겠지만, 직접비교의 경우가 좀 더 불쾌할 것임은 말할 필요조차 없을 것이다.[622)]

따라서 비교광고는 다른 전략과 비교해서 심의요청을 받을 확률이 일반적으로 더 높다. 비교광고라는 전략의 속성상 비교대상이 되는 상품이 광고 내에 부정적인 이미지로 등장하기 때문에 비교대상이 되는 상대방 회사가 가만히 있기가 어려울 것이기 때문이다.[623)] 그러므로 비교광고의 내용에 따라서는 상대 기업의 명예를 훼손하였다거나 허위광고라는 이유로 법적 분쟁이 발생할 수도 있고, 저작권 침해나 상표권 침해 또는 부정경쟁행위에 해당한다는 등의 이유로 법률문제가 발생할 가능성도 크다.

나. 비교광고에 대한 법적 대응의 변천

비교광고는 1970년대 전반 미국에서 소비자운동이 대두되면서 미 연방공정거래위원회(FTC; Federal Trade Commission)가 비교광고에 대한 정책지침서를 발표함에 따라 발전되어온 광고표현기법이다.[624)] 1970년 이전에는 미국에서도 비교광고가 활발하게 실시되지 않았다. 광고주 입장에서는 광고에서 경쟁사를 언급하면 경쟁사가 무료로 광고를 하는 혜택을 본다고 생각하였고, 또 많은 광고회사들은 비교광고가 비윤리적이고 비겁하다고 생각하였기 때문이다. 뿐만 아니라 비교광고를 시행하는 데 가장 큰 장벽은 비교광고를 허용하지 않았던 미 연방공정거래위원회와 전국 네트워크를 갖춘 텔레비전 방송사의 정책이었다. 1972년까지 미국 3대 텔레비전 방송사 중 두 개 방송사와 주요 신문사들은 비교광고를 금지하였다. 그러나 1972년 연방공정거래위원회가 비교광고의 실시에 호의적인 반응을 보이기 시작하였고, 대중매체도 비교광고에 대한 그간의 입장을 변경하여 이를 허용하였다. 비교광고가 소비자와 광고주에게 모두 혜택을 줄 수 있다고 판단하게 되었기 때문

622) 김주영, "미국의 비교광고", 「광고심의」, 2008년 3/4월호, 73면.
623) 김주영, 위의 논문, 73면.
624) 豊田彰, 「廣告の表現と法規」改訂新版, 株式會社 電通, 1996, 124면.

이다. 그러나 이러한 효용을 가져오기 위해서는 비교광고의 내용이 반드시 진실한 것이어야 하고 공평해야 하며, 정확해야 한다는 것을 전제로 한다. 미국의 네트워크 텔레비전 방송사들은 진실한 내용의 비교광고만을 방송하기 위하여 비교광고를 시행할 때 광고주가 준수해야 할 가이드라인을 자율적으로 제정하여 제시하고 있다.[625)]

그 이후 세계 여러 나라에서도 비교광고에 대한 규제조치를 완화하게 되었고 일본에서도 일부 소비자단체가 이를 요구하게 되었다. 특히 일본에서는 1970년대 이후 미국 등과의 무역마찰과 관련하여, 일본 내 외국자본 계열의 기업들이 효과적인 광고·선전활동을 행하지 못하고 있는 것은, 일본이 비교광고를 규제하고 있기 때문이라는 비판이 제기되었다. 이에 따라 일본 공정거래위원회는, 1986년 6월 공정위가 관장하는 '부당경품류 및 부당표시방지법'[不當景品類及び不當表示防止法][626)] 이 경쟁사업자의 상품과의 비교 그 자체에 대해서 금지하거나 제한하는 것은 아니라는 점을 밝히고, 1987년 4월 "비교광고에 관한 경품표시법상의 지침"이란 제목의 가이드라인을 공표하였다.[627)]

우리나라의 경우 1970년대 말부터 인쇄매체를 시작으로 비교광고가 사실상 행해져 왔으나 관계당국의 소극적 태도와 국민에게 주는 부정적 이미지 때문에 그 예는 많지 않았다. 방송광고에서는 1995년 5월 1일 방송위원회의 '광고심의에 관한 규정'의 개정으로 비교광고가 정식으로 허용되었다.[628)] 그러나 당시 규정은 "광고를 할 때는 반드시 사실에 근거해야 하며, 비교 표현이 배타적이어서는 안 되며, 경쟁상품이나 경쟁기업을 비방 중상해서는 안 된다"고 규정되어 있을 뿐 실제로 비교광고를 심의하는 데 있어서 그 규제법규가 구체적이지 않고 실무적으로 적용

625) Dean K. Fueroghne, "But the People in Legal Said…" : A Guide to Current Legal Issues in Advertising, Dow Jones-Irwin, 1989, 딘 푸에로뉴 지음, 김연호·한상필 옮김,「미국 광고법의 이해」, 도서출판 한울, 1998, 206~208면 발췌 요약.

626) 이 법률은 통상 '경품표시법'(景品表示法)으로 약칭된다.

627) 豊田彰,「廣告の表現と法規」改訂新版, 株式會社 電通, 1996, 124면.

628) 박해식, "부당비교광고의 규제",「Entertainment Law」, 박영사, 2007, 522면.

할 수 있는 구체적인 기준설정이 없어 비교광고가 활성화되지 않았다.

우리나라 비교광고의 법적 대응에 있어서 하나의 전환점이 된 것은 1999년 2월 5일 제정되어 같은 해 7월 1일부터 시행된 '표시·광고의 공정화에 관한 법률'(이하, '표시광고법'으로 줄임)에 비교광고에 관한 규정을 마련한 때부터이다.[629] 이와 관련하여 공정거래위원회는 2001년 8월 22일 비교광고의 정당성 여부 심사 기준이 되는 '비교 표시·광고에 관한 심사지침'을 제정하여 같은 해 9월 1일부터 시행하였다.[630] 이에 따라 자사 상품의 장점을 내세워 타사 상품과 비교하는 광고가 원칙적으로 허용됨으로써 비교광고가 활성화되었다.

그러나 비교광고가 허용된 뒤 검증된 기준에 따라 공인기관에 의해 측정된 객관적 지표를 사용하지 않은 채 특정인의 경험이나 특정상황에서의 비교결과를 이용하여 자사 제품의 우월성을 부당하게 주장하는 광고가 등장하였다. 이에 따라 공정거래위원회는 위 심사지침을 개정하여 2002년 7월부터 객관적 측정이 가능한 특성을 통한 비교표시·광고만을 허용하도록 하였다.[631]

다. 비교광고에 있어서 타인의 등록상표의 사용과 상표권 침해 여부

(1) 쟁점

예컨대, 자기 회사의 자동차를 광고하면서 그 광고 중에 롤스로이스 자동차의 사진과 그 상표를 사용하여 "롤스로이스와 같은 승차감"이라고 표시하는 경우이다. 따라서 이러한 비교광고와 관련해서는, 타인의 상품에 타인의 상표를 사용하는 것이 상표권을 침해하는 것인가 하는 의문이 있다. 상표법 제2조(정의) 제1항 제

629) 표시광고법 제3조(부당한 표시·광고행위의 금지) 제1항 사업자 등은 소비자를 속이거나 소비자로 하여금 잘못 알게 할 우려가 있는 표시·광고행위로서 공정한 거래행위를 저해할 우려가 있는 다음 각호의 행위를 하거나 다른 사업자 등으로 하여금 하게 하여서는 아니 된다. 1. 거짓·과장의 표시·광고, 2. 기만적인 표시·광고, 3. 부당하게 비교하는 표시·광고, 4. 비방적인 표시·광고.
표시광고법 제5조(표시·광고내용의 실증 등) 제1항 사업자 등은 자기가 한 표시·광고 중 사실과 관련한 사항에 대하여는 실증할 수 있어야 한다.

630) 공정거래위원회 예규 제52호.

631) 박해식, 앞의 논문, 522~523면.

6호 다목은 “상표의 사용이란 상품에 관한 광고…에 상표를 표시하고 전시 또는 반포하는 행위”를 말한다고 정의하고 있기 때문이다. 비교광고 중에 이와 같이 다른 회사의 등록상표를 표시한 행위가 과연 ‘상표의 사용’에 해당하는 것인가?

결론부터 말하면, 후술하는 바와 같이 광고주가 타인의 상표를 타인의 상품에 사용한 것이지 광고주 자신의 상품의 출처표시로서 사용한 것이 아니기 때문에, 상표권 침해는 발생하지 않는다고 보아야 할 것이다.

한편, 비교광고에서 제기되는 상표법상의 문제는 타인의 상표가 자기 상품의 출처표시로서 사용된 것이 아니라, 오로지 타인의 상표가 갖는 고객흡인력(goodwill)에 무임승차 하거나 이에 대한 희석화(稀釋化; dilution)[632]가 이루어질 수 있다는 점에 있다. 이 경우에도 ‘상표의 사용’이라 할 수 있을까?

(2) 우리 상표법의 해석상 타인의 등록상표의 사용과 상표권 침해 여부

㉮ 비교광고 중에 타인의 등록상표를 사용하여도, 광고주가 자기의 상품에 대한 출처표시로서 타인의 상표를 사용하는 것은 아니기 때문에, 상표의 사용에 해당하지 않고 따라서 상표권 침해를 구성하지 않는다고 보아야 할 것이다.[633]

예컨대, 자동차회사 甲이 자동차를 지정상품으로 등록상표 ‘A’를 자기가 제조판매하는 자동차 ‘a’에 사용하고 있다고 하자. 그런데 자동차회사 乙이 비교광고로서 자사의 자동차 ‘b’에 등록상표 ‘B’를 표시한 다음에, 甲의 자동차 ‘a’에 그 등록상표 ‘A’를 표시하였다. 이 경우 광고는 지정상품인 자동차에 甲의 등록상표 ‘A’를

632) 희석화란 저명표장이 이종(異種)상품에 사용된 경우 넓은 의미[廣義]의 혼동조차 발생하지 않은 경우라 하더라도, 저명표장의 이미지, 광고선전력, 고객흡인력 등이 약화되거나 더럽혀지는 것을 방지하기 위해 나온 이론이다. 따라서 희석화에는, 가령 KODAK 상표를 자전거에 사용하는 것과 같이 이종(異種)상품에 무단 사용하여 저명표장의 식별력을 약화시키는 흐림(blurring)과, Dallas Cowboy Cheerleader 상표를 포르노 필름에 사용하는 것과 같이 표장이 갖는 긍정적 이미지의 더럽힘(tarnishment)이 있다. 요컨대, 희석화 이론은 소비자의 혼동가능성이 발생하지 않는 경우에도 표장과 관련된 식별력이나 고객흡인력을 약화시키는 행위를 규제하기 위한 것이다.

633) 같은 취지, 문삼섭,「상표법」 제2판, 세창출판사, 2004, 681면. 이와 달리 일부 견해는, 비교광고는 광고주가 자기의 상품에 관하여 타인의 상표를 모방한 것은 아니지만 타인의 상표를 인용함으로써 타인의 고객흡인력을 훼손한 결과가 되므로, 이는 원칙적으로 상표권 침해가 된다고 주장하기도 한다. 가령, 김연수,「CIP와 상표전략」, 화학사, 1992, 202면.

표시한 것이고, 이는 'a'의 상품명(상표)이 'A'라는 것을 표시한 것에 지나지 않는다. 원래 상표권의 침해란 乙이 자사의 상품 'b'에 대하여 甲의 등록상표 'A'나 이에 유사한 'A'를 그 출처표시로서 사용함으로써 일반소비자로 하여금 'b'가 'A'인 것으로 혼동시키는 것을 말하기 때문이다.[634)]

㉯ 한편, 비교광고 중에 타인의 등록상표를 사용하는 것이 상표권 침해에 해당하지 않는다 하더라도, 상표법 이외의 다른 법률 규정을 위반하는 경우는 비교광고의 구체적 유형에 따라 얼마든지 있을 수 있다. 이에 관한 유형으로는 인적비방(人的誹謗)광고, 비판적 비교광고, 기생적(寄生的) 비교광고가 있다.[635)]

'인적비방광고'란 광고주가 자기 상품의 판매를 촉진할 목적으로 경쟁업자의 일정한 속성을 언급하면서 비방하는 광고이다. 일반적으로는 이름, 상호를 거론하는 경우가 많겠지만 등록상표를 사용하면서 비방하는 경우도 있을 수 있다. 이러한 경우에는 형법 제307조의 명예훼손, 제313조의 신용훼손 또는 민법상 불법행위에 해당할 수 있다.

'비판적 비교광고'란 광고주가 상품의 가격, 품질, 기타 특성에 대해 경쟁업자와 비교하면서 경쟁업자의 것을 낮게 평가함으로써 자기의 상품을 상대적으로 높이는 것을 말한다. 이 경우 타인의 상표를 사용하는 것은 부정경쟁방지법상의 품질오인야기행위(品質誤認惹起行爲)에 해당할 수 있다.[636)]

'기생적 비교광고'란 타인의 상품의 적극적 특성을 자기 상품도 갖추고 있다고 선전하는 광고의 형태이다. 이러한 타인의 신용, 명성에 기생하는 광고도 타인의 등록상표를 사용하는 경우가 많다. 광고의 내용이 허위인 경우에는 비판적 비교광고의 경우와 마찬가지로 품질오인야기행위에 해당할 수 있다.

634) 豊田彰, 「廣告の表現と法規」改訂新版, 株式會社 電通, 1996, 214면.

635) 土肥一史, "比較廣告における他人の登錄商標の使用", 「工業所有權-中心課題の解明」, 勁草書房, 1989, 253~255면; 竹田稔,「知的財産權侵害要論 [不正競業編]」 改訂版, 發明協會, 2003, 216~218면 각 참조.

636) 부정경쟁방지 및 영업비밀보호에 관한 법률 제2조 제1호 마목.

또한, 기생적 비교광고의 하나의 양태로서 비교광고가 타인의 유명상표를 비교광고함으로써 그 유명상표가 갖는 강한 식별력이나 명성을 손상시키는 결과를 가져올 경우, 즉 이른바 희석화(dilution)를 초래할 경우 부정경쟁방지법[637] 위반 문제가 발생할 수 있다.[638]

㉰ 우리나라 판결 중에는 비교광고와 관련하여 상표권 침해 문제를 직접적으로 다룬 사건을 아직 찾아보기 어렵다. 그래서 이하에서는 비교광고에서 '샤넬 No.5' 상표를 사용한 것이 상표권 침해에 해당하는지를 판시한 미국과 일본의 판결들을 소개한다.[639]

스미스 대 샤넬 사건(Smith v. Chanel, Inc.)은 타론(Ta'Ron)사의 경영자인 스미스라는 사람이 '세컨드 찬스'(Second Chance)라는 이름의 향수를 제조·판매하면서 샤넬사의 '샤넬 No.5' 향수와 비교광고한 사건이다. 스미스는 자신의 향수를 선전하기 위하여 화장품도매업자를 대상으로 발행되는 상거래 저널인 「스페셜티 세일즈맨」에 "우리 회사의 향수는 세계 최고의 품질이자 가장 비싼 향수의 완전한 복제품입니다"라는 문구로 광고하였다. 이러한 광고문구와 함께 스미스는 가격이 7달러인 '세컨드 찬스' 제품 사진과 샤넬사의 20달러짜리 '샤넬 No.5' 사진을 나란히 배치한 다음 샤넬의 사진 아래에 "이것은 다른 향수회사의 등록상표입니다"라고 기재해 놓았다. 이에 대해 원고인 샤넬사는 피고의 비교광고로 인해 '샤넬 No.5'에 대한 출처의 혼동(confusion as to source)을 초래하는 상표권 침해가 발생한다고 주장하면서 상표 사용 금지를 청구하였다. 아울러 설령 출처의 혼동이 발생하지 않는다 하더라도 원고는 자신의 상표가 저가품과 관련되어 사용됨으로써 원고 상표의 식별력과 독특성을 중대하게 훼손할 위험을 초래할 뿐 아니라, 원고 상표를 기술적(記

637) 부정경쟁방지 및 영업비밀보호에 관한 법률 제2조 제1호 다목.

638) 문삼섭, 「상표법」 제2판, 세창출판사, 2004, 681면 참조.

639) 山口朔生,「比較廣告はここまでできる」, 中央經濟社, 1993, 26~30면; Jane C. Ginsburg/Jessica Litman/Mary L. Kevlin, Trademark and Unfair Competition Law, 4th ed., Foundation Press, 2007, pp.557~562; Glynn Lunney, Trademark Law, Thomson Reuters, 2010, pp.552~558 각 참조.

述的) 명칭(descriptive term) 또는 일반명칭(generic term)으로 만들 위험성을 가져온다고 주장하였다. 연방지법은 원고의 청구를 받아들여 피고가 자신의 제품을 판매하거나 판촉 할 때에 원고의 상표를 사용해서는 안 된다고 하면서 예비적 금지명령(preliminary injunction)을 내렸다.[640] 이에 피고는 항소하였다. 연방 제9항소법원은 피고의 비교광고에는 허위 표현이 없어서 소비자에게 오해나 혼동을 불러일으킬 가능성이 없으며, 그와 같이 광고의 표현이 허위가 아니라면 가격경쟁에 의해 얻어지는 소비자의 이익을 알리기 위해 원고의 상표를 사용하더라도 상표권 침해는 성립하지 않는다고 판시하면서 원고의 청구를 기각하고 파기 환송하였다.[641][642]

일본에서 발생한 사건의 내용은 다음과 같다. 피고는 미국산 향수를 판매하면서 그 포장용기에 일본어로 '샤넬 NO.5 타입', 영어로 "만일 귀하가 샤넬 NO.5를 좋아한다면, 5번을 애용해 주십시요"라는 설명을 부기하고, 미국산 향수 자체의 표장(標章)으로 'Cing 5' 'La Parfumerie' 'Designer Fragrance Stick' 등의 표시가 되어 있는 사안에서 원고의 '샤넬 No.5'에 대한 상표권 침해가 성립한다고 판시한 사건이다. 위 사건에서 일본 도쿄지방재판소는, "샤넬이 판매하는 샤넬 No.5 향수는 아니다"고 소비자가 알기 쉽게 표시하여 타인의 상표를 '타인의 상표'라고 알린 경우에는 자타상품(自他商品)식별기능을 해하지 않는 사용이라 할 것이나, 다수의 수요자가 이해할 수 없거나 부주의로 지나치기 쉬운 '타입'이라고 표시함으로써 수요자로 하여금 '샤넬 No.5'를 피고의 출처를 표시하는 표장으로 이해하게 만들었다고 하여 상표권 침해를 인정한 것이다.[643]

640) Chanel, Inc. v. Smith, 151 U.S.P.Q. 685(N.D. Cal. 1966).

641) R. G. Smith v. Chanel, Inc., 402 F. 2d 562(9th Cir. 1968).

642) 환송심에서 연방지법은 피고의 향수가 광고에서 선전한 것과는 달리 실제로는 '샤넬 No.5'를 그대로 복제하지 못하였고 그 결과 동일한 향수 냄새(identical scent)를 내지 못하였다고 인정한 다음 결국 피고의 광고는 부실표시(misrepresentation)에 해당하므로 피고는 연방 상표법 제43조 (a)(허위광고)를 위반하였다고 판시하였다. Chanel, Inc. v. Smith, 178 U.S.P.Q. 630(N.D. Cal. 1973), aff'd, 528 F. 2d 284(9th Cir. 1976).

643) 日本 東京地裁 1993年 3月 24日 判決(확정).

(3) 비교법적인 검토

㉮ 비교광고의 상표권 침해의 가능성에 관해서는, 영국의 1938년 상표법 제4조 제1항 b호에 아주 독특한 규정이 있었다. 위 조항에 따르면, 비교광고에 있어서 흔히 하는 바와 같이 경쟁업자의 상표를 언급하는 것만으로도 상표권 침해에 해당된다는 것이었다. 물론 여기서 말하는 상표는 등록상표에 한정되는 것이다.[644]

원래 위 조항 b호의 도입은, Irving's Yeast-Vite Ltd. v. F. A. Horfenail(1934) 51 RPC 사건에서, 피고가 자기 상품의 선전문구에 "이스트정제(錠劑) 'Yeast-Vite'의 대용품"으로 표시한 행위에 대하여 원고의 청구를 기각한 귀족원(House of Lords) 판결이 계기가 되었다. 동 법원은, 피고의 Yeast-Vite 상표에 대한 사용태양(使用態樣)은 출처표시적 사용의 태양으로는 인정되지 않으며, 대용품이라는 부가어는 출처의 혼동을 회피하는데 충분하다고 판시하였다.[645] 그래서 비교광고가 불가능하도록 타인의 등록상표를 비교광고에 사용한 경우 비교하는 내용이 진실이라 하더라도 경쟁자의 상표를 언급하는 것(importing a reference)만으로도 침해로 간주하는 조항을 도입한 것이다.

위 조항은 경쟁업자의 이익과 소비자의 이익이 충돌되는 경우에 경쟁업자의 이익보호와 상표권 보호강화에 우선점을 둔 것으로 판단된다. 왜냐하면 타인의 상표를 언급하더라도 그러한 광고가 진실된 정보를 전달해 주는 비교라고 한다면 소비자들에게도 이익이 될 수도 있기 때문이다. 이러한 문제점이 지적되었고 또한 유럽공동체의 상표권지침(Trade Marks Directives)을 준수할 필요도 있고 해서, 1994년 새로이 제정된 영국 상표법 제10조 제6항은 일정한 요건 하에서 타인의 상표를 언급하여 비교광고를 하는 것을 허용하고 있다. 위 조항에 따르면, 타인의 상표를 이용함으로써 부당한 이익을 꾀하거나 당해 상표의 식별력과 신용 등에 해를 미치지 아니하는 한 당해 상표의 비교광고에서의 이용은 허용된다고 규정하고 있다.[646]

644) 송상현 외 5인, 「광고와 저작권」, 공보처, 1994, 112면.
645) 土肥一史, 앞의 논문, 261면.

㈏ 독일에서는 비교광고를 1909년 제정된 부정경쟁방지법(UWG)에 의하여 제한하여 왔는데, 비교광고를 엄격하게 금지하던 종래의 태도를 일반소비자의 이익을 위하여 전향적으로 수정하여 1960년 중반 이후의 독일연방통상대법원(BGH) 판결례들은 독일 부정경쟁방지법 제1조의 일반조항을 해석함에 있어서 소비자보호에 대한 점증하는 강조를 반영하고 있다고 한다.[647] 아울러 부정경쟁방지법 제2조 제1항은 "비교광고란 경쟁자 또는 경쟁자가 제공하는 상품이나 용역을 직접 또는 간접적으로 인식할 수 있게 하는 모든 광고를 말한다"고 규정하면서, 비교광고는 원칙적으로 부정경쟁행위에 해당하는 것이 아니지만, 제2조 제2항에서 규정하는 일정한 요건에 해당하는 경우에는 동법이 규정하는 부정경쟁행위에 해당한다고 규정한다.[648]

한편, 독일에서는 2004년 7월 3일 신 부정경쟁방지법(das neue Gesetz gegen den unlauteren Wettbewerb; UWG)이 성립되어 같은 해 7월 7일 공포되었으며, 그 다음날인 7월 8일 시행되었다. 이 신 부정경쟁방지법은 후술하는 유럽연합의 '오인 및 비교광고지침'(MCAD) 등을 독일 국내법화 하는 것을 목적으로 이루어진 것이다. 이로써 1909년 제정된 종전의 (구)부정경쟁방지법은 폐지되었다. 비교광고에 관한 규제는 종전의 (구)부정경쟁방지법 제2조의 내용이 신 부정경쟁방지법 제6조에 그대로 규정되어 있기 때문에, 비교광고에 대한 지금까지의 해석이 그대로 유효하고 아무런 변화도 없다.[649]

종전 유럽연합 회원국들 중에는 비교광고를 엄격히 금지하는 국가에서부터 비교적 관대하게 용인하는 국가들까지 다양한 입법을 하고 있었다. 이에 따라 비교광고와 관련하여 유럽연합 회원국 전체를 관할하는 통일법안의 마련이 논의되어

646) 정상조, 「지적재산권법」, 홍문사, 2004, 554면 및 각주(145); 송상현 외 5인, 앞의 책, 113면.
647) 정호열, 「부정경쟁방지법론」, 삼지원, 1993, 67면.
648) Brunhilde Steckler, Urheber-, Medien- und Werberecht : Grundlagen Rechtssicherheit im Internet, Cornelsen Verlag Scriptor GmbH & Co. KG, 2004, 브룬힐데 슈테클러 지음, 이화행 옮김, 「독일의 인터넷 법제」, 커뮤니케이션북스, 2007, 158~159면.
649) 中田邦博, "ドイツ不正競爭防止法の新たな展開─新UWGについて─", 「立命館法學」 298号, 立命館大學, 2004, 250~251면, 271면.

1997년 10월 6일 기존의 'Misleading Advertising Directive'를 개정하여, '오인 및 비교광고 지침'(Misleading and Comparative Advertising Directive; MCAD)를 제정함으로써 비교광고를 도입하였다. 이로써 유럽에서도 비교광고는 수요자를 기만, 오인·혼동시키지 않고, 경쟁자의 상표의 명성을 해하거나 모욕 또는 희석화시키지 않는 한 시장에서 경쟁을 촉진하는 바람직한 수단으로서 활용되고 있다.[650]

㉰ 비교광고는 1970년대 전반 미국에서 소비자운동이 대두되면서 미 연방공정거래위원회가 비교광고에 대한 정책지침서를 발표함에 따라 발전되어온 광고표현기법이다. 비교광고가 공정거래에 도움이 된다는 것이 연방공정거래위원회의 결론이다. 비교광고는 이미 알려져 있거나, 품질을 인정받고 있는 기존의 상품이 갖고 있는 브랜드 가치를 이용하기 위해 새 상품이나 경쟁 상품의 광고에 사용되는 경우가 많다. 이 경우 비교광고에 노출된 소비자들이 광고주의 새 상품과 그 상표명은 광고주의 출처를 나타내는 것이고 기존의 유명 상품과 그 상표명은 상대방 회사의 출처를 나타내는 것이라는 사실을 잘 알고 있는 한, 상품의 출처에 대한 혼동은 발생하지 않는다. 그러므로 혼동가능성에 입각한 상표권의 침해는 일어나지 않는다.[651]

유의할 점은 미 연방상표법이 일정한 경우 희석화에 의한 상표권 침해를 인정하고 있다는 점이다. 그렇기 때문에, 비교광고가 '정보제공적 비교광고'에 해당하는 경우에는 수정헌법 제1조의 보호를 받아 희석화 방지 규정에도 불구하고 허용될 수 있을 것이나, '고객유도적 비교광고'의 경우에는 희석화 방지 규정에 저촉되므로 상표권 침해에 해당하게 될 것이다.[652] 이에 따라 미국 법원들은 일반적으로 소비자에게 두 상품을 비교하여 보여줌으로써 소비자의 선택에 도움을 주려는 의도가 분명한 경우에는 비교광고를 허용하지만, 상대방의 유명 상표를 이용하여 자

650) 권경희, "상표제도에서 이익균형의 이론에 관한 연구", 한양대학교 대학원 박사학위논문, 2010년 2월, 207~208면.

651) 김형진, 「미국 상표법」, 지식공작소, 1999, 206~208면.

652) 土肥一史, 앞의 논문, 263면.

기 상표와 상품을 광고하려는 의도가 분명한 경우에는 상표권 침해로 본다. 그렇다면 과연 어디까지가 법으로 허용되는 비교광고인지를 결정하는 문제가 남는데, 이것은 결국 개개의 사건들에 대한 여러 가지 정황을 종합적으로 판단하여 결정할 수밖에 없으며 미국 각 법원의 판례 태도도 조금씩 다르다.[653)]

【재판례—1】 대법원 2003. 3. 31.자 2002마4109 결정 (광고금지가처분)

[사실관계]

채권자는 1992. 9. 7. 신문, 잡지 발간 및 각종 생활정보의 음성정보제공 등을 목적으로 설립된 회사로서 생활정보신문인 '대구교차로'를 발행하고 있다. 채무자는 1992. 8. 20. 신문, 잡지 발간업 등을 목적으로 설립된 회사로서 전국에 16개의 지점을 두고 각 지역별로 생활정보신문을 발행하고 있는데, 그 중 대구지점은 '대구벼룩시장'을 발행하고 있다. 대구교차로와 대구벼룩시장의 발행부수는 대구지역에만 한정하여 볼 때 다른 생활정보신문과 큰 차이를 두고 1, 2위를 다투고 있다.

채무자는 2002. 2. 15.부터 대구벼룩시장 지면에 '2001년 매출, 대구 업계 1위'라는 내용의 광고를 게재한 것을 비롯하여 대구 매일신문, 대구 영남일보 등에 같은 내용의 광고를 하였다(이상 '매출 1위 광고'). 채무자는 대구벼룩시장이 가입한 한국ABC협회의 발행부수 인증결과를 근거로 2001. 10. 12.부터 대구벼룩시장 지면에 '발행부수 1위' 광고를 계속하였다(이상 '발행부수 1위 광고'). 채무자는 2002. 3.경 한국갤럽조사연구소(=한국갤럽)에 의뢰한 대구지역 '생활정보지 인지도에 관한 조사보고서' 결과를 근거로 2002. 5. 1.부터 대구벼룩시장 지면 등에 '2002년 3월 한국갤럽 조사 결과 접촉률 1위'라는 광고를 계속하였다(이상 '접촉률 1위 광고').

이에 대하여 채권자는 허위광고 내지 부당비교광고라는 이유로 채무자의 위 각 광고에 대하여 광고금지가처분신청을 하였는데, 원심결정인 대구고법 2002. 10. 15.자 2002라35 결정은 '매출 1위 광고'는 객관적 사실에 부합한다는 점이 실증되지 않았으므로 허위광고라고

653) 김형진, 앞의 책, 208면.

하여 채권자의 신청을 받아들였으나, '발행부수 1위 광고'와 '접촉률 1위 광고'는 허위광고나 부당비교광고가 아니라는 이유로 채권자의 신청을 기각하였다. 이에 채권자는 대법원에 재항고하였다.[654)]

[결정요지]

[1] 표시·광고의공정화에관한법률 제3조 제1항 제3호, 제5조 제1항, 같은법시행령 제3조 제3항의 각 규정에 의하면, 표시·광고행위에 있어서 표시·광고행위를 한 사업자등에게 표시·광고에서 주장하는 내용 중 사실과 관련한 사항이 진실임을 합리적·객관적 근거에 의하여 입증할 책임이 있는 것이고, 입증책임이 있는 당사자가 그 주장사실을 증명할 만한 아무런 증거를 제출하지 않은 채 상대방에게 반대증거의 제출을 요구하였으나 상대방이 이에 응하지 않았다고 하여 그 주장사실이 추정되거나 또는 입증의 필요가 상대방에게 돌아가게 되는 것은 아니다.

[2] 표시·광고의공정화에관한법률 제3조 제1항 제3호, 제5조, 같은법시행령 제3조 제3항, 제4조의 각 규정에 의하여, 광고주가 자기의 광고내용 중 사실과 관련한 사항이 진실임에 대한 입증은 합리적·객관적 근거에 의하여야 하고, 조사결과를 합리적·객관적 근거로 사용하기 위해서는 그 조사는 법령에 의한 조사기관이나 사업자와 독립적으로 경영되는 조사기관 등에서 학술적 또는 산업계 등에서 일반적으로 인정된 방법 등 객관적이고 타당한 방법으로 실시한 결과이어야 하며, 객관적이고 타당한 방법으로 실시한 조사가 되기 위해서는 조사기간, 표본설정, 질문사항, 인터뷰방법 등이 동일한 조건 등 합리적이고 공정한 조건하에서 이루어진 조사이어야 하고, 조사결과가 왜곡될 가능성 있는 특정한 조건하에서 이루어진 조사이어서는 아니된다고 할 것이므로, 조사결과가 왜곡될 가능성이 있는 특정한 조건하에서 이루어진 것으로서 합리적·객관적 근거가 되지 못하는 경우에는 비록 그 조사결과를 인용한 비교광고가 비교대상 및 비교기준이 명확하더라도 부당하게 비교하는 표시·광고에 해당할 수 있다.

---

654) 이상의 사실관계 및 원심결정 요지는, 박해식, 앞의 논문, 516~519면을 요약·정리한 것이다.

기록 중의 자료들에 의하니, 한국갤럽조사연구소가 채무자로부터 대구지역 '생활정보신문 인지도에 관한 조사'를 의뢰받은 2001. 12. 11.부터 2002. 3. 11.의 까지 3개월간은 채무자가 그 판시의 매출 1위라는 광고(다음부터 '이 사건 매출 1위 광고'라 한다)와 발행부수 1위라는 광고를 실시한 기간인데 그 광고들은 각각 허위광고이거나 부당하게 비교하는 표시 · 광고로 인정되는 사실, 생활정보신문 발행업체는 광고주로부터 광고료를 받고 의뢰받은 광고를 생활정보신문에 게재한 후 그와 같이 광고가 게재된 생활정보신문을 불특정 다수인에게 무료로 배포하는 방법으로 수익을 얻고 있으므로 당해 생활정보신문의 매출액이나 발행부수, 일반 소비자들의 인지도 등에 대한 외부의 일반적 평가는 수익과 직결되는 것으로 중요한 의미를 가지고 있고, 생활정보신문의 내용과 기능에 비추어 일반 소비자는 한편으로는 광고주가 될 수 있는 입장에도 있기 때문에 생활정보신문 중 매출 1위, 발행부수 1위의 생활정보신문이 어느 것인가에 관한 관심이 상당하리라고 짐작되는 사실, 이 사건 매출 1위 광고는 대구벼룩시장 지면은 물론 대구벼룩시장 배포함에도 게재하였고, 이 사건 발행부수 1위 광고는 대구벼룩시장 지면에 게재하였으며, 대구벼룩시장의 발행부수도 1개월에 평균 8-9만 부 정도에 이르는 사실, 한편 한국갤럽조사연구소의 대구지역 '생활정보신문 인지도에 관한 조사'를 위한 질문내용은 "생활정보지 하면 어떤 것이 생각나십니까?", "최근 3개월 동안 한 번이라도 생활정보지를 보신 적이 있습니까?", "평소에 주로 보시는 생활정보지는 어떤 것입니까?", "여러 생활정보지 중 ○○를 주로 보시는 가장 큰 이유는 무엇입니까?", "광고를 내신다면 이용하고픈 생활정보지는 어느 생활정보지입니까?", "생활정보지 중 가장 믿음이 가는 생활정보지는요?", "생활정보지 중 발행부수가 가장 많은 생활정보지는 어느 생활정보지라고 생각하십니까?", "ABC협회 즉, 발행부수공시협회에 가입하여 발행부수를 공시하고 있는 생활정보지가 있습니다. 이 생활정보지가 어느 생활정보지라고 생각하십니까?", "벼룩시장에서 공개하는 발행부수에 대해 믿음이 가십니까?", "생활정보지에 광고를 내야 한다면 그 생활정보지의 발행부수에 대하여 얼마나 중요하게 생각하실 것 같습니까?" 등으로 접촉률과 직접 관계없는 발행부수나 한국ABC협회에의 가입 여부 등의 내용을 상당

수 포함하고 있어 이 사건 매출 1위 광고와 발행부수 1위 광고가 게재된 대구벼룩시장을 보았다면 그 각 광고에 대한 신뢰를 기초로 하여 실제 접촉한 횟수와는 달리 대구벼룩시장을 더 많이 접촉하였다고 대답할 가능성이 있을 뿐 아니라 질문내용 자체가 대구벼룩시장이라는 답변을 염두에 두거나 대구벼룩시장이라는 답변이 암시되어 있어 대구벼룩시장이라는 답변이 유도될 가능성마저 있는 사실을 알 수 있다.

이러한 사정을 기초로 하여 위의 규정의 취지에 비추어 볼 때, 결과적으로 위 조사·분석결과는 비교결과가 왜곡될 가능성이 있는 특정기간에, 부당하게 설정된 질문내용에 터잡아 이루어진 것으로서 비교광고에 있어서 사실과 관련한 사항에 관한 합리적·객관적 근거가 된다고 할 수 없다.

그럼에도 견해를 달리한 원심은 채무자가 이 사건 접촉률 1위 광고에서 한국갤럽조사연구소의 조사결과를 인용하면서 그 조사결과가 곧 객관적 진실이라고까지 광고하고 있지 않은 한 허위광고의 문제는 아니고, 이 사건 접촉률 1위 광고는 객관적 근거도 있다는 이유로 이 사건 접촉률 1위 광고가 허위광고 또는 부당하게 비교하는 표시 · 광고에 해당하지 않는다고 판단하였으니, 원심결정에는 허위광고 또는 부당하게 비교하는 표시 · 광고에 있어서의 객관적 근거에 관한 법리를 오해하여 결정 결과에 영향을 끼친 위법이 있으므로 이를 지적하는 재항고이유의 주장은 정당하기에 이 법원은 그 주장도 받아들인다.

【재판례—2】 서울중앙지법 2010. 3. 25.자 2010카합378결정 (광고금지가처분)

[사실관계]

청구인인 ㈜좋은만남선우는 2010. 2. 9. 피청구인인 ㈜듀오정보를 상대로 '회원수 No.1, 성혼커플수 No.1'이라는 광고문구를 사용하지 말라며 광고금지 가처분 신청을 하였다.

[결정내용]

이에 대해 법원은 "듀오의 '회원수 No.1, 성혼커플수 No.1' 광고는 표시광고법을 위반한 허위광고 또는 부당하게 비교하는 표시광고에 해당한다"며 "신문, 정기간행물, 인터넷신문, 방송 등의 방법으로 해당 광고를 해서는 안 된다"고 결정하였다. 재판부는 '회원수 No.1'이라는 문구와 관련해 "듀오는 결혼중개업체 중 가장 높은 매출액을 올리고 있음을 근거로 회원수가 가장 많다고 주장하나 결혼중개업체마다 회비가 서로 다른 점 등을 고려할 때 매출액만으로 회원수가 가장 많은 결혼중개업체로 인정하기 어렵다"고 판단하였다. '성혼커플수 No.1'이라는 문구에 대해서는 "성혼커플수라는 개념 자체가 비교대상 및 기준이 모호하고 객관적이고 타당한 계산방법에 따른 자료라고 보기도 어렵다"고 덧붙였다.[655] 즉, 재판부는 이 사건 광고가 합리적·객관적 근거에 의하여 실증이 되었다고 보기 어렵다고 판단한 후, 위 광고는 허위광고 또는 부당하게 비교하는 표시·광고로서 피청구인이 위 광고를 계속하는 경우 청구인이 부당하게 회원모집에 있어 열위에 놓이게 됨으로써 회복할 수 없는 손해를 입게 될 염려가 있으므로 광고를 금지할 피보전권리 및 보전의 필요성이 인정된다는 이유로 청구인의 신청을 인용하였다.

【재판례—3】 헌재 2011. 9. 29. 선고 2010헌마539 결정 (심의절차종료결정취소)

[사건의 개요]

청구인은 결혼중개업을 영위하는 회사로서, 2008. 9. 24. 다른 경쟁업체의 '회원수 No.1, 성혼 커플수 No.1'이라는 광고에 대하여 '표시·광고의 공정화에 관한 법률'(이하 '표시·광고법'이라 한다)위반으로 신고하였으나, 공정거래위원회는 2010. 7. 27. "사실관계에 대한 확인이 곤란하여 법위반 여부에 대한 판단이 불가능하다."는 이유로 심의절차종료결정을 하였다.

이에 청구인은 2010. 8. 26. 공정거래위원회의 심의절차종료결정이 청구인에게 보장된 평등권과 재판절차진술권을 침해하였다면서 그 취소를 구하는 이 사건 헌법소원심판을 청구하였다.

655) 법률신문 2010. 3. 31.자 기사.

[심판의 대상]

이 사건 심판의 대상은 청구인이 신고한 경쟁업체에 대한 공정거래위원회의 2010. 7. 27.자 심의절차종료결정이 청구인의 기본권을 침해하는지 여부이다.

[결정이유의 요지]

피청구인인 공정거래위원회는 청구인의 신고사건과 관련하여 경쟁업체가 제출한 자료와 직권으로 조사한 자료뿐만 아니라 청구인의 광고금지가처분신청을 인용한 서울중앙지방법원 2010카합378 결정까지 모두 검토한 후, 경쟁업체의 '회원수 No.1, 성혼 커플수 No.1' 광고가 표시·광고법에 위반되는지 여부를 판단하기 위해서 동종업계 2위인 청구인의 회원수, 성혼 커플수 등에 관한 자료가 반드시 필요한데 청구인이 위 자료를 제출하지 아니하므로, "사실관계에 대한 확인이 곤란하여 법위반 여부에 대한 판단이 불가능하다."는 이유로 심의절차종료결정에 이른 것으로 보인다.

따라서 피청구인이 이러한 결정을 함에 있어 현저히 정의와 형평에 반하는 조사를 하였거나, 헌법의 해석, 법률의 적용 또는 증거판단에 있어서 결정에 영향을 미친 중대한 잘못을 저지른 것으로 보이지 아니하며, 달리 피청구인의 심의절차종료결정이 헌법재판소가 관여할 정도의 자의적인 처분이라고 볼 자료도 없으므로 이로 말미암아 청구인 주장의 기본권이 침해되었다고 볼 수 없다.

이에 따라 관여 재판관 전원의 일치된 의견으로, 결혼중개업을 영위하는 청구인이 다른 경쟁업체의 '회원수 No.1, 성혼 커플수 No.1'이라는 광고를 표시·광고의 공정화에 관한 법률 위반으로 신고한 데 대하여, 공정거래위원회가 "사실관계 확인이 곤란하여 법위반 여부에 대한 판단이 불가능하다."는 이유로 심의절차종료결정을 한 것은 청구인의 평등권 및 재판절차진술권을 침해한 것으로 볼 수 없다는 결정을 선고한다.

제7장 미술·디자인산업과 법

I. 미술·디자인산업의 성립과 발전

특정한 형태로 굳어진 가치에 안주하지 않고 언제나 새로운 것을 찾아나가는 것. 그러한 노력과 시도야말로 삶을 창조적으로 살아가는 방식이자 예술가의 전제조건이다.

— 박영택, 「예술가로 산다는 것」(마음산책, 2002) 중에서

1. 미술·디자인 관련 산업의 성립과 발전

가. 미술의 상품화의 전개

미술의 상품화는 프랑스 혁명으로 전통적 후원체제가 무너진 이후 부르주아 사회 속에서의 미술가의 생활상의 요구에 의해 전개되었다. 미술가는 그의 작업의 대가를 받아 생활하며 또 생활을 위해 작업을 하기 때문이다. 그렇지만 18세기와 19세기의 부르주아 시대 이전에는 미술작품이 시장가격을 가지며, 그것의 이상적인 가치는 소비가치와 연관된다는, 즉 수요로부터 가치가 파생된다는 현실에 직면한 사람은 아무도 없었다. 미술가들은 왕실이나 교회의 후원과 주문에 의해 미술품을 제작하고, 그 보수로 생활해 왔다. 그런데 프랑스 혁명으로 세계 미술의 수도인 파리에서 왕실의 후원이 중단됨으로써 미술가도 예외 없이 자유시장의 물결에 휩쓸리게 되었다. 미술가들은 자신의 작품을 상품으로 판매함으로써 경제생활을 영위해 나갈 수밖에 없게 되었다.[656]

미술품의 거래는 모든 시장경제에 내재되어 있는 근본적인 병폐를 내포하고 있다. 즉, 그러한 거래를 통해 그 의미가 이전에는 어떤 '사용가치'에 있었고 또한 그 작품이 관찰자에게 제공해준 즐거움, 쾌락 및 희열에서 생겨났던 미술작품은 어떤 교환가치의 기저로 변해버렸다는 점이 그것이다.[657] 어쨌든 이와 같이 미술품이

656) 김문환 외 6인, 「19세기 문화의 상품화와 물신화」, 서울대학교 출판부, 1998, 58~59면.

657) Arnold Hauser, Soziologie der Kunst, 2 Aufl., C.H. Beck, 1978, 최성만·이병진 역, 「예술의 사회학」, 한길사, 1983, 135면.

시장에서의 거래대상이 됨에 따라 이를 전문으로 하는 화상(畵商)이 출현하고 미술가의 작품은 교환가치를 갖는 상품으로서 화랑을 통해 거래되면서 투자대상이 되기에 이른다. 이것이 미술품 거래의 '1차 시장'(primary market)이다. 이윽고 경매와 같은 미술품의 '2차 시장'(secondary market)이 형성되어 미술의 상품화가 심화되는 양상으로 전개된다.[658] 영국에서는 18세기 중엽에 고서 및 골동품을 중개하는 소더비(Sotheby's, 1744)나 크리스티(Christie's, 1766) 같은 경매회사가 설립되어 차츰 옛날 대가의 고미술품까지 경매의 영역을 확대해 나간다. 1870년대에는 영국이나 프랑스에서 현대미술품에 대한 경매가 이루어진다. 1883년에는 미국에서 최초로 경매장이 창립되는데, 이 미국미술협회(American Art Association)는 3년 후 뉴욕에 프랑스의 인상파 미술작품들을 소개한다.[659]

저명한 문화사가 피터 왓슨(Peter Watson)은 1880년대 이후 파리, 런던, 뉴욕에서 지난 100년간 미술품 경매회사와 화랑을 중심으로 전개되어온 현대적 미술시장의 발전을 탐색하고 이를 3단계로 나누어 설명한다. 1882~1929년은 인상파의 시대로 미국에서 위대한 유럽미술에 대한 수요의 붐이 일어난 시대이고, 1930~1956년은 궁핍의 시대로 영국의 경매시장이 서쪽으로 팽창한 시대라고 본다. 1957~1990년대까지를 풍요의 시대로 뉴욕이 세계 미술계의 중심으로 떠오른 시대라고 평가한다.[660]

나. 미술시장의 형성과 미술산업의 발전

우리나라 문화산업 중에서 미술 관련 산업이 차지하는 비중도 크게 늘어나고 있다. 국내 미술시장은 2006~7년 호황을 누렸으나 미국에서 시작된 세계 금융위기로 말미암아 크게 위축되었다. 2007년까지는 매년 새로 문을 여는 화랑들이 많

658) 화랑을 통한 미술품의 거래를 지칭하는 '1차 시장'(primary market)과 '2차 시장'(secondary market)인 경매에 관한 상세는, 이상정, 「미술과 법」, 세창출판사, 2009, 74면 이하; 이규현, 「미술경매 이야기」, 살림, 2008, 5면 이하 각 참조.

659) 김문환 외 6인, 앞의 책, 60면.

660) Peter Watson, From Manet to Manhattan : The Rise of the Modern Art Market, Random House, 1992; 김문환 외 6인, 앞의 책, 61면 각주26)에서 재인용.

았지만 금융위기를 겪으면서 오히려 문을 닫는 화랑들이 늘어났다. 또한 국내 미술시장의 호황기에 13개에 달하던 경매회사 숫자가 4개로 줄어들었다. 미술시장은 화가가 그림을 창작하면 화랑이 고객에게 이를 판매하는 1차 시장과 미술품 경매시장인 2차 시장으로 크게 나누어지는데, 어느 쪽이든 세계 경제위기로 인해 큰 타격을 받아 많이 위축되었다. 다만 세계 미술 경매시장은 2009년부터 서서히 회복의 기미를 보이기 시작하고 2010년에는 우리나라를 비롯한 아시아에서도 금융위기 이전의 수준에 육박할 정도까지 미술품 경매시장이 활성화되었다.[661] 그러나 국내 미술시장은 2011년에 다시 완연한 하락세 국면으로 접어들었다.

한편, 미술산업과 관련하여 국내 미술계에는 여전히 예술로서의 미술과 산업으로의 미술을 엄격히 구분하려는 일정한 경향도 남아있다. 하지만 상당수의 투자자들이 미술작품을 투자가치 있는 대상으로 생각하고 있으며, 미국과 영국을 중심으로 형성된 미술품 경매시장은 일본과 유럽 선진국들의 투자자들은 물론이고 한국을 비롯한 중국, 인도, 러시아 투자자들의 관심을 모으고 있다. 또한 중국, 일본, 한국 등에서는 각 나라마다 상당한 규모의 경매시장이 형성되어 있다. 그 결과 전세계 미술시장의 네트워크화로 인하여 뉴욕, 런던 등의 경매 동향은 서울, 도쿄, 베이징의 미술시장에 직접적인 영향을 끼치고 있다. 더구나 문화산업이 발전할수록 문화산업의 기초로서의 역할을 하는 미술의 중요성은 더욱 강조될 것이며, 미술작품에 대한 관심도 그 만큼 증가하게 될 것이라는 낙관적인 예측을 내놓기도 한다.[662] 세계 미술품 경매시장에서 경매총액을 기준으로 한 점유율을 보면, 2009

661) 2010년 2월 런던 소더비(Sotheby's) 경매에서 알베르토 자코메티의 조각상 '걷는 사람 I'이 1억 415만 달러에 경매되어 세계 미술품 경매사상 최고가를 기록하였고, 같은 해 5월 뉴욕 크리스티 경매에서는 피카소의 1932년 작 '누드, 녹색잎과 상반신'이 1억 640만 달러에 팔려 경매사상 최고가를 석 달 만에 갈아치웠다(중앙SUNDAY, 2011년 5월 8일자 22면). 한편, 2010년 4월 5일 홍콩 소더비 경매에서 아시아 미술가들의 작품이 인기를 끌어 하루 판매실적이 450억 원에 달하는 등 세계 금융위기 이전 수준을 뛰어넘고 있고 서울옥션의 홍콩 경매에서도 경매결과 출품작 76개 작품 중 57점이 경매되는 등 낙찰률 75%를 기록하였다(한국경제신문 2010년 4월 8일자 A36면).

662) 서진수, "경제학적 관점에서 본 미술산업", 「ART & CAPITAL」포럼 발제문 참조. 위 발제문은 인터넷상에서 검색 가능하다. 〈http://asiaartawardforum.com/korean/pdf/art/a&c_JinsooSEO_k.pdf〉

년 미국(27.9%), 영국(21.3%), 중국(17.4%) 순이었으나 2010년에는 중국(33%)이 미국(29.9%)을 앞질렀고, 2011년에는 중국(39%), 미국(25%) 등으로 그 격차는 더욱 벌어질 것으로 추정된다.[663]

문제는 미술작품을 지나치게 시장논리로 파악함으로써 발생하는 부정적인 영향이다. 이로 인해 미술작품을 투자 대상으로만 인식하는 '비'예술적인 흐름이 대세를 이루고 있다. 미술작품의 가격이 작품 자체의 예술적 가치나 수준에 따라 정해지는 것이 아니라 소수 투자자들의 취향과 선택에 따라 좌우될 때 미술작품의 가격은 투기적 관점에서 상당 정도 왜곡되기 마련이다. 그러한 점에서 막대한 자금을 동원할 수 있는 극소수의 컬렉터들, 가격 결정에서 독점적 지위를 누리는 소수의 메이저 경매회사, 그리고 인기 화가로서의 지명도를 좌우하게 되는 글로벌 아트페어 등이야말로 미술품 거래를 왜곡된 시장논리로만 내몰고 또 투기자본에 휘둘리게 만든 장본인들이라는 비판은 설득력이 있다.[664]

다. 디자인 관련 산업의 발전

> 산업디자인의 창시자는 프랑스의 레이몽 뢰이이다. 그는 어설프기 짝이 없는 등사기를 우아한 모습으로 바꾸어놓았다. 새롭게 변신한 등사기는 이전보다 백 배나 더 잘 팔려나갔다. 그 후 뢰이는 승승장구하며 '기능미의 레오나르도 다 빈치'라는 극찬까지 받았다.
>
> —피에르 제르마 지음, 김혜경 옮김, 「세계의 최초들 1」(하늘연못, 2000) 중에서

> 여러 가지 직업 중 산업디자인보다 유해한 영향을 끼치고 있는 직업도 드물 것이다. 그리고 산업디자인보다 더 거짓스러운 직업이 있을 수 있다면 그것은 바로 광고디자인일 것이다.

---

663) 중국은 세계 경매 시장 점유율에서뿐 아니라 역대 개별 작가 연간 낙찰총액에서도 2011년 중국화가 장다첸[張大千]과 치바이스[齊白石]가 2010년 세운 피카소의 기록을 앞질렀다. 이에 대해 서진수 강남대(경제학) 교수는 "세계 미술시장의 중심이 서양에서 동양으로 옮겨가고 있다는 것을 시사하는 중대한 사건" 이라고 말했다(곽아람, "미술계 '中 돈바람' 피카소도 끌어내려", 「조선일보」 2012. 1. 5., A10면).

664) 심상용, 「시장미술의 탄생 : 글로벌 아트마켓의 성장과 예술의 몰락」, 아트북스, 2010, 322면 참조.

— 빅터 파파넥 지음, 현용순·이은재 옮김,「인간을 위한 디자인」(미진사, 1983) 중에서

(1) 미술과 디자인

오늘날 디자인은 '기능과 부합되는 형태를 창출하는 조형활동'이라 정의된다.[665] 즉, 디자인이란 인공물이 갖는 기능에 부합되는 최적의 형태를 창출하기 위해 생산, 사용, 유통, 환경 등 여러 요소들을 고려하여 독특한 시각적 특성을 만들어내는 조형활동이라고 설명할 수 있다.[666] 그러므로 적어도 현대 디자인은 미적 계기와 기술적 계기를 통합하는 개념이다. 이러한 양 개념 아래에서 성립하는 디자인은 그 기술적 계기가 큰 비중을 차지하면 할수록 엔지니어링에 가까워져서 종국적으로는 엔지니어링이 된다. 반면 미적 계기가 큰 비중을 차지하면 할수록 미술에 가까워져서 마침내 미술 그 자체가 된다.[667]

그런데 실제로 디자인은 미학적인 측면에서보다는 실용적인 측면에서 좀 더 많은 영향을 받고 발전해 왔다. 따라서 디자인의 양식도 기능을 중요시하는 기계적인 양식을 띠게 되었다. 이와 같은 기계 양식은 20세기 산업사회에서 더욱 두드러지게 나타나 20세기 대표적인 양식으로 정착되었다.[668] 이러한 점에서 디자인은, 단순히 예술가 자신의 미적 창작 욕구를 충족시키기 위한 예술적 활동으로서의 미술과 구분된다고 할 수 있다.[669]

(2) 저작권법과 디자인보호법에 있어서 '디자인'의 개념

디자인의 법적 보호는 저작권법과 디자인보호법을 통해서 이루어지는데, 각 법률이 보호대상으로 삼는 '디자인'의 개념에는 다소간 차이가 있다. 우리나라 저작

665) 정경원, 「디자인이 경쟁력이다」, 웅진출판, 1994, 18면.
666) 정경원, 「디자인경영」, 안그라픽스, 1999, 35면.
667) 이상정, 「산업디자인과 지적소유권법」, 세창출판사, 1995, 28면; 齊藤瞭二, 「意匠法」, 發明協會, 1985, 41면.
668) 정시화, 「현대디자인 연구」, 미진사, 1991, 165면; 이재국, 「디자인 미학」, 청주대학교출판부, 2000, 93면.
669) 정경원, 「디자인경영」, 35면.

권법 제2조(정의) 제15호는 "'응용미술저작물'은 물품에 동일한 형상으로 복제될 수 있는 미술저작물로서 그 이용된 물품과 구분되어 독자성을 인정할 수 있는 것을 말하며, 디자인 등을 포함한다"고 규정한다. 따라서 공업적 규모로 제작되는 실용품에 응용된 미술이라도 그 물품과 구분되어 독자성을 인정할 수 있다면 저작물로서 보호되며, 이는 디자인을 포함하는 개념이다.670)671)

한편, 디자인보호법 제2조(정의) 제1호는 "'디자인'이라 함은 물품[물품의 부분(제12조를 제외한다) 및 글자체를 포함한다. 이하 같다]의 형상·모양·색채 또는 이들을 결합한 것으로서 시각을 통하여 미감을 일으키게 하는 것을 말한다"고 규정한다. 따라서 디자인보호법상의 디자인이기 위해서는 물품성, 형태성, 시각성, 심미성의 요건이 필요한 것으로 해석된다. 이러한 디자인은 공업상의 물품 또는 물체의 형상, 모양, 색채 또는 외관의 장식미를 높이기 위한 전체적 효과(ensemble)에 관한 것으로서672) 공업적 규모로 생산되는 응용미술이 포함된다.673)

요컨대, 디자인보호법의 보호대상인 '디자인'이란 공업상의 물품에 응용된 미술(응용미술)을 비롯하여, 그러한 응용미술 중 물품과 구분되어 독자성이 인정할 수 있는 디자인 등을 포괄하는 개념이라고 이해할 수 있다. 또한, 디자인보호법이 보호대상으로 하는 '디자인'이란 전술한 '기능과 부합되는 형태를 창출하는 조형활동' 중에서 디자인보호법상의 요건을 갖춘 것만을 대상으로 한 것이다.674)

(3) 디자인 관련 산업

근대 시민사회의 전개 속에서 디자인의 발생은 '노동의 분화'라는 전체 시민 사

670) 이호흥, "저작권법과 디자인법의 교차영역에 관한 연구", 저작권연구자료 52, 저작권위원회, 2007, 6~7면.

671) 저작권법상의 디자인 개념을 도식화 하면, "미술저작물=물품과 구분되어 독자성이 인정되는 응용미술저작물≥디자인"의 관계를 정립할 수 있다.

672) 이상정, 「미술과 법」, 세창출판사, 2009, 342~343면.

673) 디자인보호법상의 디자인 개념을 도식화 하면, "디자인≥응용미술"의 관계를 정립할 수 있다.

674) 저작권법과 디자인보호법에서의 디자인 개념을 함께 도식화 하면, "디자인 일반>디자인보호법상의 디자인≥응용미술>물품과 구분되어 독자성이 인정되는 응용미술≥저작권법상의 디자인"의 관계가 정립된다.

회적 질서의 한 결과이며, 그것의 운명 역시 이후 자본주의의 발전상과 분리하여 생각할 수 없다. 그리고 자본주의가 전체 사회구조를 교환에 기반한 거대한 시장 체제로 전환시켜 가는 과정에서, 하나의·체제이자 '사회적 제도로서의 디자인'이 등장하는 것은 비교적 나중의 일이다. 그것은 다시 말해서, 확립된 제도로서의 디자인은 자본주의가 그것을 필요로 한 특정한 시점, 즉 독점자본 단계에서 본격적으로 그 모습을 드러내었으며, 초기의 상품 생산 단계에서부터 나타난 것은 아니라는 점이다. 그리고 여기서 디자인이 하나의 사회적 제도로서 등장한다는 말은, 그에 대응하는 공인된 사회적·물질적 형태를 가지고 있다는 것을 의미한다. 즉, 디자이너라는 전문 직업, 기업 내의 전문부서, 교육기관(대학 내의 디자인학과), 국가적 진흥기관, 각종 전시·시상·등급제도, 지적재산권의 보장, 저널리즘, 비평 등의 체제를 갖추고 있다는 것을 말한다.[675)]

이러한 자본주의 사회에서의 디자인은 크게 공예디자인(Craft Design), 산업디자인(Industrial Design), 건축디자인(Architectural Design), 복식디자인(Fashion & Dress Design)으로 분류할 수 있는데, 각 분류마다 다양한 세분류가 이루어지고 있고, 또 각 세분류마다 각각의 관련된 디자인 산업들이 형성·발전하고 있다. 첫째, 공예디자인은 도예, 금속, 염직, 목공예 등과 관련된 분야를 말한다. 특히 공예디자인과 관련해서는 19세기 중엽 이후 공업화로 초래된 미의 조야(粗野)함을 비판하며 수공예의 아름다움을 미덕으로 삼는 미술공예운동(Arts and Crafts Movement)을 전개한 윌리엄 모리스(William Morris, 1934~1896)라는 인물이 유명하다.[676)] 우리나라는 공예디자인 산업의 발전을 촉진하기 위하여 2010년 4월 한국공예·디자인진흥원을 발족하였다. 둘째, 산업디자인이라 함은 유용한 물품의 장식적·미적 형태를 가리키는 것으로서 완벽하

675) 최범, "디자인의 대립-생산품미학과 상품미학", 「상품미학과 문화이론」, 눈빛, 1992, 250면, 251면의 각주4).

676) 박홍규, 「윌리엄 모리스의 생애와 사상」, 개마고원, 1998, 181면 이하 참조. 특히 윌리엄 모리스는 디자인을 통한 사회 변혁이라는 측면에서 '조형사회주의'를 지향하였는데, 디자인 분야에서 사회주의 이념은 러스킨에서 모리스로 이어지는 미술공예운동을 거쳐 바우하우스와 모던 디자인에 이르기까지 지속적으로 내재되어왔다(김민수, 「모던 디자인비평」, 안그라픽스, 1994, 49면; 박홍규, 위의 책, 186면에서 재인용).

게 동일한 물건으로 양산(量産)되는 산업제품디자인을 의미한다.[677] 우리나라는 산업디자인의 발전을 목적으로 2001년 4월 한국디자인진흥원을 설립하였다. 산업디자인 분야는 클립에서부터 가전제품, 자동차, 비행기 등에 이르기까지 그 범위가 넓다. 셋째, 건축디자인이란 건물의 외양, 기능, 구조 등을 총체적으로 도안하는 것을 말한다. 즉, 건축형태와 공간구성에 영향을 미치는 여러 디자인 요소와 원리에 대한 이해를 토대로 건축조형의 미적 구성을 탐구하는 분야를 가리킨다. 마지막으로 복식디자인이란 피복을 주로 하여 그에 부속되는 장신구를 대상으로 하는 디자인을 말한다. 최근에는 복식디자인이라는 용어 대신 패션디자인이라고 표현하는 것이 일반적이다. 오늘날 패션 산업은 세계에서 가장 중요한 창조 산업(creative industries) 중의 하나이다. 미국의 경우 패션 산업은 전 세계에서 매년 2천억 달러 이상의 매출을 올리고 있는데, 이는 도서출판과 영화 그리고 음악 산업을 합한 것보다 크다.[678]

2. 캐릭터 상품화의 보호와 문화산업의 발전[679]

가. 미국에서의 캐릭터 상품화 산업의 사적 전개

(1) 초기의 캐릭터 산업

미국은 식민지 당시는 물론이고 독립 후에도 영국을 비롯한 유럽의 여러 나라들로부터 계속해서 문물을 수입하고 있었는데, 그 이유는 유럽이 세계 유행의 흐름을 선도하고 있었기 때문이다. 이러한 경향은 19세기에 들어서도 당분간은 계속되었다. 가령, 1865년 영국에서 출판되어 세계적인 베스트셀러가 된 루이스 캐럴(Lewis Carroll)의 동화(童話) '이상한 나라의 앨리스'에 등장하는 '앨리스(Alice)'나 '모자

677) 이상정, 「산업디자인과 지적소유권법」, 세창출판사, 1995, 26면.

678) C. Scott Hemphill/Jeannie Suk, "The Law, Culture, and Economics of Fashion", Stanford Law Review, Vol.61, 2009, p.1148.

679) 미국, 영국, 프랑스, 독일, 일본에서 각 전개·발전된 캐릭터 상품화 산업에 관한 서술 부분은, 박성호, 「캐릭터 상품화의 법적 보호」, 현암사, 2006, 41면 이하를 정리한 것이다.

장수(The Hatter)' 등의 캐릭터는 존 테니얼(John Tenniel)이 삽화를 그린 것으로도 유명한데, 이들 캐릭터는 인형으로 만들어져 미국에 수입되었다.680)

미국의 캐릭터 산업의 시작은 1872년 설립된 여성복 및 패션잡화류 판매점 '브루밍데일 브라더즈'의 판촉활동을 위해 1890년 말경 및 1900년대 초에 유명 만화가 리처드 펠튼 아웃코트(Richard Felton Outcault)의 신문 연재만화 캐릭터들을 광고 포스터에 이용한 것에서 비롯된다. 즉, 신문 연재만화 주인공인 '옐로 키드(The Yellow Kid)'681)를 광고용 포스터 속의 전차운전사로 그려서 이용하였고, 그 뒤에는 새로운 연재만화 주인공인 '버스터 브라운(Buster Brown)'을 광고용 포스터의 전차운전사로 그려 넣었는데, 이 캐릭터의 머리글자는 '브루밍데일 브라더즈'의 머리글자 BB와 동일하였다.682) 아웃코트가 〈뉴욕 헤럴드〉 1902년 3월 4일자에 처음 연재하기 시작한 '버스터 브라운'은 당시 아이들이 많이 입던 해군 복장을 잘 차려입고 모자를 쓴 부르주아 가정의 아들로서 묘사되었고 장난꾸러기 '버스터 브라운'의 온갖 장난을 그의 애견인 불독 '티지'가 돕는 것으로 설정된 만화이었다. 이 만화의 엄청난 성공과 출판계에 미친 영향은 결코 부정할 수 없는데, '버스터 브라운'과 '티지'의 캐릭터 상품은 어린이 신발, 양말, 모자, 단추 등의 형태로 수십만 개가 복제되었고, 심지어 주인공의 이름을 딴 위스키 상표도 등장하였다.683) 이와 같이 아웃콜트는 새로운 커뮤니케이션 양식의 창출과 만화 캐릭터의 상품화 방식을 수립함으로써 만화사에 하나의 전기를 만들었다.684)

680) 電通キャラクタービジネス研究會 編, 「キャラクタービジネス」, 電通, 1994, 30면; 船戸英夫·中野記偉 編著, 「じてん·英米のキャラクター(A Dictionary of Imaginary Characters)」, 研究社, 1998, 17면 각 참조.

681) '옐로 키드'는 1896년 9월 16일 퓰리처의 〈월드〉지 일요판에 처음 게재되었다. 이 '옐로 키드'를 통해 현재의 연재만화가 탄생되었으며 이것은 말과 그림, 대사와 행동, 문학과 미술이 결합된 새로운 커뮤니케이션 양식으로 등장하게 된 것이다. 이러한 연재만화는 '황색저널리즘(yellow journalism)'이라고도 일컬어지는 '선정적 저널리즘'과 함께 탄생하였는데, '황색저널리즘'이라는 용어는 최초의 연재만화인 '옐로 키드'로부터 유래한 것이다(Randall P. Harrison, The Cartoon: Communication to the Quick, 1981, 하종원 옮김, 「만화와 커뮤니케이션」, 이론과실천, 1989, 84~85면).

682) 電通キャラクタービジネス研究會 編, 앞의 책, 31면.

683) Claude Moliterni·Philippe Mellot, Chronologie de la bande dessinee, Flammarion, 1996, 신혜정 옮김, 「연대기로 보는 세계만화의 역사」, 다섯수레, 2003, 18~19면.

한편, 1902년 11월 시어도어 루스벨트(Theodore Roosevelt) 대통령이 미시시피주를 방문하던 중 곰 사냥을 나갔다가 새끼 곰을 쏘지 않고 풀어주었는데 〈워싱턴 스타〉지의 시사만화가가 이 내용을 만평으로 실은 것을 뉴욕 브루클린에서 장난감 가게를 운영하던 모리스 미첨이란 사람이 보고서 대통령의 애칭을 딴 '테디 베어(teddy bear)'라는 곰인형을 만들어 팔기 시작하였다. '테디 베어'는 만들자마자 팔려나가는 히트 상품이 되었고 1905년 가을경부터 전 미국적인 인기 상품이 되었는데, 그때부터 미국과 유럽의 여러 공장에서 만든 유사 곰인형이 많이 등장하게 되었고 오늘날에도 변함없이 인기를 끌고 있다.685) 시어도어 루스벨트가 1913년 테디 베어의 판매로부터 벌어들인 사용료는 가장 초창기 미국의 라이선스 이용의 사례로 인용되고 있다.686) 캐릭터 상품 중에서 나이를 불문하고 여성에게 대단한 인기를 모았던 '큐피(Kewpie)'는 1909년 〈우먼스 홈 컴패니언(Woman's Home Companion)〉이라는 잡지사에서 일하던 로즈 오닐이 그림으로 소개하면서 등장하였다.687) 그 후 독일의 도자기 메이커 J.D. 케스트너와 계약해서 도자기 인형으로 상품화되었고, 로즈 오닐은 이 인형을 저작권 등록함으로써 저작권을 취득하였다. 시장에서 큐피 인형의 인기는 압도적이어서 1913년까지 500만개가 팔렸다고 한다.688) 그 밖에도 1900년대 초기의 미국에서는 여러 가지 다양한 캐릭터가 이용되었는데, 가령 디킨즈의 베스트셀러 소설의 주인공이나 인기 있는 삽화 '게이트 그린웨이', 동화나 동요에 나오는 캐릭터 '미스 마펫트', 인기를 모은 극이나 뮤지컬, 또는 프로야구의 유명선수의 사진 등이었다.689)

684) Harrison, 하종원 옮김, 앞의 책, 85면.
685) Charles Panati, Panati's Parade of Fads, Follies, and Manias: The Origins of Our Most Cherished Obsessions, 1991, 이용웅 옮김, 「문화와 유행상품의 역사 1」, 자작나무, 1997, 123~125면.
686) Celia Lury, Cultural Rights: Technology, Legality and Personality, Routledge, 1993, pp.92~93 n.5.
687) Panati, 이용웅 옮김, 앞의 책, 137면.
688) 電通キャラクタービジネス研究會 編, 앞의 책, 31면.
689) 위의 책, 32면.

(2) 캐릭터 상품화 산업의 성립과 전개

오늘날 의미하는 캐릭터 상품화 산업으로서 최초의 두드러진 성공은 미키마우스 캐릭터의 등장과 함께 1930년대 중반 이루어졌다.[690] 즉, 조직화된 시스템으로서의 캐릭터의 상품화는 1930년대 미국 캘리포니아 버뱅크 소재 월트디즈니 스튜디오에서 시작되었다. 위 회사가 연재만화 캐릭터들(미키, 미니, 도날드)을 창작하였을 때, 직원 중의 한 명이었던 케이 캐먼(Key Kamen)이 그러한 캐릭터들의 상업적인 2차적 이용을 전문으로 하는 부서를 만들었으며, 저가의 시장 판매 상품(포스터, 티셔츠, 장난감, 단추, 견장, 음료)의 생산과 판매를 위해 많은 건의 라이선스 계약을 체결하는데 성공하였다.[691] 특히 만화영화의 주인공인 미키 마우스는 대공황으로 고통받고 있던 장난감 제조회사를 비롯해서 몇몇 제조업을 구하는 결정적인 역할을 하였다. 눈부시게 빛나는 쥐 한 마리를 그려 넣은 시계는 개당 3달러에 판매되었는데, 대번에 300만 달러 규모로 시장이 증대되었다. 공황으로 치명타를 입었던 라이오넬 트레인社는 1935년 미키와 미니 마우스 수동차를 만들어 회생할 수 있었다. 미키 마우스는 1940년대 중반 텔레비전 프로그램 '미키 마우스 클럽'이 시작되면서 다시 한번 중흥기를 만났다. 소년 소녀들이 이 쇼에 등장하는 '마우스키티어스(Mousketeers)'를 흉내내면서 귀가 튀어나온 마우스 모자를 쓰고 다녔다. 장난감 회사인 마텔(Mattel)사는 프로그램 후원자로 나서면서 2차 대전에서 사용하던 권총을 본뜬 장난감 '버프 건(Burp Gun)'의 TV 광고에 전력을 기울였다. 이 프로그램은 곧바로 크게 히트하면서 마우스 열풍을 재현하는데 성공하였다.[692] 1950년대에는 정치, 영화 및 쇼 비즈니스에 종사하는 인물들이 그들의 이름과 이미지를 의류 등에 복제하여 사용하도록 허락하였다(이른바 'tie-in advertising').[693] 영화, 연재만화 그리고 TV에 대한 대중적 인기의 증대와 함께 1960년대 중반까지 상품화 산업은 성장을

690) John N. Adams, Merchandising Intellectual Property, Butterworths, 1987, p.xxvi.
691) WIPO ed., Introduction to Intellectual Property: Theory and Practice, Kluwer Law, 1997, p.309.
692) Panati, 이용웅 옮김, 「문화와 유행상품의 역사 2」, 자작나무, 1997, 61~62면.
693) WIPO ed., op. cit., p.309.

거듭하였고 이에 따라 캐릭터 상품화 에이전시는 전문 職業群으로 확고한 자리매김을 하게 되었다.[694] 1970년대와 1980년대의 상품화 전략은 영화의 유명 캐릭터들(예컨대, 스타워즈, ET, 또는 람보)을 기반으로 시작되었다. 예컨대, 1978년에 월트디즈니의 상품화 전담부서에서는 그들이 개발한 캐릭터의 명칭과 이미지를 부착한 상품을 2천7백만 불 가량 판매하였고, 1979년에는 케너 프로덕츠(Kenner Products)가 스타워즈 영화 속의 캐릭터로 1억불의 판매실적을 얻게 되었다. 이와 같이 캐릭터의 상품화는 매우 중요한 수입원이 되었다.[695]

특히 영화의 히트가 캐릭터 비즈니스와 직결된 것은 스타워즈가 최초이다. 스타워즈는 조지 루카스가 각본·감독을 겸한 SF 영화로 1977년 처음 미국에서 극장 개봉되어 대히트를 거두었다. 속편인 제국의 역습(1980), 그리고 완결편인 제다이의 복수(1983)로 연속하여 히트함으로써 다른 영화사들을 놀라게 만들었다. 스타워즈 3부작의 상품화 수익은 40억 달러로 보고되고 있다. 스타워즈에는 루크 스카이워커, 한 소로, 레아 공주, 다스베이더, 요다, 오비원 케노비, R2-D2, C-3PO, 츄바카, 스톰 톨파, 데스 스타 등 무수한 캐릭터들이 등장한다. 스타워즈는 처음부터 상품화를 염두에 두고 제작된 헐리우드에서 가장 성공한 영화시리즈라고 할 수 있다.[696] 1990년대 미국 캐릭터 산업에 활기를 불어넣은 캐릭터인 배트맨, 닌자 거북이, 심슨 가족 등은 라이선스와 흥행을 병행하여 기획되었다. 일석이조의 시너지 효과를 노린 것이다.[697] 1999년에는 미국에서 캐릭터 라이선스로 발생한 사용료가 약 56억 달러에 이른다고 하는데, 그 가운데 영화와 TV 프로그램의 캐릭터 사용료가 45퍼센트를 차지한다고 한다. 히트한 영화작품의 캐릭터는 2차 시장의 중요 자금원이 된다는 것을 알 수 있다. 즉, 영화가 히트하면 그 캐릭터의 지명도에 힘입어 2차 시장이 탄생하고 영화의 속편이 히트하면 캐릭터의 수명이 더욱 늘어날 것이라는 기대도 커진다. 이러한 기대대로 속편이 히트한 영화로는 스타워즈, 스

694) John N. Adams, op. cit., p.xxvi.
695) WIPO ed., op. cit., p.309.
696) ミドリ·モール, 「ハリウッド·ビジネス」, 文藝春秋, 2001, 153~156면.
697) 電通キャラクタービジネス研究會 編, 앞의 책, 50면.

타트랙, 에이리언, 007, 쥬라기공원, 맨 인 블랙 등에 등장하는 캐릭터들이 미국의 상품화 산업의 주인공으로 활약하고 있다.[698]

이상에서 살펴본 것처럼 미국의 캐릭터 비즈니스는 오랜 역사를 바탕으로 하여 엔터테인먼트 산업 전체뿐만 아니라 관련사업의 형태로 거의 모든 업계와 상관하여 유기적으로 발전해 왔다. 그 결과 질적으로나 양적으로 뛰어난 캐릭터들을 보유하고 있으며, 거대자본과 강력한 유통구조를 바탕으로 세계 캐릭터 시장을 주도하고 있다. 그런데 이 같은 미국 캐릭터 시장은 최근 과거의 영웅캐릭터의 부활과 일본을 비롯한 해외 캐릭터의 유입으로 변화가 예고되고 있다. 과거 인기 있던 영웅 캐릭터의 부활의 사례로서 2002년에는 슈퍼맨과 같이 향수를 일으키는 캐릭터가 절정의 인기를 누렸으며, 과거 만화책에 등장하던 영웅 캐릭터에 대한 관심은 더욱 증폭되고 있다. 특히 계속되는 일본 애니메이션에 대한 인기인데, 포켓몬이 미국 캐릭터 시장을 사로잡은 지 2002년 기준으로 5년째에 접어들면서 포켓몬의 뒤를 이어 디지몬(Digimon), 유기오!(Yu-Gi-Oh!), 드래곤볼 Z(Dragon Ball Z) 및 베이블레이드(Beyblade) 등이 미국 내 주요 TV, 라이선싱 영역에서 어느 정도 성공을 거두고 있다.[699]

(3) 미국의 캐릭터 상품화 산업의 향후 전망 및 캐릭터 상품화 산업 비판론

미국의 캐릭터 산업을 주도하는 분야는 바로 거대 미디어 기업이 엄청난 제작비와 전 세계 유통망을 바탕으로 세계 시장을 장악하고 있는 영화 산업이다. 월트 디즈니, 워너 브라더스, 소니 픽처스와 같은 거대 제작자들은 영화 속의 캐릭터를 상품화하여 완구업체나 의류, 팬시, 식료 업체에 일정액의 사용료를 받고 사용권을 주는 라이선시 형태의 사업으로 캐릭터 산업을 주도하고 있다.[700] 미국의 캐릭터 산업은 앞으로도 방대한 캐릭터와 막대한 자본 및 유통구조를 바탕으로 한 디

698) ミドリ·モール, 앞의 책, 152면.
699) 「캐릭터 비즈니스」, 한국문화콘텐츠진흥원, 2004, 168~169면.
700) 「대한민국 캐릭터 산업백서」, 한국문화콘텐츠진흥원, 2004, 302면.

즈니나 워너 브라더스와 같은 거대 미디어 그룹들을 중심으로 영화 및 TV 애니메이션 캐릭터의 제작 및 마케팅이 활발히 이루어질 것으로 전망된다. 캐릭터 제작에 있어서는 활발한 창작보다는, 과거의 검증된 캐릭터를 이용하여 다시 영화 및 애니메이션을 제작하여 시리즈물을 선보이거나, 해외의 우수 캐릭터들을 소재로 한 캐릭터 마케팅이 한동안 활발히 진행될 것으로 보인다. 또한 다국적 기업이나 해외사와의 합작 형태의 계약이 성행하고, 인건비 절감을 위한 해외 발주 형태의 제작이 성행할 전망이다.[701]

한편, 캐릭터 이데올로기라는 말이 상징하듯이 미키마우스로 대표되는 월트 디즈니의 캐릭터들은 상품의 판매에 영향을 미친다. 어떤 상품이나 유행, 스타일 등이 지배적인 국가로부터 저발전국가의 종속시장으로 전달되고 지배국가의 문화적 가치와 신념 등에 의해 유지·보장됨으로써 특정 형태의 수요와 소비가 창조된다고 하는 문화제국주의(cultural imperialism)의 관점에서 보면,[702] 디즈니의 캐릭터를 통하여 문화적 지배를 관철하려는 세계 유일의 패권 국가 미국의 의도를 다시 한번 생각해 보지 않을 수 없다.[703] 또한 거대 다국적 기업 디즈니가 만들어 내는 캐릭터들을 통해 어린이들이 소비자로 대상화하며 보수화한다는 점에서 대중문화가 일상생활에 미치는 영향을 되새겨 보지 않을 수 없다.[704] 캐릭터 세계가 상징하는 캐릭터 산업을 비롯한 문화산업의 본질이란 어쩌면 이러한 문화적 지배의 관철을 최종적 목표로 하고 있는 것인지도 모른다. 특정한 문화가 만들어낸 문화상품의 세계시장 진출과 석권이라는 이른바 문화의 세계화 현상이 이를 상징한다.[705] 더

701) 「대한민국 캐릭터 산업백서」, 310~311면.

702) John Hartley, Key Concepts in Communication, Methuen, 1985, 박명진 편, 「비판커뮤니케이션과 문화이론」, 나남, 1989, 125면.

703) 이에 관해서는, A. Dorfman·A. Mattelart, How to Read Donald Duck: Imperialist Ideology in the Disney Comic, 1971, 김성오 옮김, 「도널드 덕 어떻게 읽을 것인가」, 새물결, 2003. 참조.

704) 이에 관해서는, Henry A. Giroux, The Mouse That Roared: Disney and the End of Innocence, 1999, 성기완 옮김, 「디즈니 순수함과 거짓말」, 아침이슬, 2001. 참조.

705) 문화의 세계화에 대한 비판적 연구로는, Jean-Pierre Warnier, La mondialisation de la culture, 1999, 주형일 옮김, 「문화의 세계화」, 한울, 2000. 참조.

구나 문화상품은 이른바 신경제의 핵심 축을 형성하고 있다. 미국 산업계가 의회와 손을 잡고 저작권 보호기간 연장법을 입법화한 배경에는 미키마우스로 대표되는 미국 캐릭터 산업의 보호라는 명분이 자리 잡고 있다.[706] 또한 거대 미디어 기업들의 주력 산업군을 형성하고 있는 캐릭터 산업은 자본의 논리에 따라 이윤 극대화를 추구하고 있는데, 이는 상당부분 국제적 하청기지인 저발전 국가 노동자들의 저임금 구조에서 비롯된다는 점에서 비판의 대상이 되고 있다.[707]

나. 영국에서의 캐릭터 상품화의 역사

유명한 실재인물이나 가공(架空)의 캐릭터(fictional character)를 상품화한 인형, 작은 입상 및 그 밖의 기념품 등의 판매는 오랜 역사를 가지고 있다고 할 것이다.[708] 영국에서의 캐릭터 상품화의 기원은 19세기로 거슬러 올라갈 수 있는데, 유명한 '산타클로스' 캐릭터는 여러 종류의 장난감으로 제작된 바 있다. 19세기 중엽에는 찰스 디킨즈 작품에 나오는 장면으로 장식된 어린이용 도자기도 제작되었다.[709] 특히 영국에서는 동화나 그림책에서 탄생한 가공의 캐릭터가 인기를 끌었는데, 1865년 영국에서 출판되어 세계적인 베스트셀러가 된 루이스 캐럴의 동화 '이상한 나라의 앨리스'는 그 동화와 함께 앨리스의 캐릭터를 그린 존 테니엘의 삽화가 유명하였다. 또한 1902년 출판된 비트릭스 포터의 그림책 '피터 래빗 이야기'에 등장하는 피터 래빗 캐릭터와 1926년 출판된 앨런 알렉산더 밀른 작(作), 어네스트 하

706) 1998년 10월 미 의회는 저작권의 보호기간을 일률적으로 20년씩 연장하는 것을 주요 내용으로 하는 '소니보노 저작권 보호기간 연장법(Sonny Bono Copyright Term Extension Act; CTEA)'을 의결하였다.

707) 캐릭터가 부착된 상품의 판매를 통한 영업상의 수익 증진을 위하여 막대한 비용을 광고·선전에 투입하고, 이러한 비용의 환수를 위하여 저임금의 하청생산구조가 고착화된다는 데에 근본적인 문제가 있다. 이에 관해서는, 장윤선, "나이키가 왜 비싼지 아세요.", 「참여사회」, 1998. 6., 32~33면; 박재권, "'나이키왕국'의 빛과 그늘", 「시사저널」, 1998. 6. 18., 72면; 서영아, "'피·땀' 묻은 옷은 사지 맙시다." 「뉴스플러스」, 1998. 12. 24., 44면; 월든 벨로, "'초국적기업 범죄' 정부 규제 필요", 「한겨레」, 1999. 2. 25.자 각 참조.

708) Heijo Ruijsenaars ed., Character Merchandising in Europe, Kluwer Law International, 2003, p.355.

709) John N. Adams, Character Merchandising, 2nd ed., Butterworths, 1996, p.xxxix 이하.

워드 쉐퍼드 그림의 '아기곰 푸(Winnie-the-Pooh)'의 캐릭터도 널리 알려졌는데, 피터 래빗 캐릭터는 다양한 상품에 이용되었고 아기곰 푸의 이야기는 월트디즈니의 만화영화로도 제작되었다.[710]

그러나 영국에서 다양한 제품을 널리 판촉하는 마케팅 형태로서 광범위하게 캐릭터가 상품화되기 시작한 것은 비교적 최근의 일이다. 본격적인 캐릭터의 상품화는 지난 30년 사이에 미국에서 유행하여 영국으로 건너온 것이라고 할 수 있다. 널리 상품화의 대상으로는 가공의 캐릭터 외에도 많은 형태들을 이용하는 것이 가능한데, 상품화 대상의 중요한 유형으로는 영화의 실재 및 가공적인 캐릭터, 그리고 TV나 스포츠의 스타들, 특히 어린이 영화 및 TV에 등장하는 캐릭터들(가령, 'Star Wars', 'Bob the Builder', 'Pokemon', 'Toy Story')이다.[711] 그런데 영국에서의 캐릭터 상품화의 전형적인 사례는 다른 나라의 경우와 마찬가지로 소비자의 마음을 끌기 위해 상품과 관련하여 가공의 캐릭터를 이용하는 것이다.[712] 현재 영국에서의 캐릭터 상품화는 수십억 파운드에 달하는 국제적 산업이다. 캐릭터의 상품화 중에는 그 캐릭터가 등장한 영화, 만화, 서적 등의 경우보다 많은 수익을 올리는 경우도 있다고 한다.[713]

다. 프랑스에서의 캐릭터 상품화 산업

프랑스에서 캐릭터 상품화 산업이 본격적으로 시작된 것은 오래되지 않았지만 그 역사적 기원은 장난감 산업으로까지 거슬러 올라갈 수 있다. 프랑스에서는 일찍이 귀족들 사이에 패션인형이 인기를 끌었는데, 1850년대 이후에는 화가 르노와르의 미술작품에 등장하는 여주인공 모습을 연상시키는 '르노와르' 스타일의 인형이 유행하였고 뒤를 이어 프랑스인의 사랑을 한 몸에 받은 나폴레옹 3세의 皇后

710) 秋山孝,「キャラクター・コミュニケーション入門」, 角川書店, 2002, 36~38면 참조.

711) Ruijsenaars ed., op. cit., pp.355~356.

712) Ibid., p.355.

713) Michael F. Flint·Clive D. Thorne, A User's Guide to Copyright, 4th ed., Butterworths, 1997, p.387.

으제니 드 몽티죠의 우아하고 섬세한 자태를 모방한 '몽티죠' 스타일의 인형이 인기를 끌었다. 1900년에는 풍부한 얼굴 표정을 특징으로 하는 캐릭터 인형이 유행하기도 하였다.[714] 한편, 생떽쥐베리가 1943년 발표한 동화 '어린왕자'에 등장하는 어린왕자 캐릭터는 프랑스의 50프랑 지폐의 도안으로 사용된 적이 있는데, 이것은 문학이나 일러스트레이션 캐릭터를 애호하는 프랑스인의 정서를 여실히 보여주는 사례이다.[715] 또한, 프랑스에서는 캐릭터 상품화 산업과 관련하여 이미 1960년대 초에 캐릭터의 상품화를 법적으로 보호할 수 있는지 여부와 그 보호 방법을 규율한 몇 가지 판결들이 있었다. 그러다가 지난 1990년대 이후 프랑스에서의 캐릭터 상품화 산업은 괄목할만하게 성장하였는데, 특히 이러한 성장을 가져온 가장 적절한 예는 1998년 프랑스에서 개최된 월드컵 경기이다. '1998년 프랑스 월드컵(Coupe de Monde 98)'의 마스코트인 '푸티(Footix)'라는 이름의 수탉 캐릭터를 복제한 4백여 가지의 다양한 물품들이 판매되었는데, 그 거래액은 프랑스 국내에서 30억 프랑이었고 세계적으로는 80억 프랑에 달하였다고 한다.[716]

라. 독일에서의 캐릭터 상품화 산업

상품화는 결코 새로운 현상이 아니다. 상품화에 관한 최초의 예로서 일컬어질 수 있는 것은 17세기 경 독일에서 판매된 노아의 방주(Noah's arks)이다.[717] 한편 독일에서 상품화와 관련된 재판례(裁判例)는 20세기 초에 처음 발생하였다. 1910년 발생한 유명한 사건에서 독일 법원은 비행선 발명자인 Graf Zeppelin의 이름과 초상(likeness)을 시가(cigars)에 대한 상표로 무단 사용하는 것을 금지하였다.[718] 나중에 월트 디즈니社는 '미키 마우스'와 '밤비' 같은 고전적인 만화 캐릭터를 상업적으로

---

714) François Theimer, Les Jouets(Coll. 〈QUE SAIS-JE?〉, N° 3056), P.U.F., 1995, 松村惠理 譯, 「おもちゃの歷史」(文庫クセジュ 808), 白水社, 1998, 5면, 108~111면, 143면 이하 각 참조.
715) 秋山孝, 앞의 책, 38면.
716) Ruijsenaars ed., op. cit., p.117.
717) John N. Adams, Merchandising Intellectual Property, Butterworths, 1987, p.xxv.
718) RGZ 74, 308–Graf Zeppelin.

이용하는 것을 포함하는 매우 성공적인 상품화 활동을 독일에서 전개하였다. 1970년대에 상품화는 어린이 만화영화로 제작된 'Biene Maja', '피노키오'와 'Nils Holgerson' 뿐만 아니라 'Charlie's Angels'와 같은 TV 시리즈물과 관련하여 점점 중요하게 되었다. 그러나 독일에서 상품화 산업이 명실상부하게 성황을 이루게 된 것은 라디오와 TV 방송의 민영화가 이루어진 1980년대에 접어들어서이다.[719]

1991년 독일 상품화 시장의 총 거래액은 약 10억 유로에 해당하는 것으로 평가되었고, 1995년에는 35억 유로 2000년에는 60억 유로로 평가되었다. 민영 TV 채널인 RTL 하나만해도 TV 제작물과 관련한 상품화 사업에서 2억 유로 이상의 거래액을 달성했다고 한다. 상품화의 성공적인 사례로 거론되는 독일의 유명 만화 캐릭터들에는 'Die Maus', 'Otto's Ottifanten', 'Käpt'n Blaubär', 'Die Tigerente', 'Tabaluga' 등이 포함된다. 또한 'Gute Zeiten, schlechte Zeiten' 또는 'Good Times, Bad Times' 같은 TV 매일 연속극의 인기에 힘입어 연속극에 등장하는 캐릭터와 로고가 매우 여러 분야에서 이용되었다. 위 매일 연속극은 그 시청자를 위한 팬 잡지를 발간하였으며 'Gute Zeiten, schlechte Zeiten'와 관련하여 상품화된 물품의 범위는 놀라울 정도로 광범위하였다. 물론 국제적으로 알려진 월트 디즈니와 워너 브라더즈의 캐릭터들도 성공적으로 상품화되었다.[720]

마. 일본에서의 캐릭터 상품화 산업

(1) 역사

일본 캐릭터 산업의 역사는 캐릭터의 기본형 탄생(1946년~1960년), TV 애니메이션 주도의 비즈니스 확립(1961~1970년), 팬시상품의 정착화(1971년~1980년), 캐릭터 비즈니스의 다차원화(1981년~1990년), 타업종 참여의 활성화(1991년~현재)로 크게 나누어 볼 수 있다.[721] 특히 일본 경제의 고도성장기인 1970년~80년에 캐릭터 산업은 비약

719) Ruijsenaars ed., op. cit., p.128.
720) Ibid.
721) 이에 관해서는, 電通キャラクタービジネス研究會 編, 앞의 책, 74~78면 참조.

적으로 발전하였다.[722] 또한 1980~90년도에 접어들면서 캐릭터의 상품화를 기반으로 하는 캐릭터 산업(character industry)은 전 세계적으로 확산되었는데 이 무렵부터 일본의 캐릭터들의 해외 진출이 본격화되었다.

일본 캐릭터 산업의 기반이 되는 것은 세계적 경쟁력을 갖춘 일본의 애니메이션 산업이다. 일본의 애니메이션 제작회사들은 분명히 미국의 메이저 영화제작회사에 필적하는 기업으로 성장할 수 있는 잠재력을 보유하고 있다. 더구나 TV용 애니메이션의 제작은 캐릭터 상품화를 당연한 전제로 하여 이루어진다. 애니메이션의 제작은 그 제작 및 방영에서 끝나는 것이 아니라 저작권에 기초하여 다양한 상품화가 가능한 비즈니스라는 인식이 저변에 깔려 있다.[723]

(2) 현황

2003년 현재 일본의 캐릭터 시장은 약 2조 엔의 시장을 형성하고 있으며, 캐릭터 사용료를 포함한 주변시장까지 포함하면 약 4조 엔의 거대 산업으로 성장해 있다. 또한 해외에서도 포켓몬스터, 건담, 디지몬 등 일본에서 만들어진 캐릭터가 연이어 히트를 치고 있다. 지금 일본의 캐릭터 시장은 IT산업과 어깨를 나란히 하는 유망 시장으로서 경제계로부터 커다란 주목을 받고 있다. 반다이 캐릭터 연구소의 조사에 따르면, 일본인의 84퍼센트가 캐릭터 상품을 가지고 있으며 60대 이상의 노년층도 65퍼센트가 어떤 형태로든 캐릭터 상품을 가지고 있다는 결과가 나왔다. 그만큼 캐릭터 상품은 일본인의 생활 속에 완전히 정착해 있다고 평가할 수 있다.[724]

722) 1970~80년대 일본 캐릭터 산업의 발전과 그 법적 기초 및 계약실무 현황에 대해서는, 土井輝生, 「キャラクター·マチャンダイジング—法的基礎と契約實務」, 同文館, 1989, 참조. 도이[土井] 교수에 따르면 일본에서도 1960년대부터 이른바 픽셔널 캐릭터의 저작권 침해사건이 아주 많이 발생하였지만, 공간(公刊)된 판례는 극소수에 불과하였다고 한다. 그러다가 1970년대부터 일본 상품화권협회가 그 회보(會報)에 판례를 게재하기 시작하였는데, 그 첫 번째 판례가 浦和地裁越谷支部 昭和48년 1월 25일 판결로서 쓰부라야(円谷)프로덕션이 영화 캐릭터인 '울트라맨' 등과 관련하여 제기한 소송이라고 한다(土井輝生, 위의 책, 14면).

723) 이에 관해서는, 日經BP社技術研究部, 「アニメ·ビジネスが變わる」, 日本經濟新聞社, 1999, 성하묵 옮김, 「변화하는 일본의 애니메이션 산업」, 한울, 2001. 참조.

(3) 전망

일본 캐릭터 상품화 산업에서 최근 나타나는 새로운 변화는 브랜드화 된 캐릭터의 소비가 크게 증가하였다는 점이다. 특히 디즈니 캐릭터의 경우에 그러한 경향이 현저하다. 또한 성인 구매층의 증가와 의류 캐릭터의 약진도 새로운 변화의 모습으로 꼽을 수 있다. 더구나 컴퓨터 기술의 발달에 따른 캐릭터 상품화의 새로운 전개 양상도 눈여겨 보아둘 필요가 있을 것이다. 가령, 3차원 컴퓨터 그래픽을 이용한 온라인 게임의 캐릭터인 아바타를 통하여 사이버 공간에서 이용자를 대신하여 채팅과 메시지 교환, 온라인 게임 등을 제공하는 서비스가 시작되었기 때문이다.[725] 더구나 IT산업의 발전과 인터넷의 보급으로 캐릭터는 국경을 넘어 신속하게 보급되고 있다.[726] 이러한 해외 시장의 진출이 활발히 이루어짐으로써 일본은 미국에 이어 캐릭터 상품화 산업의 강국으로서의 지위를 확고히 해 나가고 있다. 이로 인해 발생하는 일본의 캐릭터 상품화 산업의 문제점에 대해서는 미국의 경우에 제기되는 것과 마찬가지의 문제점이 지적될 수 있을 것이다.

바. 우리나라 캐릭터 상품화 산업

(1) 캐릭터 상품화 산업의 형성

우리나라에서 캐릭터 상품화 산업이 처음 시작된 것은 주식회사 백두씨엠을 창업한 허기(許杞) 회장이 주식회사 한진(韓進)의 사장으로 재직할 때인 1976년 디즈니사와 대리점 계약을 체결하여 디즈니 캐릭터를 도입한 때부터라고 한다.[727] 그 후 우리나라에서는 1988년 서울 올림픽의 개최를 전후하여 캐릭터 상품화 산업이 본격화되었다. 그 무렵 '서울아시아경기대회·올림픽대회조직위원회지원법'도 올림픽

724) 「대한민국 캐릭터 산업백서」, 240면.

725) '새로운 유형의 시각적 캐릭터'로는 온라인게임 등에서의 아바타(avatar)와 컴퓨터에서 사용자 인터페이스의 하나로 채용되어 사용되는 아이콘(icon)을 들 수 있다. 아바타에 대해서는, 박성호, "아바타의 법적 문제점", 「인권과정의」, 대한변호사협회, 2005. 7. 참조.

726) 「대한민국 캐릭터 산업백서」, 264~266면.

727) 이영방, "캐릭터의 이용실태와 향후 전망", 캐릭터의 법적 보호 방안에 관한 문화부 주최 저작권 심포지엄 발표문, 1990. 11. 26., 10면.

대회 등의 마스코트를 상품화하는 것에 대하여 한시법(限時法) 형태로 규정하여 캐릭터의 상품화를 법적으로 보호하였다.

(2) 캐릭터 상품화 산업의 발전

1990년대 접어들면서 국내 캐릭터 상품화 산업은 양적으로는 물론이고 질적으로도 발전을 거듭하였는데, 이를 상징하는 대표적인 국산 캐릭터가 '아기공룡 둘리'이다. 동명(同名)의 연재만화는 만화잡지 〈보물섬〉에서 1983년 4월부터 1993년 9월까지 10년간 연재되었고, 그 후 만화영화로 제작되어 1987년 그 전편(前篇)이 첫 방송되어 어린이들에게 선풍적인 인기를 끌었으며 1988년에는 후편(後篇)이 방송되었다. 그 후 전편과 후편을 따로 구분하지 않은 채 1990년, 1993년, 1996년, 1998년, 2003년, 2006년 등 여러 차례 재방송되었으며, 그 사이 1996년 '얼음별 대모험'이란 제목의 극장판도 제작되어 상영되었다.[728] 이 같은 만화와 만화영화의 인기를 배경으로 '둘리' 등의 캐릭터를 소재로 한 다양한 상품이 개발되어 판매되었다.

국산 캐릭터 '아기공룡 둘리'의 상품화가 성공을 거두게 되고, 이와 아울러 미국의 '미키마우스'와 같은 디즈니 만화영화의 인기 캐릭터를 비롯하여 일본 산리오사의 '헬로 키티' 등의 캐릭터에 대한 상품화 이용허락계약이 다양한 상품군(商品群)에 걸쳐 체결되어 국내 상품화 산업은 더욱 활성화되기에 이른다.[729]

---

728) 위키백과 '아기 공룡 둘리' 참조.

729) 실례로 디즈니 컨수머 프로덕트 인터내셔널 인크(Disney Consumer Products International, Inc.)가 1995년 국내 업체들과 체결한 '저작권 사용계약서'들을 보면 다양한 상품군에 걸쳐서 계약이 이루어졌다는 것을 확인할 수 있다. 이 중 하나의 계약서는 ⓐ 1995. 5. 30. 주식회사 바른손에 대해 미키마우스, 미니마우스, 도날드덕, 데이지덕, 플루토, 구피 캐릭터를 종이제품(스프링 노트북, 포켓 노트북, 칼라 픽쳐 노트북, 미니 사진첩), 포장용 물품, 잡화(필통, 고무지우개), 필기구(연필), 가방 등의 물품(articles)에 이용허락한 것이고, 다른 하나의 계약서는 ⓑ 같은 해 9. 2. 이도 주식회사에 대해 위 같은 캐릭터들과 미니엔미 캐릭터 외에 각 영화들의 지정된 장면들 그리고/또는 각 상업화된 프로그램들의 이름이나 표상인 백설공주와 일곱난장이, 신데렐라, 밤비, 피노키오, 피터팬, 101달마시안, 인어공주, 미녀와 야수, 알라딘, 라이온킹, 포카혼타스를 다음과 같은 물품들(플라스틱, 철 또는 나무제의 아날로그 탁상시계나 벽시계)에 이용허락한 것이다.

한편, 1997년 말 우리나라의 외화보유 상황 악화로 말미암은 경제 위기로 인하여 IMF 관리 경제체제에 편입됨에 따라 국내 캐릭터 상품화 시장이 위축된 적도 있다. 하지만 2000년을 전후해서는 우리나라 가요, 드라마, 영화 등 대중문화가 중국이나 동남아시아, 일본 시장 등에서 인기를 얻게 되면서 문화상품으로서의 '한류' 현상이 세계적인 주목을 받게 되었고,[730] 이와 함께 '마시마로', '둘리', '뿌까' 등의 국산 캐릭터도 일본, 중국 등 해외 시장으로 활발히 진출하게 되었다. 특히 플래시애니메이션 형태로 출발한 '마시마로'는 2천여 가지의 다양한 캐릭터 상품으로 판매되고 있고, 일본, 동남아, 북미, 유럽 등지에 수출하여 2001년 1200억 원의 시장이 창출되었다고 한다.[731] 머리 양쪽에 찐빵 모양 스타일을 한 말괄량이 소녀 '뿌까'(PUCCA) 캐릭터의 경우는 2003년 유럽과 중국, 2006년 남미, 2008년 북미에 진출하여 150여개 나라에서 3천여종의 상품에 이용되어 판매되고 있는데, 2007년 전 세계 매출액은 약 2500억 원이고 상품화 이용허락 대가로 87억5천만 원의 수익을 올렸고,[732] 2008년 전 세계 매출액은 약 4,750억 원이고 상품화 이용허락 대가로 160억 원의 수익을 올렸으며 2009년은 전 세계 매출액 9500여억 원, 상품화 이용허락 대가 320여억 원이 추산된다.[733]

'아기공룡 둘리' 이후 가장 성공한 국산 만화영화는 '뽀롱뽀롱 뽀로로'이다. 하늘을 나는 게 꿈인 꼬마 펭귄 '뽀로로'는 2003년 11월 EBS를 통해 첫 방송된 만화영화 '뽀롱뽀롱 뽀로로'에 등장하는 주인공 캐릭터의 이름이다. 호기심이 많은 뽀로로는 비행기 조종사용 모자와 고글을 쓰고 다닌다. 이 만화영화는 2005년부터 4년간 국내 애니메이션 시청률 1위를 기록하였고, 2004년 프랑스 최대 공중파 채널 TF1에서 시청 점유율이 50퍼센트를 넘은 적도 있다. 영국·이탈리아·남미·중국에 이어 2006년 일본 진출에도 성공하여 2011년 현재 세계 120여개 나라에서 방

730) 문화상품으로서의 '한류' 현상에 관한 연구로는, 조한혜정 외 4인, 「'한류'와 아시아의 대중문화」, 연세대학교출판부, 2003, 2면 이하 참조.

731) 손대현 편저, 「엔터테인먼트산업」, 김영사, 2004, 137면.

732) 정형모, "날자! 한국 캐릭터 산업(중)", 「중앙일보」 2008년 7월 17일자 20면.

733) 최지영, "'뿌까'의 금의환향", 「중앙일보」 2009년 11월 20일자 E8면.

송 중이다.[734] 2003년 이후 2007년까지 올린 매출액은 800억 원이고, 2008년에는 상품화 이용허락 대가로 약 100억 원, 2009년 135억 원의 수익을 올렸다. 그 이후 이용허락 대가로 벌어들이는 수입은 연간 140억 원에 이른다.[735] 2010년 서울산업 통상진흥원은 뽀로로의 브랜드 가치를 3893억 원으로 평가하였다. 뽀로로가 들어간 캐릭터 상품도 150개 회사에서 1600종이 나오고, 캐릭터 상품 판매액도 연간 5200억 원 정도로 추산된다.[736]

(3) 캐릭터 상품화 산업의 전망

'미키 마우스'나 '뽀로로'와 같은 캐릭터가 상징하듯이 캐릭터 산업은 이른바 '문화의 세계화' 현상에 따라 전 세계적인 파급력을 미치고 있다. '상품화 및 캐릭터 이용허락 산업'을 지칭하는 캐릭터 산업 중에서 가장 중요한 영역은 캐릭터를 다양한 상품에 이용함으로써 상품의 판매를 촉진하는 캐릭터 상품화 산업이다. 최근 정보통신기술의 발전에 따른 매체의 다양화 현상으로 말미암아 캐릭터 상품화 산업은 문화산업적으로 한층 주목받고 있다.[737] 특히 국산 캐릭터로서 인기를 모으고 있는 '뽀로로'를 비롯하여 '마시마로'나 '뿌까' 또는 '딸기' 등의 캐릭터들은 우리나라를 대표하는 스타 캐릭터로 부상하면서 국산 캐릭터의 경쟁력을 크게 높이고 있다.[738]

그런데 이러한 캐릭터 상품화 산업을 통한 경제적 효과의 창출은 궁극적으로는

734) 이승종, "'몸값이 무려 1조원?' 뽀로로의 '불편한' 진실", 「아시아경제」, 2011년 8월 9일자; 김택환, "실패한 '미셸'이 성공한 '뽀로로' 낳았죠", 「중앙일보」, 2011년 10월 1일자 jBiz 8~9면.

735) 「조선일보」 2007년 8월 20일자; 「중앙일보」 2009년 8월 20일자; 「한겨레」 2009년 10월 8일자; 「프라임경제」 2011년 5월 3일자 각 기사.

736) 진중언, "디즈니·픽사와 겨룰 가족 애니메이션 만들 것", 「조선일보」 2012년 1월 3일자 B1면.

737) 한국문화콘텐츠진흥원이 발표한 「2005 캐릭터산업백서」에 따르면 연간 국내 캐릭터 소비시장 규모는 4조 1,200억 원(2001년도)~5조 2,771억 원(2002년도) 가량으로 추산되는데, 2005년도는 4조 7,032억 원으로 예측된다고 밝힌 바 있다. 그 후 2011년 현재 국내 캐릭터 산업은 5조 원 규모로 성장하였다(진중언, "디즈니·픽사와 겨룰 가족 애니메이션 만들 것", 「조선일보」 2012년 1월 3일자 B2면).

738) '마시마로'는 엽기토끼라는 이름으로 더 유명한 캐릭터로서 2001년 플래시 애니메이션을 통해 등장하였고, '뿌까'는 1999년 모바일 배경화면과 플래시 애니메이션을 통해 등장하였다. '뽀로로'는 2003년 11월 EBS에서 첫 방송된 만화영화의 주인공 캐릭터로서 널리 알려졌다.

법적 뒷받침이 수반되지 않으면 그 실효성을 거두기 어려운 경우가 많다. 그러므로 캐릭터 산업의 핵심인 캐릭터 상품화 산업과 관련하여 제기되는 법적 보호 방법에 주목할 필요가 있다.[739] 일반적으로 캐릭터의 상품화라는 것은 캐릭터가 가지는 인기를 상품에 반영하여 당해 상품의 판매를 증진시키는 것이라고 말하고 있는데, 이러한 캐릭터 상품화의 법적 보호에 관한 쟁점을 명확히 인식하고 고찰함으로써 캐릭터 상품화 산업이 보다 안정적으로 발전해나갈 수 있도록 법적 대비책을 마련할 필요가 있다.

II. 미술작품과 추급권(droit de suite)

> 추급권(droit de suite)이란 19세기 후반을 그리워하는 옛 기억에서 비롯된 것이다. 이 권리는 법적 형식으로 바꿔 쓴 「라보엠」(La boheme)이자 「빈센트 반 고흐」(Lust for Life)이다.
>
> — 먼로 프라이스(Monroe E. Price)의 추급권을 비판적으로 고찰한 논문 중에서[740]

1. 문제의 제기

가. 미술작품(artistic works) 또는 미술저작물이라 함은 회화, 서예, 조각, 공예, 응용미술저작물 등과 같이 선, 색채, 명암을 사용하여 이차원(평면적) 또는 삼차원적(공간적) 아름다움을 시각적으로 표현한 것을 말한다.[741] 미술은 유개념(類概念)으로서의 예술에 속하며 그 속의 특정한 장르를 가리킨다.[742] 예술은 미(美)라는 가치를 추

739) 박성호, 「캐릭터 상품화의 법적 보호」, 현암사, 2006, 3면 이하 참조.
740) Monroe E. Price, "Government Policy and Economic Security for Artists: The Case of the Droit de Suite", The Yale Law Journal, Vol.77 No.7, 1968, p.1335. 'Lust for Life'는 어빙 스톤이 쓴 고흐에 관한 평전으로 최승자 시인이 「빈센트, 빈센트, 빈센트 반 고흐」(까치글방, 2000)라는 제목으로 우리말로 옮겼다.
741) 정상조, 「지적재산권법」, 홍문사, 2004, 239면.
742) 佐佐木健一, 「美學辭典」, 東京大出版會, 1995, 민주식 옮김, 「미학사전」, 동문선, 2002, 64~65

구하는 인간의 특수한 활동으로서 저작권법을 비롯한 법의 영역에서도 그 자체의 존재의의가 인정되어 논의의 대상이 되어왔다. "철학자는 개념에 봉사하고 예술가는 형상에 봉사한다. 전자의 표현방법은 추상적이고 후자는 관조적이다."는 표현이 상징하듯이, 문학에 있어서 작가는 개념을 고찰하지만 미술가는 관조(觀照)를 생각한다. 전자는 대상을 추상적으로 파악하는 데에 대하여 후자는 대상을 형체 속에 받아들인다.[743]

양자의 이러한 차이점 때문에 우리나라 저작권법 제4조 제1항 제1호의 어문저작물의 이용양태는, 예컨대 소설작품을 쓴 원고지 자체, 즉 원고(原稿)라는 유체물에 중점이 있는 것이 아니라 소설작품을 복제하여 판매하는 것에 주안점이 두어져 있다.[744] 위 같은 항 제2호의 음악저작물의 경우도 마찬가지이다. 음악작품이 담긴 음반을 복제하여 판매하는 것이 주요 이용양태이다. 이에 반하여 위 같은 항 제4호의 미술저작물의 이용양태에서 복제권이 차지하는 비중은 그다지 크지 않다. 오히려 미술작품을 담고 있는 유체물 자체가 중요한 거래의 대상이 된다. 요컨대 미술저작물은 유체물인 원작품 자체의 재산적 가치가 크기 때문에 미술작품에 대한 저작권(그 중에서도 특히 복제권)은 그다지 중요하게 취급되지 않는다. 따라서 소설가는 소설작품이 베스트셀러가 되면 판(版)이나 쇄(刷)[745]를 거듭할 때마다 복제를 허락한 대가인 저작권료[746] 수입이 늘어나게 되지만 미술가는 그렇지 않다. 즉, 미술가는 저명 화가와 같은 극히 예외적인 경우[747]를 제외하고는 저작권료 수입이

면 참조.

743) Heinrich Hubmann, Das Recht des schöpferischen Geistes, 1954, 久久湊伸一 譯, 「著作權法の理論」, 中央大出版部, 1967, 76면, 85면.

744) 물론 학문 연구 영역에 따라서는 어문저작물이 고정(fixation)된 원고(原稿) 자체가 연구대상이 되는 경우가 있다. 문학평론가인 김윤식 서울대 국문과 명예교수는 김구용, 최인훈, 김현 등의 육필원고를 현대문학사 연구에 활용한다. 또 맑스 저작에 관한 세계적인 문헌학자 정문길 고려대 행정학과 명예교수의 경우도 육필원고 자체가 주요 연구대상 중의 하나이다.

745) '판'(版; edition)과 '쇄'(刷; reprint, impression)를 혼동해서는 안 된다. 출판물의 본질적 부분을 고쳐 펴내는 경우가 '판'이다. 이때는 초판(first edition), 제2판(second edition) 등으로 표시한다. 그리고 본질적 부분을 고침이 없이 각 '판'을 여러 번 찍는 경우가 '쇄'이다. 이때는 초판 3쇄, 제2판 4쇄 등으로 표시한다(박성호, "현행 저작권법의 해석상 '판권'의 개념", 「변호사」 제22집, 서울변호사회, 1992, 314면).

746) 이 저작권료를 흔히 인세(印稅)라고 통칭(通稱)하기도 한다.

생길 여지가 없다. 미술가의 수입은 미술저작물의 원작품을 타인에게 판매할 때 발생할 뿐이다. 설령 판매 이후 작품 가격이 크게 올랐더라도 이미 원작품의 소유권은 타인에게 이전되었기 때문에 추후 그 타인이 누군가에게 그 원작품을 높은 가격으로 전매(轉賣)하더라도 미술가에게는 별도의 추가 수입이 생기지 않는다. 그렇기 때문에 소설가나 음악가는 저작권 자체를 타인에게 양도하지 않는 한 생존기간 동안은 물론이고 사후 50년까지도 저작권료 수입을 얻을 수 있지만, 미술가에게는 저작권료 수입 자체가 생길 여지가 거의 없다. 매 작품마다 단 한 번 원작품을 판매할 때 그 판매대금을 손에 쥘 뿐이다. 그러한 점에서 미술가는 문필가나 음악가와 비교할 때 상대적으로 생계에 어려움을 겪을 수밖에 없다. 이러한 사실에 착안하여 발전해온 법적 개념으로서 미술저작물의 저작자인 미술가에게 부여되는 권리가 바로 추급권(追及權)이다.

나. 추급권(droit de suite; Folgerecht; artist's resale right; resale royalty right)[748]이란 타인에게 양도한 미술저작물의 원작품이 공매(公賣)되는 경우에 미술저작물의 저작자인 미술가가 그 재판매대금 중에서 일정율의 금액을 배분받는 권리를 말한다. 추구권(追求權)이라고도 하고 또는 저작자배당권이라고도 한다.[749] 미술저작물의 저작자에게 추급권을 인정하는 이유는 통상의 저작물의 저작자와 구별되는 미술저작물의 특성을 반영하여 원작품 가격의 상승에 따른 이익을 미술저작물의 저작자에게 배분하게 하여 그 권익을 보호하고 다분히 투기성이 농후한 미술저작물의 원작품 거래

747) 유명 화가의 경우는 화집(畵集)을 출판하거나 토트백(tote bag)에 그림이 인쇄되는 것을 허락함으로써 복제를 허락한 대가인 저작권료 수입을 얻는 경우가 생길 수 있다.

748) 프랑스어 'droit de suite'를 직역하면 '연속적인 권리'라는 뜻이다. 미술품을 반복해서 판매하는 것을 가리키는 의미로 연속이라는 말을 사용한 것이다. 그래서 예전에는 영어로도 'following right'이나 'proceeding right'이라고 표현한 적이 있었다. 하지만 이 권리의 실질적 내용은 미술품을 재판매할 때에 저작자인 미술가에게 지급되는 보수 또는 로열티를 의미하기 때문에 영어로는 'artist's resale right' 또는 'resale royalty right'라고 표현하는 것이 일반적이다(小川明子,「文化のための追及權」, 集英社, 2011, 85면).

749) 「저작권용어해설」, 저작권심의조정위원회, 1988, 270면; 社團法人 著作權資料協會, 「著作權事典(改訂版)」, 出版ニュース社, 1985, 257면; 이상정, 「미술과 법」, 세창출판사, 2009, 272면 각 참조.

자의 지나친 부당이득을 방지한다는 의미가 있다.[750)]

미술저작물의 원작품이 최초 판매된 이후 그 가치 증대 부분에 관여할 수 있는 권리를 의미하는 추급권 문제는, 2007년 우리나라와 유럽연합(EU)과의 FTA 협상 초기 과정에서 저작권 분야 주요 쟁점 중의 하나로 부각된 적이 있다. 주지하는 것처럼 유럽연합 가입국들은 EC 및 EU 지침에 따른 국내법의 개정이 의무로 되어 있고 EU 내에서의 지적재산권 보호법제의 조화를 도모하기 위하여 여러 가지 지침이 마련되어 있는데, 그 중 하나가 '미술저작물의 원작품의 재판매권(再販賣權)에 관한 지침'(EU 추급권 지침, 2001년)[751)]이고, 이에 따라 지금까지 가장 강력하게 추급권의 도입을 반대해온 영국조차 2006년 추급권법을 제정한 바 있다. 우리나라와 EU 간에 FTA 협상이 진행되면서 추급권 문제가 논의의 쟁점 중에서는 제외되었지만,[752)] 장차 우리나라의 미술산업 관련 국내 입법을 정비하는 차원에서는 추급권(追及權)의 도입 여부에 관한 법률문제를 어떤 식으로든 매듭지을 필요가 있을 것으로 생각한다.

더구나 2006~7년 상반기까지는 우리나라에서도 미술시장이 급격히 성장한 바 있는데, 이것은 미술저작물의 원작품을 예술적 관점에서는 물론이고 재산증식 수단 중의 하나로 소장하고자 하는 개인들이 증가하고 있는 사회현실을 반영하기 때문일 것이다.[753)] 물론 그 이후 국내외 미술시장은 세계적인 금융위기의 여파로 인해 침체 국면에 놓이기도 하였지만 2009년 말경부터는 다시 회복 국면을 맞고 있기도 하다. 이러한 여러 가지 국내외 사정을 감안하더라도 미술저작물의 원작품을 수집하려는 예술 애호가의 증가와 투자대상으로 미술작품을 선호하는 고객의

---

750) 안경환, "미술저작물 저작자의 추급권", 「계간 저작권」, 1988년 겨울호, 31면; 위 「저작권용어해설」, 270면.

751) Directive 2001/84/EC of the European Parliament and of the Council of 27 September 2001 on the resale right for the benefit of the author of an original work of art.

752) 언론보도에 따르면 우리나라와 EU 간의 FTA에 관한 3차 협상에서 양측은 추급권의 도입을 협정문에서 삭제하기로 합의하였다고 한다(조선일보, 2007년 9월 22일자; 동아일보, 2007년 9월 22일자 각 참조).

753) 중앙일보, 2007년 10월 2일자 21면("치솟는 그림 값 반길 일인가… 걱정할 일인가").

증대 등을 고려할 때에, 미술저작물의 원작품 거래와 관련하여 제기되는 추급권 제도의 도입 여부에 관하여 본격적인 논의가 필요한 시점이 아닌가 생각한다.

2. 입법례

미술저작물의 원작품의 추급권 제도에 관한 최초의 입법은 1920년 프랑스에서 이루어졌는데, 그 후 이 제도는 1921년 벨기에, 1941년 이탈리아에서 각 입법화된 것을 비롯하여 독일, 스페인, 룩셈부르크, 포르투갈 등 주로 대륙법계 국가로 널리 확대되었다. 문학·예술 저작물의 보호에 관한 베른협약(이하, 베른협약으로 줄임) 제14조의 3에서도 추급권을 명시하고 있지만, 그 행사 요건과 금액, 그리고 절차에 관해서는 베른협약 가입국의 국내 입법에 맡기고 있다.[754] 이하에서는 현재 추급권 제도를 채택하고 있는 세계 45개국 이상의 나라들 중에서 특히 프랑스, 독일, 영국, 미국 순으로 입법례를 개관한다.

가. 프랑스

세계에서 최초로 미술저작물의 추급권 제도를 도입한 나라는 미술 애호국이라 불리고 미술가 보호에 열성인 프랑스이다. 프랑스는 1920년 5월 20일 법률(미술가를 위하여 미술품의 공매에 요금을 부가하는 법률)을 제정하였다.[755] 프랑스에서 추급권(追及權)에 관한 입법이 최초로 이루어지게 된 계기에 대해 일본의 민법학자인 가츠모토 마사아키[勝本正晃, 1895~1993]는 "포랭의 그림과 화가의 추급권"이란 글에서 다음과 같이 기술하고 있다.[756]

754) 베른협약 제14조의 3 ① 저작자 또는 그의 사망 후에 국내 입법으로 권한을 받은 자연인이나 단체는 미술저작물의 원작품 및 작사자와 작곡자의 원고에 관하여, 저작자가 원작품 및 원고를 최초로 이전한 후에 그 원작품 및 원고의 매매에 있어서의 이익에 대하여 양도할 수 없는 권리를 향유한다. ② 전 항에서 규정한 보호는, 저작자가 속한 국가의 입법으로 그와 같이 허용한 경우에, 그리고 이 보호가 주장되는 국가가 허용하는 범위 내에서만 각 동맹국에서 주장될 수 있다. ③ 징수의 절차와 금액은 국내 입법에 맡겨 결정한다.

755) 프랑스법의 제정 경위에 관한 상세는, 小川明子, 「文化のための追及權」, 集英社, 2011, 89~92면.

"오노레 도미에(Honore Daumier)[757] 등과 같은 반열에서 거명되는 프랑스의 화가 포랭(Forain)의 캐리커처 중에 어느 경매장의 한 장면을 그린 것이 있다. 마치 그림 한 점이 경매에 나와 있는 데 경매장 직원이 이제 막 '10만 프랑, 팔렸습니다'라고 외치면서 탕 하고 망치를 내려치는 것 같다. 그 경매 장면을 바라보는 사람들 속에 남루한 옷을 걸친 꼬마 아이가 손을 들고는 웅크리고 앉아 있는 여동생을 향해 '저건 아빠 그림이야'하고 속삭이고 있다. 가련하고 애처로운 정경이다. 포랭의 그림은, 아마도 당초 불과 1천 2백 프랑에 팔린 밀레의 명작 '만종(晩鐘)'이 나중에 경매에서 1백만 프랑을 호가하던 무렵에, 밀레의 어린 딸이 음악 홀에서 꽃 파는 소녀가 되어 가난한 나날을 보내고 있었던 것 등을 떠올려 그린 것이리라. 실제로 이러한 사실은 그 밖에도 적지 않다. … 저 포랭의 캐리커처는 … 당시 하원의원이던 앙드레 헷스(André Hesse) 씨에게 커다란 충격을 주었다. 이리하여 동씨(同氏)의 입안(立案)과 노력으로 오늘날 프랑스가 미술국(美術國)으로 세계에 자랑하는 것처럼 미술가에게 추급권을 인정하는 법률이 1920년 5월 20일 공포되기에 이른 것이다."

프랑스의 최초 입법에 따르면 미술가는 타인에게 양도한 미술작품이 공개의 경매에 의해 판매된 경우에 추급권을 가지며 그 공매 금액에서 일정 요율(3%)의 금액을 분배받을 수 있다고 규정하였다. 이 추급권은 타인에게 양도할 수는 없지만 미술가의 상속인 등은 이 권리를 행사할 수 있도록 규정하였다.[758] 그 후 프랑스의 1957년 저작권법 제42조의 제1항 내지 제5항에서 추급권에 관하여 규정하였으며, 1992년 7월 1일 법률 제597호로 제정된 '지적재산권법전' 제122조의 8에서도 제1항 내지 제3항에서 추급권을 규정하고 있다.

756) 勝本正晃, "フォランの畫と畫家の追及權", 「現代文化と著作權」, 雄渾社, 1956; 阿部浩二, 「著作權とその周邊」, 日本評論社, 1983, 129면에서 재인용.

757) 캐리커처를 석판화로 제작하여 광범위한 대중적 인기를 얻은 프랑스의 풍자 화가이다. 오노레 도미에 관해서는, 오래 전에 나온 것으로 구스타프 라드브루흐 저, 최종고 옮김, 「법과 예술 : 도미에의 사법풍자화」, 열화당, 1981년이 있고, 최근 출간된 것으로 박홍규, 「오노레 도미에 : 만화의 아버지가 그린 근대의 풍경」, 소나무, 2000년이 있다. 후자 쪽이 훨씬 상세한 오노레 도미에 평전이다.

758) 위 「저작권용어해설」, 270면; 위 「著作權事典(改訂版)」, 257면.

나. 독일

독일은 1965년 9월 9일자로 전면 개정된 독일 저작권법 제26조에서 추급권에 관하여 처음 규정하였다. 그 후 1972년에 다시 개정을 하게 되었고, 현행 저작권법 제26조의 추급권 조항은 EU 추급권 지침에 따라 2006년 11월 10일 개정되어 같은 달 16일부터 시행되고 있다.[759)]

다. 영국

영미법계 국가에서 일반적으로 통용되는 저작권의 개념 속에는 재판매 차액배당 청구권(resale royalty right)의 성격을 띠는 추급권이 포함되는 것으로 이해하기 어렵다고 보는 것이 일반적이었다.[760)] 그리하여 과거 영국은 1977년 이른바 Whitford 위원회로 불리는 '저작권 및 디자인에 관한 법 검토위원회'의 보고서와 1988년 Green Paper에서 각각 추급권의 도입에 대해 반대 입장을 밝힌 바 있고, 또한 EC 위원회로부터 다른 EC회원국들의 추급권 제도와 조화를 이루기 위하여 추급권 제도를 도입할 것을 권고 받았을 때에도 이에 대해 부정적인 견해를 표명한 바 있다.[761)] 그러나 이러한 영국도 EU 추급권 지침이 제정된 이후에는 동(同) 지침 내용을 국내 입법에 수용하기 위하여 추급권법(Artist's Resale Right Regulations 2006)을 법률 제346호로 제정하여 2006년 2월 14일부터 시행하고 있다.[762)]

---

759) 계승균, "독일저작권법상 추급권에 관한 연구", 「창작과 권리」, 2007년 가을호, 182면 이하 참조.
760) 안경환, 앞의 논문, 32면.
761) W.R. Cornish, Intellectual Property, third ed., Sweet&Maxwell, 1996, pp.477~479 참조.
762) 2006년 영국의 추급권법은, 우선 생존 중인 미술저작물의 저작자에게 추급권을 인정하는 것이었다. EU 추급권 지침은, 그 지침 제정 당시 국내 입법으로 추급권을 도입하고 있지 않았던 영국을 포함한 4개 회원국(아일랜드, 네덜란드, 오스트리아)에 대하여, 2006년 1월 1일부터는 우선 생존 중인 미술저작물의 저작자에게 추급권을 인정하도록 하였다. 그리고 위 4개국에 대하여 국내 미술시장에의 영향 등을 고려하여 2010년 1월 1일까지는 사망한 저작자에 대한 추급권에 의한 보호를 면제해주었다. 만일 국내 경제문제 때문에 시간이 필요한 경우에는 2년 간 이를 유예(猶豫) 받을 수 있도록 하였다. 영국은 2010년 1월 1일을 기한으로 사망한 자를 포함한 모든 미술저작물의 저작자에게 추급권을 인정하는 입법을 행하는 것과 관련하여, 유럽의회에 2년 간 이를 유예하여 줄 것을 요구하는 신청서를 제출함으로써 2012년까지 유예 받았다고 한다(小川明子, 앞의 책, 116면, 136~137면).

라. 미국

미국은 연방법 차원에서 추급권을 채택하고 있지는 않지만, 1976년 캘리포니아 주가 주법(州法)으로 추급권에 관한 법률(Resale Royalties Act)을 제정하여 시행하고 있다.[763] 동법은 1982년 개정되었고 2000년에는 일부 보완이 이루어져 현재에 이르고 있다. 한편 연방법 차원에서는 1990년 시각적 미술저작권법 제정 시에 추급권이 검토대상이 되었지만, 격렬한 논쟁의 대상이 되었기 때문에 그 도입이 유보된 바 있다.[764]

3. 미술저작물의 추급권 제도의 내용

가. 서

추급권(追及權)의 도입 여부를 둘러싼 법률문제는 2007년 우리나라와 EU 간에 진행 중인 FTA 협상 과정에서 발단(發端)된 것이지만, 이와는 별개로 미술가의 법적 보호라는 관점과 문화예술 환경의 조성이라는 문화경제학적인 관점에서 우리나라 저작권법에 추급권 제도를 도입할 실익(實益)이 있는지 여부에 관한 논의를 시작할 필요성도 있을 것으로 생각된다. 그러한 점에서 추급권 제도를 입법하고자 하는 경우 어떠한 내용에 유의하여야 할 것인지에 대하여 비교법적으로 검토해 볼 필요가 있을 것이다.

나. 추급권의 개념

베른협약에 따르면 일반적으로 추급권이란 미술저작물의 원작품(original works of art) 및 작사자와 작곡자의 원고(原稿)(original manuscripts of writers and composers)를 원저작자가 양도한 이후에 행해지는 재판매시의 매매이익에 대하여 일정한 비율로 그 이익의 배당을 요구할 수 있는 권리로서 타인에게 양도할 수 없는 것이라고 정의

763) California Civil Code §986.
764) Leonard D.Duboff·Christy O. King, Art Law, third ed., West Group, 2000, p.218.

한다.[765] 이와 같이 미술저작물의 원작품 뿐 아니라 작사자, 작곡자의 원고(原稿)에 대해서도 추급권이 인정될 가능성이 열려 있지만, 추급권의 가장 중요하고 핵심적인 대상은 미술저작물의 원작품이다. 그래서 추급권을 입법화한 대부분의 국가들도 이에 한정하여 보호하고 있다.

다. 추급권의 보호대상 및 범위

(1) 보호대상

추급권의 보호대상은 구체적이고 명시적으로 규정할 필요가 있다. 이는 미술저작물의 개념 정의를 어떻게 하고 있는지 등의 각국의 입법 내용과도 간접적으로 관련이 있기 때문이다.

즉, 베른협약 제2조 제1항은 미술저작물에 대하여 "소묘, 그림, 건축, 조각, 판화 및 석판화 저작물; 사진과 유사한 방법으로 표현된 저작물을 포함하는 사진저작물; 응용미술저작물; 도해, 지도, 설계도, 스케치 및 지리학, 지형학, 건축학 또는 학술과 관련한 3차원 저작물"이라고 규정함으로써 망라적으로 열거하는 방식을 취하고 있다.[766] 베른협약이 규정하는 "이러한 카테고리는 그 특성(구상적 또는 추상적)과 목적(순수 또는 상업미술)에 관계없이 이차원(소묘, 판화, 석판화 등)이나 삼차원(조각, 상(像), 건축물, 기념물 등)의 모든 미술저작물을 실질적으로 포함"하는 것으로 이해되고 있다.[767]

비교법적으로는 미술저작물을 광의적으로 규정하는 베른협약과 마찬가지로 '광의의 미술저작물'에 건축저작물 및 사진저작물을 포함하여 미술저작물로서 보호하는 입법례가 있다. 가령, 영국 저작권법 제4조는 미술저작물(artistic works)에는 도화(圖畵)저작물(graphic works), 사진(photograph), 건축저작물(works of architecture), 미술공예저작물(works of craftsmanship) 등이 포함된다고 함으로써 미술저작물을 '광의적'으로 규

765) 베른협약 제14조의 3 제1항 참조.

766) Paul Goldstein, International Copyright, Oxford University Press, 2002, p.170.

767) WIPO, Guide to the Berne Convention for the Protection of Literary and Artistic Works(Paris Act, 1971), 1978, p.16; Goldstein, op. cit., p.170 n.96에서 재인용.

정하고 있다.[768)]

이와는 달리 미술저작물을 건축저작물과 구별하고 미술저작물 속에 사진을 포함하는 입법례도 있다. 가령, 미국 저작권법은 제102조(a)(8)에서 건축저작물(architectural works)을 규정하고 있고, 제102조(a)(5)에서는 미술저작물로서 '회화, 도화 및 조각저작물(pictorial, graphic, and sculptural works)'을 규정하고 여기에 사진을 포함시키고 있다.

우리나라 저작권법은 제4조 제1항 제5호와 제6호에서 건축저작물과 사진저작물을 따로 규정하고 있기 때문에, 이들을 제외한 '협의의 미술저작물'만을 제4호에서 미술저작물로 규정하고 있다.[769)]

① 전술한 것처럼 베른협약에 의하면 미술저작물의 원작품 및 작사자와 작곡자의 원고(原稿)를 그 보호대상으로 한다. 그런데 베른협약은 미술저작물을 광의적으로 정의하고 있기 때문에 모든 미술저작물이 추급권의 보호대상이 되는지가 문제될 수 있다. 이에 관해서는 베른협약 제2조 제1항에서 규정한 소묘, 그림, 조각, 판화 및 석판화 등은 추급권의 대상이 될 것이지만, 건축저작물이나 응용미술저작물은 추급권의 대상이 아니라는 보고 있다.[770)]

② 프랑스의 경우는 도화(圖畵) 및 조각저작물(graphic and plastic works)의 원작품을 그 보호대상으로 한다.[771)]

③ 독일에서는 미술저작물의 원작품만이 추급권의 대상이다.[772)] 그러나 건축저작물과 응용미술저작물에는 추급권이 적용되지 않는다.[773)]

④ 영국의 경우 추급권의 대상은 그림, 콜라주, 회화, 소묘, 판화, 석판화, 조각,

768) W.R. Cornish & Llewelyn, Intellectual Property, 5th ed., Sweet & Maxwell, 2003, p.395.

769) 이에 관하여 상세한 것은, 박성호, "미술저작물의 저작권 보호 : 서론적 고찰", 「인권과 정의」, 대한변호사협회, 2006년 7월호, 81면 이하 참조.

770) 허희성, 「베른협약축조개설」, 일신서적출판사, 1994, 152면.

771) 프랑스 지적재산권법전 제122조의 8 제1항.

772) 독일 저작권법 제26조 제1항.

773) 독일 저작권법 제26조 제8항.

벽걸이 융단, 도자기, 유리공예품, 사진과 같은 도화(圖畵) 또는 조각저작물(work of graphic or plastic art)이다.[774] 그러나 저작물의 복제물은 저작자나 그의 허락 하에 한정본으로 제작된 것이 아닌 한 추급권의 대상이 되는 저작물로 간주되지 않는다.[775]

⑤ 미국의 캘리포니아 주법은 회화, 조각, 소묘, 유리공예품의 원작품(original work of art in glass)을 보호대상으로 한다.[776]

(2) 보호범위

추급권은 미술저작물의 원작품이 재판매되는 경우 저작자가 그 매매대금에서 일정 부분을 배당받을 수 있는 권리를 말한다는 것은 전술한 바와 같다. 문제는 어떠한 방식의 재판매를 말하는 것이고, 또한 얼마만큼 배당받을 수 있는 것인지 하는 점이다.

① 프랑스의 경우 재판매라는 것은 공개의 경매 또는 중개자에 의한 판매를 의미하고. 일률적으로 판매가액의 3%를 저작자에게 지급하도록 하고 있으며 규칙으로 정해진 일정 판매가격 이상의 경우에만 이를 적용한다고 규정하였다.[777] 배당받는 비율에 관해서는 2006년부터 EU 추급권 지침에 따라 규정되고 있다. 구체적인 비율 내역은 후술하는 영국의 경우와 같다.

② 독일의 경우도 공개의 경매 또는 미술중개인에 의한 재판매를 의미하고, 일률적으로 판매가격의 5%를 저작자에게 지급하여야 하며 판매가격이 50유로 미만인 경우에는 지급 의무가 면제된다고 규정하였다.[778] 배당받는 비율에 관해서는 프랑스의 경우와 마찬가지로 독일도 2006년부터 EU 추급권 지

774) 영국 추급권법 제4조 제1항.
775) 영국 추급권법 제4조 제2항.
776) 미국 캘리포니아 추급권법 제986조.
777) 프랑스 지적재산권법전 제122조의 8 제1항.
778) 독일 저작권법 제26조 제1항.

침에 따라 규정되고 있다.

③ 영국의 경우 재판매란 상업적인으로 행하여지는 구입자, 판매자 간의 또는 그 중개인 간의 거래로서 1천 유로 이상의 것을 의미한다.[779] 영국은 EU 추급권 지침에 따라 5만 유로까지는 4%, 5만 유로를 초과하여 20만 유로 이하인 경우에는 3%, 20만 유로를 초과하여 35만 유로 이하인 경우에는 1%, 35만 유로를 초과하여 50만 유로 이하인 경우에는 0.5%, 50만 유로를 초과한 경우에는 0.25%를 각 지급하도록 되어 있다. 그러나 어떠한 경우에도 재판매로 인해 미술저작자에게 지급해야 할 총 금액은 1만 2천 5백 유로를 초과해서는 안 된다.[780]

④ 미국 캘리포니아 주법에 의하면 추급권은 순수미술의 창작자인 미술가로서 재판매시에 미국시민이거나 2년 이상 캘리포니아 주내에 거주한 자에게 인정된다. 재판매라는 것은 경매 또는 중개자에 의한 거래를 의미하고 판매자가 주내(州內)의 거주자이거나 그 거래가 주내에서 이루어진 경우를 말한다. 지급비율은 1천 달러 이상의 거래에 대하여 일률적으로 5%를 저작자에게 지급하도록 되어 있다. 그러나 미술가로부터 매입한 후 10년 이내에 재판매가 이루어진 경우에는 그 적용이 제외된다.[781]

(3) 저작권단체

추급권에 기해 지급되는 금액을 관리하는 저작권단체는 일반적으로 비영리조직이다. 프랑스의 경우는 종래 SPADEM과 ADAGP의 두 단체가 있었다. SPADEM은 1990년대 미술시장의 침체로 수입이 감소하였고 더구나 추급권 징수액의 절반 가까이를 차지하던 피카소의 상속인이 탈퇴한 후 경영악화로 파산하여 ADAGP에 흡수되었다.[782] 독일의 경우는 die VG Bild-Kunst라는 저작권단체가 있다.[783] 영국

779) 영국 추급권법 제12조 제3항.
780) 영국 추급권법 제3조 제3항의 부칙 1.
781) 미국 캘리포니아 추급권법 제986조.
782) 宮澤溥明, 「著作權の誕生─フランス著作権史」, 太田出版, 1998, 281면.

도 저작권단체를 통한 방식을 채택하고 있다. 이에 반하여 미국의 캘리포니아 주는 저작권단체를 통한 집중관리 시스템을 통해 추급권 제도를 운영하고 있지 않다.

라. 추급권의 내용

(1) 권리의 성격

추급권이 재산적인 권리(economic right)인 것은 분명하나 그 권리의 성격은 통상의 저작권과는 다르다. David Vaver 교수가 지적한 것처럼 "추급권이란 영미법계의 복제권(copyright) 중심의 체계를 취하든 대륙법계의 저작자의 권리(author's right)의 체계를 취하든 예외적인 권리이다. 왜냐하면 추급권은 저작물의 이용과 관련된 권리가 아니라 재판매시에 일정 비율의 수익을 취할 수 있는 권리이고, 타인의 이용을 배제하거나 그 이용의 대가로 보상을 받는 권리가 아니기 때문이다."[784] 그래서 프랑스의 경우 추급권이란 저작자의 재산권의 범주에 속하는 것이지만 복제권이나 상연권과는 다른 것이라고 한다.[785] 독일에서는 추급권의 법률적 성격을 저작재산권도 아니고 저작인격권도 아닌 특별한 재산권적 청구권으로 파악하고 있다.[786]

(2) 권리의 내용

추급권을 인정하고 있는 나라들의 경우 추급권을 양도할 수 없는 권리라고 규정하는 점에서는 공통되나 상속인의 범위에 대해서는 조금씩 다르다. 우선 추급권을 입법하고 있는 대부분의 국가들은 추급권을 미리 포기할 수 없는 권리로 규정하고 있으며, EU 추급권 지침의 경우도 마찬가지이다. 상속에 대해서도 대부분의

783) 계승균, 앞의 논문, 194면.

784) David Vaver, The National Treatment Requirement of the Berne and Universal Copyright Conventions, 17 I.I.C. 175, 719 (1986); Paul Goldstein, International Copyright, Oxford University Press, 2001, p.260에서 재인용.

785) Claude Colombet, Propriété Littéraire et artistique et droit voisins, Dalloz, 1988, 宮澤溥明 譯, 「著作權と隣接權」, 第一書房, 1990, 150면.

786) 계승균, 앞의 논문, 190면.

나라들은 인정하고 있으나 상속인의 범위에 관하여 프랑스는 저작자의 배우자 및 자녀에게만 추급권의 상속을 인정하고 있으며 상속할 가족이 없는 경우 그 권리는 저작권관리단체에게 이전된다.[787)]

독일의 경우 추급권은 포기할 수 없으며 그 권리의 사전 처분은 무효이다.[788)] 또한 다른 저작권과 마찬가지로 추급권은 당연히 상속 가능하다.[789)] 따라서 추급권을 행사할 수 있는 사람은 저작자 또는 저작자로부터 상속받은 모든 상속인이다. 미국의 캘리포니아 주법도 독일의 경우처럼 저작자의 모든 상속인에게 추급권의 상속을 인정하고 있다.

마. 추급권의 보호기간 등

프랑스와 독일의 경우 추급권의 보호기간은 저작자의 생존기간 및 사후 70년간이다. 이는 EU 추급권 지침의 경우도 마찬가지이다. 미국 캘리포니아 주법은 미술저작물의 저작자의 생존기간 및 그 사후 20년간 보호된다.

한편, 위 보호기간 중 재판매가 이루어진 경우 추급권에 기한 청구권의 시효는 독일의 경우 2002년 1월 1일 이전까지는 10년의 소멸시효에 걸리도록 되어 있었으나 그 이후부터는 독일 민법 제195조에 따라 3년의 소멸시효에 해당한다.[790)] 미국 캘리포니아 주법은 매도가 있은 후 3년 이내 혹은 매도의 사실을 안 후 1년 내에 매도이익을 청구할 수 있다.[791)]

4. 소결

추급권 제도가 한 나라의 문화예술 제도로서 정착하기 위해서는 무엇보다도 미

---

787) 김근우, "추급권 입법의 필요성에 대하여", 「저작권 문화」, 저작권위원회, 2007. 9., 5면.
788) 독일 저작권법 제26조 제2항.
789) 독일 저작권법 제28조.
790) 계승균, 앞의 논문, 195면.
791) 김근우, 앞의 논문, 5면.

술저작물의 거래를 둘러싼 정보와 그 가격에 관하여 정확하고 체계적으로 모든 정보가 파악되지 않으면 안 된다. 이를 위해서는 선결과제로서 거래질서의 확립이 선행되어야 한다. 즉 미술품에 대한 공개 경매제도가 정착되지 않는다면 법제도로서 추급권을 도입하기는 쉬운 일이 아닐 것이다.[792]

추급권 제도의 도입과 관련하여 이를 입법화하게 되면 미술저작자에게 작품 창작의 동기를 부여하게 된다는 것이고 아울러 추급권을 관리하는 집중관리단체 안에 원로 화가들을 전문 감정인으로 위촉한다면 위작 시비가[793] 줄어들게 되어 창작 환경을 양호하게 조성하여 미술시장의 건전한 발전을 도모할 것이라는 긍정론이 있다. 반대로 오히려 미술시장의 위축을 초래하고 몇몇 유명 화가들에게만 그 혜택이 돌아갈 것이라는 부정론도 제기되고 있다.[794] 실제로 미국 캘리포니아 주의 경우는 추급권법 시행 후 미술 거래시 구입자가 캘리포니아 주를 회피하게끔 만들었고 이로 인해 캘리포니아의 미술시장이 위축되는 결과를 초래하였다고 한다.[795] 이에 대해서는 역으로 오래전부터 추급권을 인정해온 프랑스나 독일의 경우에서 보듯이 시행 초기에는 다소 침해될 수도 있으나 장기적으로 보면 미술작품의 매도가격이 꾸준히 상승하는 등 전반적으로 시장 활성화에 기여한다는 반론도 제기된다.[796]

---

792) 이기수 외 6인, 「지적재산권법」, 한빛지적소유권센터, 1996, 926면(김문환 집필부분).

793) 현재 미술품 거래의 약 10퍼센트 정도가 위작이라고 한다. 위작 또는 위조품을 '안작'(贋作)이라는 용어로 표현하기도 한다. 영어로는 'counterfeit art'라고 할 수 있을 것이나 fake, forgery라는 용어도 자주 사용된다(이상정, 「미술과 법」, 세창출판사, 2009, 93면). 일본 만화인 호소노 후지히코[細野不二彦]의 〈갤러리 페이크(ギャラリーフェイク)〉도 미술품의 위작에 관한 스토리를 전개하여 인기를 얻은 만화이다. 위 만화에서는 위작이란 용어로 fake를 사용하고 있다. 한편, 위작 논란과 관련하여 복잡한 문제를 제기하는 것이 '레플리카'(replica)라는 개념이다. 미술에서 레플리카란 애초에 원작을 만들었던 미술가가 그 원작을 똑같이 새로 만들어낸 것을 의미한다. 비록 미술가 본인이 만들지 않았더라도 제작과정을 감독하고 승인했다면 레플리카로 인정된다. 미술가가 자신의 작품을 레플리카로 제작한 예는 꽤 많다. 그 중에서도 반 고흐는 레플리카를 여러 점 제작했기 때문에 그의 그림을 둘러싼 위작 논란은 상당히 복잡한 양상을 띠곤 한다. 타인이 적당히 베껴 그린 것인지, 반 고흐 자신이 레플리카로 만든 것인지 구분하기 어려운 경우가 종종 있었기 때문이다(이연식, 「위작과 도난의 미술사」, 한길아트, 2008, 35면).

794) 김근우, 앞의 논문, 6면.

795) 이기수 외 6인, 앞의 책, 926면(김문환 집필부분).

796) 김근우, 앞의 논문, 6면.

이러한 찬반의 양론을 살펴보면, 결국 문제는 추급권 제도의 도입에 앞서 우리 미술시장의 현황과 거래관행에 관한 구체적이고 실증적으로 조사할 필요가 있다는 점을 인정하지 않을 수 없다. 다시 말해 추급권에 관한 법리적 연구도 중요하지만 정책적인 차원에서의 연구조사가 선행되어야 한다는 점이다. 가령, 미술시장의 규모, 미술작가들 개개의 경력 및 작품 활동 내역 등을 포함한 인적사항, 미술품 경매시장, 미술품 거래실적, 저작권관리단체, 미술품 거래와 관련된 조세 문제 등에 관한 충분한 조사가 이루어져야 할 것이다.[797]

아울러 추급권에 관한 규범적 연구와 관련해서도 최초로 추급권(追及權)을 성문화(成文化)한 프랑스에서의 입법 연혁에 관한 실증적 검토는 물론이고, 유럽연합 역내에서 가장 늦게 추급권을 도입한 영국에서의 입법 과정에 관한 면밀한 연구·검토가 필요할 것이다. 또한 추급권의 도입이 화가나 국내 미술시장에 미치는 영향 등에 관해서도 법경제학적 분석 작업도[798] 필요할 것으로 본다. 미술작품에 대한 추급권 문제는 미술저작물의 특성을 반영하는 것임과 동시에 시장 질서에 편입되어 있는 미술작품의 숙명을 상징하는 제도라고 말할 수 있을 것이다.[799]

III. 만화의 창작과 유통

1. 만화의 정의 — 만화란 무엇인가?

만화는 그 역사적 기원 내지 형식에 따라 캐리커처(caricature), 카툰(cartoon), 코믹스

797) 계승균, 앞의 논문, 196면.
798) 이에 관해서는, 소병희, 「문화예술지원 및 저작권」, 국민대출판부, 2006, 156면 이하 참조.
799) 이와 관련하여 예술성과 시장성은 어떤 관계를 이루는 것일까에 관한 흥미 있는 두 저작이 있다. 그 하나는 Hans Abbing, Why Are Artists Poor?, 2002, 한스 애빙 지음, 박세연 옮김, 「왜 예술가는 가난해야 할까 : 예술경제의 패러독스」(21세기북스, 2009)이고, 다른 하나는 Aubrey Menen, Art & Money, An Irreverent History, 1980, 오브리 메넨 지음, 박은영 옮김, 「돈을 사랑한 예술가들 : 걸작 뒤에 숨은 예술의 경제학」개정판(도서출판 열대림, 2009)이다.

(comics)로 나눌 수 있다.

먼저 '만화의 원조' 격으로 일컬어질 수 있는 캐리커처이다.[800] 캐리커처는 "미술에서 인물 또는 사물의 특징이나 독특한 형태를 과장하여 그로테스크하게 혹은 우스꽝스럽게 재현하는 것"을 말한다. 한 마디로 캐리커처는 '과장의 미술'로 정의할 수 있다. 이는 두 가지 형식으로 발전하였는데, 그 하나는 16세기 말 이탈리아 화가 안니발레 카라치(Annibale Carracci, 1560~1609)의 그림처럼 후원자들의 특징을 강조하여 익살스럽게 그린 초상화 형태이고, 다른 하나는 18세기 런던과 19세기 파리에서 발전한 사회풍자 캐리커처이다. 사회풍자 캐리커처는 석판화의 발명으로 광범위한 대중성을 얻게 되었다. 당시 대표적인 화가들로 영국의 윌리엄 호가드, 스페인의 프란시스 고야, 프랑스의 오노레 도미에 등이 있다. 사회풍자 캐리커처란 외형적 측면에서는 '인간형태의 과장'이며, 내용적 측면에서는 외형적 과장을 통한 시대와 사회의 풍자미술이었다. 한편, 미국에서의 캐리커처는 신문과 함께 발전하면서 만화적인 형태를 완성하였다. 1940년대부터는 캐리커처와 카툰, 코믹스의 구분이 모호해져서 그 의의를 구분하여 논의하기가 어려워졌다. 그러한 점에서 미술사적으로 논의의 실익이 있는 캐리커처의 역사는 제2차 세계대전 이전으로 보아야 할 것이다. 사실 캐리커처의 작법과 내용을 면밀히 살펴보면, 오늘날의 만화와는 일정한 거리감이 있을 수밖에 없지만, 캐리커처의 역사는 만화의 역사이고, 만화의 원조 격인 캐리커처가 없었다면 오늘날 우리가 알고 있는 만화의 탄생도 요원하였을 것이다.[801]

카툰은 한 컷으로 이루어진 시사 풍자 만화를 말하는데, 신문의 만평이나 네 컷짜리 만화가 여기에 해당한다.[802] 주로 사회 풍자 또는 운문적 풍자를 다루며

800) 캐리커처는 라틴어 '카리카레'(caricare)에서 나온 이탈리아 어원 '카리카튜라'(caricatura)에 그 기원을 두고 있다. '카리카튜라'의 일반적 의미는 '고의적으로 과장하여 닮음'으로 이해된다. 박창석, 「캐리커처의 역사」, 살림, 2003, 9면.

801) 박창석, 위의 책, 4~5면, 8~9면, 11~12면; 박홍규, 「오노레 도미에 : 만화의 아버지가 그린 근대의 풍경」, 소나무, 2000, 20면, 34면, 41면. 박홍규 교수는 캐리커처를 '풍자 만화'라고 정의한다.

802) 1843년 이전의 '카툰'이란 영어 단어는 이탈리아어 '카르톤'(cartone; 종이)과 같은 의미로 사용

한 컷 또는 길어야 한 쪽 정도의 분량이다.[803] 오늘날의 사전적인 정의로 보면, '카툰'은 '캐리커처'와 별반 차이가 없어 보인다. 동사적 의미의 '카툰'에는 "캐리커처를 그리다"라는 의미가 담겨 있기 때문이다. 그래서 많은 작가들은 '카툰'과 '캐리커처'라는 용어를 대체적(代替的)인 의미로 사용하기도 한다.[804]

코믹스는 일정한 플롯에 의해 스토리가 수반되는 만화를 뜻하는 것이다. 사람들이 일반적으로 만화라고 일컫는 것으로서 단행본에 게재되거나 잡지 등에 연재물에 형태로 게재되는 것이 바로 코믹스에 해당한다. 특정한 캐릭터가 시작부터 끝날 때까지 일관되게 등장하며 기승전결에 의한 장편적인 스토리가 전개되는 것이 큰 특징이라 할 수 있다. 소재의 제약이 없기 때문에 정치만화나 광고만화 등 무한대의 가능성을 지니고 있다. 우리나라의 경우 스포츠신문의 만화나 만화잡지 그리고 만화단행본 등 만화시장의 가장 큰 영역을 차지하고 있다.[805] 우리가 흔히 만화라고 지칭하는 것이 바로 이 코믹스에 해당하는 것이다.

"만화란 무엇인가?"라는 질문에 만화 연구의 선구자인 쿨톤 워(Coulton Waugh)는 그의 저서 ≪The Comics≫(1947)에서 만화의 정의를 제시한 적이 있는데, 그의 정의를 요약하면 만화(comics)는 다음과 같은 세 가지 특징적 요소를 반드시 내포하고 있는 예술형식이다. 즉 "① 연속되는 그림에 의해서 이야기를 전달하는 방식, ② 한 장면에서 다음 장면까지 이어지는 등장인물들의 배역, ③ 그림 안에 대화나 지문의 삽입"이다.[806] 이러한 세 가지 특징들이 모두 담긴 것이 바로 1896년에 나온

되었다. 그것은 대형 미술작품을 제작하기 위해 행해지는 기초적인 스케치(초벌 그림, 밑그림)를 뜻하는 것이었다. 1843년(원래적 의미의) 카툰 전시회가 런던에서 크게 열렸는데, 빅토리아 여왕의 부군인 앨버트 공작이 새로운 의회건물의 장식을 위한 프레스코 벽화 설계 공모전을 후원한 것이었다. 그런데 응모작품 중에는 수준이 낮은 조악한 작품들도 섞여 있었으므로 존 리치 같은 작가가 〈펀치〉지에 이를 흉내낸 작품들을 그려 '펀치지의 밑그림'(Punch Cartoon)이란 제목을 달고 게재함으로써 당시의 세태를 풍자하였다. 바로 이것이 〈펀치〉지에 (새로운 의미의) '카툰'을 계속해서 게재하도록 만드는 계기가 되었으며, 다른 많은 간행물들에까지 파급되었다. Randall P. Harrison, The Cartoon : Communication to the Quick, 1981, 랜달 해리슨 지음, 하종원 옮김, 「만화와 커뮤니케이션」, 이론과실천, 1989, 78면; 길문섭, 「만화·애니메이션 : 초보자가 가장 알고 싶은 101가지」, 푸른미디어, 2001, 66면.

803) 길문섭, 위의 책, 66면.

804) 박창석, 앞의 책, 8~9면; 랜달 해리슨 지음, 하종원 옮김, 앞의 책, 55면.

805) 길문섭, 앞의 책, 85면.

리처드 펠튼 아웃코트(Richard Felton Outcault)의 '옐로 키드'(The Yellow Kid)이다.[807] 그러한 점에서 오늘날 우리가 보는 것과 같은 만화는 1896년 미국 일간지 산업에서 탄생하였다는 것이 일반적인 견해이다.[808]

2. 미술저작물로서의 만화의 특성

> "이재학 선생 작품은 저도 좋아해요. 특히 추공(秋空) 시리즈를요. 그분에게는 박찬호라는 스토리 작가가 있었어요. 허영만 선생의 ≪타짜≫를 쓴 분은 김세영 씨고요. 그분들은 원래 만화가가 되려다 스토리 작가가 된 분들입니다. 스토리 작가는 만화에서 전향한 분들과 저 같은 무협지 작가 출신들로 양분됩니다."[809]

만화가 미술저작물에 해당하는 데에는 의문이 없으나, 문제는 스토리를 수반하여 극화적(劇畫的) 요소가 포함되어 있는 경우이다. 우리나라 하급심 판결은 만화에 스토리성이 포함되는 경우 "만화는 작가의 상상에 의하여 가상적인 인물들이 전개해 가는 이야기를 문자와 그림으로 서술한 창작물"이라고 판시한다.[810] 이와 같

806) Maurice Horn, The World Encyclopedia of Comics, 1976, 모리스 혼 지음, 박성봉 편역, "만화의 세계", 「대중예술의 이론들 : 대중예술 비평을 위하여」, 동연, 1994, 235면. 만화(comics)는 ① 컷과 장면으로 나누어진 여러 시퀀스(sequence)로 이루어진 이야기이고, ② 신문의 단일 시리즈에서 같은 주인공이 지속되는 점, ③ 주인공의 대사를 담은 말풍선이 사용되는 점 등을 특징으로 한다는 설명(Claude Moliterni · Philippe Mellot, Chronologie de la bande dessinée, Flammarion, 1996, 클로드 몰리테르니 · 필리프 멜로 지음, 신혜정 옮김,「연대기로 보는 세계만화의 역사」, 다섯수레, 2003, 11면)도 본문에서의 모리스 혼의 설명과 동일한 내용이라고 생각된다.

807) '옐로 키드'는 1896년 9월 16일 퓰리처의 〈월드〉지 일요판에 처음 게재되었다. 이 '옐로 키드'를 통해 현재의 연재만화가 탄생되었으며 이것은 말과 그림, 대사와 행동, 문학과 미술이 결합된 새로운 커뮤니케이션 양식으로 등장하게 된 것이다. 이러한 연재만화는 '황색저널리즘(yellow journalism)'이라고도 일컬어지는 '선정적 저널리즘'과 함께 탄생하였는데, '황색저널리즘'이라는 용어는 최초의 연재만화인 '옐로 키드'로부터 유래한 것이다. 랜달 해리슨 지음, 하종원 옮김, 앞의 책, 84~85면.

808) 클로드 몰리테르니 · 필리프 멜로 지음, 신혜정 옮김, 앞의 책, 11면

809) 무협지 작가 야설록(夜雪綠)의 인터뷰 기사(조선일보 2010년 2월 13일자 "Why 문갑식의 하드보일드").

810) 서울지법 1996. 9. 6. 선고 95가합72771 판결.

이 스토리성이 있는 경우에는 만화는 “언어적 저작물과 회화적 저작물의 양쪽의 성질을 겸하는 것”이고,[811] 이것은 저작권법 제4조 제1항 제1호의 어문저작물과 제4호의 미술저작물에 각 해당하므로 만화는 어문저작물과 미술저작물의 양면성을 가진다고 설명한다.[812]

따라서 이러한 경우 만화는 어문저작물과 미술저작물이 유기적으로 결합된 저작물로서 이해되는데, 양자의 작성자가 다른 경우 구체적인 관여방법 내지 정도에 따라 양자의 관계는 공동저작물이나 결합저작물[813] 또는 2차적 저작물에 해당할 수 있을 것이다.[814] 다시 말해, 만화는 스토리를 구성하는 어문저작물의 저작자와 이것을 만화로 그리는 미술저작물의 저작자가 역할을 분담하여 창작되는 경우가 적지 않은데, 이러한 경우 양자 간의 권리관계가 문제가 된다. 즉, 만화가 양자의 공동저작물에 해당하는 경우, 또는 어문저작물을 원작으로 하는 2차적 저작물에 해당하는 경우, 나아가 양자의 결합저작물에 해당하는 경우 등이 상정될 수 있다는 것이다.[815] 생각건대, 스토리성이 수반되는 만화는 어문저작물과 미술저작물이 유기적으로 합체되어 불가분의 일체를 이룬다고 보아야 할 것이므로 구체적인 창작과정 여하에 따라 공동저작물이나 2차적 저작물에 해당할 수는 있다고 하겠으나, 저작권법상의 결합저작물에 해당한다고 보기는 어려울 것으로 판단된다.[816]

811) 山本桂一, 「著作權法(增補)」, 有斐閣, 1973, 40면.
812) 허희성, 「신저작권법 축조개설 상」, 저작권아카데미, 2000, 109면.
813) 우리나라 저작권법 제2조 제21호는 공동저작물이란 “2인 이상이 공동으로 창작한 저작물로서 각자의 이바지한 부분을 분리하여 이용할 수 없는 것”을 말한다고 정의한다. 따라서 공동저작물이란 2인 이상의 기여 부분을 분리할 수 없는 경우, 분리할 수 있지만 분리한 해당 부분을 개별적으로 이용할 수 없는 경우를 말하고, 결합저작물이란 분리할 수 있을 뿐 아니라 분리된 부분을 개별적으로 이용할 수 있는 경우를 말한다.
814) 牧野利秋, “漫畵の共同作成-在宅看護アドバイス事件”, 「著作權判例百選(第3版)」, 有斐閣, 2001, 97면; 堀江亞以子, “漫畵と原作”, 「著作權判例百選(第3版)」, 有斐閣, 2001, 156면 각 참조.
815) 堀江亞以子, 위의 논문, 156면.
816) 같은 취지, 堀江亞以子, 위의 논문, 156면 참조.

【재판례】 서울북부지법 2008. 12. 30. 선고 2007가합5940 판결(확정)

[사실관계]

[1] 원고들은 만화스토리를 창작하여 만화가(만화 그림작가)에게 제공하는 '만화스토리작가'로 활동하여 왔고, 피고는 1976년경부터 만화가로 활동하여 오던 중 1985년경부터 A라는 필명으로 활동하고 있다.

[2] 원고 1은 피고의 의뢰를 받아 만화 '지옥의 세레나데', '스와트', '파운데이션 25시', '동경자이언트', '영', '새는 어디로 갔나', '새벽을 기다리며', '몽중도', '러브', '골드트리플', '동경무숙자', '두형제', '런닝맨', '성채', '호텔킹', '투맨', '천국동호랑이', '주먹시대', '도시천사', '밤의 도시천사', '화류계 건달', '양아치 도박지존'(이하 '이 사건 제1만화'라고 한다)의 스토리를 작성하고, 원고 2는 피고의 의뢰를 받아 만화 '신보디가드', '이탈자'(이하 '이 사건 제2만화'라고 한다)의 스토리를 작성하고, 원고 3은 만화 '백색여왕'의 스토리를 작성하여 이를 피고에게 각 제공하였다.

[3] 원고들은 피고와 독립된 사무실에서 만화의 제목, 주제, 줄거리, 시간적·장소적 배경 등을 기획, 구상하고, 등장인물의 외모, 성격 등 캐릭터를 설정한 후, 그 구체적인 내용에 관하여, ① 각 장면을 설정하고, 그 장면에 해당하는 등장인물과 배경, 등장인물의 표정·동작 및 대사 등을 구체적이고 세부적으로 묘사하여 서술하는 시나리오 형식의 문서를 작성하거나, ② 출간되는 만화책의 형식과 같이 각 장면을 구분(컷, 만화 한 페이지를 다양한 모양의 여러 칸으로 나누어서 한 칸에 들어가는 장면)하여 각 해당 장면에 적합한 화면의 인물의 위치, 배경, 지문을 나타내는 말풍선의 위치 등을 배치하고 대사나 효과음을 정하거나 간단한 데생을 통하여 연출 및 구도 등을 지정하는 콘티 형식의 문서를 작성하는 등의 방법으로 만화스토리를 작성하여 피고에게 제공하였다.

[4] 원고들은 만화스토리의 구상, 기획, 작성 단계에서부터 자신들의 책임 하에 보조자들의 도움을 받아 작업하거나 독자적으로 작업을 하였고, 피고로부터 구체적인 만화스토리의 내용, 전개방향 등에 관한 지시를 받지 않았을 뿐 아니라 작업장소와 작업도구, 재료 등을 제공받거나 업무시간의 통제 등에 관한 감독도 받지 않았으며, 스토리 작성과정에서

수정요구를 받거나 만화스토리 제공 이후 변경요구 등도 없었다.

[5] 피고는 원고들로부터 제공받은 위와 같은 만화스토리에 대하여 일정한 대가를 지급하였고, 시나리오 형식 또는 콘티 형식의 만화스토리에 기초하여 다양한 모양과 형식으로 장면을 구분하여 이를 적절하게 배치한 후, 피고가 고용한 보조자들의 도움을 받아 그 각 장면에 적합한 등장인물의 표정, 행동, 주변 배경 등을 세부적으로 묘사하는 그림을 그리고, 말풍선의 지문, 대화 등을 통하여 전개과정이나 주제, 내용 등이 표현될 수 있도록 함으로써 만화를 완성하였으며, 위 완성된 만화에 대하여 출판사와 사이에 출판권설정계약을 체결하여 원고들의 성명 등을 표시하지 않은 채 피고의 명의로 만화를 출간하였다.

[6] 한편, 피고는 원고 1, 2의 동의 없이 2004년경부터 출판사와 사이에 위 원고들의 만화들을 재출판할 수 있는 권리를 설정하여 재판본을 출간하였고, 그 과정에서 원고 1의 이 사건 제1 만화 중 '스와트'의 제호를 '이것이 법이다'로, '파운데이션 25시'의 제호를 '어게인'으로, '영'의 제호를 '바람이라 불리는 사나이'로, '새벽을 기다리며'의 제호를 '모두 꿇어'로 변경하여 출간하였다.

[7] 또한, 피고는 만화 유통을 대행하는 삼양출판사, 컨텐츠 플러그 등을 통하여 주식회사 다음커뮤니케이션, NHN 주식회사(네이버), 케이티하이텔 주식회사, 네이트, 파란, 넷마블, 싸이월드, 인터넷만화방, 유니텔, 미스터 블루, 야후 만화방, 일간스포츠 만화사이트 등의 인터넷 서비스 제공업체에게 이 사건 제1, 2 만화(이하 '이 사건 만화들'이라고 한다) 중 '지옥의 세레나데', '동경자이언트', '새는 어디로 갔나', '몽중도', '러브', '동경무숙자', '두형제', '런닝맨', '성채', '호텔킹', '투맨', '천국동호랑이', '주먹시대', '도시천사', '밤의 도시천사', '화류계 건달', '스와트', '파운데이션 25시', '영', '새벽을 기다리며', '골드트리플', '신보디가드', '이탈자' 등의 만화 콘텐츠를 제공하도록 하고, 불특정 다수의 공중이 유·무선 인터넷으로 위 인터넷 서비스 제공업체에 접속하여 위 만화들을 유료 또는 무료로 볼 수 있도록 하였으며, 이로 인하여 발생되는 수익을 위 만화 유통업체를 통하여 정산 받아 왔다.

[판결내용]

[1] ‘공동저작물’은 ‘2인 이상이 공동으로 창작한 저작물로서 각자의 이바지한 부분을 분리하여 이용할 수 없는 것’을 말하고(저작권법 제2조 제21호), 여기에서 ‘공동의 창작행위’는 공동창작의 의사를 가지고 공동저작자 모두 창작에 참여하는 것을 의미하지만, 시간과 장소를 같이 해야만 하는 것은 아니고 상이한 시간과 상이한 장소에서도 공동저작자들이 공동창작의 의사를 가지고 각각 맡은 부분의 창작을 하여 각 기여부분을 분리하여 이용할 수 없는 저작물이 되면 족하며, 각 기여부분을 분리하여 이용할 수 없는 것은 그 분리가 불가능한 경우뿐만 아니라 분리할 수는 있지만 현실적으로 그 분리이용이 불가능한 경우도 포함한다. 또한, 저작물의 원본, 복제물 등에 저작자로서의 실명 또는 이명으로서 널리 알려진 것이 일반적인 방법으로 표시된 자는 그 저작물의 저작자로 추정(저작권법 제8조 제1항 제1호)되지만, 공동으로 저작물의 창작에 기여한 이상 그 저작물에 관하여 공동저작자 중 1인 또는 그 일부만이 저작자라고 표시된 경우에도 다른 공동저작자들은 저작권법상 공동저작자로서의 권리를 주장할 수 있다.

[2] 만화스토리작가가 스토리를 창작하여 시나리오 또는 콘티 형식으로 만화가에게 제공하고 만화가는 이에 기초하여 다양한 모양과 형식으로 장면을 구분하여 배치하는 등 그림 작업을 하여 만화를 완성한 사안에서, 그 만화는 만화스토리작가와 만화가가 이를 만들기 위해 공동창작의 의사를 가지고 각각 맡은 부분의 창작을 함으로써 주제, 스토리와 그 연출방법, 그림 등의 유기적인 결합으로 완성되어 각 기여부분을 분리하여 이용할 수 없는 공동저작물에 해당한다.

[3] ‘2차적 저작물’이란 원저작물을 번역·편곡·변형·각색·영상제작 그 밖의 방법으로 작성한 창작물(저작권법 제5조 제1항)로서, 기존 저작물을 기초로 하여 기존 저작물과 실질적 유사성(그 표현상의 본질적 동일성)을 유지하면서 구체적인 표현에 수정, 증감, 변경 등을 가하여 새롭게 사상 또는 감정을 창작적으로 표현함으로써 이를 접하는 사람이 기존의 저작물의 표현상의 본질적인 특징을 직접 느껴서 알 수 있는 별개의 저작물을 의미한다. 여러 사람이 관여하여 하나의 저작물을 작성하는 경우 관여자들이 그 작성에

기여하는 정도, 작성되는 저작물의 성질에 따라 그 저작물이 공동저작물이 될 수도 있고 2차적 저작물이 될 수도 있다. 만화저작물의 경우 만화스토리 작가가 만화가와 사이에 기획의도·전개방향 등에 대한 구체적인 협의 없이 단순히 만화의 줄거리로 사용하기 위해 독자적인 시나리오 내지 소설 형식으로 만화스토리를 작성하고, 이를 제공받은 만화가가 만화스토리의 구체적인 표현방식을 글(언어)에서 그림으로 변경하면서 만화적 표현방식에 맞게 수정·보완하고 그 만화스토리의 기본적인 전개에 근본적인 변경이 없는 경우에는, 만화스토리를 원저작물, 만화를 2차적 저작물로 볼 여지가 있다.

[4] 만화가가 만화스토리작가의 동의 없이 공동저작물인 만화의 제호를 변경하여 재출판하고 인터넷 서비스 업체를 통해 만화 콘텐츠를 제공한 경우, 만화스토리작가의 복제권, 배포권, 공중송신권 및 동일성유지권을 침해하였다고 본다

[5] 저작권에 관한 계약이 저작권양도계약인지 이용허락계약인지 불분명하여 저작권양도 또는 이용허락 되었음이 외부적으로 표현되지 아니한 경우, 저작권자에게 권리가 유보된 것으로 유리하게 추정함이 상당하며, 계약 내용이 불분명한 경우 구체적인 의미를 해석함에 있어 거래관행이나 당사자의 지식, 행동 등을 종합하여 해석함이 상당하다.

[6] 만화스토리작가가 만화가의 의뢰에 의하여 만화스토리를 작성하여 제공하고 그 대가를 사전에 일괄하여 지급받은 경우, 이는 만화스토리작가가 제공한 만화스토리에 의해 완성된 만화가 출판되는 것에 대한 대가를 일괄 지급받은 것으로서 출판권설정계약 내지 저작권이용허락을 한 것으로 봄이 상당하고, 만화에 대한 저작권을 양도, 포기하였다거나 향후 재출판 또는 인터넷을 통한 온라인 서비스 제공 등 다른 매체를 통한 배포, 전송 등에 대하여도 이용허락을 한 것으로 볼 수는 없다.

3. 만화의 유통과 대여권(rental right) 문제

가. 문제점

오늘날 우리나라 대부분의 비디오나 DVD 대여점들은 점포의 한 쪽 코너에 만

화책 진열 공간을 마련하고서 만화책을 대여하고 있다. 영화 등의 영상저작물의 경우는 비디오나 DVD는 개별적으로 구입하여 소장하는 경우보다는 대여점을 통해 일정 기간 대여하여 시청한 다음 대여점에 반환하는 것이 일반적인 이용형태이다. 이에 반하여 소설책과 같은 어문저작물의 경우는 각 개인이 개별적으로 구입하여 이용하는 것이 일반적인 이용형태이고 대여점을 통해 대여하는 것은 예외적인 경우이다. 그런데 같은 어문저작물과 미술저작물이 유기적으로 결합된 만화책의 경우에는 역으로 대여를 통해 이용되는 사례가 더 빈번하다.

이 때문에 만화책의 경우에는 대여업의 성행으로 말미암아 만화책의 판매가 감소되고 이로 인하여 만화작가의 저작권자로서의 경제적 이익에 상당한 손해가 발생할 수 있다. 뿐만 아니라 소설책과 같은 어문저작물의 경우에도 대여점을 통한 대여가 빈번해짐에 따라 어문저작권자의 경제적 이익에 막대한 손실이 초래되는 상황이 발생할 수도 있다.

나. 만화책 등에 대한 대여권 도입 여부의 논의 필요성

우리나라 저작권법 제21조는 현실적으로 그 필요성이 전무한 판매용 음반에 관해서는 대여권(rental right)을 인정하고 있으면서도,[817] 서적이나 만화책 등에 관해서

817) 대여권은 배포권과 관련하여 설명되어야 명확히 이해할 수 있다. 우리나라 저작권법 제20조는 "저작자는 저작물의 원본이나 그 복제물을 배포할 권리를 가진다. 다만, 저작물의 원본이나 그 복제물이 해당 저작재산권자의 허락을 받아 판매 등의 방법으로 거래에 제공된 경우에는 그러하지 아니하다"고 규정한다. 그런데 배포권은 저작물의 원본이나 그 복제물의 양도나 대여가 있을 때마다 행사되는 것이므로 일일이 저작권자의 허락을 얻어야 하는 번거로움이 발생할 수 있다. 또한 저작물의 배포권자와 저작물의 원본이나 그 복제물의 소유권자 간에 충돌이 생길 수도 있다. 나아가 배포권이 당초 저작권법에 따른 보호 목적을 넘어서 남용되는 경우 공정한 경쟁과 정보의 자유로운 유통을 방해할 우려도 있다. 이에 따라 저작권자의 배포권은 저작물 등의 원본이나 그 복제물이 처음 판매되거나 그 밖에 소유권이 이전된 후에는 소진(消盡)된다고 하여 배포권을 제한하는 원칙이 확립되었는데, 이를 '최초판매의 원칙'(first sale doctrine) 혹은 '권리소진'(exhaustion of rights)의 원칙이라 부른다.
우리나라 저작권법도 "저작물의 원본이나 그 복제물이 해당 저작재산권자의 허락을 받아 판매 등의 방법으로 거래에 제공된 경우에는" 배포권이 미치지 않는다(제20조 단서)고 규정함으로써 배포권을 제한하고 있다. 그런데 이러한 '배포권의 제한' = '최초판매의 원칙' = '권리소진의 원칙'이 적용되는 경우에도 <u>일정한 경우</u>에는 '<u>배포권의 제한</u>'을 <u>다시 제한</u>함으로써 배포권이 미치도록 하였는데, 이것이 바로 '대여권'의 인정이다. 우리나라 저작권법 제21조는 "제20조 단서에도 불구하고 저작자는 판매용 음반이나 판매용 프로그램을 영리를 목적으로 대여할 권리를 가

는 대여권을 인정하고 있지 않다.[818] 특히 만화의 경우에는 그 판매와 유통이 거의 대부분 대여시장을 대상으로 이루어지고 있어서 저작권자(만화작가)의 경제적 이익이 제대로 보호되고 있지 않다는 점에서 문제가 많다.

현재 출판시장의 활성화라는 견지에서 서적을 비롯하여 만화에 대해 대여권을 인정할 것인지에 관한 논의를 본격적으로 시작할 필요가 있다. 참고로 일본은 2004년 서적·잡지에 대해 대여권을 인정하는 것 등을 내용으로 하는 저작권법 개정을 의결하여 2005년 1월 1일부터 시행하고 있다. 서적·잡지에 대한 대여권 도입은 서적 등에 대하여 대여권 시행을 유보한다는 일본 저작권법 부칙 제4조의2를 폐지하는 형태로 이루어졌다.[819] 이에 따라 일본에서는 만화작가의 경제적 이익이 한층 보호되는 환경이 조성되었다.

진다"고 규정한다.

818) 참고로 대여(rental)와 공공대출(public lending)은 구별해야 한다. 대여(rental)란 '영리목적으로 일정기간 이용제공' 하는 것을 의미하고 공공대출(public lending)이란 '공중이 접근할 수 있는 기관을 통해서 행해지는, 직접적인 영리 이외의 목적으로 일정기간 이용을 위한 제공'을 하는 것을 의미한다. 예컨대, 도서관에서 책을 빌려주는 것은 public lending이고, 음반대여점에서 음반을 빌려주는 것이 rental이다(송영식·이상정, 「저작권법개설」제4판, 세창출판사, 2007, 152면).

819) 조용순, 「문화콘텐츠와 저작권」, 전략과문화, 2008, 171면.
일본의 경우 1979년 소니사의 워크맨이 발매되었는데, 당시 일본의 LP음반은 평균 2,800엔 정도로 비싼 편이었다. 1980년 6월경 릿쿄[立教]대학생 2-3명이 에도[江戸] 시대부터 성행한 책 대여점 사업방식에 힌트를 얻어 음반대여점을 열었고 이것이 대성공을 거두게 되었다. 실례로 일본 전역에 1980년 12월말 30개로 늘어나더니 불과 4년 뒤인 1984년 12월에는 1,900개로 급증하였다. 이렇게 된 이유는 사람들이 음반을 그냥 듣기 위해 빌려간 것이 아니라 워크맨으로 듣기 위해 이를 복제하려고 빌려갔기 때문이었다. 이렇게 되자 음반의 매출이 크게 줄어들었고, 이에 대해 권리자에게 통제권을 부여할 필요가 생기게 되었다. 이러한 이유 때문에 1984년 저작권법이 개정되어 영화 이외의 저작물에 대해 저작권법 제26조의3이 신설됨으로써 대여권이 도입되었다(김문환·이상정·양명조·양영준, "저작권법상의 대여권에 관한 연구", 문화부, 1991, 69~70면 참조). 그러나 저작권법 부칙 제4조의2 '서적 등의 대여에 대한 경과조치'에서는 "신법 제26조의3 규정은 서적 또는 잡지(주로 악보에 의하여 구성되는 것은 제외한다)의 대여에 의한 경우에는 당분간 적용하지 아니한다"고 규정하여 서적 등에 대여권이 적용되지 않도록 제한하고 있었으나 2004년 저작권법 개정으로 이러한 부칙을 폐지한 것이다(조용순, 위의 책, 168~169면 참조).

4. 관련 문제 — 만화를 원작으로 한 영화 또는 텔레비전 드라마의 제작

가. 영화나 텔레비전 드라마의 원작으로 각광받는(또는 받았던) 만화

텔레비전 드라마 ≪궁≫의 원작은 동명의 만화가 원작이다. 그 이전에도 만화를 원작으로 한 드라마는 여러 편이 있었다. 가령, 1990년대에 방영됐던 ≪아스팔트 사나이≫(허영만)와 ≪미스터Q≫(허영만), 2003년 방영된 ≪다모≫(방학기), 2004년 방영된 ≪풀하우스≫(원수연) 등이 높은 시청률을 기록하며 시청자의 많은 사랑을 받은 바 있다. 드라마뿐만 아니라 영화로 만들어진 ≪올드보이≫, ≪미녀는 괴로워≫, ≪타짜≫, ≪식객≫ 등도 흥행에 성공한 바 있다. 그러나 인기 만화를 원작으로 한 드라마들이 모두 성공을 거둔 것은 아니다. 가까운 실례로 만화 ≪신이라 불리운 사나이≫(박봉성)를 원작으로 한 동명(同名)의 드라마는 화려한 캐스팅과 거액의 제작비 투자에도 불구하고 기대만큼의 시청률을 기록하지 못하고 있다. 만화 원작 드라마의 성공과 실패는 "만화와 드라마의 차이를 인식하고 만화의 설정과 소재를 드라마적인 현실로 각색하는 것"이 관건인데, 이 점을 소홀히 하면 만화의 인기가 아무리 높아도 성공하기 어렵다고 방송관계자들은 입을 모은다.[820)]

나. 원작만화와 영화(또는 텔레비전 드라마) 간의 법률관계

(1) 영화나 드라마가 만화를 원작으로 하여 제작되는 경우 저작권법상 만화가 원저작물이 되고 영화나 드라마가 2차적 저작물이 된다. 따라서 만화를 원작으로 하는 영화 등을 제작하기 위해서는 원저작자인 만화작가로부터 2차적 저작물 작성(즉, 영화 또는 텔레비전 드라마 제작)에 관한 허락을 얻어야 한다.

만일 만화작가의 허락 없이 영화 등을 제작하는 경우에는 만화작가의 저작권 침해(2차적 저작물 작성권 침해)가 성립한다.

---

820) 박세미, "철 지난 내용·황당한 설정 그대로…만화 원작 드라마들 '쓴잔'", 「조선일보」 2010년 4월 16일자, A23면.

(2) 문제는 소설이라는 원작이 있고, 만화가가 소설가의 허락을 얻어 소설을 만화로 작품화한 경우이다. 이때 영화제작자나 방송사업자가 만화를 읽고 나서 흥미를 느껴서 영화 또는 텔레비전 드라마 제작을 하고자 하는 경우 영화제작자나 방송사업자는 누구로부터 허락을 얻어야 하는가가 문제이다.

이러한 경우 소설이 원저작물, 만화가 2차적 저작물, 영화나 드라마는 3차적 저작물이 되는 관계가 성립한다. 그러나 원저작물과 2차적 저작물의 관계는 어디까지나 상대적 개념이므로 만화와 영화 등의 관계는 만화가 원저작물이고 영화 등은 2차적 저작물이 된다. 결국 이러한 경우 영화제작자나 방송사업자는 소설가와 만화작가 양쪽으로부터 모두 2차적 저작물 작성에 관한 허락을 얻어야 할 것이다.

그런데 만일 영화제작사나 방송사업자가 만화를 전혀 읽지 않고서, 혹은 읽었다 하더라도 만화작품이 소설을 제대로 극화하지 못했다고 판단하고서 소설만을 대상으로 영화화하거나 드라마화하고자 하는 경우라면, 소설가로부터만 2차적 저작물 작성에 관한 허락을 얻어도 무방할 것이다.

(3) 최근에는 만화의 캐릭터나 스토리를 이용한 온라인게임 제작도 활발히 이루어지고 있는데,[821] 이러한 경우에도 영상저작물인 온라인게임은 만화를 원저작물로 하는 2차적 저작물이 된다.

그런데 만일 만화를 원저작물로 하는 2차적 저작물인 만화영화가 이미 존재하고 뒤이어 최종적으로 온라인게임이 만들어지는 경우에는, 2차적 저작물인 만화영화의 저작권과의 관계에서도 문제가 생길 수 있다. 예컨대, 온라인게임의 개발자가 만화영화 속에 등장하는 특유한 표현 장면을 그대로 게임 화면 중에 이용한 경우, 그 개발자는 만화작품의 저작권자인 만화가의 허락을 얻는 것 외에 만화영화의 저작권자의 허락도 아울러 얻어야 할 것이다. 그러나 만일 그 장면이 만화를

821) 김범석·이미지, "일(日)만화, 한국서 온라인 게임으로 재탄생", 「동아일보」 2010년 1월 14일자 B3면('드래곤볼', '슬램덩크', '보노보노' 등의 일본만화가 한국서 온라인 게임으로 제작된다는 기사); 문병주, "만화가들 '외도' 덕에 인터넷게임 대박났네", 「중앙일보」 2010년 1월 28일자 E9면 각 참조.

애니메이션화 하는 경우 누구라도 그렇게밖에 표현할 수 없는 진부한 장면에 해당하는 것이라면, 온라인게임 개발자는 만화영화 저작권자의 저작권을 침해한 것으로 되지 않을 것이다. 따라서 그러한 경우에는 온라인게임 개발자로서는 만화가의 허락만 얻으면 충분할 것이다.[822]

IV. 캐릭터의 법적 보호와 상품화 계약[823]

1. 문제의 제기

국내 캐릭터 상품화 산업계에서 캐릭터 상품화의 법적 보호와 관련하여 제기하는 문제점들 중 상당 부분은 캐릭터의 법적 개념과 종류에 대한 오해에서 비롯되는 부분이 많은 비중을 차지하고 있다. 특히 일본 캐릭터 업계에서 유입된 이른바 '오리지널 캐릭터'의 상품화 문제와 관련하여 제기되는 문제점들이 오해와 혼란을 가중시키는 주요 원인 중의 하나로 거론되고 있다. 이러한 점에서 캐릭터의 법적 개념과 그 종류를 명확히 범주화 할 필요성이 있다.

2. 캐릭터의 개념

법적 개념으로서의 캐릭터란 넓은 의미로는 가공인물(타잔 · 제임스 본드), 동물(도날드 덕 · 벅스버니)과 실재인물(영화나 음악 · 스포츠 분야 등의 유명 인사)을 모두 포괄하는 용어이다. 캐릭터를 상품화한다는 의미에서 살펴볼 때 캐릭터라는 것은 주로 일반 공중에 의해 쉽게 인식되는 본질적인 개성적 특성이다. 개성적 특성이란 그러한 캐

822) 福井健策 編, 桑野雄一郎 著, 「出版·マンガビジネスの著作權」, 社團法人 著作權情報センター(CRIC), 2009, 188~189면.

823) 이에 관해서는, 박성호, 「캐릭터 상품화의 법적 보호」, 현암사, 2006, 15면 이하.

릭터들을 인식하게 하는, 가령 캐릭터의 이름, 이미지, 모습이나 소리 또는 상징이다.[824)]

우리나라 대법원 판결은 캐릭터란 “만화, 텔레비전, 영화, 신문, 잡지 등 대중이 접하는 매체를 통하여 등장하는 가공적인 또는 실재하는 인물, 동물 등의 형상과 명칭을 뜻하는” 것이라고 정의하면서 “캐릭터는 그것이 가지고 있는 고객흡인력 때문에 이를 상품에 이용하는 상품화가 이루어지게 되는 것”이라고 판시하고 있다.[825)] 이 경우 캐릭터가 가지는 고객흡인력(goodwill)이란 “영업의 명성, 평판과 영업과의 관련에서 취하게 되는 이익 및 유리한 입장이며, 고객을 끌어들이는 힘”을 말한다.[826)]

요컨대, 넓은 의미의 캐릭터는 좁은 의미의 캐릭터인 가공(架空)의 캐릭터(fictional character)와 실재인물로 구성된다. 그런데 법적 개념으로서의 캐릭터를 저작권법에 의한 보호대상으로 그 범위를 좁혀 보면, 캐릭터란 실재인물의 경우를 제외한 부분, 즉 만화, 애니메이션, 텔레비전 프로그램, 소설, 각본 등에 등장하는 인물이나 동물의 용모, 자태, 성격 또는 이름, 명칭 그 밖에 일반 공중에 의해 쉽게 인식되는 본질적인 개성적 특성을 지칭하는 것이라고 말할 수 있을 것이다. 따라서 저작권법의 규율대상으로서의 캐릭터에는 좁은 의미의 캐릭터인 가공의 캐릭터가 그 대상이 된다고 할 것이다.[827)]

3. 캐릭터의 종류

학설상 논의되고 있는 캐릭터의 종류는 다음과 같다.

---

824) WIPO ed., Introduction to Intellectual Property: Theory and Practice, Kluwer Law, 1997, p.307.

825) 대법원 1996. 9. 6. 선고 96도139 판결.

826) Christopher Wadlow, The Law of Passing-Off, 3rd ed., Sweet & Maxwell, 2004, p.108.

827) 캐릭터의 어의(語義) 및 문학·예술적 의미에 관해서는, 박성호, 앞의 책, 현암사, 2006, 15~18면 참조.

가. 실재(實在)캐릭터(real character)와 창작캐릭터(invented character)

캐릭터가 실제로 존재하느냐 아니면 상상력으로 창작하였느냐 여부에 따라 실재 캐릭터와 창작 캐릭터로 분류하는 방법이다. 이에 따르면 실재 캐릭터의 예로는 대중음악 스타, 스포츠선수, 영화나 TV의 스타를 들고, 창작 캐릭터의 예로는 스누피와 같은 신문만화 캐릭터, 미키마우스와 같은 만화영화의 캐릭터, TV 캐릭터, ET와 같은 영화 캐릭터, 'Paddington Bear'와 같은 책 속에 등장하는 캐릭터를 들고 있다.[828)]

이와 마찬가지의 분류로 캐릭터를 실재인물(real person)과 가공의 캐릭터(fictional character)로 나누는 방법도 있다. 실재인물에는 배우, 음악가, 가수, 연예인, 스포츠 선수 등이 해당된다. 가공의 캐릭터는 인간이 아닌 경우와 인간인 경우 두 가지 범주로 나누어지는데, 전자에는 가령, 모든 만화 캐릭터, 월트 디즈니의 캐릭터, '머펫(the Muppets)'과 '바트 심슨(Bart Simpson)' 등이 이에 해당하고, 후자에는 가령, 코작(Kojak)이나 드라큘라와 같이 각각 TV와 영화 작품 시리즈에 등장한 캐릭터들이 이에 해당한다.[829)]

나. 어문적 캐릭터(literary character)와 시각적 캐릭터(visual character), 또는 어문적 캐릭터·시각적 캐릭터·시청각 캐릭터(audio-visual character)

전자는 캐릭터가 셜록 홈즈나 제임스 본드와 같은 소설의 주인공으로 대표되는 어문적 캐릭터와, 미키마우스 등의 만화 캐릭터와 같이 시각적으로 묘사된(visually depicted) 캐릭터로 나누어지는 것에 주목하여,[830)] 소설의 등장인물을 어문적 캐릭터라 하고, 만화의 등장인물을 시각적 캐릭터라 하여 분류하는 방법이다.[831)]

---

828) Michael F. Flint·Clive D. Thorne, A User's Guide to Copyright, Butterworths, 4th ed., 1997, p.387.

829) Joanna R. Jeremiah, Merchandising Intellectual Property Rights, John Wiley & Sons Ltd., 1997, p.47.

830) Paul Goldstein, Copyright, Vol I, 2nd ed., Little Brown & Company, 1996, §2.7.2, p.2:96 이하, §2.11.1.3, p.2:129 이하.

831) William F. Patry, Latman's The Copyright Law, 6th ed., The Bureau of National

이에 비하여 후자는 어문적 캐릭터와 시각적 캐릭터의 이분법적 분류에 또 하나의 새로운 유형으로 시청각 캐릭터를 추가하는 분류법이다.[832] 이에 따르면 시청각 캐릭터는 어문적 캐릭터와 시각적 캐릭터 중 어느 것에도 완전히 적합하지 않은 잡종적 창작물(hybrid creatures)로서 언어뿐만 아니라 시각적 및 청각적 이미지로 구성된다고 한다.[833]

이와 마찬가지로 시청각 캐릭터라는 용어 대신에 영화캐릭터(motion picture character)라는 용어를 사용하여 세 가지 유형으로 분류하기도 한다.[834] 이에 따르면 영화 캐릭터는 시각적 캐릭터와 마찬가지로 시각적으로 묘사되고(depicted visually) 있지만, 다른 한편 어문적 저작물에 등장하는 캐릭터처럼 육체적이고 감정적인 특징도 갖는다. 즉, 어문적 캐릭터로서의 특징과 함께 시각적 이미지도 갖게 되므로, 이러한 양면적 특성이 있는 영화 캐릭터를 이분법적으로 정확하게 분류하기는 어렵다는 것이고, 따라서 별도의 유형으로 영화 캐릭터를 인정할 필요가 있다는 것이다.[835]

다. 공상의 캐릭터(fanciful character)·가공의 캐릭터·실재인물

이 분류방법은 협의의 캐릭터를 공상의 캐릭터로 번역되는 팬시풀 캐릭터와 가공의 캐릭터로 번역되는 픽셔널 캐릭터로 나누고, 여기에 실재인물을 더하여 광의의 캐릭터라고 한다.[836] 이에 따르면 팬시풀 캐릭터는 만화나 만화영화의 등장인물로서 시청각적으로 표현된 것을 말하고, 픽셔널 캐릭터는 이야기나 소설에 등장

Affairs, Inc., 1986, pp.47~49; Robert A. Gorman, Copyright Law, Federal Judicial Center, 1991, pp.34~35 각 참조.

832) Leslie A. Kurtz, "The Independent Legal Lives of Fictional Characters", Wisconsin Law Review, 1986, pp.445~467 참조.

833) Ibid., p.467.

834) Dean D. Niro, "Protecting Characters through Copyright Law: Paving A New Road which Literary, Graphic, and Motion Picture Characters Can All Travel", DePaul Law Review, Winter, 1992, p.375 참조.

835) Ibid.

836) 牛木理一, "キャラクターの法的保護について", 「著作權研究(第5號)」, 1973. 3., 38면.

하는 것으로서 문자(文字)에 의해 표현되는 것을 말하며, 실재인물은 실재인물 그 자체에 의해 표현된 것을 말한다.[837] 이러한 분류방법과 같은 취지에서 캐릭터를 가공의 캐릭터, 공상의 캐릭터, 실재캐릭터로 구분하는 방법이 있다.[838]

한편 이 분류방법의 주장자는, ① 팬시풀 캐릭터는 형태에 의해 표현되는 '시각적 캐릭터'로서 만화나 만화영화에 등장하는 캐릭터는 물론이고 '등장하는 장(場)이 없는 그 자체로 완결된 캐릭터', 즉 오리지널 캐릭터도 포함된다고 한다.[839] 또 ② 픽셔널 캐릭터는 언어에 의해 표현되는 '언어적 캐릭터'라 하고, ③ 실재인물의 경우까지 거론한 다음 그 이외에도 ④ 동물, 건축물, 자동차 등 현실의 물체로 표현되는 것, ⑤ 상표, 서비스마크 등 도형이나 문자 또는 기호로 표현된 것, ⑥ 기업, 단체 등의 이름이나 약칭, ⑦ 그 밖에 이상의 분류에 속하지 않는 것 등까지 캐릭터의 종류를 확대하여 열거한다.[840]

라. 가공의 캐릭터·유명한 실재인물의 캐릭터·유명한 단체의 심벌마크

이것은 상품화계약의 대상인 캐릭터가 어떠한 법적 근거에 기해 보호되는가에 따라 만화나 TV 프로그램에 등장하는 픽셔널 캐릭터, 스포츠선수나 연예인과 같은 유명 실재인물의 캐릭터, 대학이나 스포츠단체와 같은 유명 단체의 심벌마크로 분류하는 방법이다.[841]

837) 위의 논문, 38면. 일본의 우시키[牛木] 변리사가 주장한 이 견해는 社團法人 著作權資料協會 編, 「著作權事典(改訂版)」, 出版ニュース社, 1985, 55면에 게재된 것을 계기로 확산되었다.

838) Robin Jacob·Daniel Alexander·Lindsay Lane, Intellectual Property: Patents, Trade Marks, Copyright and Designs, 5th ed., Sweet & Maxwell, 2004, pp.130~131; T.A. Blanco White·Robin Jacob, Patents, Trade Marks, Copyright and Industrial Designs, 3rd ed., Sweet & Maxwell, 1986, p.105.

839) 牛木理一, 「キャラクター戰略と商品化權」, 發明協會, 2000, 5면. 위 논자는 오리지널 캐릭터란 "매스미디어를 통해 일반대중에게 알려진 캐릭터가 아니라 그 자체로 완결된 새로 창작된" 캐릭터라고 한다(위의 책, 6면).

840) 위의 책, 5~6면.

841) 土井輝生, 「著作權の保護と管理」, 同文館, 1985, 116면 이하.

마. 시리즈 캐릭터(series character)와 오리지널 캐릭터(original character)

이 분류방법은 캐릭터가 만화나 TV, 영화 등 대중매체를 통해서 탄생한 것이냐, 아니면 처음부터 상품에 이용할 목적으로 만들어진 것이냐에 따라 나누는 것이다. 즉, 다양한 형태의 만화 표현물 중에는 특정한 캐릭터가 등장하는 만화 연재물(cartoon series)이 있는데, 이러한 만화 연재물은 일반적으로 신문, 잡지, TV 영화 등과 같이 정기적으로 공표되므로 이와 같이 TV 영화, 신문, 잡지 등을 통해 일반대중에게 잘 알려져 있는 캐릭터를 시리즈 캐릭터라고 한다. 이에 반해 대중매체에 등장해서 일반대중에게 알려진 것이 아니라 오로지 상품화 목적을 위해 새로이 개발한 캐릭터를 '오리지널 캐릭터'라 한다.[842]

바. 검토

(1) 정리 및 비판

전술한 캐릭터의 법적 개념에서 보는 것처럼 넓은 의미의 캐릭터는 좁은 의미의 캐릭터인 가공의 캐릭터(fictional character)와 실재인물로 구성된다. 그런데 학설상 논의되는 캐릭터의 종류들은, 이러한 캐릭터의 넓고 좁은 각 개념에 상응하여 그 특징을 강조한 점에 의의가 있다고 할 것이다. 즉, '가. 실재캐릭터와 창작캐릭터'의 분류는 좁은 의미의 캐릭터인 가공의 캐릭터가 상상력에 의해 창작되는데 반하여 실재캐릭터는 그렇지 않다는 점에 착안한 것이고, '나. 어문적 캐릭터와 시각적 캐릭터'의 분류 또는 어문적 캐릭터·시각적 캐릭터·시청각 캐릭터의 분류는 가공의 캐릭터가 등장하는 저작물의 특성을 이분법적으로 파악하여 어문적 캐릭터와 시각적 캐릭터로 분류하느냐, 아니면 여기에 새로운 유형으로 시청각 캐릭터를 추가하여 삼분법적으로 파악하느냐 하는 논의와 관련된 것이다.

---

842) Riichi Ushiki, "Legal Protection of Character Merchandising in Japan", The Merchandising Report, Vol. 2, No. 6-8, 1983(再收錄 牛木理一, 「デザイン, キャラクター, パブリシティの保護」, 悠々社, 2005, 430~432면, 이하 위 논문의 인용은 위 재수록 논문집의 面數에 의한다). 우시키[牛木] 변리사에 따르면 '오리지널 캐릭터'라는 명칭은 오로지 상품화를 목적으로 새로이 창작된 캐릭터를 지칭하기 위해서 일본에서 창안된 것이라고 한다(위의 논문, 432면).

이에 반하여 '다. 공상의 캐릭터(fanciful character)·가공의 캐릭터·실재인물'의 분류는, 법적 개념으로서의 캐릭터 중에서 좁은 의미[狹義]의 캐릭터에 속하는 가공의 캐릭터를 다시 공상의 캐릭터와 가장 좁은 의미[最狹義]의 가공의 캐릭터로 나눈 것이다. 이 견해는 가공의 캐릭터를 문자로 표현되는 어문적 캐릭터에 국한시키고 만화나 만화영화에 등장하는 시각적 내지 시청각 캐릭터를 공상의 캐릭터, 즉 팬시풀 캐릭터(fanciful character)로 명명한 것이다.[843] 가공의 캐릭터 중에서도 만화나 만화영화에 등장하는 캐릭터가 캐릭터 상품화의 본령을 이루고 있으므로 이를 별도로 파악한 점에서는 일정한 의미가 있다고도 할 수 있으나 가공의 캐릭터와 관련하여 개념상 혼동을 야기하고 있다는 점에 비추어 그 실익이 적다고 할 것이다.

또한 다.의 분류방법 중에는 넓은 의미의 캐릭터 외에 상표나 심벌마크 등 다양한 객체를 캐릭터로 추가하여 열거하고 있고, '라. 가공의 캐릭터·유명 실재인물의 캐릭터·유명 단체의 심벌마크'의 분류방법은 법적 개념으로서의 넓은 의미의 캐릭터에 유명 단체의 심벌마크를 추가하고 있는데, 이들 견해는 상품화가 가능한 재산인지를 판별하는 '상품화 재산'의 개념과 이러한 상품화 재산 중의 하나인 '캐릭터' 개념을 혼동한 것으로서 캐릭터의 법적 개념에 혼란을 초래하였다는 점에서 문제가 있다고 할 것이다. 요컨대, 법적 개념으로서의 캐릭터와 상표 또는 심벌마크는 명확히 구별되어야 하는 개념이다. '상품화 재산(merchandising properties)'이란 용어를 제시한 Grimes와 Battersby 두 변호사에 따르면 캐릭터나 상표, 심벌마크 등은 모두 상품화 재산에 해당하는 것들이다. 이들에 의하면 상품화 재산에는 "단어, 이름, 제호, 심벌, 캐릭터나 실재인물의 이미지, 디자인이나 이들의 결합이 포함되는데, 특정 제품에 대해 또는 그와 관련하여 상품화 재산을 사용하는 경우 그 제품에 대한 소비자의 수요를 창출하게 될 것"이라고 한다.[844]

---

843) '팬시풀 캐릭터'라는 용어의 유래에 관해서는, 박성호, 앞의 책, 25면의 각주(43) 참조.
844) Charles W. Grimes·Gregory J. Battersby, "The Protection of Merchandising Properties", 69 Trademark Rep., 1979, p.431; 박성호, 앞의 책, 25면의 각주(44) 참조.

마지막으로 '마. 시리즈 캐릭터와 오리지널 캐릭터'의 분류방법은 좁은 의미의 캐릭터인 가공의 캐릭터가 만화나 TV, 영화 등 대중매체를 통하여 탄생한다는 점에 착안하여 이를 시리즈 캐릭터(series character)라 칭하고, 처음부터 오로지 상품화를 목적으로 개발되는 가공의 캐릭터를 오리지널 캐릭터(original character)라 부르는 견해이다. 이에 관해서는 아래에서 항을 바꿔서 살펴본다.

(2) 이른바 '오리지널 캐릭터'의 문제점

'오리지널 캐릭터(original character)'의 대표적인 예로는 일본의 산리오사가 개발하여 상품화에 성공한 '헬로 키티'를 들 수 있다.[845] 우리나라의 경우에는 롯데월드의 상징물인 '롯티'를 오리지널 캐릭터로 분류할 수 있을 것이다.

이러한 오리지널 캐릭터와 관련해서 다음과 같이 문제점이 지적된 바 있다. "잡지나 텔레비전과는 관계없이 그림이나 도형을 사용한 상품까지 '캐릭터물(物)'이라 하여 상품화권사용계약을 체결하는 예가 많다. 어린이들이 좋아하는 예쁜 동물이나 인물에 친숙할 수 있는 이름이 붙여지고 그것을 캐릭터라고 하지만 이것은 부당한 확대해석이라고 하겠다. 왜냐하면 스토리성(性)이 전혀 없는 곳에 캐릭터가 발생할 수 없기 때문이다."[846] 라고 문제점을 지적한다. 또한 "국내 일부 학자는 롯데월드의 마스코트에 대한 판례를 캐릭터에 관한 것으로 보고 있으나, 이는 잘못된 견해라고 생각된다. 왜냐하면… 롯데월드의 마스코트는 기존의 저작물에서 추출(복제)한 것이 아니라 처음부터 마스코트의 제작을 위하여 현상 모집한 것…이기 때문이다."[847] 라고 비판한다.

우리나라 판례는 오리지널 캐릭터 문제와 관련하여 다음과 같이 판시하고 있다. ① '헬로 키티'에 관한 사건에서 "이 사건 캐릭터는 원고가 창작할 당시 이른바 오리지널 캐릭터(만화, 영화 등 대중 매체에 표현되기 전에 상품에 사용되면서 공표되는 캐릭터)

845) 이에 관해서는, 電通キャラクター·ビジネス研究會 編, 「キャラクター·ビジネス」, 電通, 1994, 113면 참조.
846) 허희성, "캐릭터의 법적 보호", 「저작권학회보(제30호)」, 1990년 5월 20일, 3~4면.
847) 허희성, 「2000 신저작권법 축조개설(상)」, 저작권아카데미, 2000, 174면.

의 일종으로 개발된 것으로서… 저작권법상 미술저작물에 해당"한다고 판시한 판결[848]이 있는가 하면, ② 모 이동통신 TV 광고에서 남자 인기가수가 여자 인기가수에게 선물로 주려고 했던 곰인형으로 등장하여 인기를 모은 '빤짝이 곰' 사건과 관련하여 "캐릭터란 만화, TV, 영화, 신문, 잡지, 소설, 연극 등 대중이 접하는 매체를 통하여 등장하는 인물이나 동물, 물건 등으로서 그 외모, 행동, 성격이나 위 대중 매체들에서 전개되는 이야기 내용 등에 의하여 독창적인 개성이나 이미지를 가지고 있는 것"이라 할 것인데 "위 빤짝이 곰은 산업상 대량생산의 목적으로 창작된 응용미술작품으로 우연한 기회에 의해 대중적인 인기를 끈 곰인형에 불과하다 할 것이고, 그 외모, 행동, 성격이나 위 TV 광고에 나타난 이야기 내용 등에 비추어 독창적인 개성이나 이미지를 가지고 있다고 인정하기 어려우므로, 이와 같은 저작권법상의 보호를 받아야 하는 캐릭터로 볼 수 없다."고 한 판결[849]도 있다.

생각건대, 이른바 '오리지널 캐릭터'라는 것은 우리가 흔히 캐릭터의 법적 보호라고 할 때에 전제하는 가공의 캐릭터(fictional character)의 범위에서 벗어난 개념이라 할 것이다.[850] 캐릭터 산업이 발전하여 그 시장 규모가 성장하게 되자 이제까지 캐릭터가 대중 매체를 통하여 생성되어 상품화되는 과정과는 역방향으로 창안된 것이 바로 오리지널 캐릭터이기 때문이다. 그러므로 오리지널 캐릭터가 본래의 캐릭터로서 취급되기 위해서는 전래 동화 등 다양한 창작 원천을 통하여 개발되지 않으면 안 될 것이다. "세계관이나 스토리가 없으면 캐릭터는 단명하기 쉽다"[851]는 지적은 바로 오리지널 캐릭터가 태생적으로 안고 있는 캐릭터로서의 취약성을

848) 서울고법 1999. 12. 21. 선고 99나23521 판결.

849) 서울지법 남부지원 2001. 5. 25. 선고 2000가합7289 판결.

850) 이와 같이 '오리지널 캐릭터'는 저작권법에 의한 캐릭터 상품화의 보호 대상으로서 전제하고 있는 캐릭터의 개념과는 부합하지 않는 것이다. 또한 '오리지널 캐릭터'를 표현한 작품은 바로 '오리지널 캐릭터' 그 자체로 인식되는 것이기 때문에, 캐릭터 자체와 캐릭터가 등장하는 저작물이 구분되지도 않는다. 그러므로 이러한 경우 하나의 미술작품으로서 '오리지널 캐릭터'에 대해 저작물성이 인정된다고 해서, 이것을 캐릭터 자체의 저작물성이 긍정되는 사례로 오해하는 일이 있어서는 안 될 것으로 생각한다. 이에 관해서는, 박성호, 앞의 책, 143면 이하{특히 150면의 각주(132)} 참조.

851) 土屋新太郎,「キャラクター·ビジネス: 構造と戰略」, キネマ旬報社, 1995, 김형석 편역,「캐릭터 비즈니스」, 문지사, 2000, 115면.

단적으로 표현한 것이다.[852]

여기서 우리가 주목할 것은 '헬로 키티'의 개발과 관련하여 일본의 산리오 사가 인위적으로 헬로 키티의 출생 배경과 가족관계 등의 스토리를 만들었다는 점이다. 산리오사가 제시하는 헬로 키티의 출생 배경과 가족관계 등의 스토리는 다음과 같다. "헬로 키티는 영국의 런던에서 태어났으며, 그곳에서 키티는 부모님, 그리고 쌍둥이 자매 미미와 함께 살고 있고, 헬로 키티와 미미는 모두 초등학교 3학년"이라고 한다. 또한 "키티의 취미는 음악감상, 책읽기, 언니가 구운 과자먹기 등등이며, 그 중에서도 가장 좋아하는 것은 새 친구를 만나는 것"이라고 한다.[853] 또한 헬로 키티의 성지라 할 수 있는 산리오판 디즈니랜드인 퓨로랜드(Puroland)를 오픈하였으며 헬로 키티를 주인공으로 한 애니메이션까지 제작·개봉하였다는 사실이다.[854]

비록 헬로 키티가 오리지널 캐릭터로서 개발된 것이고 또한 스토리를 만들어 대중 매체를 이용하는 과정이 가공의 캐릭터의 경우와는 달리 거꾸로 되어 있기는 하지만, 본래의 캐릭터들이 가지고 있는 개성이나 스토리성을 무시할 수 없었기 때문에 이러한 일종의 '역공정'을 시도한 것이라는 점을 짐작할 수 있다. 이러한 관점에서 보면 '헬로 키티'에 관한 ①의 판결은 가공의 캐릭터가 본래 가지고 있는 개성이나 스토리성이 결과적으로 부여되어 그 창작성이 용이하게 인정된 오리지널 캐릭터에 관한 사건인데 반하여, '빤짝이 곰'에 관한 ②의 판결은 최소한의 창작성조차 인정되기 어려운 오리지널 캐릭터에 관한 사건으로서, 두 판결은 동일한 오리지널 캐릭터를 대상으로 한 것이라 하더라도 결코 상호 모순되는 내용의

852) 우리나라 업계 일각에서는 '오리지널' 캐릭터를 '창작' 캐릭터로 번역하여 부르고 있고(미야시타 마코토 지음, 정택상 옮김, 「캐릭터 비즈니스, 감성체험을 팔아라」, 넥서스BOOKS, 2002, 5면, 180면), 또한 경우에 따라서는 오리지널 캐릭터를 '팬시캐릭터'로 지칭하기도 한다(박소연, 「캐릭터 마케팅」, 소담출판사, 2003, 11면; 土屋新太郎, 김형석 편역, 앞의 책, 114~115면). 그러나 업계의 이러한 用例는 캐릭터 종류들 중의 한 유형으로 거론되는 창작캐릭터(invented character), 팬시풀 캐릭터(fanciful character) 등과 개념상 혼동을 초래할 것이기 때문에 바람직스럽지 않다고 하겠다.

853) 박성호, 앞의 책, 29면의 각주(54) 참조.

854) 土屋新太郎, 김형석 편역, 앞의 책, 113~114면.

판결들은 아니라고 할 것이다.

(3) 가공의 캐릭터와 실재캐릭터의 구별 문제

캐릭터의 종류를 어떻게 분류하든 실재캐릭터 또는 실재인물에 관한 부분은 초상권 내지 퍼블리시티권(the right of publicity)[855]에 관한 문제라고 할 것이고 저작권에 관한 문제가 발생하기는 어려울 것으로 생각된다. 왜냐하면 실재인물에 대한 캐릭터라고 하는 것은 대개 인기 있는 자연인의 외형적 모습 또는 주요 이미지를 캐리커쳐화 한 것을 가리키는 것이므로, 그 무단 사용의 경우에는 대부분 창작성의 침해가 있다고 보기는 힘들다 할 것이고 초상권이나 퍼블리시티권의 문제로 귀착되는 경우가 많을 것이라 생각되기 때문이다.[856] 다만, 자연인 그 자체가 아니라 극중에서 분장한 인물의 경우, 즉 실제 인물이 자신의 실생활에서의 모습이 아니라 어떤 특정한 가공의 이미지를 침해당하였다고 주장하는 경우에는 그 가공의 이미지를 만든 행위에 창작성이 있으므로, 그 이미지의 무단사용이 초상권이나 퍼블리시티권의 침해인지 아니면 저작권 침해인지 애매한 경우가 생길 수 있다.[857]

이 문제와 관련해서는 무단으로 사용된 것이 TV나 영화에 등장하는 가공의 캐릭터, 즉 가공의 인적 속성(fictional persona)을 침해한 것인지 아니면 그 캐릭터를 연기한 배우의 자연인으로서의 인적 속성(human persona)을 침해한 것인지를 따져서, 만일 전자에 해당하는 경우에는 가공의 인적 속성이란 저작자에 의해 창작된 것이므로 저작권법이 적용되어야 할 것이고 후자에 해당하는 경우에는 초상권이나 퍼블리시티권이 적용된다고 보아야 할 것이다.[858] 이러한 구분은 전통적인 퍼블리

855) 퍼블리시티권은 미국의 판례법 또는 성문법상 형성되어온 것으로서 "사람의 초상·성명 등 그 사람 자체를 가리키는 것(identity)을 광고, 상품 등에 상업적으로 이용하여 경제적 이익을 얻을 수 있는 권리"를 말한다고 할 수 있다(정상조, 「지적재산권법」, 홍문사, 2004, 636면; 한위수, "퍼블리시티권의 침해와 민사책임(상)", 「인권과 정의」, 대한변호사협회, 1996, 10, 27면).

856) 전원열, "캐릭터의 법적 보호-저작권법을 중심으로", 「사법논집(제30집)」, 법원도서관, 1999, 311면.

857) 위의 논문, 311면.

858) Peter K. Yu, "Fictional Persona Test: Copyright Preemption in Human Audiovisual", 20 Cardozo Law Review, September 1998, p.355 이하 참조.

시티권의 개념을 전제로 하면서 가공의 인적 속성 테스트(fictional persona test)를 그 기준으로 삼은 것이다.[859] 문제는 이러한 기준에 의해서도 해결이 곤란할 수밖에 없는 가공의 캐릭터와 배우의 인격적 특성이 혼재하는 경우에 발생한다.[860]

4. 캐릭터의 상품화와 상품화권의 의미

가. 상품화의 개념

(1) 의미

캐릭터의 '상품화(merchandising)'에 관해서, 국제지적재산권보호협회(AIPPI)는 캐릭터의 상품화란 마케팅 기법의 일종으로서 캐릭터의 이미지나 명칭과 같은 "식별력 있는 요소들을 제품과 서비스의 광고나 판촉을 위해 이용하는 것"이라고 설명하고 있고,[861] 세계지적재산권기구(WIPO)가 편찬하여 출간한 지적재산권법 전반에 관한 입문서에서는 "가공의 캐릭터의 창작자, 또는 실재인물이나 다수의 권한 있는 제3자가 캐릭터의 명칭(name)이나 이미지 또는 외관(appearance)과 같은 중요한 개성적 특징을 여러 가지 상품이나 서비스에 개작하여 이용(adaptation)하거나 2차적으로 이용(secondary exploitation)함으로써 장래의 고객들에게 그 캐릭터에 대한 호감으로 인하여 상품을 구입하고 싶다든가, 서비스를 이용하고 싶다는 욕구를 불러일으키는 것을 목적으로 하는 것"이라고 정의하고 있다.[862]

---

859) Ibid. 다만, 퍼블리시티권이 실재인물인 자연인의 인적 속성(human persona)에 한하여 미친다는 전통적인 견해와는 달리 가공의 캐릭터(fictional character)와 같은 자인연이 아닌 실체(non-human entities)에까지 퍼블리시티권의 범위를 확대할 수 있다는 견해를 취하는 경우에는 가공의 캐릭터의 창작자에게도 퍼블리시티권이 귀속된다고 할 것이지만(M.B. Nimmer, "The Right of Publicity", 19 Law & Contemporary Problems, 1954, p.216; Julius C.S. Pinckaers, From Privacy toward A New Intellectual Property Right in Persona, Kluwer Law International, 1996, p.31에서 재인용), 이러한 견해를 취하더라도 저작권법은 가공의 캐릭터에 대해서만 그 적용이 있게 되므로 전술한 가공의 인적 속성 테스트(fictional persona test)는 여전히 유효하다고 할 것이다.

860) 이에 관해서 상세한 것은, 박성호, 앞의 책, 243~250면 참조.

861) Heijo E. Ruijsenaars ed., Character Merchandising in Europe, Kluwer Law International, 2003, pp.1~2 참조.

862) WIPO ed., op. cit., p.308.

또한 우리나라의 학설상으로도 "캐릭터가 유명해진 경우에는 그 캐릭터를 이용한 상품까지도 인기를 끌게 된다. …이와 같이 캐릭터를 이용한 제품을 만드는 것을 상품화"라고 정의하고 있다.[863] 요약하면 "캐릭터에 대한 고객의 호감을 이용하여",[864] 즉 캐릭터의 고객흡인력(goodwill)을 이용하여 "만화, 애니메이션, 영화 등에 나오는 등장인물 등의 캐릭터를 문구나 과자 등의 상품에 이용하는 것을 캐릭터의 상품화"[865]라고 정의할 수 있다.

(2) 유형

문제는 캐릭터의 상품화라는 유형에 어느 저작물에 등장하는 캐릭터를 다른 저작물에 이용하는 경우가 포함되는지 여부이다. 이에 관한 국내 문헌을 살펴보면, 어느 캐릭터를 타인의 저작물에 이용하는 것이 캐릭터의 상품화 개념에 당연히 포함되는 것을 전제로 하여 논의를 전개하는 것으로 보이지만,[866] 명시적으로 이 부분을 언급한 문헌을 찾아보기는 어렵다. 오히려 외국의 일부 논자 중에는 어느 저작물 속의 캐릭터가 타인의 다른 저작물에 이용되는 경우와, 캐릭터가 상품화되는 경우를 구별하여 논하는 견해도 있다.[867]

생각건대, 캐릭터의 상품화는 현대 마케팅의 친숙한 특징 중의 하나이며, 본질적으로 캐릭터의 상품화는 "제품에 반영함으로써 제품을 좀더 호감 있게 보이게 하는 것", 즉 제품(product)을 인기 있는 실재인물(personality)이나 가공의 캐릭터와 연관시키는 일종의 마케팅 기법이다.[868] 이러한 상품화의 개념은 리스, 팩토링, 프랜

863) 김문환, "외국의 캐릭터 보호제도", 「캐릭터의 법적 보호방안」, 문화부, 1990. 11. 26., 33면; 同, "외국의 캐릭터 보호제도 소고", 「계간 저작권」, 1990년 겨울호, 51~52면; 이기수 외 6인, 「지적재산권법」, 한빛지적소유권센터, 1996, 891면(김문환 집필부분).

864) WIPO ed., op. cit., p.308.

865) 社團法人 著作權情報センター編者,「新版 著作權事典」, 出版ニュース社, 1999, 184면.

866) 정상조, 「지적재산권법」, 홍문사, 2004, 247면 이하; 송영식·이상정, 「저작권법(제3판)」, 세창출판사, 2003, 166면 이하; 오승종·이해완, 「저작권법(제3판)」, 박영사, 2004, 130면 이하; 허희성, 앞의 책, 169면 이하 각 참조.

867) Leslie A. Kurtz, "The Independent Legal Lives of Fictional Characters", Wisconsin Law Review, 1986, p.437, pp.457~462, pp.498~502 각 참조.

868) Joanna R. Jeremiah, Merchandising Intellectual Property Rights, Wiley, 1997, p.4.

차이징 또는 스폰서링과 마찬가지로 현대적인 거래행위의 일정한 계약유형을 가리키는 명칭으로 발전해왔다는 것을 알 수 있는데,[869] 상품화라는 계약유형의 객체인 상품(merchandise)에는 화학적이거나 물리적 내지 기계적인 변화를 수반하는 제품(product)이 포함되는 것이다. 따라서 캐릭터의 상품화가 적용될 수 있는 제품의 범위에는 한계가 없는 것처럼 보이며, 다만 캐릭터 등의 권리자가 상품화하고자 하는 제품에 대한 구상과, 해당 제품을 구입하고자 하는 소비자의 구매의사에 따른 제한만이 있을 뿐이다.[870]

이러한 관점에서 보면 캐릭터의 상품화라는 계약유형의 객체인 상품에는 저작권이나 저작물이 포함되는 것은 당연하다고 할 것이고,[871] 법적인 측면에서 보자면 캐릭터 상품화의 유형을 저작물(works), 상표품(branded goods), 디자인제품(designed articles) 등으로 분류할 수 있을 것이다. 즉 상품화의 유형을 저작물, 상표품, 디자인제품으로 분류하는 것은 상품화 형태의 구분과 연결되는데, 상품화의 형태는 다음과 같이 나누어 볼 수 있다. 첫째, 가공의 캐릭터를 상품화하는 것 그 자체가 본질적으로 제품이 되는 경우로서 캐릭터의 외관(likeness)이나 이름 등이 가령, 사진, 포스터, 스티커 또는 단추 등과 같이 뚜렷한 특징이 없는 제품들에 이용되는 경우이다. 둘째, 캐릭터가 어떤 제품이나 제품군(群)을 위한 상표로 채택되어 사용되는 경우로서 첫째의 상품화 형태와는 반대로 제품 그 자체를 부각시키기 위해 캐릭터가 상표로서 사용되는 경우이다. 셋째, 광고나 판촉을 위해 캐릭터가 상품화되는 경우로서 인쇄광고나 TV광고에서 특정 제품을 추천하거나 제품 포장 그 자체에 이용되는 경우가 이에 해당한다.[872] 이러한 세 가지 상품화 형태 중에서, 첫째의

869) Heijo E. Ruijsenaars, "WIPO-Studie über Character Merchandising", GRUR Int. 1994, p.309; Robert Hoffmann, "Vertragsgestaltungsprobleme beim Merchandising", Grundlagenseminar Urhebervertragsrecht, Wintersemester 2001/2002, Universität Potsdam p.12에서 재인용.

870) Belinda Isaac, Brand Protection Matters, Sweet & Maxwell, 2000, p.132 참조.

871) WIPO의 지적재산권법 전반에 관한 입문서는 캐릭터 상품화의 법적 보호 형태를 논하면서 "저작권과 관련해서 가공의 캐릭터의 상품화와…가장 관련 있는 것이 서적, 팜플릿과 그 밖의 저작물, 영상저작물, 회화저작물(works of drawing) 및 사진저작물이다"(WIPO ed., op. cit., p.312)고 설명하고 있는데, 이것은 캐릭터 상품화의 객체에 저작물에의 이용이 포함되는 것을 전제로 한 것이라고 생각된다.

경우는 저작물이나 디자인제품으로, 둘째의 경우는 상표품으로, 셋째의 경우는 저작물이나 상표품 또는 디자인제품으로 각각 유형화되어 상품화 대상이 되는 것으로 파악할 수 있을 것이다.[873]

요약하면 캐릭터의 상품화라는 유형에는 캐릭터를 상표품(branded goods)이나 디자인제품(designed articles) 등으로 이용하는 경우뿐만 아니라 어느 저작물에 등장하는 캐릭터를 다른 저작물에 이용하는 경우도 포함되는 것으로 보아야 할 것이다.

(3) 검토 — '캐릭터 상품화의 보호'와 '캐릭터의 보호'의 관계

새로운 형태의 영리활동으로 발전되어온 것으로서 상품화의 유형을 실증적으로 검토하면, 캐릭터를 장난감이나 티셔츠 또는 스포츠화 등에 이용하는 경우는 물론이고, 가령 소설과 같은 어문저작물의 캐릭터를 연재만화나 영화에 이용하는 경우, 또는 영화에 등장하는 캐릭터를 광고물에 이용하는 경우 등도 상품화의 유형으로서 취급되고 있음을 확인할 수 있다.

따라서 어느 저작물에 등장하는 캐릭터를 다른 저작물에 이용하는 경우도 상품화의 범주에 포함시켜 논의하는 것이 당연할 것으로 생각된다. 이와 같이 상품화의 유형에는 캐릭터를 저작물에 이용하는 경우가 당연히 포함되는 것을 전제로 하는 것이므로, 저작권법에 의한 캐릭터 상품화의 보호라는 것은 저작권법의 보호대상인 어느 저작물에 등장하는 가공의 캐릭터가 다른 저작물에 이용되는 경우에 발생하는 법적 보호의 문제인 것이다.

또한 이 경우 '캐릭터 상품화의 법적 보호'라는 것은 저작권법에 의한 '캐릭터의 보호'를 통해 달성되는 것이므로 결국 '캐릭터 상품화의 보호'와 '캐릭터의 보호'가 내포하는 의미는 동일하다고 할 것이다.

이상에서 살펴본 것처럼 '캐릭터의 상품화'는 저작물, 상표품, 디자인제품 등에 캐릭터를 이용하는 것을 포괄하는 것이므로 '캐릭터 상품화의 보호' 문제는 저작

872) Ruijsenaars ed., op. cit., pp.128~129 참조.
873) 박성호, 앞의 책, 34면의 각주(75) 참조.

권법뿐만 아니라 상표법이나 디자인보호법 등과도 관련이 되는 용례이다. 이 경우 '캐릭터 상품화의 법적 보호'라는 것은 저작권법을 비롯한 관련 법률 등에 의한 '캐릭터의 보호'를 통해 이루어지게 된다. 또한 실무상 캐릭터의 상품화와 관련되어 통용되는 이른바 '상품화권'이란 용어도 저작권법 등 관련 법률에 의한 '캐릭터의 보호'를 전제로 한 것이다.

따라서 이러한 용례에 따르면 '캐릭터 상품화의 보호'와 '캐릭터의 보호'는 개념적으로 구별할 필요도 없고 실익도 없다고 생각한다. 그러나 만일 '캐릭터의 보호'는 가령 어문저작물에 등장한 캐릭터가 만화저작물에 이용된다든가 또는 만화저작물에 등장한 캐릭터가 영상저작물에 이용되는 경우처럼 어느 저작물에 등장한 캐릭터를 다른 저작물에 이용하는 경우에 국한되는 개념으로 사용하고, '캐릭터 상품화의 보호'는 저작물 이외에 상표품이나 디자인제품 또는 저작물성을 둘러싸고 다툼이 있을 수 있는 응용미술작품을 대상으로 사용하는 용어라고 전제하면, 양자를 구별하는 것도 가능할 것이다. 그러나 사견(私見)으로는 전술한 바와 같이 양자의 의미구조는 동일한 것이므로 구별할 필요도 실익도 없다는 것이다.[874]

나. 상품화의 법적 성격

가공의 캐릭터(fictional character)의 상품화를 법적으로 보호한다고 할 때, 우선 제기되는 문제는 당해 캐릭터의 이용을 통제하는 배타적 권리를 누가 보유하며, 또 타인으로 하여금 그 캐릭터의 이미지 등을 부착한 상품을 제조하도록 이용허락하는 권한을 누가 보유하느냐 하는 점이다.

현재 세계 어느 국가에서도 이른바 '상품화권(merchandising right)' 그 자체를 규율하는 직접적인 규정을 입법화하고 있지 않다.[875] 그 대신에 대부분의 국가들은 상품화의 대상인 캐릭터와 관련하여 우연히 존재하게 되는 권리를 이용함으로써 캐릭터 상품화의 법적 보호 문제를 해결해 나가고 있을 뿐이다.[876] 따라서 가공의 캐

874) 박성호, 앞의 책, 35면의 각주(35).
875) 이에 관해서는, 박성호, 앞의 책, 301~320면 이하 참조.

릭터가 상품화의 대상인 경우 적절한 보호 형태는 저작권법이나 상표법 또는 사안에 따라서는 디자인보호법이나 부정경쟁방지법에 의해서도 그 법적 보호가 이루어질 수 있다.[877]

이러한 점에서 캐릭터의 고객흡인력 또는 광고효과라는 경제적 가치에 주목하여 캐릭터를 상품화 한다고 할 때 과연 그 상품화의 법적인 성격이나 의미는 무엇일까 하는 문제가 제기될 수 있는데, 이에 관해서는 반드시 어떤 하나의 의미로만 논의되어질 수는 없을 것이다. 캐릭터를 상품이든 서비스에 이용한다는 것은 여러 가지 법적 의미가 있을 수 있을 것이기 때문이다. 즉, 캐릭터의 상품화는 저작물의 복제 등에 해당할 수 있을 것이고, 그렇지 않으면 상표의 사용이나 디자인보호법에 의한 디자인의 실시에 해당할 수도 있을 것이다. 또는 부정경쟁행위에 해당할 수도 있을 것이다.[878] 만화에 등장하는 시각적 캐릭터의 경우에는 미술저작물로 평가할 수 있는 원화(原畵)가 존재하는 경우가 많을 것이므로, 당해 캐릭터를 상품화하는 경우 저작권에 기한 복제권에서 그 보호의 권원을 찾을 수 있을 것이다.[879] 또한, 하나의 캐릭터가 상품화되는 경우에도 다양한 방법에 의하여 보호될 수도 있을 것이다. 가령, 만화 캐릭터의 상품화 문제는 만화라는 미술저작물이 물품(상품)에 이용(실시)되는 것이므로, 저작권법뿐만 아니라 디자인보호법, 상표법, 부정경쟁방지법에 걸치는 여러 문제로 발전하게 된다.[880]

요컨대, 가공의 캐릭터의 경우 원래 어느 저작물의 등장인물이라는 점에서 대부분의 경우에 저작권법의 적용을 고려하게 될 것이므로 가공의 캐릭터에 관한 보호는 저작권법에 의한 보호의 문제라는 인식이 일반화되어 있고 실무상황도 그러하다. 또한 캐릭터가 부착된 상품이 디자인으로 등록되어 있는 경우에는 디자인보호법, 캐릭터 자체가 상표등록되어 있는 경우에는 상표법의 적용이 문제될 것이

876) C.D.G. Pickering, Trade Marks in Theory and Practice, Hart Publishing, 1998, p.62 참조.
877) Ruijsenaars ed., op. cit., pp.129~130 참조.
878) 半田正夫·紋谷暢男 編, 「著作權のノウハウ(第6版)」, 有斐閣, 2002, 30면 참조.
879) 앞의 「新版 著作權事典」, 184~185면.
880) 牛木理一, "漫畵キャラクターの著作權保護(1)―キャラクター權の確立への摸索", 「パテント」, Vol. 54, No. 12, 2001, 14면.

고, 그 어느 것에도 해당하지 않는 경우에는 부정경쟁방지법에 의해 보호가 이루어지는 경우도 있을 것이다.[881)]

다. 이른바 '상품화권'의 정의

가공의 캐릭터의 상품화와 관련하여 이상에서 살펴본 상품화의 개념과 법적 성격으로부터, 비록 실정법상(實定法上)의 권리는 아니지만 실무상 통용되고 있는 이른바 '상품화권'에 대하여 다음과 같이 정의할 수 있을 것이다. 상품화권이란 고객흡인력을 획득한 캐릭터의 형태·명칭 등을 이용하여 경제적 이익을 올리는 권리로서, 상품의 판매나 서비스의 제공을 촉진하기 위하여 캐릭터를 이용하는 권리 내지는 그 캐릭터를 상품이나 서비스에 이용하려는 자에게 그 이용을 허락할 수 있는 권리라 할 수 있으며, 제3자에 의한 무단 사용을 배제할 수 있는 배타적 권리라고 정의할 수 있을 것이다.[882)]

라. 소결

이상의 논의를 종합하면, 저작권법에 의한 보호 대상으로서의 캐릭터라는 것은 가공의 캐릭터에 국한된다고 할 것이고, 또한 가공의 캐릭터가 등장하는 저작물의 종류에 따라 그 특성을 반영한 어문적 캐릭터와 시각적 캐릭터로 구분하여 논의하는 것이 저작권법에 의한 캐릭터 상품화의 보호 문제와 관련하여 의미가 있다. 이에 따라 가공의 캐릭터를 어문적 캐릭터와 시각적 캐릭터로 구분하여 저작권법에 의한 캐릭터 상품화의 보호 문제를 고찰하여야 할 것이다. 또한 캐릭터 상품화의 유형에는 전술한 것처럼 저작물과 상표품 그리고 디자인제품이 모두 포함된다고 보아야 할 것이다.

한편, 전술한 바와 같이 개념적으로 엄정하게 정의한다면 이른바 '오리지널 캐

881) 堀江亞以子, "フィクショナル·キャラクター保護の法理", 「知的財産權法の現代的課題」紋谷暢男教授 還曆紀念, 發明協會, 1998, 801면 참조.

882) 박성호, 앞의 책, 305~306면.

릭터'라는 것은 우리가 흔히 캐릭터의 법적 보호라고 말할 때 전제하는 가공의 캐릭터(fictional character)의 범위에서 벗어난 개념이라 할 것이다. 그런데 국내 캐릭터 상품화 업계의 실태를 살펴보면, 대부분 '오리지널 캐릭터'라고 것을 법적으로 어떻게 보호할 것인가 하는 문제와 관련하여 많은 관심과 노력을 기울이고 있는 것이 현재 우리 업계의 실상이라는 것을 알 수 있다. 따라서 캐릭터의 상품화의 법적 보호 문제를 고려함에 있어서는 이러한 업계의 실태를 감안하지 않을 수 없으므로 가공(架空)의 캐릭터의 경우는 물론이고 '오리지널 캐릭터'의 법적 보호 문제까지를 고려하여 양자 모두를 법적 보호할 수 있는 대상으로 삼아야 할 것이다.

제8장 온라인 게임 산업과 법

I. 온라인 게임 산업의 성립과 발전

1. 온라인 게임 산업의 형성과 발전

가. 게임 산업과 영화 산업

2002년경을 기점으로 게임 산업의 규모는 할리우드의 박스오피스, 즉 극장 수입을 뛰어넘은 것으로 추산된다. 도서, 영화, 음악 시장이 거의 모두 정체된 상태임에 반해 세계 게임 시장은 연평균 두 자릿수 이상의 성장을 거듭하고 있다.[883]

인기 프로 게이머들이 거느린 팬클럽의 회원 수는 대한민국 최고 연예인의 팬클럽을 능가한다. 이러한 현실은 한국의 게임 연령층에 대한 추정을 가능하게 한다. 게임은 애들이나 즐긴다는 생각이 편견이라는 점은 세계적으로도 마찬가지이다. 미국 게임업체들의 이익단체인 미국의 ESA(Entertainment Software Association)가 조사한 바에 따르면 18세에서 49세에 이르는 연령층이 게임 이용자의 49%로 가장 두터운 연령층을 형성하고 있다.[884]

게임의 파생시장도 역시 나날이 커지고 있다. 먼저 게임으로 유명해진 에이도스 사의 ≪툼 레이더≫ 시리즈는 영화로 제작되어 크게 성공을 거둔 바 있다. 한국의 대표적인 캐주얼 게임(시간이 적게 걸리고 인터페이스가 간단한 게임)인 넥슨 사의 ≪메이플 스토리≫가 출판물, 여타 상품과의 제휴를 통해 거둬들이는 파생 수입은 게임 서비스를 통한 수입에 육박할 만큼 규모가 거대하다. 이른바 '원소스 멀티유스(one-source multi-use)'의 전형적인 사례이다. 이와 같이 하나의 게임이 다양한 매체와 방식으로 판매 내지 이용된다는 것은 그 게임을 둘러싼 다양한 법률관계가 형성된다는 것을 의미한다.

1990년대 중반까지만 해도 할리우드의 거대 영화사들은 게임 제작자들을 정당한 사업 파트너로 보기는커녕 대면조차 하지 않을 정도로 꺼려했다. 영화배급사들

883) 허준석, 「재미의 비즈니스－경제학으로 본 게임산업」, 책세상, 2006, 9면.
884) 허준석, 위의 책, 19~20면.

도 영화 개봉 전까지는 게임제작자들에게 아무런 정보도 주지 않았고, 게임을 통해 들어오는 판권 수입은 그저 푼돈쯤으로 여겼다. 그러나 2000년대 중반 들어 이러한 분위기는 완전히 바뀌었다. 게임은 영화 자체에 버금갈 만큼 큰 수익의 원천으로 인식되고 있다. 할리우드 제작사들은 영화가 구상되는 단계부터 게임제작자들을 적극적으로 참여시켜 게임에 영화를 최대한 반영하도록 돕는다. 디지털화된 영화의 제작환경도 이러한 변화의 중요한 이유겠지만 게임에서 들어오는 막대한 수입과 게임을 통해 파생되는 홍보효과가 웬만한 대형매체에 못지않은 것이 그 숨은 까닭이다.[885)]

예를 들어 ≪반지의 제왕≫은 영화의 흥행만큼이나 게임에서도 큰 성공을 거두어 모든 플랫폼을 통틀어 200만장이 넘는 판매고를 기록하였다. ≪니모를 찾아서≫, ≪킹콩≫, ≪스파이더 맨≫ 등 할리우드 대작 영화와 함께 등장하는 게임 역시 영화 못지않은 흥행 실적을 올리고 있다.[886)]

나. 게임의 속편과 영화의 속편

한편, ≪반지의 제왕≫이나 ≪해리포터≫처럼 인쇄물로 이미 큰 호응을 얻었던 스토리가 영화화될 경우의 성공률은 대략 비례관계를 나타내지만 게임화 될 경우의 결과란 꼭 그렇다고 할 수 없다. 또한 소설을 선택한 독자의 경우 ≪반지의 제왕≫ 1편을 읽지 않고는 결코 2편, 3편을 흥미롭게 읽을 수 없으며, 영화를 선택한 관객이 ≪반지의 제왕≫ 1편을 보지 않고는 2편, 3편의 내용을 제한적으로 이해할 수밖에 없는 것과 달리, 게임을 선택한 플레이어는 먼저 출시된 ≪두 개의 탑≫(EA, 2002)을 플레이하지 않고서도 얼마든지 ≪반지원정대≫(Surreal Software, 2002)를 플레이하면서 게임에 몰입할 수 있다.[887)]

흔히 속편은 성공하기 힘들다는 영화계의 속설과 달리, 게임은 넘버링이 많아

885) 허준석, 위의 책, 20~21면.
886) 허준석, 위의 책, 189면.
887) 한혜원, 「디지털 게임 스토리텔링-게임 은하계의 뉴 패러다임」, 살림, 2005, 13면.

지면 많아질수록 강력해진다. ≪스타크래프트≫ 이전에 국내에서 최고의 인기를 구가하던 전략 시뮬레이션 게임인 코에이(Koei)의 ≪삼국지≫ 시리즈는 이미 10편을 넘었으며, 대전 액션 게임의 대명사인 남코(Namco)의 ≪철권≫ 시리즈도 2005년 기준 5편에 이르고 있다. 10편이 넘는 시리즈들이 쏟아진 ≪파이널 판타지≫의 세계 또한 앞으로도 계속 이어질 전망이다.[888)]

2. 대중문화로서의 온라인 게임 산업[889)]

온라인 게임은 '국민 산업'이 되었다. 2004년 8월 영국의 BBC는 "컴퓨터 게임에 중독된 한국의 게임 세대"라는 제목으로 한국 젊은 세대의 게임 중독 현상에 대해 보도하면서 한국을 '세계 게임의 수도'라고 표현했다. '세계 게임의 수도'라는 위상에 걸맞게 문화관광부(현 문화체육관광부)는 2005년 8월 문화산업국 내에 게임산업과(현 게임콘텐츠산업과)를 신설했다.[890)]

온라인 게임이 '국민 산업'으로 예찬되는 사회 분위기 속에서 게임 중독을 예방하기는 매우 어려운 일일 것이다. 한국인 특유의 기질도 적잖이 작용했을 것이다. 중앙일보 디지털담당부국장은 "지고는 못 배기는 근성은 세계 최고라 할 골프 열풍·도박 열풍·대학입시 과열 등을 불러왔고 바둑·스포츠·인터넷 게임 강국이 되게끔 했다"고 분석하였다. 소설가이자 이화여대 디지털미디어학부 교수인 이인화(본명, 류철균)는 "가끔씩 게임을 즐기다 2003년부터는 ≪리니지≫에 완전히 빠져 42시간 동안 계속 한 적도 있어요. 정신과 의사인 아내가 얼마나 걱정을 했으면 게임 중독 치료를 받으라고 하더군요"라고 말하였다.[891)]

888) 한혜원, 위의 책, 14면.

889) 이 부분은, 강준만, 「대중문화의 겉과 속 3」, 인물과사상사, 2006, 197~210면에 주로 의거하면서, Johan Huizinga, Homo Ludens : A Study of the Play-Element in Culture, 1938, 요한 호이징하 지음, 김윤수 옮김,「호모 루덴스—놀이와 문화에 관한 한 연구」, 까치, 1981, 9면 이하를 정리하여 보충한 것이다.

890) 2011년 12월 현재의 문화체육관광부 조직도에 따르면 문화콘텐츠산업실의 콘텐츠정책관 아래 게임콘텐츠산업과가 있다.

온라인 게임 열풍은 '호모 루덴스'를 상기시킨다. 호모 루덴스(Homo ludens)는 '노는 인간' 또는 '놀이하는 인간'이다. 이에 관해서는 일찍이 네덜란드 역사학자 요한 호이징하(Johan Huizinga)가 「호모 루덴스(Homo Ludens) — 놀이와 문화에 관한 한 연구」라는 책에서 심도 있게 논구한 바 있다. 문화사 연구의 역작이자 현대의 고전으로 평가되는 이 책에서 호이징하는 인간의 특성을 '놀이하는 인간' 또는 '노는 인간' 곧 '호모 루덴스'로 파악하였다. 그에 따르면 놀이(Play, Spiel)는 문화의 한 요소가 아니라 문화 그 자체가 놀이의 성격을 가지고 있다는 것이다. 곧 인간은 놀이를 통하여 그들의 인생관과 세계관을 표현하고 있다고 한다. 그런데 문화 창조 활동으로서의 놀이는 현대에 접어들면서 문화 창조와는 동떨어져 프로페셔널 정신과 진지함만을 추구하는 육체적 게임으로서의 스포츠와 비육체적 게임으로서의 체스와 같은 보드게임이나 카드 게임 등으로 불모화 내지 오염화되고 있다는 것이 호이징하의 주장이다.[892] 호이징하의 관점에서 보자면, 온라인 게임은 문화 창조로서의 놀이와 문화 창조와는 동떨어진 놀이의 양면성을 모두 보여주고 있는 것이 아닐까 생각된다. 그러한 점에서 온라인 게임에 열중하는 한국인은 호모 루덴스의 원형과 그 말단을 보여주고 있다고 말할 수도 있다. 그러한 애매함이 어쩌면 온라인 게임을 '국민 산업'으로 만든 최대의 동력이었던 것인지도 모른다.

온게임넷 게임해설가 엄재경은 "일본과 미국에서 콘솔 게임기[893]가 인기지만 한국에서만 유독 온라인 네트워크 게임이 인기인 것에 주목할 필요가 있다"면서 "신세대의 디지털 문화는 개인주의 속에 집단주의와 공동체 의식을 담고 있다"고

---

891) 소설가이자 국문학자인 김탁환 교수도 ≪리니지 2≫ 칭기스칸 혈맹의 군주로서 세계 정상급 게이머라고 소개한 신문 기사가 있다(중앙일보 2005년 8월 13일자).

892) Johan Huizinga, Homo Ludens : A Study of the Play-Element in Culture, 1938, 요한 호이징하 지음, 김윤수 옮김, 「호모 루덴스—놀이와 문화에 관한 한 연구」, 까치, 1981, 9면(특히 291면) 이하.

893) 콘솔게임(console game)은 비디오 게임(video game)이라고도 하며, 전용 게임기를 텔레비전이나 모니터의 화면에 연결시켜 작동하는 게임을 말한다. 흔히 오락실이라고 불리는 일정한 게임장에서 즐기는 아케이드 게임, 개인용 컴퓨터(PC)에서 CD 등의 저장장치에 수록된 게임물을 작동하여 즐기는 PC 게임, 통신망을 통하여 서버에 접속하여 다수가 동시에 즐기는 온라인 게임과는 구별된다(두산백과사전 EnCyber & EnCyber.com).

말하였다. 그러나 무엇이건 지나치면 순기능을 초과하는 역기능을 낳기 마련이다. 게임을 즐기는 사람들은 스스로 나는 왜 게임에 열광하는지 자문자답해보면서 게임의 노예가 아니라 게임의 주인이 되어 게임을 적당한 수준에서 즐길 수 있는 방안에 대해 생각해 볼 필요가 있다.[894]

II. 온라인 게임의 법적 특성

1. 게임의 종류

가. 플랫폼에 따른 분류

게임 산업은 디지털 콘텐츠 시장에서 가장 시장 규모가 큰 산업이다. 시간이 지난 통계이긴 하지만 2003년도 세계 게임 산업의 시장 비중은 전체 디지털 콘텐츠 시장의 25%를 차지하며 세계 게임 시장 규모는 2005년 기준으로 약 770억 달러(81조원)로 추정된다.[895] 게임은 게임 콘텐츠가 구현되는 플랫폼(게임 구현 장비)에 따라 다섯 가지로 분류된다.

① 아케이드 게임 : 소위 '오락실'에 설치되어 게임장 전용 게임기로 구현되는 게임으로서 대표작품으로는 버추얼 파이터, DDR 등이 있다.

② PC 게임 : 개인용 컴퓨터를 사용하여 컴퓨터에 내장된 프로그램과 대전하는 Stand-Alone Game을 말한다. 대표작품으로는 Age of Empire Civilization 등이 있다.

---

894) 온라인 게임 중독은 이미 심각한 사회 문제로 부각되고 있다. 그 밖에 인터넷 중독, 트위터 중독, PDA 중독이란 용어까지 언론에 보도되고 있다(한국경제신문 2009년 4월 9일자 〈천자칼럼〉 "인터넷 중독"; 매일경제신문 2010년 3월 17일자 〈취재수첩〉 "인터넷 게임중독 10년"; 조선일보 2010년 3월 24일자 〈헬스섹션〉 D1면).

895) 이인화, 「한국형 디지털 스토리텔링－'리니지2' 바츠 해방전쟁 이야기」, 살림, 2005, 18면.

③ 비디오 게임 : TV에 연결된 전용게임기에 CD 혹은 DVD를 넣어 구현하는 게임이다. 대표작품으로는 파이널판타지, GTA, 진삼국무쌍, 헤일로 등이 있다.

④ 온라인 게임 : 많은 사용자들이 서버급 컴퓨터에 통신망을 통해 동시에 진행하는 게임이다. 대표작품으로는 스타크래프트, 리니지, 미르의 전설, 길드워 등이 있다.

⑤ 모바일 게임 : 휴대폰이나 개인휴대단말기(PDA)로 인터넷에 접속하여 서비스를 제공받는 게임을 말하는데, 대표작품으로는 모바일고스톱, 놈 등이 있다.

이 중에서 온라인 게임은 사용자가 인터넷 통신망을 통해 원격지에 멀리 떨어져 있는 서버 컴퓨터에 접속하여 즐기는 게임이다. 수십만에서 수만 명의 이용자들이 동시에 접속하여 게임을 진행한다.[896)]

나. 콘텐츠의 장르에 따른 분류

한편, 게임은 플랫폼뿐만 아니라 구현되는 콘텐츠의 장르에 따라서도 구분된다. 롤플레잉게임(RPG)(ex 뮤, 리니지, 마비노기), 어드벤처게임(ex 카운터 스트라이크, 레인보우 식스), 시뮬레이션게임(ex 스타크래프트, 심시티), 액션게임, 스포츠게임, 보드게임 등이다.[897)]

1990년 후반부터 한국 게임 시장의 발전을 이끈 것은 온라인 게임 플랫폼에 롤플레잉 게임 장르가 결합한 형태인데, 사람들은 이것을 MMORPG(Massively Multiplayer Online Role Playing Game), 즉 다중 접속 역할 수행 게임이라고 말한다. MMORPG는 동시에 수천 명 이상의 사용자가 인공적으로 구현된 게임 속의 가상현실세계에 접속하여 마치 역할극의 배우처럼 각자의 역할을 맡아 움직이는 게임이다. 이러한 과정에서 사용자들의 캐릭터는 여러 가지 사건을 겪은 경험의 수치(경험치)에 따라 점점 더 높은 레벨로 성장해간다. 캐릭터의 성장은 그가 입은 옷과 사용하는 무기, 습득하는 스킬 등을 통해 가시적으로 표현된다.[898)]

896) 이인화, 위의 책, 20면.
897) 이인화, 위의 책, 21~22면.

2. 온라인 게임의 법적 성격

가. 영상저작물 + 음악저작물 + 컴퓨터프로그램 저작물 + 디지털 콘텐츠 = 온라인 게임

전술한 것처럼 게임을 플랫폼에 따라 나누면, 온라인 게임, 아케이드 게임, 비디오 게임, PC 게임, 모바일 게임으로 나눌 수 있다. 이러한 게임은 기본적으로 일련의 화면으로 구성된 영상저작물, 그 배경에 나오는 음악저작물, 게임을 작동시키는데 필요한 컴퓨터프로그램 저작물, 그리고 게임아이템과 같은 디지털 콘텐츠 등의 결합물이다.899)

특히 온라인 게임의 경우에는 이러한 영상저작물, 음악저작물, 컴퓨터프로그램, 디지털 콘텐츠 등의 결합물로서의 성격이 더욱 부각된다. 따라서 그 법적 특성에 대하여 언급하자면, 영상저작물에 해당하는 부분은 영화에 관한 법과 이론이, 음악저작물에 관련된 부분은 음악에 관한 법과 이론이 각 적용될 수 있을 것이다. 요컨대, 음악과 영상에 관한 부분은 저작권법의 적용대상이다. 또한 컴퓨터프로그램 저작물에 대한 부분은 컴퓨터프로그램에 관한 법과 이론이 적용될 수 있으므로 2009. 7. 22.까지는 ㈀컴퓨터프로그램보호법의 적용대상이고 그 이후는 저작권법의 적용대상이다. 그리고 디지털 콘텐츠에 관해서는 '콘텐츠산업진흥법'{㈀온라인 디지털콘텐츠산업 발전법}이 적용된다.900)

또한 게임에만 특수한 저작권 문제가 있을 수 있다. 가령, 게임에서 공격속도를 높여주거나 명중률을 높여주는 프로그램을 공급해서 게임이용자들로 하여금 손쉽게 또는 부당하게 적을 죽이고 아이템을 획득하게 해준다면 저작권의 침해가 되는가? 게임이용자의 능력을 향상시켜 주는 프로그램의 구체적인 작동방식에 따라서 그 결론이 달라지겠지만, 만일 온라인 게임의 클라이언트 프로그램(특정 서버의 게

898) 이인화, 위의 책, 23면.
899) 정상조, "Entertainment Law란 무엇인가?", 「ENTERTAINMENT LAW」, 박영사, 2007, 12면.
900) 정상조, 위의 논문, 12면 참조.

임을 즐기기 위하여 이용자의 PC에 깔려있는 프로그램) 자체를 변경하는 경우 프로그램 저작권자의 개작권을 침해한 것이라고 볼 수도 있을 것이다.[901] 또한 전술한 것처럼 게임은 만화, 영화, 캐릭터 등의 다양한 파생상품을 생산할 수 있는 원천이기도 하므로 게임의 보호 및 육성은 법 정책적으로도 중요한 과제이다. 이를 위하여 우리나라는 '게임산업진흥에 관한 법률'을 제정하여 시행하고 있다.

나. 게임물의 영상저작물성의 문제[902]

이와 같이 게임물은 흥미로운 스토리뿐만 아니라 등장인물 등의 화려한 영상 그리고 각종 음악과 효과음 등의 소리가 결합되어 이루어진 종합적인 저작물에 해당한다.[903]

그렇다면 게임물의 법적 성격과 관련하여 게임물이 저작권법상의 컴퓨터프로그램 저작물과 영상저작물에 각 해당하는가 하는 점이 문제가 된다.[904] 특히 사이버 캐릭터인 아바타 등의 법적 보호 문제와 관련해서는 게임물의 영상저작물성이 문제되는데, 이것이 논의의 실익을 가지는 이유는 만일 게임물이 영상저작물에 해당한다면 게임물에 등장하는 캐릭터들에 대한 법적 보호는 영상저작물의 저작권에 의해 보호될 수 있을 것이기 때문이다.

'게임산업진흥에 관한 법률'은 게임물을 "컴퓨터프로그램 등 정보처리 기술이나 기계장치를 이용하여 오락을 할 수 있게 하거나 이에 부수하여 여가선용, 학습 및 운동효과 등을 높일 수 있도록 제작된 영상물 또는 그 영상물의 이용을 주된 목적

---

901) 정상조, 위의 논문, 13면.

902) 이에 관해서는, 박성호, 「캐릭터 상품화의 법적 보호」, 현암사, 2006, 255면 이하; 박성호, "아바타의 법적 문제점", 「저작권법의 이론과 현실」, 현암사, 2006, 367면 이하 각 참조.

903) 전석진·정상조, 「컴퓨터와 법률」, 정보시대, 1995, 30면.

904) 우리나라 법률상 컴퓨터프로그램은 과거(2009. 7. 22. 이전)에는 저작권법에 의해 보호되는 저작물로서 예시적으로 열거되어 있지만 구체적인 보호범위는 (구)컴퓨터프로그램보호법에 의하여 규정되어 있었다. 그런데 게임용 프로그램은 ROM의 형태로 제작되어 있는 경우가 많으므로 그러한 프로그램은 (구)컴퓨터프로그램보호법상 보호되는 프로그램의 범위에 속한다고 인정되어왔다(전석진·정상조, 앞의 책, 30~31면; 송상현·김문환·양창수, 컴퓨터프로그램보호법 축조연구, 서울대출판부, 1989, 87면 이하). 현재(2009. 7. 23. 이후)는 저작권법에 의해 보호되는 프로그램저작물로서 게임용 프로그램이 보호된다고 할 것이다.

으로 제작된 기기 및 장치를 말한다"고 정의하고 있는데,[905] 이에 따르면 게임물은 컴퓨터프로그램이자 영상물이라 할 것이다.

문제는 이러한 게임물이 영상저작물의 정의에서 요구하는 '연속적 영상의 재생가능성'을 구비하고 있는가 하는 점이다. 게임물이 영상저작물에 해당하는지를 둘러싼 학설과 재판례를 살펴보면 부정설과 긍정설로 나뉜다. 즉, 가령 비디오게임은 연속영상군(連續映像群)이 이용자의 조작과 동시에 사라지는 성격을 가지므로 영상저작물로 보호되지 않아야 한다는 것이고, 또한 이용자가 조작할 때마다 화면에 나타나는 연속 영상이 달라지는 비디오게임은 그 영상이 고정되었다고 볼 수 없고 그 표현이 객관화된 것도 아니므로 영상저작물에 해당하지 않는다고 보는 견해(부정설)가 있는 반면에, 게임의 조작에 따라 영상이 달라지더라도 본질적인 부분은 동일하므로 전체적으로는 다른 게임과 구별될 수 있는 창작적 표현이라는 점에서 영상저작물로서 보호되어야 한다는 견해(긍정설)도 있다.

이 문제를 비디오 게임보다 한 차원 더 발전된 온라인 게임의 경우를 예로 들어 살펴하면, 온라인 게임의 스토리는 '기반적 스토리(back story)', '이상적 스토리(ideal story)', '우발적 스토리(random story)'의 3개 층위가 교차하면서 구성된다. 이러한 경우, 설령 게임 플레이어의 능력에 따라 온라인 게임에서 전개되는 사건이 유동적으로 바뀔 수는 있지만(우발적 스토리), 전체적인 게임 스토리는 게임 디자이너가 당초 의도한 일정한 구조 속에서 전개되는 것이므로(기반적 스토리, 이상적 스토리), 특정 온라인 게임의 본질적인 영상 부분은 동일성을 가지게 되어 다른 게임과 구별된다고 할 것이다.[906] 그러한 점에서 비디오게임이든 온라인 게임이든 저작권법상의 영상저작물에 해당한다고 판단하는 데에는 무리가 없을 것이다. 아래에서 소개하는 사건은 온라인 야구 게임의 저작권 침해가 문제된 사안이다.

905) 게임산업진흥에 관한 법률 제2조 제1호.
906) 한혜원, 「디지털게임의 스토리텔링」, 살림, 2005, 31~67면; 전경란, 「디지털게임의 미학」, 살림, 2005, 71~75면 각 참조

【재판례】 대법원 2010. 2. 11. 선고 2007다63409 판결

[판결이유]

상고이유(상고이유서 제출기간이 경과한 후에 제출된 상고이유보충서의 기재는 상고이유를 보충하는 범위 내에서)를 본다.

1. 제1점에 대하여

저작권법에 의하여 보호되는 저작물이기 위하여는 인간의 사상 또는 감정을 표현한 창작물이어야 할 것인바, 만화, 텔레비전, 영화, 신문, 잡지 등 대중이 접하는 매체를 통하여 등장하는 인물, 동물 등의 형상과 명칭을 뜻하는 캐릭터의 경우 그 인물, 동물 등의 생김새, 동작 등의 시각적 표현에 작성자의 창조적 개성이 드러나 있으면 원저작물과 별개로 저작권법에 의하여 보호되는 저작물이 될 수 있다(대법원 2003. 10. 23. 선고 2002도446 판결, 대법원 2005. 4. 29. 선고 2005도70 판결 등 참조).

위 법리와 기록에 비추어 살펴보면, 야구를 소재로 한 게임물인 원심 판시 '실황야구'에 등장하는 '실황야구' 캐릭터는 야구선수 또는 심판에게 만화 속 등장인물과 같은 귀여운 이미지를 느낄 수 있도록 인물의 모습을 개성적으로 도안함으로써 저작권법이 요구하는 창작성의 요

피고 신야구 캐릭터

원고 실황야구 캐릭터

건을 갖추었으므로, 이는 창작성이 있는 저작물로서 원저작물인 게임물과 별개로 저작권법의 보호대상이 될 수 있고, 한편 위 '실황야구' 캐릭터에 관하여 상품화가 이루어졌는지 여부는 저작권법에 의한 보호 여부를 판단함에 있어서 고려할 사항이 아니다.

그럼에도 불구하고 원심이 캐릭터라 함은 일정한 이름, 용모, 역할 등의 특징을 가진 등장인물이 반복하여 묘사됨으로써, 각각의 표현을 떠나 일반인의 머릿속에 형성된 일종의 이미지로서 표현과는 대비된다는 전제에서, 위 '실황야구' 캐릭터가 상품화 과정을 거쳐 독자적인 저작물성을 인정할 정도에 이르지 않았다는 이유로 독립된 저작권법의 보호대상으로 보기에는 부족하다고 판단한 것은 잘못이라 할 것이다.

그러나 아래 상고이유 제2, 3점에 대한 판단에서 보는 바와 같이, 원고승계참가인이 '실황야구' 캐릭터에 관한 자신의 저작권을 침해하였다고 주장하는 원심 판시 '신야구' 캐릭터가 '실황야구' 캐릭터를 복제한 것이라고 볼 수 없음은 물론 '실황야구' 캐릭터의 2차적 저작물에 해당한다고도 볼 수 없는 이상, 원고승계참가인의 이 사건 청구를 모두 기각한 제1심의 판단을 그대로 유지한 원심판결은 결론에 있어서는 정당하다고 할 것이고, 따라서 상고이유 제1점에서 지적하고 있는 원심의 잘못은 결과적으로 이 사건 판결에는 아무런 영향을 미쳤다고 볼 수 없으므로, 결국 원고승계참가인의 이 부분 상고이유의 주장은 받아들일 수 없다.

2. 제2, 3점에 대하여

다른 사람의 저작물을 무단히 복제하게 되면 복제권의 침해가 되는 것이고 이 경우 저작물을 원형 그대로 복제하지 아니하고 다소의 수정·증감이나 변경이 가하여진 것이라고 하더라도 새로운 창작성을 더하지 아니한 정도이면 복제로 보아야 할 것이며(대법원 1989. 10. 24. 선고 89다카12824 판결 참조), 한편 저작권법 제5조 제1항 소정의 2차적 저작물로 보호받기 위하여는 원저작물을 기초로 하되 원저작물과 실질적 유사성을 유지하고 이것에 사회통념상 새로운 저작물이 될 수 있을 정도의 수정·증감을 가하여 새로운 창작성을 부가하여야 하는 것이므로(대법원 2002. 1. 25. 선고 99도863 판결, 대법원 2004. 7. 8. 선고 2004다18736 판결 등 참조), 어떤 저작물이 기존의 저작물을 다소 이용하였더라도 기존의 저작물과 실질적인 유사성이 없는 별개의 독립적인 신 저작물이 되었다면, 이는 창작으로서 기존의 저작물의 저작권을 침해한 것이 되지 아니한다. 그리고 저작권법이 보호하는 것은 인간의 사상 또는 감정을 말·문자·음·색 등에 의하여 구체적으로 외부에 표현하는 창작적인 표현형식이므로, 복제권 또는 2차적 저작물 작성권의 침해 여부를 가리기 위하여 두 저작물 사이에 실질적 유사성이 있는가의 여부를 판단함에 있어서는 창작적인 표현형식에 해당하는 것만을 가지고 대비하여야 한다(대법원 1999. 11. 26. 선고 98다46259 판결, 대법원 2004. 7. 8. 선고 2004다18736 판결 등 참조).

위 법리와 기록에 비추어 살펴보면, 피고 주식회사 네오플이 제작한 야구를 소재로 한 게임물인 원심 판시 '신야구'에 등장하는 '신야구' 캐릭터는 '실황야구' 캐릭터와, 귀여운 이미지의 야구선수 캐릭터라는 아이디어에 기초하여 각 신체 부위를 2등신 정도의 비율로 나누어 머리의 크기를 과장하고 얼굴의 모습을 부각시키되 다른 신체 부위의 모습은 과감하게 생략하거나 단순하게 표현하는 한편, 역동성을 표현하기 위해 다리를 생략하되 발을 실제 비율보다 크게 표현한 점 및 각 캐릭터의 야구게임 중 역할에 필요한 장비의 모양, 타격과 투구 등 정지 동작의 표현 등에 있어 유사한 면이 있다. 그러나 이와 같은 표현은 '실황야구' 캐릭터가 출시되기 이전에 이미 만화, 게임, 인형 등에서 귀여운 이미지의 어린아이 같은 캐릭터들을 표현하는 데에 흔히 사용되었던 것이거나 야구를 소재로 한 게임물의 특성상 필연적으로 유사하게 표현될 수밖에 없는 것이라 할 것이므로, 위와 같은 유사점들만으로는 양 캐릭터의 창작적 표현형식이 실질적으로 유사하다고 할 수 없는 반면, '실황야구' 캐릭터 저작자의 창조적 개성이 가장 잘 드러난 부분인 얼굴 내 이목구비의 생김새와 표정 및 신발의 구체적인 디자인 등에서 원심 판시와 같은 상당한 차이가 있어, 양 캐릭터 사이에 실질적 유사성이 인정되지 아니하므로, '신야구' 캐릭터가 '실황야구' 캐릭터를 복제한 것이라고 볼 수 없음은 물론 '실황야구' 캐릭터의 2차적 저작물에 해당한다고도 볼 수 없다.

같은 취지의 원심 판단은 정당하고, 거기에 상고이유의 주장과 같은 복제권 및 2차적 저작물 작성권의 침해 여부에 관한 법리오해 등의 위법이 없다.

3. 결론

그러므로 상고를 모두 기각하고, 상고비용은 패소자가 부담하기로 하여 관여 대법관의 일치된 의견으로 주문과 같이 판결한다.

III. 온라인 게임과 디지털 스토리텔링

1. 디지털 콘텐츠 산업의 핵심기술 = 디지털 스토리텔링

우리나라는 정교한 3D 영상의 MMORPG를 온라인 게임으로 상용화한 최초의 나라이다. 디지털 콘텐츠 산업은 한국의 미래를 견인할 성장 동력 가운데 하나이다. 디지털 콘텐츠 산업의 핵심기술은 편집기술(editorial technology)이라고 할 수 있다. 게임, 디지털 영화, 애니메이션, e-러닝, 웹 애드, 웹 뮤지엄, 인터넷 신문 등에 담겨지는 정보는 무작위적 정보가 아니라, 수많은 정보들 가운데 골라내어 가공하고 아주 작게 압축한 정보이다. 말하자면 편집된 정보이다.[907)]

특정한 미디어에서 하나의 주제 아래 들어온 정보들을 어떻게 하면 더 재미있고 더 의미 있게 편집할 수 있는가가 디지털 콘텐츠 산업의 핵심기술이다. 디지털 콘텐츠 산업의 흥망은 그 핵심기술인 편집기술이 얼마나 발전하느냐에 달려 있다. 디지털 콘텐츠 산업의 발전을 위해 디지털 스토리텔링의 기술적 발전이 이루어져야 하는 이유가 바로 여기에 있다.

스토리텔링이란 특정한 사건을 겪은 사람의 경험을 중심으로 정보를 재구성하는 편집기술이다. 이것은 유사 이래 인류가 사용해온 강력한 정보 편집기술이었다. 기원전 20세기 '길가메시 서사시'에서 오늘날의 '매트릭스 III'에 이르기까지 인류는 자신의 사회가 직면한 가장 심각한 문제를 스토리로 표현하고 전달해왔다.

907) 이인화, "인간의 다섯 가지 욕망과 디지털 스토리텔링", 작가세계, 세계사, 2003년 겨울호, 63~65면을 요약 정리한 것이다.

영화 ≪매트릭스≫는 21세기에 새롭게 대두된 가상현실 문제를 네오라는 청년의 스토리로 전달하고 있다. 스토리의 중심은 자신이 이제까지 진실을 가리는 가상현실 속에 살고 있었음을 깨달은 네오가 어떤 일들을 겪고 어떤 사람으로 변해갔는가 하는 경험이다. 이러한 경험을 중심으로 인공지능과 로봇문명, 시뮬레이션, 기독교와 불교와 마르크스주의, 보드리야르와 라캉, 콰인, 오우삼의 홍콩액션 등 우리 사회가 생산한 무수한 정보들이 편집되어 있는 것이다. 디지털 콘텐츠 산업에서 이러한 스토리텔링 기술은 게임, 영화, 애니메이션, 웹 광고, 웹 에듀테인먼트, 모바일 콘텐츠 등 사실상 모든 분야에 응용되고 있다.[908]

일찍이 세르게이 에이젠슈타인(Sergei Eisenstein)은 정보의 편집이 스토리를 발생시키는 현상을 '몽타쥬 효과'라는 말로 정의한 바 있다. 만약 우리가 죽은 남자의 얼굴을 보여주고 곧 이어서 칼을 들고 있는 여자를 보여주면 관객들의 머리 속에는 두 개의 이미지가 통합되어 "여자가 남자를 살해했다"는 스토리가 발생하게 된다. 각각의 단일 이미지는 의미가 없는 정보일지라도 우리가 그것을 특정한 문맥의 특정한 위치에 다른 이미지와 함께 '편집'하면 관객들은 어떻게든 그 이미지들을 통합시켜서 스토리로 이해하는 것이다. 이러한 몽타주 효과는 디지털 스토리텔링의 창작에서 가장 먼저 배워야 하는 기술이다. 디지털 시대의 창작기술은 스토리텔링을 전제로 하는 편집기술이다.[909]

2. 이야기 예술의 진화와 디지털 스토리텔링

스토리텔링은 모든 정보가 입에서 입으로 전해지던 구술 문화 시대부터 존재했다. 기원전 11세기 이집트에서 '문자'라고 하는, 살아 있는 말을 공간에 정지시켜 버리는 놀라운 과학기술이 출현하자 스토리텔링은 구비 문학에서 기록 문학으로 자기 변신을 이룩했다.[910]

908) 이인화, 위의 논문, 65면.
909) 이인화, 위의 논문, 66면.

15세기 중엽 기계로 활자공간을 배열하고 사본을 대량생산하는 '인쇄'라는 과학기술이 나타나자 스토리텔링은 또 한번 극적인 변모를 겪었다. 읽기 쉬운 활자체, 똑 같은 크기의 활자가 쉼표와 마침표, 단락과 장으로 멈춰지고 나눠지는 인쇄술 시대의 이야기는 이제까지와는 차원이 다를 만큼 정교한 사유를 표현할 수 있었다. 또 필사본보다 훨씬 쉽게 읽을 수 있는 인쇄본은 쉽게 소유해서 휴대할 수 있는 책을 조용한 한쪽 구석에서 혼자 읽는 '사적 독서'를 창출하였다.

여기서 우리는 스토리텔링 속에 과학 기술의 발전에 대응하는 일정한 스토리 스킬(story skill)이 존재하고 있음을 알게 된다. 과학기술이 단순한 것에서부터 복잡한 것으로 진화하듯이 스토리 스킬 또한 구비문학 시대의 형식적인 기교에서 점점 더 내용적인, 의미론적이고 통사론적이며 구문론적인 기교의 체계로 정교해졌다.

스토리텔링의 발전은 여기에서 그치지 않는다. 19세기 말 전신과 영화의 발명을 시작으로 20세기 들어 전화, 라디오, 텔레비전, 컴퓨터 등 '인간 감각의 확장'이라 지칭되는 미디어 혁명이 일어나면서 기법(skill)의 차원을 넘어서는 이야기 기술(technology)들이 나타난다. 이러한 변화는 인쇄 문화 시대의 '선형적 명료성'을 대체하며 인간의 5감에 호소하는 '총체적 즉각성'을 창출한다. 이인화 교수는 이 같은 이야기 기술의 원리적 측면에서 이야기 예술의 발전을 아래와 같이 설명한다.[911]

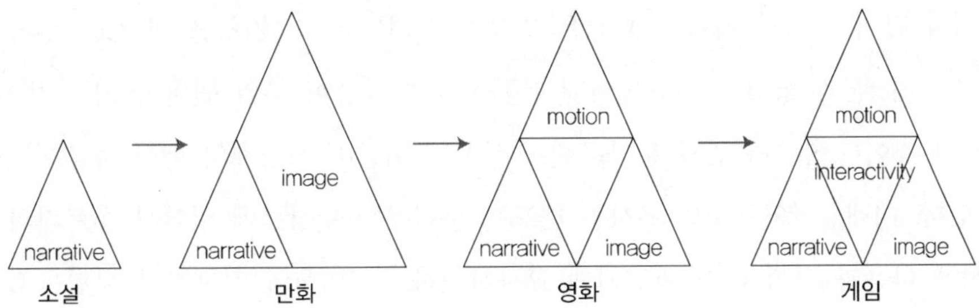

910) 이인화 외 7인, 「디지털 스토리텔링」, 황금가지, 2003, 16면.
911) 이인화 외 7인, 위의 책, 17면.

3. 경제의 새 물결 — 스토리텔링의 중요성

가. 문화콘텐츠의 힘

인류의 문화는 솔직하고 재미있고 감동적인 스토리와 더불어 진보해왔다. 지난 세기까지 우리에게 익숙했던 '소설'은 자본주의적 근대화 시대의 스토리였다. 21세기 정보화 혁명은 새로운 상황을 만들었다.[912] 아날로그 시대의 경제는 상품의 대량생산(mass production)에 기반을 두었던 경제였다. 소설, 만화, 영화, 텔레비전 영상물 등 각 부문은 나름대로 각각의 시장과 생산시스템, 수요자를 갖고 있었다. 각 영역마다 생산과 소비체계가 있었고 서로 간의 연관성은 그리 크지 않았다. 하지만 디지털 기술은 이러한 산업경제의 판도를 근본적으로 바꿔 놓았다. 문화상품의 온라인화·디지털화가 각 영역 간의 장벽과 각 문화상품 간의 장벽을 허물기 시작한 것이다. 매체 간의 이동은 보다 손쉬워졌고, 이제 장르는 별다른 의미를 가질 수 없다. 하나의 소재(source)로 다양한 상품(multi-use)을 개발하고 보급하는 것이 가능해졌기 때문이다. 예컨대, 스토리 하나만 잘 만들면 그것으로 소설도 만들고, 만화도 만들고, 애니메이션 영화도 만들고, 캐릭터 산업으로도 수익을 올릴 수 있다. 영국의 여류작가 조안 롤링(Joan Kathleen Rowling)의 입지전적인 성공은 그 상징적인 예이다.[913]

이와 같이 디지털 기술의 발전은 일상적 삶과 산업의 지형을 바꾸고 있다. 좋은 스토리, 꿈과 상상력으로 빚어낸 문화콘텐츠 상품이 부의 원천이 되는 세상이 도래한 것이다. 문화산업과 문화콘텐츠 상품은 이른바 신경제의 핵심 축을 형성하고 있다. 미래상상연구소의 홍사종 대표는 문화콘텐츠 상품에 있어서 스토리의 중요성을 다음과 같이 다소 과장되게 묘사하였다. "산업화와 정보화의 지평을 넘어선 순간, 글로벌 경제에는 이야기 전쟁의 새로운 전장(戰場)이 펼쳐졌다. 이야기 경제를 이끄는 전사(戰士)들의 모습은 다양하다. 소설가·시나리오 작가·만화가 등

912) 이인화 외 7인, 위의 책, 7~8면.
913) 최연구, 「문화콘텐츠란 무엇인가」, 살림, 2006, 60~61면.

고전적인 서사가(敍事家)들, 영화감독·광고전략가·마케팅 전문가 등 이미지를 창조하는 사람들, 영화배우·운동선수·개그맨 같은 대중스타, 심지어 산업의 비전을 이끄는 혁신적 기업가에 이르기까지, 세상 사람들의 마음을 사로잡을 수 있는 이야기를 갖고 있다면 누구나 이야기 산업 전사이다."[914]

나. 스토리를 판매하는 문화 체험 산업의 성장

새롭게 떠오르는 체험 경제에서 기업들은 자신들이 만드는 것이 상품이 아니라 '기억'이라는 사실을 깨달아야 한다.

—조셉 파인과 제임스 길모어가 공저한 「체험 경제」 중에서[915]

(1) 드라마 속 스토리가 상품으로

"여러분, 기억 나세요? 시즌 3편에서 캐리와 미란다가 남자 문제로 열 받아 컵케이크를 마구 먹어 치우던 장면이요. 거기가 어디죠?" 2007년 12월 8일, 뉴욕 맨해튼 11번가를 향해가는 버스 안, 미니스커트 차림의 관광 가이드가 버스 안에 설치된 비디오의 장면을 가리키며 위와 같이 물었다. 그러자 50여 명의 여성 관광객들이 약속이나 한 듯 소리를 지른다. "매그놀리아 베이커리(Magnolia Bakery)죠!" 이는 '온 로케이션 투어(On Location Tours)'라는 회사가 운영하는 '섹스앤더시티(Sex and the City) 관광' 중의 한 장면이다. 이 관광코스는 약 4시간 동안 텔레비전 드라마 ≪섹스앤더시티≫의 주인공들이 살던 아파트와 식당, 쇼핑몰 등을 쭉 돈다. 엄마와 함께 왔다는 독일인 리오나(23)양은 "오늘 하루만큼은 드라마 속 주인공처럼 먹고, 입고, 쇼핑하고 싶다"고 말했다.[916]

우리는 위 사례를 통해 드라마 스토리의 간접 체험이 상품으로 판매되고 있다

914) 홍사종, "'이야기'가 세계경제를 바꾼다", 「조선일보」 2008년 1월 1일 A20면.
915) B. Joseph Pine/James Gilmore, The Experience Economy: Work Is Theatre and Every Business a Stage, Harvard Business School Press, 1999, p.100.
916) 정철환·신지은, "이야기 팔아 353억 달러: 디즈니 매출, 인텔 앞질러", 「조선일보」 2008년 1월 1일 A20면.

는 것을 확인할 수 있다. 이러한 문화 체험의 상품화(commodification of cultural experience)와 이를 토대로 성장하는 체험 산업과 체험 경제의 발전은, 산업 자본주의가 문화 자본주의로 이행되어 변모하는 과정을 상징적으로 보여준다. 제레미 리프킨(Jeremy Rifkin)은 그의 저서 「접속의 시대」(The Age of Access)[917]에서 문화 체험 등의 관광업, 디즈니랜드로 대표되는 테마파크 등은, 물건에 대한 소유권이 아니라 시간에 대한 접속권을 고객에게 판매하는 것이라고 설명한다. 말하자면 오늘날의 자본주의는 시간과 아이디어, 이미지 등에 접속할 수 있는 권리를 상품으로 판매하는 문화적·지적 자본주의의 단계에 들어섰다고 지적한다.[918]

섹스앤더시티 관광에서 상상 속으로 그렸던 주인공들의 일상은 투어 버스에 올라탄 관광객들의 눈앞에서 살아 움직이는 현실로 되살아난다. 그들은 자신이 꿈꾸어 온 드라마 주인공들의 삶을 체험하는 데 돈을 쓴다. 이 투어의 참가비는 32달러(3만원). 하지만 드라마의 배경으로 나오는 레스토랑이며 쇼핑몰을 거치다 보면 관광객 1명당 600~700달러(56만~66만원)는 기본이라고 조제트 블라우(Blau) 사장은 전했다. 이러한 문화 체험에서 드라마와 영화는 더 이상 '체험'으로만 끝나지 않는다. 체험은 소비자의 꿈과 감성을 자극해 새로운 수요를 창출해 낸다. 그리고 소비자는 상상을 현실로 만들기 위해 기꺼이 지갑을 연다. 뉴욕에서는 섹스앤더시티 관광 외에도 시트콤 ≪프렌즈≫나 영화 ≪시애틀의 잠 못 이루는 밤≫, ≪스파이더맨≫, ≪수퍼맨≫ 등 뉴욕을 배경으로 한 다양한 체험 상품이 막대한 관광 수입으로 연결되고 있다. 뉴욕 경제가 스토리를 판매하는 문화 체험 산업으로 벌어들이는 돈은 연간 270억 달러 이상으로 추산된다. 뉴욕시 재정 수입의 약 10%에 해당하는 19억 달러가 체험 산업에서 나왔다는 통계도 있다.[919]

우리나라의 경우도 최근 들어 부쩍 문화 체험 산업에 대한 관심이 높아졌다.

---

917) 우리말로는 「소유의 종말」(이희재 옮김, 민음사, 2001)이란 제목으로 번역되었다.

918) Jeremy Rifkin, The Age of Access: The New Culture of Hypercapitalism, Where All of Life Is a Paid-for Experience, Jeremy P. Tarcher/Putnam, 2000, pp.145~153; 제레미 리프킨 지음, 이희재 옮김, 「소유의 종말」, 민음사, 2001, 213~226면 각 참조.

919) 정철환·신지은, "이야기 팔아 353억 달러: 디즈니 매출, 인텔 앞질러", 「조선일보」 2008년 1월 1일 A20면.

"예를 들어 도요지(陶窯地)를 찾은 관광객은 1000년 전 도공의 애환과 도자기 제작 방식을 접하면서 여기에 자신의 도자기 제작활동을 더하여 자신만의 장소 체험을 함으로써 이야기의 기억을 갖게 된다. 또 ≪겨울연가≫의 이야기에 감동한 시청자는 남이섬을 방문하여 영상의 세계에 일어났던 이야기를 현실 공간에서 체험함으로써 감동의 깊이를 오래 간직하려 한다."[920] 그 밖에도 다양한 이야기 소재들을 경제에 활용하려는 문화 체험 상품에 관한 사례들이 전개되고 있다.[921]

(2) 스토리가 가치를 창조하는 시대

문화콘텐츠 상품의 스토리를 이용한 수익 모델은 타임워너, 20세기 폭스, 소니 콜롬비아 같은 미국 할리우드의 엔터테인먼트 기업들이 적극적으로 활용해 왔다. 그중에서도 가장 대표적인 기업이 월트디즈니(Walt Disney)이다. 덴마크의 미래학자 롤프 옌센(Jensen)은 "디즈니는 구석기시대의 원시인부터 안데르센의 동화를 거쳐 인디언 소녀의 삶에 이르는 수없이 다양한 '이야기'들을 수천 가지 상품으로 만들어 팔아 막대한 이윤을 올리고 있다"고 말했다. 할리우드의 엔터테인먼트 기업들은 자신의 이야기꾼(storyteller)들이 창조해 낸 다양한 캐릭터와 이야기를 영화·애니메이션·드라마·소설·게임 같은 콘텐츠로 재창조한다. 할리우드의 기업들은 애니메이션은 한국에, 컴퓨터 그래픽은 뉴질랜드에, 캐릭터 인형은 중국에 하청을 준다. 이렇게 생산된 콘텐츠는 영화·TV·DVD·CD롬·인터넷 등 가능한 모든 미디어를 통해 전 세계 방방곡곡으로 퍼져 나가며, 여행 코스나 장난감의 모습으로 팔리기도 한다.[922]

920) 최혜실, "이야기는 힘이 세다", 「동아일보」 2009년 4월 25일자 A26면.

921) 가령, 서울시는 2008년부터 '한류' 스타가 등장하는 30초 분량의 광고를 제작하여 인터넷과 각국 TV를 통해 방영한 적이 있는데, 서울시가 2009년 12월 서울을 방문한 중국, 일본, 태국 관광객 600명을 대상으로 설문조사한 결과 'TV나 인터넷에서 서울 광고나 드라마를 보고 서울이 좋아져 방문했다' 는 응답이 3개국에서 모두 1위(중국인 52%, 일본인 37%, 태국인 55%)를 차지했다고 한다(임주리, "외국 관광객 48% '드라마·광고 보고 서울 왔다'", 「중앙일보」 2010년 1월 14일 19면). 서울 강동구의 경우는 만화영화 ≪달려라 하니≫의 실제 배경이었던 성내동에 주인공 캐릭터 '하니'를 테마로 한 하니광장과 하니공원을 조성하였다고 한다(김성민, "'달려라 하니' 테마마을 탄생", 「조선일보」 2010년 1월 13일 A28면).

우리의 삶은 할리우드가 재생산한 이야기의 산물로 뒤덮여 있다. 아이들은 TV에서 ≪슈렉≫ 만화영화를 보고, ≪파워퍼프걸≫이 그려진 운동화와 가방을 메며, ≪곰돌이 푸우≫ 이불을 덮고 ≪백설공주≫ 이야기를 듣다가 잠이 든다. 그동안 할리우드 이야기 기업들의 지갑은 점점 두꺼워지고 있다. 2006년 디즈니의 매출은 총 353억 달러로, 세계 1위 반도체 기업 인텔(315억 달러)을 추월하였다. 영업 수익률은 무려 16%이다. 기업분석가 윌리엄 캐포다글리(Capodagli)는 "디즈니의 수익성은 인텔(18%)과 맞먹고 도요타(7%)를 압도한다"며 "앞으로 이 차이는 더욱 벌어질 것"이라고 분석하였다.[923)]

다. '감성'을 체험하는 시대에는 스토리 자체가 상품

스토리에 기반한 경제는 스토리를 가치 창출의 수단으로 본다. 2002년 이후 스토리 경제의 중요성이 「하버드 비즈니스 리뷰」(Harvard Business Review), 「전략+비즈니스」(Strategy+Business), 「월 스트리트 저널」(Wall Street Journal) 등의 기사에서 집중 조명되었다. 스토리 관련 산업은 세계 경제의 한 축을 이루며, 대략 미국 GNP의 20퍼센트 비중으로 1조 8천억 달러의 가치를 가지고 있다.[924)] 하지만 스토리에 기반한 경제가 완전히 새로운 개념은 아니다. 미래학자 롤프 옌센(Jensen)은 "스토리 경제의 요소는 인류 역사의 출현 이후 계속 존재해 왔지만, 지금에 이르러서야 경제의 핵심 요소이자 사회 전반을 변혁시킬 원동력으로 자리 잡게 되었다"고 설명한다. 18~19세기 산업혁명을 통해 제조업이 경제의 주역으로 등장하면서 비로소 산업사회가 시작되었다. 20세기 후반까지 계속된 산업사회는 1960년대 컴퓨터의 출현 이후 IT(정보기술) 경제가 등장하면서 정보화 사회로 이행하고 있다.[925)]

922) 정철환·신지은, "이야기 팔아 353억 달러: 디즈니 매출, 인텔 앞질러", 「조선일보」 2008년 1월 1일 A20면.
923) 정철환·신지은, "이야기 팔아 353억 달러: 디즈니 매출, 인텔 앞질러", 「조선일보」2008년 1월 1일 A20면.
924) 존 실리 브라운 외 3인 지음, 박혜원 옮김, 「스토리 이코노미」, 살림, 2008, 7면, 276면.
925) 정철환, "IT경제에서 다음 단계로: '감성'을 소비하는 시대, 이야기 자체가 제품", 「조선일보」 2008년 1월 1일 A20면.

스토리 경제는 후기 산업사회의 경제가 인간의 감성을 자극하는 '스토리'라는 요소를 통해 극적으로 진화한 형태로, 산업경제와 IT경제의 다음 단계라고 볼 수 있다. 여기서 '스토리'는 다양한 요소를 포괄한다. 소설이나 영화, 드라마와 같은 서사(敍事) 콘텐츠, 사람들 간의 의견 교류를 통해 형성된 여론(public opinion)이나 담론(discourse), 기업이나 개인의 가치관과 비전, 그리고 상품이나 인물에 대한 대중적 이미지 등이다. 이들은 모두 소비자가 이성보다 감성으로 판단하게 만든다는 데 공통점이 있다.[926] 특히 21세기 정보화 혁명은 스토리와 관련하여 새로운 상황을 만들었다. 디지털 기술은 문자, 소리, 영상, 동영상을 하나로 묶어 초고속 광역 통신망 속에서 자유롭게 다운 받고 변경하고 다시 네트워크에 올리게 만들었다. 컴퓨터 게임과 애니메이션, 디지털 영화, 에듀테인먼트, 웹 박물관, 웹 광고, 컴퓨터 매개 커뮤니케이션(CMC) 등은 디지털 시대의 인류 사회가 요구하는 새로운 스토리 형식이다. 디지털 기술은 스토리 창작의 기회를 수평적으로 확장시켰고 창작자와 수용자의 민주적 상호작용을 촉진시켰으며, 스토리 형식 사이의 장르적 통합을 야기하였다.[927]

라. 스토리 경제는 인문학적 상상력의 소산 — 인문학의 중요성

디지털과 넷(Net)의 결합으로 인터넷 환경이 조성되었고 디지털 경제가 활성화되었다. 세계적으로 손꼽을만한 인터넷 환경을 자랑하는 우리나라이지만 스토리 경제와 관련해서는 세계에 내놓을만한 성과가 별반 없다. "하드웨어와 소프트웨어가 깔리면 그 다음은 콘텐츠가 필요하다. 콘텐츠는 인문학에서 나온다. 미래 산업은 판타지 산업이다. 지금은 정보혁명 시대이고 비물질화, 재물질화 단계이다. 일본 애니메이션 산업이나 미국 할리우드 영화가 왜 잘나가겠나? 인문학의 토대가 탄탄하기 때문이다. 바로 문학이다."[928] 마이크로소프트사(社)의 창업자인 빌 게이

926) 정철환, "IT경제에서 다음 단계로: '감성'을 소비하는 시대, 이야기 자체가 제품", 「조선일보」 2008년 1월 1일 A20면.
927) 이인화 외 7인, 「디지털 스토리텔링」, 황금가지, 2003, 8면.
928) 진중권 인터뷰, 「시사 IN」 제58호, 2008년 10월 25일자, 30~31면.

츠가 "인문학이 없었다면 나도 없고 컴퓨터도 없었을 것이다"는 말은 경영학 영역에서 인문학의 중요성을 강조하는 대표적 어록에 속한다.[929)]

한양대 국제문화대학(에리카캠퍼스) 내에 문화콘텐츠학과가 존재하는 이유도 스토리 경제에 있어서 인문학이 차지하는 중요성을 보여주는 하나의 사례라고 할 수 있다. 문화콘텐츠학과의 박기수 교수는 일본 애니메이션의 성공과 한국 애니메이션의 실패를 가르는 요인은 서사 구조와 깊은 연관이 있다고 말한다. 일본 애니메이션의 서사 구조는 다양한 이야기의 복합체로 구성되어 있어서 애니메이션을 향유하는 문화소비주체가 자신의 취향에 따라 애니메이션의 스토리를 여러 각도에서 해석하면서 즐길 수 있다고 한다. 뿐만 아니라 서사 구조 자체를 게임 산업과 연계하여 다양하게 변형할 수 있는 가능성을 서사 구조 속에 잠재화하고 있다고 말한다.[930)]

IV. 아바타·게임아이템의 현금거래 문제

1. 아바타(avatar)의 정의

아바타는 사이버 공간에서 채팅이나 게임 그리고 이메일을 쓸 때 자신의 ID 역

929) 위 같은 잡지, 32면.

930) 박기수, 「애니메이션 서사구조와 전략 : 애니메이션 서사가 힘이다」, 논형, 2004, 18~23면. 박 교수는 ≪아마게돈≫이 실패한 가장 큰 요인으로 서사적 역량의 부족, 즉 '이야기'의 힘이 부족하다는 점을 꼽는다. 김종학 감독과 김탁환 교수도 '한류' 드라마가 한계에 부닥친 이유도 몇몇 인기작가에게 의존한 결과 패턴이 엇비슷한 작품이 제작한 때문이라고 지적한다(김종학·김탁환 대담, "연출+작가 '스토리 디자이너' 시대로", 「동아일보」 2008년 10월 27일자 A21면). 결국 스토리 개발이 시급하다는 이야기이다. 그러한 점에서 2011년 7월 개봉한 ≪마당을 나온 암탉≫은 할리우드 애니메이션 못지않은 귀여운 캐릭터, 재패니메이션의 철학적인 감성에도 뒤지지 않는 탄탄한 스토리를 갖춘 작품이라는 호평가에 주목할 필요가 있다(박보미, "미·일 애니 못잖은 캐릭터·스토리의 힘", 「한겨레」 2011년 7월 15일자 24면). ≪아마게돈≫의 실패와 비교할 때 ≪마당을 나온 암탉≫의 성공은 스토리의 힘이 그만큼 중요하다는 점을 실증적으로 보여주는 사례라 말할 수 있다.

할을 하는 것으로서 온라인 정체성을 의미한다.[931] 아바타는 원래 산스크리트어로 힌두교 신화에 나오는 비슈누 같은 신이 인간이나 동물의 몸을 빌려 나타나는 것을 가리킨다.[932] 온라인 게임과 같은 가상공간에서 인간의 대리인이라 할 수 있는 아바타는 이전의 비디오 게임에 등장하는 캐릭터인 '또 다른 나(alter-ego)'와는 달리 여러 가지로 다양하게 주문·제작될 수 있는데 주로 사회적 상호작용을 위해 만들어진 것이다. 아바타를 이용하는 사람은 아바타의 얼굴과 의복 그리고 체형을 선택할 수 있고, 몸동작을 통해 타인과 의사소통을 할 수 있다.[933]

아바타는 1980년대 중반 루카스필름(Lucasfilm)이 개발한 해비타트(Habitat)라는 이름의 컴퓨터 게임에서 처음 채택되어 사용된 것이 시초인데,[934] 해비타트 게임에서 아바타를 표현한 그래픽은 오늘날의 기준에서 보면 조잡하고 만화 같은 것이지만 그 게임의 이용자들은 다양한 아바타의 몸체들과 여러 가지 가공(架空)의 얼굴들 중에서 각자의 취향에 따라 선택하여 만들어진 아바타를 사용하였다.[935] 그 후 1992년 닐 스티븐슨(Neal Stephenson)의 소설 ≪스노우 크래쉬≫(Snow Crash)를 통해서 '아바타'라는 용어는 널리 알려지고 대중화되었다. 오늘날 가상 세계의 아바타는 문자 대화창이나 아바타의 머리위에 만들어진 '말풍선(speech bubbles)'을 통해 서로 대화를 나눈다. 또한 아바타는 모습이나 동작을 통해서도 의사표시를 한다.[936] 이와 같이 아바타는 사이버 공간 속에서 이용자의 화신(化身)으로서 돌아다니거나 타인과 대화함으로써 사용자의 역할을 대신하여 사이버 공간 내에서 행동하도록 만들어지는 것이 보통이다. 즉, 인간이 자신의 화신인 아바타를 컴퓨터 네트워크 환경 속의 사이버 공간에 실제로 돌아다니게 하고, 그 아바타의 눈을 통해서 주위

931) Tim Jordan, Cyberpower, Taylor & Francis Books Ltd., 1999, 사이버문화연구소 옮김, 「사이버파워」, 현실문화연구, 2002, 358면; 류현주, 「컴퓨터게임과 내러티브」, 현암사, 2003, 202면.
932) 정기도, 「나, 아바타 그리고 가상세계」, 책세상, 2000, 155면의 각주25).
933) F. Gregory Lastowka/Dan Hunter, "The Laws of the Virtual Worlds", California Law Review, January 2004, p.6.
934) Ibid., p.6 n.10.
935) Ibid., p.25.
936) Ibid., p.6, n.10.

를 보며 이벤트 등에 참가할 수 있도록 사이버 공간과 사용자 인터페이스를 구축한다. 사이버 공간 속에서 인간 상호간의 커뮤니케이션이 아바타를 통해 이루어지고, 이와 같이 사이버 공간을 이용한 사회적 상호작용의 기술은 가상 공동체(virtual community)의 실현에 기여하고 있다.[937)]

요컨대, 디지털사회를 기반으로 그래픽 위주의 가상사회에서 실제공간과는 차별적인 자아를 나타낼 그래픽 개체가 필요했기 때문에 어떠한 형태로든 가상적인 육체의 신원(identity)을 만들어 아바타(avatar)라고 부르게 된 것이므로,[938)] 결국 아바타는 사이버 세계에서 실제 인격체를 대신하는 사이버 캐릭터의 의미로 사용되고 있다고 말할 수 있다.[939)]

2. 캐릭터(character), 아바타(avatar) 그리고 아이템(item)의 차이점

아바타는 온라인 게임과 같은 가상공간에서 사람을 대신하는 사이버 캐릭터의 의미로 사용되지만, 가령 만화영화에 등장하는 캐릭터[940)]와는 달리 아바타는 가상공간에서 사람들에 의해 실시간으로(in real time) 통제된다는 점에서 차이가 있다. 가령, ≪로드러너와 코요테≫(Roadrunner and Wile E. Coyote)라는 만화영화를 보는 사람들

937) 長尾眞 외 3인, 권만우 외 2인 옮김, 「멀티미디어 정보학의 기초」, 한국학술정보(주), 2000, 218면.

938) 김성우, "아바타와 가상사회에 대한 고찰", 〈http://www.web3d.pe.kr/avatar_f.html〉; 한창완, 앞의 논문, 84면.

939) 김현철, "아바타 아이템의 법적 보호 문제", 「저작권문화」, 저작권심의조정위원회, 2004. 1., 14면.

940) 캐릭터(character)란 넓은 의미로는 가공인물(타잔, 제임스본드), 동물(도널드 덕, 벅스버니)과 실제인물(영화나 음악, 스포츠분야 등의 유명 인사)을 모두 포괄하는 용어이다(WIPO ed., Introduction to Intellectual Property: Theory and Practice, Kluwer Law, 1997, p.307). 우리 대법원 판례도 캐릭터란 "만화, 텔레비전, 영화, 신문, 잡지 등 대중이 접하는 매체를 통하여 등장하는 가공적인 또는 실재하는 인물, 동물 등의 형상과 명칭을 뜻하는 것"이라고 판시한 바 있다(대법원 1996. 9. 6. 선고 96도139 판결). 그런데 저작권법에 의한 보호대상으로 그 범위를 좁혀보면, 캐릭터란 실제인물의 경우를 제외한 부분, 즉 만화, 애니메이션, 텔레비전 프로그램, 소설, 각본 등에 등장하는 인물이나 동물의 용모, 자태, 성격 또는 이름, 명칭 등을 지칭하는 것이라고 할 수 있다. 요컨대, 캐릭터란 "이러한 등장인물 등이 외모나 이야기 내용에 의하여 가지고 있는 독창적인 개성, 이미지와 그러한 것들이 합쳐진 '총체적 아이덴티티(identity)로 구성되는 것"(오승종·이해완, 「저작권법(제3판)」, 박영사, 2004, 129면)이다.

은 거기에 등장하는 캐릭터들을 통하여 그 세계를 지배하는 원리를 배우며 자라지만, 온라인 게임을 이용하는 사람들은 거기에 등장하는 아바타를 통제하면서 그 세계를 스스로 만들어 가면서 자라게 된다.

요컨대, 아바타가 활동하는 가상공간은 사람들이 서로 교류하는 곳이고, 이 공간은 사람들이 아바타를 통제하면서 어떻게 상호작용하는가에 따라 구성된다.941) 또한 전술한 것처럼 아바타를 이용하는 사람들은 아바타의 얼굴과 의복 그리고 체형을 스스로 선택할 수 있다.942) 그렇기 때문에 만화영화 캐릭터의 경우에는 사람들이 그 캐릭터가 등장하는 화면을 바라볼 뿐이고 비디오 게임의 경우에는 사람들이 정해진 게임 규칙에 따라 캐릭터를 조종할 수는 있지만 등장하는 캐릭터 자체는 이미 특정된 것이기 때문에 사람들이 임의로 변경할 수는 없다. 이에 반하여 온라인 게임의 경우에는 사람들이 아바타의 얼굴, 의복, 체형을 직접 선택하고 아바타의 활동까지 실시간으로 통제할 수 있을 뿐만 아니라 가상공간 자체가 아바타를 통제하는 사람들의 상호작용에 의하여 구성된다.943)

한편, 아이템의 본래 의미는 컴퓨터 용어로 파일을 구성하는 데이터의 구분에서 가장 작은 단위나 항목을 말하는 것이고,944) 게임 아이템이란 온라인 게임에서 아바타가 소지하는 칼, 방패, 망토, 보석, 화폐 등을 말하는 것이다. 게임 이용자는 다른 게임 이용자와의 전쟁을 통해 갑옷과 칼, 방패 등의 무기, 즉 아이템을 획득하면서 영토를 넓혀간다. 요컨대, 게임 아이템은 온라인 게임에서 게임을 수행하기 위하여 필요한 여러 가지 유형의 물품항목을 의미한다.945) 따라서 이용자를 대

---

941) Lawrence Lessig, CODE AND OTHER LAWS OF CYBERSPACE, Basic Books, 1999, p.11.

942) Lastowka/Hunter, op. cit., p.6.

943) 비디오 게임의 캐릭터와 온라인 게임의 캐릭터인 아바타의 차이를 「게임 디자인」의 저자인 에른스트 애덤스는 이렇게 정의하였다. 비디오 게임에서는 이용자가 캐릭터를 '나랑 비슷한 어떤 사람(someone like me)'이라고 느끼기 때문에 어떤 허구적인 설정에도 몰입할 수 있으나, 온라인 게임에서는 이용자가 캐릭터를 '저게 바로 나다(That's me)'라고 느끼기 때문에 이용자의 욕망을 거스르는 극단적인 허구화가 불가능하다는 것이다(이인화, "인간의 다섯 가지 욕망과 디지털 스토리텔링", 「작가세계」, 2003년 겨울호, 68면).

944) 「두산세계대백과(EnCyber)」, 〈http://www.encyber.com/index.html〉에서 검색. 「정보통신용어사전」 제5판, 두산동아, 2005, 1630면에서는 아이템(item)이란 "단어 파일과 같은 의미로 파일을 이루는 각각의 단위조직"을 말한다고 설명한다.

신하는 화신 내지 분신을 의미하는 아바타(avatar)와 그 아바타가 소지하는 게임 아이템(game item)은 개념상 구별되는 것이지만, 아바타는 얼굴과 의복, 체형 등의 아이템을 선택하여 만들어지는 것이므로 이러한 점에서 아바타도 또한 아이템의 세트로 구성되는 것이다.

3. 게임아이템 등의 현금거래

가. 현금거래의 역사적 기원

현재의 리니지 게임이 만들어진 과정에서 PC게임방이 차지한 역할이 크다. 1997년 외환위기 후에 폭증하기 시작한 PC방을 리니지 게임의 마케팅과 관련하여 생각한 것이 계기가 되었다. PC방이 과연 리니지 마케팅에 얼마나 도움이 될 것인가 하는 의문과 기술적인 이유로 적지 않은 우려가 제기되었다. 각자의 이용계정만을 관리하면 되는 개인사용자와는 달리 불특정 다수의 이용계정을 관리해야 하는 PC방을 대상으로 하려면 과금(課金)시스템(billing system)도 따로 만들어야 기술적 번거로움도 있었다.[946)]

PC방 업주들도 처음에는 리니지 게임에 대해 매우 회의적이었다. 당시 최고의 인기를 누리던 스타크래프트를 위시한 거의 모든 게임들은 CD 한 장만 사면 모든 컴퓨터에 설치하고 네트워크 게임까지 제공되는 반면에, 리니지는 사용하는 컴퓨터 숫자만큼의 이용료를 매달 지불해야 하기 때문이었다. 그러나 PC방 업주들이 자신들의 영업에 있어 리니지가 가진 장점을 발견하는 데에 그리 오랜 시간이 걸리지 않았다.[947)] 스타크래프트 사용자는 한 시간 정도면 게임을 끝내고 나

---

945) 변종필, "인터넷게임 아이템과 재산범죄", 「인터넷 법률」, 제5호, 2001. 3., 27면; 정해상, "인터넷 게임아이템 거래에 관한 법리", 「중앙법학」제5집 제3호, 2003. 12., 262면 각 참조.

946) 황상민, "'한류'의 대중문화의 심리: 온라인게임을 통한 아시아 문화 연구 방향", 「'한류'와 아시아의 대중문화」, 연세대출판부, 2003, 70~71면.

947) 황상민, 위의 논문, 71면.

가버리는 일회성 고객들인 반면, 리니지를 하는 고객들은 한번 시작하면 오랫동안 붙어 있었다. 그리고 이들은 한가한 시간을 골라서 지속적으로 찾아오고, 심야에도 계속 자리를 채워준다는 커다란 차이가 있었던 것이다. PC방 마케팅을 시작한지 얼마 지나지 않아 리니지를 서비스하지 않는 PC방을 찾기가 더 힘들게 되었다.[948]

그리고 PC방들이 리니지 게임 속에 들어오면서 리니지 이용패턴에도 커다란 변화가 일어나기 시작했다. 게임방 업주들은 리니지 이용 고객들을 자기 업소로 끌어들이기 위해서 리니지에서 사용되는 귀중한 아이템들을 확보해 놓고 자기 업소 이용 고객들에게 이 아이템을 서비스하기 시작하였다. 게임방 업주들이 자발적으로 리니지 게임가이드(Game Guide) 혹은 게임 멘토(Game Mentor) 역할을 하기 시작한 것이다. 얼마나 좋은 아이템을 확보하고 있느냐에 따라서 게임방 고객의 숫자가 달라졌기 때문에, 현금을 주고서라도 좋은 아이템을 구하려는 업주들이 생겨나기 시작하였다. 이 시기를 전후해서 이전에는 게임 속에서만 거래되던 리니지 속의 아이템이 현금 가치로 환산되고 거래되기 시작하였다. 다시 말해, 지금처럼 리니지 게임 아이템의 현금거래 시장이 확산된 데에는 게임방 업주들의 수요가 중요한 요인이었다고 할 수 있다.[949]

나. 현금거래의 경제적 분석

게임은 여가 활동이다. 게임을 한다는 것은 재미를 추구하거나 시간을 때우기 위한 활동이다. 하지만 온라인 게임에서 순수한 여가 활동으로서의 게임은 어떤 의미에서는 일 혹은 노동으로 쉽게 전화되고 변형된다.[950] 모든 게임은 즐거움과 성취감을 남긴다. 하지만 싱글플레이 게임은 게임이 종결된 후에 개인적인 자긍심이나 추억 이외에 별다른 것을 남기지 못한다. 반면 플레이어가 그 게임을 떠나지

948) 황상민, 위의 논문, 71~72면.
949) 황상민, 위의 논문, 72면.
950) 허준석, 「재미의 비즈니스－경제학으로 본 게임 산업」, 책세상, 2006, 148면.

않고 그 게임이 계속 서비스되고 있는 한 온라인 게임에서 소비한 시간은 그냥 사라져버리지 않는다. 여기서 게임아이템은 온라인 게임에서 플레이어가 거둔 이러한 성취의 대표적인 구현체이다.[951]

누군가 가상 세계에서 거둬들인 이 성취들을 보다 실용적인 형태, 즉 현실 세계의 화폐로 바꾸고자 마음먹는 순간, 아이템 거래 시장의 공급자가 생겨난다. 한편 온라인 게임을 즐기고 싶지만 시간이 너무 부족해 성과가 지지부진한 다른 누군가를 떠올려보자. 요컨대, 온라인 게임에서 더 강해지고 더 빨리 성장하고 싶지만 이를 위해 시간을 할애하기 힘들다. 이때 돈을 주고서라도 나의 캐릭터(즉, 아바타)를 빠르게 키우고 싶다고 마음먹는 순간 그는 게임아이템 시장의 수요자가 된다.[952]

이렇게 게임의 아이템과 물건이 거래되는 표층 밑에 놓인 심층이 드러난다. 즉, 아이템 현금 거래란 온라인 게임에 참여하고 있는 플레이어들 간의 '시간' 거래이다. 이미 게임에 많은 시간을 들인 사람 혹은 게임에 충분한 시간을 들일 용의가 있는 사람, 그리고 돈을 주고 타인의 시간을 구입하려는 사람이 만나는 장소가 바로 아이템 현금 거래 시장이다.[953] 일단 시장이 형성되면 이는 다시 플레이어가 게임을 하는 데 영향을 미친다. 현실 세계에서 상대적으로 부유한 플레이어는 돈을 지불하고 지루한 시간들을 줄여 보다 많은 재미를 얻고자 할 것이다. 반면 상대적으로 가난한 플레이어는 축적된 플레이 시간의 산물인 아이템을 팔아서 그들이 현실에서 필요로 하는 화폐를 얻고자 할 것이다. 만일 이러한 시장이 존재하지 않았다면 어떤 게임을 플레이할 것인가에 관한 선택은 전적으로 게임이 주는 재미에 의해서만 결정되었을 것이고, 현실 세계의 부와 같은 게임 외적인 조건은 게임 플레이에 영향을 주지 못했을 것이다.[954]

하지만 아이템 거래 시장이 존재하게 되면서 현실 세계에서 흔히 하는 경제적

951) 허준석, 위의 책, 149면.
952) 허준석, 위의 책, 149면.
953) 허준석, 위의 책, 149면.
954) 허준석, 위의 책, 149~150면.

계산이 플레이어의 게임 선택에 영향을 미친다. 물론 경제학에서 흔히 말하듯 이러한 교환은 어떤 의미에서 서로에게 득이 된다. 아이템 시장이 형성됨으로써 공급자와 수요자는 각자가 필요로 하는 것을 얻게 되기 때문이다. 이것이 다름 아닌 '교환에서 비롯되는 이득'(gains from trade)이다.[955)]

신문에 보도된 실제 예를 보자. 벤처 기업 직원인 김 모(某)씨는 온라인 게임 아이템 구입에 4년째 매달 15만원씩 약 700만원을 썼는데도 "전혀 아깝지 않다"고 말했다. 그는 "멋진 창을 들고 제 캐릭터의 수십 배 크기인 괴물을 화려한 마법으로 쓰러뜨리면 하루 스트레스가 싹 날아가거든요"라면서, "쓸 만한 아이템을 구하러 며칠씩 게임 속을 헤매느니 돈을 주고 아이템을 사서 게임의 '참 맛'을 느끼겠다"고 말했다.[956)] 아이템을 사서 게임의 '참 맛'을 느끼는 것은 좋은데, 문제는 어린이와 청소년의 경우일 것이다. 「국민일보」 2005년 3월 21일자 기사 "'카트라이더'에 코 묻은 돈 몰린다"는 "회원 수 1,100만여 명, PC방 점유율 1위인 넥슨사의 온라인 게임 '카트라이더'가 어린이들 사이에 선풍적 인기를 끌면서 부모 몰래 아이템 구입비를 결제한 아이들 문제가 불거지는 가정이 늘고 있다"고 보도하였다.[957)]

특히 문제는 온라인 게임이 쉽게 중독될 수 있다는 점에 있다. 온라인 게임에서 플레이어가 소비한 시간은 그냥 사라져버리지 않고 게임아이템이라는 성취로 구현된다고 설명하고 있지만, 결국 게임아이템이란 것은 게임 중독이 낳은 일종의 부산물이라 치부할 수도 있을 것이다. 2010년 한국정보화진흥원 통계에 따르면 온라인 게임 중독에 빠진 청소년이 줄잡아 57만여 명에 이른다. 또 가톨릭대 산학협력단은 그로 인한 사회적 손실이 최소 1조 7천억 원에서 최대 5조 원을 헤아리게 한다고 추산한 바 있다. 더욱이 온라인 게임 중독자의 뇌신경 메커니즘이 마약 중독자의 그것과 같다는 2009년 분당 서울대병원의 연구 결과는 게임 중독

955) 허준석, 위의 책, 150면.
956) 강준만, 「대중문화의 겉과 속 3」, 인물과사상사, 2006, 206면.
957) 강준만, 위의 책, 207면.

이 이용자 개인의 무절제나 탐닉에 책임을 돌리 수 없는 중증 질환임을 보여준다.[958)]

다. 아이템 시장의 국제적 분업

게임아이템 시장이 커지면서 인해전술을 앞세운 중국산의 공세가 거세지고 있다. 2005년 9월 17일 경찰청 사이버테러대응센터는 인건비가 싼 중국인 수천 명을 중국 현지에서 고용해 1,000억 원대의 온라인 게임아이템을 벌어들인 다음 국내에 유통시킨 뒤 환치기 수법으로 외화를 중국에 유출한 중국인과 국내 업자 50명을 적발했다고 밝혔다. 이와 관련하여 해외 생산 과정에서 한국인의 주민등록번호가 도용되었다는 사실 역시 커다란 충격을 주었다.

누구나 알고 있듯이 중국은 세계의 공장이다. 중국은 인건비가 세계에서 가장 저렴하기 때문에 낮은 임금과 관련된 산업을 무섭게 빨아들이고 있다. 게임에서 아이템을 생산하는 것이 돈이 된다면 당연히 이것도 하나의 사업거리가 된다. 그런데 돈 없고 시간 많은 청년들이 아르바이트 삼아서 하는 수준에 그치고 말까? 한국에서 가장 인기 있는 온라인 게임에서 아이템 생산을 특화한 기업형 조직인 이른바 '작업장'이 존재한다는 것은 이미 잘 알려진 사실이다. 만일 작업장이 하나의 사업거리라면 이 사업거리라고 해서 중국이라는 저임금의 매혹을 피해갈 수는 없다. 아이템 거래 시장이 기본적으로 시간이 거래되는 장소라는 점에서 중국의 존재는 진정으로 매력적이다. 아이템을 생산하는 데 필요한 시간의 비용에 있어 중국의 임금은 한국에 비해 훨씬 저렴하다. 또한 중국은 비교적 좋은 통신 네트워크 인프라를 지니고 있어서 온라인 게임 내에서 이러한 작업을 수행하는 데 따른 기술적인 장애도 없다.[959)]

이 결과 온라인 게임 내의 아이템 거래 시장에서 현실과 유사한 국제 분업이 발생한다. 즉, 게임 내에서 지루하고 때로는 고통스럽게 견뎌야 하는 시간은 모두

958) 강희철, "게임업체들에도 책임을", 「한겨레」 2012년 1월 11일자 30면.
959) 허준석, 위의 책, 162~163면.

임금이 낮은 해외에서 맡는다. 반면 국내의 플레이어들은 이들이 지출한 시간을 아이템의 형태로 구입해 보다 쾌적하게 게임을 즐긴다. 해외의 아이템 공장이 생기면서, 아이템 시장의 공급자는 해외의 저임금 노동자들로, 그리고 아이템 시장의 구매자는 국내의 상대적으로 부유한 플레이어들로 분할되는 결과를 낳는다.[960] 게임의 아이템 생산에 특화된 이러한 작업장들이 해외에 활성화된 이후, 국내에서 아이템 현금거래로 돈을 벌었다는 이야기가 부쩍 줄어들었다. 다소 비약을 하면 중국의 저임금을 활용해 싸게 물건을 판매할 수 있게 된 대형 할인점 때문에 동네의 구멍가게들이 망하는 것과 같은 이치라고 할 수도 있을 것이다.[961]

플레이어의 입장에서 이러한 국제 분업은 이득이 된다. 더 낮은 비용으로 아이템을 생산하게 되면 이는 아이템 가격의 하락으로 이어지기 때문이다. 플레이어는 중국의 작업장 덕분에 더 낮은 실질 비용을 치르고 게임을 즐기게 되는 셈이다. 한편 게임개발사 입장에서는 어떠할까? 게임개발사 입장에서 주민등록번호 도용이라는 법적 문제만 제외하면 아이템 생산을 위해 접속하는 중국의 노동자들은 고스란히 신규 가입자가 되는 것이다. 이렇게 보면 국내의 플레이어가 아이템을 구입하면서 지불한 비용을 중국의 작업장과 게임개발사가 나눠가지게 되는 셈이다.[962]

라. 아이템의 현금거래에 관한 법적 분석

(1) 문제의 현황

그간 우리나라에서는 아바타나 아이템의 거래 문제와 관련하여 다양한 법적 논의가 전개되었다. 특히 게임 아이템의 현금거래의 법적 성격을 둘러싸고서 아이템 소유권 매매 계약설, 아이템 사용권 양도 계약설, 아이템 권리금 계약설 등이 주장되었다.[963]

그런데 온라인 게임 이용자들 사이에 이루어지는 게임 아이템의 현금거래에 대

960) 허준석, 위의 책, 163면.
961) 허준석, 위의 책, 163면 각주107), 201면.
962) 허준석, 앞의 책, 163~164면.
963) 이에 관해서는, 이재철, 「게임아이템의 법적 고찰」, 한국학술정보(주), 2007, 114면 이하.

해 온라인 게임사들은 게임약관상 아이템 등의 유상 거래를 금지하고 있다.[964] 또 아이템 매매행위를 방지하기 위해 운영요원들로 하여금 24시간 모니터링을 하게 하고 채팅창에서 현금거래를 시도하는 이용자의 ID를 삭제·박탈하는 등 불이익을 주고 있다. 이로 인해 복잡한 문제들이 발생하였다.

우선, 게임약관상 아이템 등의 현금거래를 금지하는 약관의 적법성 여부가 문제되었다. 공정거래위원회는 온라인 게임에 등장하는 캐릭터와 아이템의 매매를 금지하는 게임 이용약관에 대해 게임사업자가 게임 상품이나 서비스이용조건을 설정할 수 있듯이 선택조건의 문제로서 게임이용자의 본질적인 이용권리를 제한하는 조항으로 볼 수 없으며 게임 사용료는 게임서비스 전체에 대한 대가일 뿐이고 게임 아이템 획득의 대가로 지불되는 것은 아니므로 약관 내용은 적법하다는 판정을 내렸다.

그러나 게임사업자가 일방적으로 이용자의 계정을 영구 압류할 수 있다고 규정한 약관에 대해서는 약관의 불공정성 여부를 심사하게 되었고,[965] 2005년 10월 16일 공정거래위원회는 현금거래 행위가 적발되었을 경우 현금거래의 동기 및 횟수 등 사안의 경중을 고려하거나 사전 통고절차를 행함이 없이 일방적으로 게임 계정을 압류 조치하도록 규정한 조항에 대해 무효라고 결정하였다.[966]

(2) 학설의 소개

㉮ 아이템 소유권 매매 계약설

거래의 객체는 아이템이고 지급되는 금전은 매매대금이라는 학설이다. 이에 따르면 현금거래의 객체는 아이템 자체가 된다. 아이템을 재물 또는 물건과 동일하

964) 대표적 온라인 게임인 '리니지 서비스 이용약관'(2004. 12. 17. 시행) 제14조 제10항 제10호는 "계정, 캐릭터, 아이템 등을 유상으로 매매하는 행위"를 해서는 안 된다고, 제17조 제8항은 "이용자의 캐릭터, 아이템 등 게임 내 모든 정보는 당사가 일체의 권리 및 권한을 소유"한다고, 제18조 제4항은 "이용자가 제14조의 이용자의 의무를 위반한 경우 … 사전 통고 없이 이용계약을 해지하거나 또는 기간을 정하여 서비스의 이용을 중지" 할 수 있다고 각 규정하고 있다.

965) 「경향신문」 2005년 1월 6일자 "온라인 게임 약관 불공정 조사" 기사.

966) 「경향신문」 2005년 10월 17일자 "온라인 게임 약과 무더기 '무효'" 기사.

게 보는 견해이다.

㉯ 아이템 사용권 양도 계약설

거래의 객체는 게임 이용자가 게임업체에 대하여 가지는 채권(사용권)의 일부를 다른 사람에게 양도하는 것이므로 채권의 일부양도라고 이해하는 견해이다.

㉰ 아이템 권리금 계약설

거래의 객체는 아이템 사용권을 취득할 수 있는 자격, 즉 상위 레벨에서 게임을 즐길 수 있는 자격, 아이템 취득시 얻게 될 명성 등이므로 지급되는 금전의 성격은 권리금이라는 견해이다.

(3) 결론

게임아이템의 형태와 그 유형, 그리고 이를 둘러싼 거래 유형이나 수익 모델은 온라인 게임이 진화함에 따라 계속해서 변화하고 있다. 그리고 가상사회에서 발생하는 여러 가지 법률문제들에 대한 연구도 지속적으로 이루어지고 있다. 이러한 상황을 고려할 때에, 앞에서 개관(槪觀)한 아이템 사용권 양도 계약설이나 아이템 권리금 계약설, 또는 물건성(物件性)을 바탕으로 한 아이템 소유권 매매 계약설 가운데에서 특정 견해만이 전적으로 옳다고 판단하기는 곤란하다. 모두 그 나름의 타당한 논거들을 가지고 있다고 생각되기 때문이다.

4. 게임아이템 등의 현금거래와 형사처벌

게임아이템 등의 현금거래와 관련해서는 일정한 금지행위를 행한 경우 '게임산업진흥에 관한 법률' 제32조 제1항, 제44조 제1항에 의해 5년 이하의 징역형 또는 5천만 원 이하의 벌금형의 처벌을 받는다. 즉, 동법(同法) 제32조(불법게임물 등의 유통

금지 등) 제1항은 "누구든지 게임물의 유통질서를 저해하는 다음 각 호의 행위를 하여서는 아니 된다"고 하면서, 그 금지행위의 하나로서 동항(同項) 제7호는 "누구든지 게임물의 이용을 통하여 획득한 유·무형의 결과물(점수, 경품, 게임 내에서 사용되는 가상의 화폐로서 대통령령이 정하는 게임머니 및 대통령령이 정하는 이와 유사한 것을 말한다)을 환전 또는 환전 알선하거나 재매입을 업으로 하는 행위"를 규정한다.967)

【재판례】 대법원 2009. 12. 24. 선고 2009도7237, 7238 판결968)

[사실관계]

피고인 김모씨와 이모씨는 공모하여 2007년경 약2,000회에 걸쳐 리니지 게임의 게임머니인 아덴을 매입하고 환전하는 행위를 하였다. 검찰은 김씨와 이씨를 게임산업진흥에 관한 법률(이하 '게진법'으로 줄임) 제44조 제1항 제2호, 제32조 제1항 제7호 위반으로 기소하였고(그 밖에 주민등록법 위반, 사기죄 등의 혐의로도 기소), 제1심법원(부산지법 2008. 12. 24. 선고 2008고정1584 판결)은 유죄 판결을 선고하였다. 원심법원(부산지법 2009. 7. 10. 선고 2009노88 판결)은 제1심법원의 게진법 위반에 대한 유죄판결을 취소하고 MMORPG (Massive Multiplayer Online Role Playing Game, 다중접속역할수행게임)의 게임머니는 게진법이 정한 환전금지 대상에 해당하지 않는다는 이유로 무죄판결을 선고하였다. 이에 검찰은 상고하였다.

[판결내용]

대법원은 원심이 피고인들의 공소사실에 대해 무죄로 인정한 것은 정당하고, 검사가 주장하

967) 대통령령인 동법 시행령 제18조의3(게임머니 등)은 "법 제32조제1항 제7호에서 '대통령령이 정하는 게임머니 및 대통령령이 정하는 이와 유사한 것'이란 다음 각 호의 어느 하나에 해당하는 것을 말한다"고 규정하고, 제1호는 "게임물을 이용할 때 베팅 또는 배당의 수단이 되거나 우연적인 방법으로 획득된 게임머니", 제2호는 "제1호에서 정하는 게임머니의 대체 교환 대상이 된 게임머니 또는 게임아이템(게임의 진행을 위하여 게임 내에서 사용되는 도구를 말한다. 이하 같다) 등의 데이터", 제3호는 "게임제작업자의 컴퓨터프로그램을 복제, 개작, 해킹 등을 하거나 게임물의 비정상적인 이용을 통하여 생산·획득한 게임머니 또는 게임아이템 등의 데이터"라고 각 규정한다.

968) 이권호, "MMORPG 게임머니 환전행위는 합법", 「법률신문」 2010년 1월 21일 15면.

는 게임산업진흥에 관한 법률 시행령에 관한 법리를 오해한 잘못이 없다는 이유로 검사의 상고를 기각하였다.

원심은 이 사건 게임머니인 아덴이 게진법 시행령 제18조의3 제1호 내지 제3호에서 정하는 '게임머니 및 이와 유사한 것'에 해당하지 않는다고 판단하였다. 먼저 시행령 제18조의3 제2호의 적용 여부와 관련하여 이 사건 게임머니는 리니지 게임 자체에서 획득된 것이므로 '대체수단이 된 게임머니 또는 게임아이템'에 해당하지 않음이 명백하고, 제3호의 적용과 관련해서는 게임프로그램 자체를 복제, 개작, 해킹하거나 비정상적인 이용을 통하여 이 사건 게임머니를 획득한 것이 아니므로 제3호는 적용되지 않는다고 판시하였다. 시행령 제18조의3 제1호 전문(前文) 부분과 관련해서는 리니지 게임의 정상적인 작동방식을 고려할 때, 이 사건에서는 일정한 금액을 먼저 '베팅'한 후 카드, 주사위, 룰렛 등 게임방법으로 당첨자를 결정하여 당첨자들 사이에서만 게임에 유입된 전체 베팅금액을 분배하는 행위가 존재하지 않는다고 판시하였다. 그리고 제1호 후문(後文) 부분과 관련해서는 원심은 '우연적인 방법으로 획득된 게임머니'라 함은 게임 내에서 명확하게 베팅 또는 배당에 해당하는 요소를 찾아볼 수 없더라도 개인의 노력이나 실력 등에 좌우되지 않는 우연적 요소로 게임의 승패가 결정되고 그에 따라 게임에 참가한 일부의 사람만이 자신이 게임 참가 당시 본래 가지고 있던 것보다 더 많은 이득, 즉 게임머니를 획득하게 된 경우를 의미하는 것이라 판시하였다.

원심은 나아가 다음과 같은 사실을 추가로 덧붙였다. 첫째 리니지 게임은 이른바 MMORPG로서 스토리텔링(story-telling) 방식으로 진행되고, 둘째 게임 이용자는 5종족 중 하나를 선택하여 자신을 표상하는 캐릭터를 생성한 후 사냥, 대전 등을 통하여 아덴, 아이템 등을 획득하고 이를 통하여 캐릭터를 성장시키는 방식으로 게임에 참여하며, 셋째 게임 내에서 아덴을 획득하기 위해서는 속칭 '노가다 게임'이라 불릴 정도로 많은 시간과 노력을 투입하여야 하고, 넷째 획득하는 아덴에 대해서는 사냥에 성공하기 전에 미리 알 수 없으며, 다섯째 특히 캐릭터와의 싸움을 통한 아덴 획득에 있어서는 승패를 결정하는 것이 캐릭터가 가지고 있는 무기 등의 아이템에 의지하는 바가 크고, 여섯째 획득된 아덴은 게임 내 상인, 이용자들과 교환, 아이템 구입 등의 방식으로 사적거래가 가능하다는 사실에 의하면, 우연적인 요소보다는 게임 이용자들의 노력이나 실력, 즉 게임에 들인 시간이나 그 과정에서 증가되는 경험이라는 요소에 의하여 좌우되는 정도가 더 강하므로 아덴을 우연적인 방법에 의하여 획득된 게임머니라 할 수 없다고 설시하였다.

제9장 문화산업의 미래와 법

I. 기술발전과 새로운 문화콘텐츠의 개발 — 모방과 창조의 경계

1. 기술발전과 문화산업

문화산업의 형성과 그 성장은 기술발전에 따라 많은 영향을 받는다. 역으로 해당 문화산업 분야의 구체적 요구에 부응하여 새로운 기술개발의 필요성이 자각되기도 한다. 녹음기술과 촬영 내지 녹화기술, 라디오나 텔레비전 등 방송 관련 기술, 인터넷으로 상징되는 정보통신기술 등은 문화산업의 성립과 발전에 결정적인 영향을 끼쳤고, 최근에는 스마트폰 세상이 열리면서 문화콘텐츠의 이용과 관련된 모바일 부가서비스 개발이 활발하게 진행되고 있다.

문화산업의 주요 부분을 구성하는 음악, 영화, 드라마, 광고, 만화, 게임 등 관련 산업의 성패를 좌우하는 것은 결국 새로운 문화콘텐츠의 개발 능력이다. 경쟁자보다 한 발 앞서 새로운 콘텐츠를 개발하기 위해서는 무엇보다 관련 산업 내부에서 창작성 내지 창조성이 활발하게 배양되도록 그 환경을 개선하고 강화하는 것이 요구된다.

2. 새로운 문화콘텐츠 개발의 딜레마

가. 모방과 창조의 경계 — 표절을 둘러싼 논란

(1) '표절'의 공과(功過)

"모방 없이 창조 없다"는 말이 의미하듯이, 특히 문화산업을 구성하는 모든 분야를 포괄하는 대중문화에 있어서 남의 것을 베끼기 행위는 창작을 위한 일종의 통과의례라 할 수 있다. 또 자본주의의 역사를 되돌아보면, 모방은 일정한 발전단계에서 어느 사회나 거치기 마련인 '비즈니스 모델'일 수도 있다. 후발국가가 앞선 나라를 따라잡는(catch up) 방책 중의 하나가 모방이기 때문이다. "표절은 필요하다.

진보는 그것을 전제로 한다.”는 말은 공연한 수사(修辭)가 아니다.

고대 로마에서는 그리스나 헬레니즘 시대의 예술품들을 모방한 다양한 위작들을 만들어 내곤 했는데, 이것이 로마의 예술문화를 발전시킨 한 원동력이 되었다. 르네상스 시대를 대표하는 거장 중의 한 사람인 미켈란젤로조차도 젊은 시절 한 때는 로마 시대 작품들을 모작 혹은 위작하였다는 이야기가 미술사가들 사이에서 풍설처럼 오르내리기도 한다.[969] 피카소의 작품들 중에는 그보다 앞선 시대 미술가들의 작품을 모방하거나 표절하였다는 연구도 이루어진 바 있다.[970] 물론 그 어느 것이나 한 때의 모방이 예술적 창조의 토양이 되었으리라는 긍정적인 평가가 뒤따르는 사례들이다.

지금이야 천하의 ‘모범국’인 양 행세하는 미국이지만, 19세기나 20세기초만 하더라도 미국은 유럽 베끼기의 명수였다. 미국 전역에는 해적판 서적들이 흘러 넘쳐 유럽 작가들의 손가락질을 받았다. 제이슨 엡스타인이란 편집자가 쓴 「북 비즈니스」란 책에서도 지적하고 있듯이,[971] 오죽했으면 영국 작가 찰스 디킨즈가 미국 전역에서 횡행(橫行)하는 자신의 저작권 침해에 항의하고자 대서양을 건너 미국에까지 왔었겠는가? 하지만 디킨즈의 저작권 보호에 대한 항의는 무시되었고 그는 저작권에 대한 미국 사람들의 무신경에 실망하고 말았다. 디킨즈는 이러한 실망감을 글로 써서 「아메리칸 노트」(American Notes)라는 책을 출판하였는데, 미국 사회는 한 술 더 떠 이 책마저도 해적판으로 찍어 팔았다고 한다.

부끄러운 과거는 누구에게나, 그것이 국가든 사회든 아니면 단체나 개인이든 있기 마련이다. 표절과 같은 부끄러운 행태도 마찬가지이다. 문제는 표절이나 해적질을 디딤돌 삼아 일정한 수준에 오른 이후의 처신이다. 이 단계가 되면 과거의 행태를 벗어던지고 모범의 길로 나가는 자세가 필요함은 개인이나 사회나 마찬가

969) Thomas Hoving, False Impressions: The Hunt for Big-Time Art Fakes, 1996, 토마스 호빙 지음, 이정연 옮김, 「짝퉁미술사」, 이마고, 2010, 31면 이하, 95면 이하.

970) 高階秀爾, 「ピカソ 剽窃の論理」, 筑摩書房, 1995, 19면 이하 참조.

971) Jason Epstein, Book Business: Publishing Past, Present, and Future, 1979, 제이슨 엡스타인 지음, 최일성 옮김, 「북 비즈니스: 출판의 과거, 현재, 그리고 미래」, 미래사, 2001, 101~102면.

지이다. 다시 말해 지난날 발전 모델로 삼았던 표절과 이별을 고하는 마음가짐이다. 말하자면 '문화의 구조조정'이다.[972]

우리나라의 지난 세기는 '압축 근대'의 시기였다. 먹고살기 위해 표절할 수밖에 없었던 시절이 있었다. 생존을 위한 방편으로 표절이 관용(寬容)되던 시절이었다. 하지만 표절은 창조의 밑거름이 되는 한도에서 일시적으로 관용되는 필요악일 뿐이라는 사실을 깨달아야 한다. 이제 세월은 흘렀고 유예기간은 종료되었다. 이제 표절은 청산해야할 구태(舊態)요 구악(舊惡)일 따름이다. 그럼에도 과거의 굴레를 탈피하지 못한 사람들은 아직도 '관행'이란 이름으로 표절을 정당화하려 든다. 신세대조차 이런 악폐에 침윤되어 표절을 전래의 노하우(knowhow)쯤으로 여긴다.

"대한민국은 '표절공화국'이다"라는 말이 있(었)다. 그만큼 표절이 광범위하게 이루어지고 있(었)다는 의미일 것이다. 방송·연예계는 물론이고 문학계, 예술계[973] 심지어 학계에까지[974] 표절시비가 끊이지 않는다. 그래서 이와 같이 분야를 가리지 않고 횡행하는 표절의 심각성을 우려하는 목소리가 높다. 모방이 창조로 승화되지 못할 때, 표절이란 비난을 받게 된다. 표절이란 남의 것을 몰래 베껴서 자기 것처럼 내세우는 행위를 말하기 때문이다. 베꼈으면서도 창작인 것처럼 거짓말을 한다는 점에서 표절은 사기(詐欺)와 다를 바가 없다. 표절을 '지적 사기'라 부르는 것도 그 때문이다. 우리 사회의 표절 연루자들 중에는 '관행'이라는 이름으로, 혹

972) 그러나 그렇다고 해서 다른 국가나 사회에 대해서까지 이런 모범을 강요하라는 이야기는 아니다. 모범의 실천은 비슷한 수준의 사회나 국가들 간에 자발적으로 이루어질 때 의미가 있는 것이다. 미국은 지적재산권의 보호야말로 글로벌 스탠더드라고 소리 높여 외치지만, 불과 100여 년 전만 해도 미국은 유럽의 저작물을 표절하거나 저작권을 침해하는 국가들 중의 하나였다. 이러한 일련의 유럽 베끼기가 현재의 미국을 있게 한 밑거름이 되었음은 물론이다. 그럼에도 미국은 오늘날 과거 미국과 유사한 성장 모델을 택하려는 후발 자본주의 국가들을 상대로 글로벌 스탠더드를 준수하라고 목소리를 돋운다. 자기들이 밟고 올라간 '사다리(선진국의 기술이나 문화 베끼기)'를 후발 국가들은 이용하지 못하도록 걷어차 버리는 것이다. 이에 관해서는, 장하준, 「사다리 걷어차기(Kicking away the Ladder)」, 부키, 2004, 22면 이하(특히, 미국의 경우는 55~69면, 지적재산권과 관련해서는 158~162면) 참조.

973) 우리나라 방송·문학·예술 분야의 표절 사례에 관해서는, 이혜순·정하영 공편, 「표절: 인문학적 성찰」, 집문당, 2007, 9면 이하 참조.

974) 우리나라 학계의 표절 사례에 관해서는, 이한우, 「우리의 학맥과 학풍」, 문예출판사, 1995, 307~326면 참조. 특히 법학 분야의 사례로는 '최종고의 양심선언' 부분(위의 책, 267~270면) 참조.

은 이런저런 현학을 둘러대며 자신의 행각을 강변하는 경우가 적지 않았다. 가령, 우리는 다음과 같은 기억을 떠올릴 수 있다. "선배작가의 작품을 베끼는 것은 포스트모더니즘의 대표적 기법인 혼성모방(패스티쉬)이다." 그러나 이러한 주장은, 영문학자 김성곤 교수가 비판하는 것처럼 마치 패스티쉬를 포스트모더니즘의 대표적 속성인 것처럼 오도하였고 포스트모더니즘을 표절주의자들의 방패막이로 전락시켰다.[975)][976)]

더구나 표절은 단순한 흥밋거리로만 다루어진 측면도 있다. 표절만큼 지식인 사회를 흥분(?)시키는 소재는 없기 때문이다. 만일 표절자가 유명인이라면 더욱 그렇다. 그런 '흥행성' 때문인지 표절은 간혹 무분별하게 호명되곤 한다. 때론 어떤 음모의 징후마저 느끼게 한다. 소설 속의 허구지만 표절이 음모와 결탁한 예가 있다. 장 자크 피슈테르 지음, 최경란 옮김의 「표절」(책세상, 1994)이란 소설이 그렇다.[977)] 역사학자가 쓴 소설답게 문헌학적 사실성이 도드라진다. 유명작가를 표절자로 몰아 파멸시키는 과정을 줄거리로 삼은 범죄소설이다. 유명작가에 대한 열등의식에 시달려온 주인공은 표절을 조작하기 위해 원작자는 물론이고 종이와 인쇄, 제본까지 철저히 고증하여 가짜 원작을 만든다. 위조된 원작은 헌책방에서 우연히 발견되게끔 꾸며지고, 유명작가는 표절작가란 누명을 쓰고 자살로 생을 마감한다는 섬뜩한 내용이다.

(2) '표절'과 '저작권 침해'의 구별

표절이 무엇인가를 명확히 인식하기 위해서는 표절과 저작권 침해에 관해서 그

---

975) 김성곤, "한국의 포스트모더니즘-무엇이 문제인가", 「노둣돌」, 1993, 봄호, 256~277면 참조. 김성곤 교수는 이 논문에서 특히 이인화(본명 류철균, 이화여대 국문과 교수)의 소설「내가 누구인지 말할 수 있는 자는 누구인가」에 제기된 표절 혐의에 대해 저자인 이인화 교수와 평론가 김욱동 교수가 그것을 "포스트모더니즘의 대표적 기법인 패스티쉬(혼성모방)"라고 옹호하는 것을 집중적으로 비판하였다.

976) 포스트모던 예술기법의 저작권 문제에 관해서는, 박성호, "포스트모던 시대의 예술과 저작권(전)(후)", 「계간 저작권」, 1993년 봄호, 28면 이하, 동년(同年) 여름호, 35면 이하; 박성호, 「저작권법의 이론과 실제」, 현암사, 2006, 239~260면 각 참조.

977) 원제(原題)는 별쇄본이란 의미의 「Tiré à Part」이다.

차이점을 분명히 알아둘 필요가 있다. 표절은 법적 개념이 아니기 때문에 이것이 법률상 어떤 의미를 가지는가를 명확히 정의하기는 어렵다. 영어로 표절을 뜻하는 '플래지어리즘'(Plagiarism)은 그 어원이 라틴어로 유괴자를 가리키는 '플래지어리우스'(Plagiarius)라는 말에서 유래한다. 또한 표절이라는 한자어 대신에 표적(剽賊) 또는 표습(剽襲)이란 말도 사용되는데, 모두 '글도둑'을 뜻하는 말로 쓰인다. 그리고 이 표절이란 용어는 중국 「예기(禮記)」에 나올 정도로 오랜 역사를 지닌 말이다.[978]

Black's Law Dictionary에 따르면, 표절이란 "타인의 문학적 구성, 또는 타인의 저작물의 부분이나 구절, 또는 아이디어나 표현을 도용하여 그것들을 자신의 지적 성과인 것처럼 사칭하는 행위"로 정의되거나,[979] "타인의 표현이나 아이디어를 베끼거나 훔쳐서 그것들을 자신의 것으로 하는 행위 또는 그러한 경우"라고 정의된다.[980] 한글학회가 펴낸 「우리 말 큰 사전」에는 표절이란 "시나 글 따위를 지을 때 남의 것을 따다 자기 것인 양 쓰는 것"으로 정의하고, 저작권심의조정위원회가 펴낸 「저작권 용어해설」에는 "타인의 저작물을 허락 없이 이용하는 것"을 표절 또는 도작(盜作)이라 한다. 그리고 양자를 구별하여 도작이란 남의 저작물 전부나 일부를 자기의 저작물인 것처럼 발표하는 것을 말하고, 표절이나 원작의 일부만을 무단히 차용하는 것이라고 한다.[981] 이러한 정의들을 종합해 보면, 표절이란 남의 저작물의 구성이나 아이디어 또는 표현의 일부를 허락 없이 베껴서 자기의 것처럼 꾸미는 행위라고 말할 수 있다. 자기의 것처럼 꾸미는 가장 흔한 방법이 출처를 노출시키지 않고 감추는 것이다.[982]

사람들은 흔히 표절을 '법률 위반'이라고 생각하지만, 표절은 법률과 문학적 윤리가 불완전하게 교차하는 영역에 속할 뿐이다. 표절은 법률 용어가 아니므로 표

978) 박성호, "표절이란 무엇인가", 「시민과 변호사」(통권 제37호), 서울지방변호사회, 1997년 2월호, 158면 참조.
979) Black's Law Dictionary, 5th ed., West Publishing Co., 1979, p.1035.
980) Black'w Law Dictionary, 7th ed., West Group, 1999, p.1170.
981) 박성호, 앞의 논문, 158~159면.
982) 박성호, 앞의 논문, 159면 참조.

절이 위법한 복제행위 그 자체인 것처럼 보이는 경우라 하더라도 반드시 저작권법 위반에 해당하는 것은 아니다.[983] 저작물을 창작하였음을 주장하기 위해 무에서 유를 만들 필요는 없다. 아이작 뉴튼(Isaac Newton)은 그가 이룬 성과가 '거인의 어깨 위에' 올라설 수 있었기 때문에 가능했다는 표현으로 선배들의 공을 인정하였다. 인간의 창조적 노력이 이와 같이 상호의존관계에 있다는 점을 고려한다면, 표절이란 어느 정도는 모순된 말이다. 타인으로부터 차용하는 것이 불가피하고 심지어 그것이 창작 과정의 근본이라고 한다면 차용을 비난할 이유가 있는 것일까? 그 해답은 차용의 유형에 달려 있다. 즉, 차용자가 창작 과정(the creative process)을 통하여 그 차용물을 변형한 경우에 한하여 표절에 해당하지 않게 된다.[984] 그렇기 때문에 표절을 이해함에 있어서 그 핵심은, 차용한 타인의 소재를 변형하지 못하였거나 혹은 그 출처를 밝히지 않음으로써 그 창작 과정이 도로(徒勞)에 그쳤다는 것이다.[985] 요컨대, 표절의 경우 문제가 되는 것은 그 창작 과정이라고 할 것이다.[986]

그렇다면 표절과 저작권 침해의 관계는 어떠한가? 표절이 반드시 저작권 침해인 것도 아니고 저작권 침해가 반드시 표절인 것도 아니다. 양자는 베끼기(copying), 출처(attribution), 그리고 고의(intent)라는 세 가지 주요 위반 요소와 관련하여 갈린다. 표절은, 저작권으로 보호되지 않는, 그래서 저작권 침해에 해당하지 않는 아이디어나 표현을 베낀 행위를 포함할 수 있고, 그리고 저작권법에서는 무시될 수 있는 소량의 베끼기도 포함할 수 있다는 점에서 저작권 침해보다는 넓은 개념이다. 한편 저작권 침해는, 적절하게 출처를 밝힌 베끼기와 의도하지 않은 베끼기처럼 표절의 혐의를 벗을 수 있는 경우라도 저작권 침해에 포함될 수 있다는 점에서 표절보다는 넓은 개념이다. 요컨대, 표절의 경우 중요한 것은 창작 과정이고 저작권 침

983) Lise Buranen and Alice M. Roy editors, Perspectives on Plagiarism and Intellectual Property in a Postmodern World, State University of New York Press, 1999, pp.5~6.
984) Ibid., p.6.
985) Ibid., p.7.
986) Ibid., p.9 참조.

해의 경우 중요한 것은 창작 결과(the creative result)라는 점에서 표절과 저작권 침해라는 두 개념은 본질적인 차이가 있다고 할 수 있다.[987] 전술한 경우에 더하여 저작권 침해에는 해당하지 않으나 표절에 해당하는 경우로서 자주 발생하는 형태는, 저작자 사후 50년(2013년 7월 2일부터는 사후 70년)이 경과함으로써 저작권의 보호기간이 만료하여 공유(公有; public domain) 상태에 놓인 타인의 저작물을 베낀 다음 마치 자기가 그 저작자인 것처럼 가장하는 경우이다.[988]

요컨대, 표절은 저작권 침해에 해당하는 표절과 그렇지 않은 표절 양자를 포함하는 개념이고, 또 타인의 작품을 전제로 하여 그 작품을 마치 자신이 창작한 것처럼 꾸미는 경우에 이루어진다. 이하에서는 표절의 법적 책임이 문제되는 경우, 즉 표절이 저작권 침해에 해당하는 경우를 중심으로 몇 가지 국내외 사례들을 살펴보고자 한다.

나. 창작성 혹은 창조성이란 무엇인가?

재치 있는 언설로 유명한 미국의 극작가 윌슨 미즈너(Wilson Mizner)는 "한 사람의 작품을 모방하면 표절이지만 여러 작가들의 것을 도용하면 창작이다"고 말한 바 있다. 또 누군가는 "창작성은 출처를 숨기는 기술이다"고 하였다. 무(無)에서 유(有)가 있는 것이 아니라는 점을 상기한다면, 미즈너 등의 언설은 표절과 창작을 구별하는 것이 얼마나 어려운 일인지를 일깨워 줄 뿐이다. 특히 미즈너의 말은 표절과 창작은 '담벼락' 하나로 서로 이웃하는 존재임을 극적으로 묘사한 경구(警句)이다. 흔히 말하는 창작의 고통이란 어쩌면 담벼락 위를 걸을 때 느끼는 현기증의 다른 표현일지 모른다.

그러면 뮤지컬 ≪웨스트사이드 스토리≫는 창작물인가, 아니면 셰익스피어의 ≪로미오와 줄리엣≫을 표절한 것인가? 표절의 법적 책임, 저작권 침해책임을 물으려면 두 작품이 동일하거나 유사한지를 따져야 한다. 이때 비교 대상으로 자주

987) Ibid., p.9.
988) 박성호, 앞의 논문, 159면 참조.

드는 예가 바로 두 작품이다. 물론 ≪로미오와 줄리엣≫이 지금도 저작권으로 보호된다는 가정이 전제되어 있다. 결론은 두 작품이 "실질적으로 유사하다"는 쪽이다. 어째서 그런가. 하나는 뉴욕 뒷골목을 배경으로 한 현대물이고, 다른 하나는 중세 이탈리아의 베로나(Verona) 라는 도시를 배경으로 한 고전물이 아니던가. 하지만 두 작품을 면밀히 분석해 보면 뮤지컬의 작가가 '원수 집안간의 로맨스'라는 아이디어만을 셰익스피어로부터 빌려온 것이 아님을 알 수 있다. 서로 다른 세부묘사 부분을 걷어내 추상화하면, 무려 13가지 유형에서 두 작품은 유사성이 인정된다.

가령, ① 소년, 소녀는 모두 원수지간인 집안 출신이다. ② 그들은 무도회에서 만난다. ③ 그들은 밤에 발코니(비상계단)에서 사랑을 고백한다. ④ 소녀는 다른 남자와 약혼한다. ⑤ 그들은 결혼을 맹세한다. ⑥ 적대적인 두 가문의 사람들이 만나게 되고, 소녀의 사촌오빠(오빠)가 소년의 가장 친한 친구를 살해한다. ⑦ 이러한 사건은 소년이 폭력을 피하기 위해 자신의 가장 친한 친구를 말렸기 때문에 벌어진다. ⑧ 그 보복으로 소년은 소녀의 사촌오빠(오빠)를 살해한다. ⑨ 그 결과 소년은 망명한다(잠적한다). ⑩ 소년과 소녀가 만나는 계획을 담은 편지가 잠적해 있는 소년에게 배달된다. ⑪ 위 편지는 소년에게 전달되지 않는다. ⑫ 소년은 소녀가 죽었다는 잘못된 연락을 받는다. ⑬ 슬픔에 빠진 소년은 스스로 목숨을 끊는다(자신이 살해되도록 한다).[989]

이렇게 보면 표절의 법적 책임을 둘러싼 논란의 대부분은 구체적인 표현을 베끼지는 않았지만 전체적인 구조나 이야기의 전개과정과 같은 이른바 '포괄적 표현'을 모방한 경우에 생기는 문제임을 눈치 챌 수 있다. 특정 구절이나 표현을 베낀 경우는 워낙 자명하여 그만큼 논란의 가능성이 적기 때문이다. 대부분의 표절 논란은 결국 '포괄적 표현을 베낀 것'이냐 아니면 단순한 '아이디어의 차용'이냐를 놓고 벌이는 법률 공방임을 짐작할 수 있다.

물론 구체적인 표현만이 문제된 경우에도 아이디어의 차용은 가능하다. 가령,

989) M.B. Nimmer, D. Nimmer, Nimmer on Copyright Vol. IV, LexisNexis, 2007, §13.03.

인생의 유한함을 한줌 쥔 모래로 비유한 경우를 생각해보자. 니코스 카잔차키스는 "손은, 우리의 인생이 새어나가다 이윽고 사라지고 마는 모래시계였다"[990]고 썼다. 같은 착상이라도 우리나라 대중작가 이문열은 "시간은 손가락 사이를 빠져나가는 모래처럼 나를 지나쳐 버렸다"고 다르게 표현했다. 새뮤얼 존슨(Samuel Johnson)이 그의 작품에서 "선배 작가들의 발자국을 그대로 밟지만 않는다면 그들이 걷던 길을 따라 걷는 후배 작가는 비굴하다는 비난을 받지 않을 수 있다"고 말한 것도 같은 맥락이다. 극단적으로 말해 표절과 창작은 "종이 한 장 차이"라고 할 수 있지만, 그 법적·도덕적 평가는 "하늘과 땅 차이"만큼 크다.

저작권 제도의 확산에 따른 결과물이겠지만, 저작물의 성립요건으로의 '창작성'을 요구하는 것은 저작권 법제를 취하는 거의 모든 나라의 공통점이다. 미국에서 창작성이란 "저작물이 저작자에게서 비롯되었고 다른 저작물을 베끼지 않았다는 것"을 의미한다. 쉽게 말해 남의 저작물을 베낀 것이 아니어야 하고 자기가 스스로 만들었다는 것을 뜻한다.[991] 남의 것을 베끼지 않고 "스스로 만들었다"는 것은 고도의 수준을 요하는 것이 아니라 "저작자 나름의 특성이나 개성이 나타나서 다른 저작물과 구별될 수 있는 것"이면 족하다. 우리 법의 해석도 이와 같다.

3. 대중문화와 관련된 표절 사례

가. 가수 아이비의 '유혹의 소나타' 뮤직비디오 표절 사건

(1) 비디오 상영금지 등 가처분 사건

2000년대 말 가장 논란이 되었던 표절 사건 중의 하나가 바로 가수 아이비의 '유혹의 소나타' 뮤직비디오 표절 사건이다. 서울중앙지법 민사 합의 50부(김용헌 부장판사)는 2007년 4월 6일 게임 '파이널판타지'의 일본 제작사인 ㈜스퀘어 에닉스가 "아이비 뮤직비디오가 애니메이션 영화 '파이널 판타지 7 어드벤트 칠드런'의 장

990) 니코스 카잔차키스 지음, 이윤기 옮김, 「그리스인 조르바」, 열린책들, 2008 참조.
991) M.B. Nimmer, D. Nimmer, Nimmer on Copyright Vol. I, LexisNexis, 2007, §2.01(A) 참조.

면을 무단 표절했다"며 아이비 소속사 팬텀엔터테인먼트그룹을 상대로 낸 비디오 상영금지 등 가처분 신청을 받아들였다.

재판부는 결정문에서 "뮤직비디오 중 가수 아이비가 무용수들과 함께 춤을 추는 장면을 제외한 나머지 대부분의 장면이 애니메이션 '파이널 판타지 7 어드벤트 칠드런'과 현저하게 유사하다고 판단된다"고 밝혔다. 재판부는 등장인물의 용모와 복장 및 사건구성을 비롯해 전개과정과 그 배경이 되는 장소, 화면구성 내지 편집이 모두 유사하다고 판단했다. 재판부는 이어 "팬텀사는 '파이널 판타지 7 어드벤트 칠드런' 애니메이션에 의거해 그와 실질적으로 유사한 뮤직비디오를 제작 상영, 판매함으로써 이 애니메이션에 대한 저작권 중 동일성 유지권 및 2차적 저작물 작성권을 침해하고 있다고 보인다"고 덧붙였다. 재판부는 또 "팬텀사가 상업적인 목적으로 뮤직비디오를 제작, 판매하면서 저작권자인 에닉스사에 어떤 동의도 받지 않았고 이 사건 애니메이션과 유사한 비교대상 부분이 이 사건 뮤직비디오에서 그 주된 부분을 이루고 있는 점을 고려하면 정당한 범위 내에서 인용되었다고 할 수 없다"고 밝혔다.[992)]

(2) 손해배상 사건

가수 아이비의 뮤직비디오인 '유혹의 소나타'가 일본 애니메이션을 표절한 점이 인정되어 일본 업체에 3억원을 배상하라는 판결이 선고되었다.[993)] 서울중앙지법 민사 합의 13부(이균용 부장판사)는 일본 영상저작자인 ㈜스퀘어 에닉스 사가 가수 아이비의 소속사 팬텀엔터테인먼트그룹과 '유혹의 소나타' 감독인 홍모씨를 상대로 낸 손해배상 청구 소송에서 "피고들은 함께 원고에게 3억 원을 지급하라"며 원고 일부 승소 판결을 선고하였다.

우리나라에도 널리 알려진 컴퓨터그래픽 애니메이션 게임 '파이널판타지'의 일본 제작사인 스퀘어 에닉스는 "아이비 뮤직비디오가 애니메이션 영화 '파이널 판

992) 「법률신문」 2007년 4월 7일자.
993) 서울중앙지법 2008. 3. 13. 선고 2007가합53681 판결.

타지 7 어드벤트 칠드런'의 장면을 무단 표절하였다"면서 2007년 초 가수 아이비의 소속사 팬텀 등을 상대로 소송을 제기하였다. 재판부는 "'파이널 판타지7 어드벤트 칠드런'이 컴퓨터그래픽으로 제작한 영상물이고 '유혹의 소나타'가 사람의 실제 연기를 카메라로 촬영한 영상물이라는 차이점 외에 사건구성과 전개과정, 배경, 등장인물의 용모와 복장 등 대부분이 거의 동일하며, 피고들은 고의로 원고의 저작권을 침해하였다"고 밝혔다.994)

나. 표절 논란에 관한 초기 대응 실패 사례

(1) 가처분 신청이 받아들여진 뒤 팬텀 측의 반응

비디오 상영금지 등 가처분 신청이 제기되었을 때, 팬텀 측은 "'유혹의 소나타' 뮤직비디오가 '파이널 판타지 7 어드벤트 칠드런'을 만든 노무라 데츠야와 노주에 다케시 감독에 대한 경의의 뜻으로 재창조한 것으로, 이미 영문자막으로 이러한 사실을 밝혀놓고 있다"고 설명하였다. 그러나 "신청인 측과 사전에 충분한 협의를 거치지 못한 점을 유감스럽게 생각하며, 법원의 결정에 따라 뮤직비디오 상영을 중단하고 대체 뮤직비디오를 만들어 팬서비스에 만전을 기하겠다"고 밝혔다.

한편 이번 뮤직비디오를 연출한 홍모(某) 감독은 "무엇보다 최선을 다해 연기에 임한 아이비에게 미안한 마음이다. 만약 도용할 마음이 있었다면 이처럼 똑같이 만들지는 않았을 것"이라며 "존경하는 감독의 오마주라 해도 사전에 동의를 구해야 하는지 몰랐다"면서 안타까움을 표했다.995) 요컨대, 오마주로 제작한 뮤직비디오임에도 소통 부재로 인해서 법적으로 불리한 재판을 받게 되어서 안타깝다는 취지로 이해된다.

(2) 가처분 신청 과정에서의 팬텀 측 대응

그러나 일본 게임회사를 대리한 우리나라 변호사가 밝히는 내용은 조금 다르

994) 「법률신문」 2008년 4월 1일자.
995) 「스포츠조선」 2007년 4월 6일자 기사.

다. 다음은 우리나라 변호사가 쓴 글의 일부이다.

> 일본의 유명 게임회사는 '유혹의 소나타'의 뮤직비디오가 자신들이 만든 애니메이션 '파이널 판타지'를 표절하였다며 상영 등 금지 가처분재판을 제기했고, 이에 서울중앙지방법원은 위 뮤직비디오가 애니메이션의 저작권 중 동일성유지권과 2차적저작물작성권 등을 침해했다면서 가처분을 인용했다. 신청인 측 변호사로서 위 재판을 수행하면서 필자가 느낀 점은 피신청인 측이 스스로 화를 자초한 측면이 많았다는 것이다. 피신청인 측이 '연락처를 몰랐다', '패러디다', '오마주다'라는 말바꾸기식 변명으로 일관하는 동안 '똑똑한 네티즌'들은 비교 캡쳐 사진을 올리고 조목조목 근거를 대며 강한 비판을 쏟아내었고, 결국 이러한 여론이 재판부에 그대로 전달되면서 불과 3주만에 전격적인 인용결정이 나오게 되었다. 피신청인으로서는 여론도 판결도 모두 잃은 셈이다. 뮤직비디오 제작 단계부터 차근차근 법적인 검토를 했더라면 본건과 같은 '대형사고'가 없었을 것이고, 문제가 불거진 후 초기 단계에라도 차분하고 신중하게 대응했다면 이와 같은 '참사'는 없었을 것이다. 특히, 문제의 뮤직비디오는 유튜브 등 동영상 사이트를 통하여 전 세계로 퍼져나간 상태이고 원고 측은 이에 따른 제거비용, 법률비용 등 손해를 모두 청구할 뜻을 밝힌 상태여서 결국 손해배상청구액수는 노래에서 벌어들인 금액을 훨씬 초과할 것으로 예상되고 있다.[996]

1990년 중반 텔레비전 드라마 PD 출신인 이진석 감독의 영화 데뷔작 ≪체인지≫는 제작 도중에 일본 영화와 TV드라마 표절 시비가 거론되자 재빠르게 일본의 저작권 관계자들로부터 허락을 얻어 불리한 여론을 잠재운 바 있다. 당시 ≪체인지≫의 주요 컨셉은 일본의 오바야시 노부히코[大林宣彦] 감독의 ≪전학생≫(轉校生, 1982)으로부터, 주요 에피소드의 조합은 일본 텔레비전 드라마 ≪우리들의 드라마 시리즈—방과후≫에서 차용하여, 번개를 맞아 몸이 서로 맞 바뀐 남녀 고교생의 상태를 우리 현실에 접목시켜 사춘기의 풍속도를 호기심과 볼거리에 치중해 다뤘

996) 임상혁, "UCC 저작권 대책 다시 세워야", 「머니투데이」 2007년 5월 17일자 칼럼.

다.[997] 만일 가수 아이비의 뮤직 비디오의 경우에도 영화 ≪체인지≫의 경우처럼 초기 단계에서 저작권자의 허락을 얻는 쪽으로 방향을 정하였더라면, 표절작이라는 오명을 벗을 수도 있었을 것이었기에 아쉬움이 남는다.

다. 오마주(Hommage)란 무엇인가?

오마주란 프랑스어로 존경, 경의를 뜻하는 말이다. 오마주는 주로 예술이나 문학에서 존경하는 작가나 작품에 영향을 받아 그와 비슷한 작품을 창작하는 것을 말한다.[998] 또한 자신이 쓰려는 문학 작품의 모티프를 예전의 작품에서 구하는 경우를 가리키기도 한다.[999] 창작 작품에서 오마주라는 말을 비유적으로 존경의 의미로 사용한 예는 이미 20세기 초 조지 오웰의 작품 「카탈로니아 찬가」(Homage to Catalonia)(정영목 옮김, 민음사, 2001)에서 찾아볼 수 있다. 로크 음악이나 대중음악에서 활발하게 오마주라는 말이 사용됨으로써 널리 알려졌다.[1000] 영화에서는 보통 후배 영화인이 선배 영화인의 기술적 재능이나 그 업적에 대한 공덕을 칭찬하여 기리면서 감명 깊은 주요 대사나 장면을 본떠 표현하는 행위를 가리킨다. 영상예술에서 어떤 작품의 장면을 차용함으로써 그 감독에 대한 존경의 표시를 나타내는 것이다. 영향을 받은 영화의 특정 장면을 자신의 영화에 응용하거나 존경하는 감독의 영화 장면을 자신의 영화 속에 삽입하여 존경을 표하기도 하며, 특정한 감독의 스타일에 대한 오마주도 있다.[1001]

---

997) 도정일 외, 「일본 대중문화 베끼기」, 나무와숲, 1998, 97면.
998) 우리나라 "위키피디아"(http://ko.wikipedia.org/wiki)의 '오마주' 항목 참조.
999) 우리나라 문학 작품 중에서 가장 대표적인 예로는 박태원의 단편 「소설가 구보씨의 일일」(1934)을 들 수 있다. 이 작품은 몇 번이고 되풀이해서 오마주된 바 있다. 최근의 예로는 최인훈의 장편 「회색인」과 「서유기」를 오마주한 고종석의 소설 「독고준」(새움, 2010)을 들 수 있다. 후자에 대한 서평 기사는 다음과 같다. "「독고준」은 선배 작가 최인훈의 장편 「회색인」과 「서유기」에 바치는 오마주와 같은 소설이다. 이 책의 제목은 최인훈의 두 소설 주인공 이름에서 왔다. 「회색인」과 「서유기」가 소설가를 꿈꾸는 사변적인 대학생 독고준의 이야기를 그린다면, 고종석의 소설은 그 뒤 대학을 졸업하고 소설가로 일가를 이룬 장년의 독고준을 등장시킨다. 그러니까 「독고준」은 「회색인」과 「서유기」의 뒷이야기가 되는 셈이다."(최재봉, "고종석이 이어쓴 '최인훈의 독고준' 뒷얘기", 「한겨레」 2010년 8월 19일자).
1000) 일본 "위키피디아"(http://ja.wikipedia.org/wiki) '오마주' 항목 참조.
1001) "네이버 백과사전"(http://100.naver.com)의 '오마주' 항목 참조.

예를 들면, 미국 영화감독 알프레드 히치콕의 영향을 받은 브라이언 드 팔마는 히치콕의 영화를 참고하여 그에 대한 존경을 표현하였다. 브라이언 드 팔마는 히치콕의 스릴러 영화 ≪사이코≫(Psycho, 1960)에 등장하는 욕실의 샤워 살인 장면을 ≪드레스드 투 킬≫(Dressed To Kill, 1980)에서 그대로 오마주하였다. 도청(盜聽)을 주제로 현대인의 불안과 강박증을 묘사한 프랜시스 포드 코폴라의 ≪도청≫(The Conversation, 1974)은 이탈리아의 미켈란젤로 안토니오니가 감독한 ≪욕망≫(Blowup, 1966)에 대한 오마주이다. 덴마크 영화감독 라스 폰 트리에의 ≪범죄의 요소≫(Element of Crime, 1984)는 독일의 프리츠 랑의 ≪엠≫(M, 1931)을 오마주한 작품이다. 미국의 쿠엔틴 타란티노는 할리우드에서 활동하는 홍콩의 영화감독 오우삼(吳宇森)의 작품을 보고 영화 감독의 꿈을 가졌다. 쿠엔틴 타란티노의 ≪저수지의 개들≫(Reservoir Dogs, 1992)은 오우삼의 ≪첩혈쌍웅≫(喋血雙雄, 1989) 등에 나오는 권총 액션 장면을 각색하여 삽입한 대표적 오마주이다. 우리나라 영화로 이명세 감독의 ≪개그맨≫에서 보여준 안성기의 행동은 찰리 채플린의 코미디 스타일을 본떠 표현하였다. 영화뿐만 아니라 음악 장르에도 쓰이는 오마주는 존경을 표현하는 점에서 패러디나 표절과는 다르다. 오마주는 영화 감독이 자신이 존경하거나 영향을 받은 특정한 감독 또는 장르에 대한 존경을 자신의 작품 속에서 표현하는 것을 말한다.[1002]

오마주나 패러디, 표절은 본질적으로 베낀다는 측면에서는 유사하다고 전문가들은 말한다. 다만 베끼는 의도가 무엇이냐에 따라 의미가 달라진다는 것이다. 표절은 악의적인 의도로 창작자의 결과물을 무단으로 갖다 쓰는 것이다. 예술가에게는 수치다. 패러디는 원작을 베끼는 듯하지만 원작을 나름대로 변형하는 등 일정한 창작성을 가미하여 원작을 풍자하고 비평하므로 예술의 한 장르로서 인정되고 저작권법상으로도 일정한 범위 내에서 정당화된다. 오마주는 예술가에게 있어서는 오마주의 대상에 대한 극단적 존경의 표시라고 할 수 있다. 즉 "당신과 당신의

1002) "네이버 백과사전"(http://100.naver.com)의 '오마주' 항목 참조.

작품세계가 없었다면 나는 존재하지 않았을 것이다"는 것이므로 매우 강력한 존경의 표시인 것이다.1003)

그러나 오마주가 아무리 존경의 표시로서 차용하는 것이라 하더라도 권리자 측과의 소통이 전제되어야 하는 것이므로 명시적인 허락까지는 아니더라도, 묵시적인 차원에서라도 승인을 얻고 차용한 것이라는 유리한 정황을 확보해 두는 것이 절대적으로 필요하다. 그렇지 않으면 아무리 좋은 의도를 가지고 차용하였더라도 표절 내지 저작권 침해의 혐의를 벗기는 어려울 것이다.

II. 문화산업의 발전을 위한 법제도의 정비

1. 문화산업 관련 입법과 '문화정책'의 상관관계

우리나라의 문화산업 관련 입법으로는 흔히 '문산법'으로 약칭되는 문화산업진흥기본법 외에도 문화예술진흥법, 음악산업진흥에 관한 법률, 영상진흥기본법, 영화 및 비디오물의 진흥에 관한 법률, 방송법, 박물관 및 미술관 진흥법, 게임산업진흥에 관한 법률, 콘텐츠산업진흥법, 출판문화산업진흥법, 문화예술교육지원법 등 다양한 법률들이 존재한다. 또한 강학상(講學上) 문화기본법(文化基本法)으로 일컬어지는 저작권법도 문화산업 관련 법률 중에서 중요한 위치를 차지한다.

게다가 매년 전통공연예술진흥법안, 지역문화진흥법안, 예술진흥법안, 문화예술교육진흥법안 등 '문화', '예술', '진흥' 등의 용어로 다양하게 조합된 여러 법안들이 의원 입법 형식으로 국회에 상정되고 있다. 또한 기존의 문화 관련 법률들에 대해서도 다양한 형태의 개정 입법안들이 발의되고 있다. 신설 법안들이든, 기존 법률의 개정안들이든 어느 것이나 우리나라의 문화 관련 산업의 발전을 도모하기 위

1003) 「데일리서프라이즈」 2007년 4월 7일자 기사.

하여 각기 그 나름의 여러 가지 바람직한 입법 목적과 취지를 담고 있다.

하지만 문화산업을 구성하는 각각의 세부 산업 현장에 대한 정밀한 실태 조사나 해당 업계의 실무 관행에 대한 체계적인 이해 없이 졸속으로 이루어지는 섣부른 입법은, 오히려 해당 문화산업을 발전시키는 순기능을 하기보다는 그 발전을 저해하는 역기능을 가져올 수도 있다. 문화산업의 발전을 저해하지는 않더라도 관련 법률이 사문화(死文化)된 채 방치되어 입법 비용의 낭비만을 초래할 수도 있을 것이다.

결국 문화산업 관련 입법이 효율적으로 추진되고 또 그 입법의 성과를 발휘하기 위해서는 '문화정책'(cultural policy)에 관한 연구와 노력이 선행되어야 할 것이다. 이 책의 제1장에서 이미 설명한 것처럼, 유네스코는 문화정책을 다음과 같이 정의한 바 있다. "문화정책이란 문화적 필요(cultural needs)를 충족시키기 위해 의식적·의도적으로 처리하는 것의 총체"이며, 이는 "특정 시대에 그 사회에 유효한 물리적·인적 자원을 최대한으로 이용함으로써" 달성된다. 또한 "문화적 발전에 관한 기준은 개성(個性)의 완성을 포함하여 경제적·사회적 발전에 따라 명확히 제시되어야 하며, 문화는 이들과 결부되어 있는 것이다."[1004] 즉 '문화적 필요를 충족시키는 것'이 '문화정책'의 과제이고, 그것은 바로 문화영역에 있어서의 조건을 정비하는 것을 말한다. 이러한 정의의 배경에는 문화를 향유하는 국민의 권리가 상정되어 있다. 이것이 바로 '문화적 권리', '문화적 기본권' 또는 '인권으로서의 문화권'이다.[1005] 아울러 문화적 권리의 발전에 유용한 환경을 만들어 가기 위하여 유네스코는 1980년 '예술가의 지위에 관한 권고'(Recommendation on the Status of Artist)를 채택하였다.[1006]

요컨대, 문화정책이란 문화예술창조에 관련된 정책을 전개하는 것을 그 내용으

1004) 後藤和子 編, 「文化政策學」, 有斐閣, 2001, 76~77면.
1005) 後藤和子 編, 위의 책, 5, 77, 86면 각 참조.
1006) Kishore Singh, "UNESCO and Cultural Rights", Cultural Rights and Wrongs, UNESCO Publishing, 1998, 키쇼어 싱 지음, 백수영 옮김, "유네스코와 문화적 권리", 「유네스코포럼」, 유네스코한국위원회, 2000년 겨울호, 112면.

로 한다. 문화예술창조의 영역은 그 자체가 심미적인 차원의 문제를 해결하는 분야라 할 수 있다. 이에 비하여 문화예술창조와 관련된 정책을 전개하는 문화정책 연구 그 자체는 다분히 실질적이고 실증적인 영역이다. 양자는 '예술학'과 '정책학'을 본질로 한다는 점에서 그 성격을 달리하지만, 문화정책이 공론(空論)에 머물지 않고 실천에 이르도록 하기 위해서는 문화예술창조에 대한 이론과 경험이 문화정책에도 반영되어야 함은 물론이고 상호 소통되어야 한다. 그렇기 때문에 문화정책이 성공적으로 수행되기 위해서는 문화예술의 창조에 관한 영역과의 교류가 필수적이라는 사실도 인식하여야 한다.

2. 문화예술 분야 종사자의 지위 향상을 위한 문화정책의 과제

문화산업 관련 입법과 관련하여 특히 문화정책을 수립할 때 주목해야 할 분야는 문화예술 분야 종사자의 지위 향상 문제이다. 이는 유네스코가 1980년 채택한 '예술가의 지위에 관한 권고'와 관련된 문화정책의 중요 과제이기도 하다. 이 권고가 채택된 배경을 살펴보면, 예술가가 각 나라의 문화의 진흥을 위해 중요한 역할을 담당하고 있음에도 불구하고 경제적으로나 사회적으로 적절한 대우를 받지 못하는 현실이 존재한다. 유네스코는 이러한 현실을 개선하기 위하여 예술가의 사회적·경제적 지위를 향상시킴으로써 예술가가 더 한층 문화발전에 공헌할 수 있는 환경을 조성할 것을 각 나라에 권고한 것이다.[1007]

유네스코가 채택한 동(同) 권고와 관련하여 문화적 권리를 보장하기 위한 구체

1007) 伊藤裕夫 外 4人,「アーツ·マネジメント概論」, 水曜社, 2001, 이토오 야스오 외 지음, 이흥재 옮김, 「예술경영과 문화정책」, 역사넷, 2002, 77면. 예술가의 사회적 지위를 보장하기 위해 요구되는 수단으로는 예술가를 '노동자'로 인정하여 일반 노동자가 향유하는 권리 이익을 예술가에게도 인정하는 것이다(위의 책, 78면). 일찍이 국제노동기구(ILO)는 가수나 연주자 등 실연자의 '노동자성'(勞動者性)을 인정하면서 녹음 기술 등의 발달에 따라 음악 업계에 종사하는 실연자(實演者)들에게 발생한 '기술적 실업'(technological unemployment) 상태를 구제하기 위하여 그들에게 금전적 보상을 제창하였고 1961년 제정된 로마협약에서 이를 관철시켰다. 이에 관한 상세는, 이 책 제2장 I. 3. 나. '저작인접권의 등장' 참조.

적 문화정책을 시행한 몇몇 국가들의 예를 소개한다. 독일은 1983년 '예술가 사회보험법'을 제정하였는데, 동법(同法)에 따른 예술가 사회보험(Künstlersozialversicherung)은 사회적 생활조건을 보장하기 위한 것이다. 이 보험은 프리랜서 예술가들과 저널리스트들의 의료, 간병, 연금보험에 관해 규정하고 있다. 예술가 사회보험의 실행을 위해 제일 먼저 독립적인 예술가 사회조합이 설립되었다.[1008] 캐나다는 1988년 '예술가의 직업상 지위에 관한 정책을 실행하기 위한 법률'을 제정하였고, 오스트리아는 2000년 '예술가 사회보험법'을 정비하였다.[1009]

유감스럽게도 우리나라는 현재 독일의 예술가 사회보험 제도와 같은 것을 시행하지 않고 있다. 하지만 영화산업노조의 수년간의 헌신적 노력 끝에 다행히도 영화 스태프의 처우를 실질적으로 개선해나갈 수 있는 길이 2012년 초부터 열리게 되었다. 영화 스태프를 위한 훈련 인센티브제 실시로 요약할 수 있는 한국형 '앵테르미탕 제도'의 도입이 바로 그것이다. 물론 이 제도는 프리랜서 예술가 전반을 아우르는 것이 아니고 또 일부 불충분한 점도 있지만 훈련 수료자에게 기초생계를 유지할 수 있는 인센티브를 지원한다는 점에서 의미 있는 제도임에는 분명하다. 프랑스어로 휴지기를 뜻하는 앵테르미탕(intermittent)은 1958년 프랑스 드골 정부 아래에서 시행되기 시작한 문화예술인의 생계 안정을 위한 정책을 지칭한다. 문화예술 종사자들의 문화 직업적 특수성을 인정했던 프랑스의 그것과 달리 한국형 앵테르미탕은 '노동자성'을 인정했다는 점에서 적극적 노동시장 정책의 일환으로 규정할 수 있다.[1010]

우리나라 문화예술 분야 종사자의 지위 향상을 위해서는 시급히 처리되어야 할 문화정책 관련 과제들이 산적해 있다. 무엇보다 각 나라의 제도들을 충분히 조사하고 연구하여 우리나라 문화예술 종사자들에게 실질적 도움이 될 수 있는 제도

1008) Werner Heinrichs, Einführung in das Kulturmanagement, 2 Aufl., Wissenschaftliche Buchgesellschaft, 1999, 베르너 하인리히 지음, 김화임 옮김, 「컬처 매니지먼트」, 인디북, 2003, 152면.

1009) 後藤和子 編, 앞의 책, 79면.

1010) 최형익, "한국형 '앵테르미탕' 실행에 부쳐", 「한겨레」 2012년 1월 17일자 29면.

를 도입하도록 노력하는 것이 중요하다. 우리가 흔히 거론하는 독일의 예술가 사회보험 제도든 프랑스의 앵테르미탕 제도든 그 나름의 장단점이 있다는 점에 대해서도 실증적인 연구·조사를 할 필요가 있다.[1011] 궁극적으로는 우리나라 문화산업의 특성을 고려하면서 문화예술 종사자들의 사회·경제적 지위를 실질적으로 향상시킬 수 있는 우리 고유의 사회보장 모델을 수립할 수 있도록 진력하여야 할 것이다.

1011) 예컨대, 프랑스의 앵테르미탕 제도의 장단점을 한 번 살펴보자. 프랑스에서 이 제도에 의해 앵테르미탕 지위를 인정받는 예술가라 함은 공연·영화·방송 분야에서 비정기적으로 일하는 사람들로 10개월 간 507시간을 계약에 의해 일하면 나머지 기간에 실업급여를 탈 수 있는 예술가를 말한다. 앵테르미탕 지위를 인정받는 대부분의 예술가들은 노동이나 구직활동을 중단하여도 저임금으로 507시간 노동을 함으로써 사회보장을 얻는 가능성을 추구한다. 또 대부분의 기업들은 계속성이 있고 보수가 좋은 일자리를 창출하기보다는, 매우 낮은 임금으로 인재를 고용하기를 선호한다고 한다. 앵테르미탕 제도가 비정규직 예술가를 보호하는 측면이 몇 가지 있기는 하지만, 그 대부분은 소극적인 측면에 머무르고 있다는 점이 단점으로 지적된다. 그럼에도 앵테르미탕 지위를 인정받는 예술가들과 대부분의 사업주들은 이 제도를 유지하는 것이 서로에게 유익하다고 생각하고 있는 것 같다. 앵테르미탕 지위를 인정받는 예술가들에 대한 실업급여가 폭발적으로 증가하고 있는데, 이 제도의 적자는 문화예술 분야 이외의 노동자 및 기업들에 의해 충당되고 있다. 이 때문에 문화예술 분야 이외의 노동자 및 기업들로부터 많은 불만을 사고 있다고 한다(X. Greffe, La Politique Culturelle de la France: Création Artistique et Démocratisation des Pratiques, Suiyosha, 2007, クサビエ·グレフ 著, 垣内恵美子 監訳, 「フランスの文化政策―芸術作品の創造と文化的実践」, 水曜社, 2007, 76~78면).

찾아보기

≪사항 및 인물색인≫

가

가공(架空)의 캐릭터(fictional character) 335~352
—와 실재캐릭터의 구별 344
간접광고 181, 188~191 194, 195
감독 계약 110, 114, 115
게임머니 388~390
게임물 362, 363, 388
—의 영상저작물성 362, 363
게임 산업 355
—과 영화산업 355, 356
게임산업진흥에 관한 법률 362, 387~389
게임 아이템 361, 376, 379~387
—의 현금거래 380, 381
—의 현금거래의 법적 성격 385
결합저작물 222, 236, 325
경제적, 사회적 및 문화적 권리에 관한 국제규약(ICESCR) 27
경주마 퍼블리시티권 사건 145, 146
「계몽의 변증법」 18
고객흡인력(goodwill) 268, 335
고용저작물 112
고전적 저작자(classical authors) 104, 109, 110, 113
곡비 78
공공재 42
—의 비경합성 216
—의 비배제성 216
공동저작물 104, 112~114, 325, 328
공리적 모델 81
공상(空想)의 캐릭터(fanciful character) 337, 340
공연 210, 211, 218, 219
—의 개념 210, 211
공연계약 218, 221~223
—의 의의 221
—의 유형 221, 222
공연허락계약 221
공연권 52, 224~226
공연권양도계약 221
공연예술 209
—에 대한 공공지원 216, 217
—의 공공재 성격 216, 217
—의 정의 209
—의 종류 209, 210
공연예술산업 209~240
공연장에서의 촬영이나 녹음 228~231
공예디자인 289
공적인물(public figure) 125, 136
공정거래위원회 179, 267, 386
공표된 저작물의 인용 71, 72
과오(過誤)보험 109
관리처분권 76, 77
광고 243~261
—의 법적 의미 253, 254
—의 역사 243~245
광고계약 253, 254
—의 의미 255
—의 체결구조 255
광고대리점 254
광고대행사 248, 254
광고대행업 248
광고매체업자 254~260
광고매체판매업 248
광고물의 허위·과장 표시 260
광고물작성업 248
광고물작성계약 259, 260
광고물작성위탁계약 258
광고산업 243~280
광고주 254~260

광고회사 254~260
구글 90
구상음악 44
국제노동기구 61, 64, 409
권리소진(exhaustion of rights) 330
그누텔라(Gnutella) 80
그록스터 사건 80, 84, 87
급부보호 58
급부보호권 58
기계적 권리 55
기계적 이용허락 55
기명저작물 118
「기술복제시대의 예술작품」 21
기술적 실업 47, 57, 60, 64, 160, 409
김윤식 37

나

낱장 악보 42, 48, 49
냅스터 사건 63, 73, 79, 80, 84
니코스 카잔차키스 401
닐 스티븐슨(Neal Stephenson) 377
님머(Nimmer)의 "The Right of Publicity" 130

다

다니엘 부어스틴(Daniel J. Boorstin) 249
다중 접속 역할 수행 게임(MMORPG) 360, 367, 388, 389
대여권 330, 331
대중문화 17
　—로서의 온라인 게임 357
　—와 광고 248~252
대중음악 19, 20
도촬(盜撮) 229~231
독립제작사 169~180, 190, 191, 195
　—의 저작권법상의 지위 171
　—의 정의와 기원 169~171
독점규제 및 공정거래에 관한 법률 179
독점금지법 위반 96
동물권(animal rights) 147
디비디(DVD) 제작계약 102
디알엠 프리(DRM-free) 89
디자인 286~290
　—관련 산업 286, 288
　—의 개념 287, 288
디지털 권리관리(DRM) 89
디지털 스토리텔링 367, 368
디지털음성송신사업자 62
디지털 음원 89

라

라디오 방송 47, 159, 160
라이선스 뮤지컬 222, 226
레이먼드 윌리엄스(Raymond Williams) 16
로렌스 레식(Lawrence Lessig) 86
로마협약 59, 61
뤼미에르 형제 93, 95
리니지 게임 357, 358, 380, 381, 388, 389
리메이크 121~124
리메이크 계약 121~124, 166
　—의 성격과 내용 123
리메이크 권리 123, 164
리메이크권 이용허락계약 164, 166

마

마스터 시디 66
마스터 테이프 66, 68, 78
만화 321
　—를 원작으로 한 영화 또는 텔레비전 드라마의 제작 332~334
　—의 정의 321
　—의 창작과 유통 321~325
　—의 유통과 대여권 문제 329~331
매그나튠(magnatune.com) 86
매쉬업(mash-ups) 72
메세나(mecenat) 216
메세나 활동 216
메이저 영화사 95, 96
명예훼손 127, 128, 136, 137, 259

모델영화 132, 135~137
모방과 창조 393
몽타쥬 효과 368
무대미술 222, 236, 238
무대예술 209~212, 235
—과 법 235
—의 의미 210
무대장치 235~240
무대장치디자인 236
무음(無音) 저작물 38, 39
문화 15
—의 다양성 28
—의 어원 15
—의 의미 15
문화국가 26
문화권 27, 408
문화기본법 407
문화산업 17~34, 87, 211, 214, 284, 285, 370, 393, 407~409
—의 특징 25
—으로서 광고산업의 발전 245, 246
문화산업전문투자조합 100
문화산업전문회사 101
문화산업진흥기본법 30~33, 100, 407
문화상품 32, 370
문화연구 65
문화예술진흥법 30, 407
문화운동론 23
문화적 권리 27, 28, 408, 409
문화적 기본권 27, 408
문화정책 26, 407~410
문화 체험 산업 371, 372
문화 체험의 상품화 372
문화콘텐츠 32, 101, 370, 373, 393
문화콘텐츠학과 376
물건의 퍼블리시티권 143~147
뮤지컬 210~215, 222~227
—의 산업화 212
—의 공연유형(창작 뮤지컬, 라이선스 뮤지컬) 222~226
뮤지컬 '오페라의 유령' 213, 214
뮤지컬 '웨스트사이드 스토리' 399, 400
미국 메이저 영화사 95
미국 영화산업 95
미국 영화의 직접배급 99
미술공예운동 289
미술과 디자인 287
미술시장 284, 285, 309
미술의 상품화 283, 284
미술・디자인산업 283~352
미술저작물 37, 236, 237, 288, 306~310, 313~316, 324, 325
—로서의 만화의 특성 324, 325
—의 개념 정의 314, 315
—의 추급권 제도 313~319
미술품 거래 283
—의 1차 시장 284
—의 2차 시장 284
민법상 관리처분권 76

바

바이타스코프 93
박기수 376
박스오피스(Box Office) 154
발터 벤야민(Walter Benjamin) 21~23, 45, 49
방송권 196~199
—의 법적 근거와 한계 199~206
방송권료 196, 197, 206
방송사업자 56, 57, 59~61, 169~173
방송산업 159~206
방송의 공익성 187
방송 프로그램 포맷(format) 163
방조에 의한 공동불법행위 73
배우 출연 계약 110, 114~116
법정양도 111
베른협약 52, 54, 59, 110, 111, 310, 313~315
보상청구권 60, 61
부율(賦率) 154

부쟁(不爭)조항 166
불공정거래행위 166, 180
브라질 저작권법의 '스타디움 권리' 205
브랜드 배치 188
브랜드 통합 184
비교광고 262~275
—에 대한 법적 대응의 변천 265~267
—에 있어서 타인의 등록상표의 사용 267
—의 비교법적 검토 272~275
—의 유형 269
비(非)중앙관리형 서비스 74
비즈니스 모델 79, 81
비피엘(BPL) 188

사

산업디자인 286, 287
3층의 권리 66, 75, 76
상품화권(merchandising right) 349, 351
새뮤얼 존슨(Samuel Johnson) 401
샘의 아들 법(Son of Sam Law) 147~152
샘플링 45, 69~71, 85
생산 · 이용자의 공동체 86
생산 · 소비자 효과 85
선물거래방식 95
선수의 초상권 200~203
세계음악 45
세계저작권협약 212
세르게이 에이젠슈타인(Sergei Eisenstein) 368
셰익스피어 399
—의 '로미오와 줄리엣' 399, 400
소리바다 사건 63, 73, 80, 84
소리바다 1 · 3 · 5 74, 80
속편 121~124
—의 종류(sequel, prequel) 121, 122
속편 제작 계약 121, 123, 124
—의 성격과 내용 123
속편 제작 권리 123
수정헌법 제1조 94, 97, 150, 274
수직적 통합 95, 96
스마트폰 83
스타디움 권리 205
스태프 계약 110
스토리 경제 374~376
스토리텔링 367~370, 389
스튜디오 시스템 96, 97
스포츠경기 방송권계약 206
스포츠시합 196
—과 저작물 199, 200, 203
—의 방송권 196~199, 202
—의 중계방송영상의 저작물성 203~205
시나리오 108
시나리오계약 107, 108, 223
시네마토그라프 93
시놉시스 108
시설관리권 200, 202, 203
신디케이션 102
신문광고게재계약 258
신보인세제 77, 78
신탁계약 69
신탁관리 74, 75
신탁법상의 신탁 76, 77
실연 57
실연자 57, 59~62, 66, 76, 88, 104, 110
—의 보상청구권 79
—의 저작인접권 66, 74

아

아도르노(Th. W. Adorno) 17~21, 24, 25
아마존 닷컴 89
아바타(avatar) 376~380
—의 정의 376~378
아우라 21
아이작 뉴튼(Isaac Newton) 398
아이템 361, 376, 378~390
아이템 시장의 국제적 분업 384
아이튠즈 뮤직 스토어 82, 88
아이튠즈 뮤직 스토어 모델 82
아이팟(iPOD) 83, 89

아이패드(iPad) 83
아이폰(iPhone) 83
아이피티브이(IPTV) 162, 171
악보출판 40~43, 48~50, 53
애플 82
앤 여왕법 49~51
앵테르미탕(intermittent) 410, 411
앵테르미탕 제도의 장단점 411
어문저작물 37, 39, 51, 72, 325, 330, 331
업무상 저작물 112, 117, 118, 174
—의 저작자 117, 119
에드워드 버넷 타일러(Edward Burnett Tylor) 15
영상물 104, 105
영상저작물 103~105, 109~115, 204, 361~363
—과 저작권법 제9조 117
—의 리메이크 121
—의 속편 121
—의 이용을 위하여 필요한 권리 115
—의 저작권 귀속 110, 111
—의 저작자 110~113, 119, 173
—의 저작자 결정 110, 111, 173
—의 저작자 결정 방법
(범주방법, 사례방법) 111~113
영상전문투자조합 100
영상제작 107
영상제작계약 106, 107, 109, 110, 115
영상제작 관련 계약 106
영상제작자 104, 107~112, 114~116, 120
—의 의미 120
영상진흥기본법 104
영상화 계약 106~108
영상화권 107, 108
영상화 이용허락 107
영상화 허락계약 107~109, 124
영화 104, 105, 332
—의 간접배급 153, 156
—의 배급계약 153
—의 리메이크 121
—의 사전심의 99
—의 상영계약 153
—의 속편 121
—의 속편을 제작할 권리 122
—의 예술성 93, 110
—의 유통과 수익배분 153~156
—의 1차 시장 102, 103, 153
—의 2차 시장 102, 153
—의 직접배급 153, 154
영화 및 비디오물의 진흥에 관한 법률 105
영화산업 93~156
영화저작물 105
영화제작계약 106, 107
영화제작 관련 계약 101, 106
영화진흥위원회 100
영화화 계약 106, 107
예술가 사회보험법 410
예술가 사회보험 제도 410
예술가의 사회적·경제적 지위 409
예술가의 지위에 관한 권고 27, 408, 409
오르골 54, 55
오리지널 시나리오 108, 124
오리지널 캐릭터 339, 341~343, 351, 352
오마주 405~407
오인 및 비교광고 지침 274
오페라 210
오페레타 210
온라인 게임 355~359
—과 디지털 스토리텔링 367~376
—의 법적 성격 361
—의 법적 특성 359
—의 종류 359, 360
온라인 게임 산업 355~390
온라인서비스제공자 74, 80, 81, 84
온라인 음악산업 73, 79, 88, 90
온라인 음악서비스 75, 76
온라인 음악시장 73, 85
옵션 계약 108, 109, 124, 156
옵션 기간 108
외주제작사 169, 196

외화수입쿼터 99
요한 호이징하(Johan Huizinga) 358
우리나라 영화산업 99
우리나라 캐릭터 상품화 산업 302~306
원반(原盤) 66~68, 78
원반권(原盤權) 67
원반형 레코드 46, 53
「원시문화」 16
원소스 멀티유스(one-source multi-use) 355, 370
원작의 사용권 108
원작의 영상화 108
원저작물 105~107, 109, 113
—의 저작자 109
원통형 레코드 46, 53
위장된 광고 135, 137
위조 및 불법복제 방지(ACTA)협정 87
윌리엄 모리스(William Morris) 289
윌슨 미즈너(Wilson Mizner) 399
유럽연합 추급권 지침 309
유명인 125
유튜브(YouTube) 85
유혹의 소나타 401~404
음반 44, 45, 47, 56, 57, 65, 66
—의 디지털화 73
음반산업 65
음반제작자 57, 59, 62, 63, 66~68, 76, 80, 81, 84, 88
—의 저작인접권 66, 75, 76
음악산업 37~90
음악저작권 48, 66
음악저작물 37~39, 51, 52, 55, 70, 72, 361
—에 대한 이용허락계약의 효력 78
음악출판사 42, 53~55, 66, 69
음악파일 교환 73, 74, 81
음원 63, 64, 66
음원산업 65
음원제작자 63, 67, 88
응용미술저작물 288
이문열 401
이인화 357, 369
2차적 저작물 71, 104~107, 223, 325, 328, 332, 333
2차적 저작물 작성권 71, 107, 224~226, 332
인터넷 종합 정보제공 사업자 259
일관공정체계 96
일괄판매방식 95, 96

자

자치니(Zacchini) 사건 131
장 바티스트 륄리(Jean-Baptiste de Lully) 40
저작권신탁관리 74
저작권의 집중관리 78
저작권제도 48, 50
저작물의 창작성 401
저작인접권 56, 58, 60, 114, 200, 205
—의 등장 56
—의 의의 56
저작재산권계약의 해석 78
저작재산권의 양도 112, 115
저작재산권의 신탁 76, 78
제레미 리프킨(Jeremy Rifkin) 372
제작지원계약 191~193
제7예술 94
조안 롤링(Joan Kathleen Rowling) 370
조지 오웰(George Orwell) 405
존 케이지(John Cage) 38, 39
종합예술 104, 110, 209, 222
주크박스 뮤지컬 225
중앙관리형 서비스 74
지식재산기본법 34
지적재산권 27, 28
—의 헌법적 보장 28
직접광고 189
집중관리제도 73, 74

차

차액 자본 조달 100
찰스 디킨즈 394

창업투자회사 100, 101
창작 뮤지컬 222~225
창작자원칙 111~113, 115, 117, 119, 173, 174
최초판매 원칙(first sale doctrine) 330
추급권(droit de suite) 306~321
—의 내용 318, 319
—의 성격 318
—의 보호기간 319
—의 입법례 310~313
축음기 44, 46~47, 53~55
출연계약 231~234

카

카피레프트 86
캐릭터 290, 334~352, 364~366, 370, 373, 377~379, 389
—의 개념 334, 335
—의 법적 보호 334~352
—의 상품화 290~306, 345~352
—의 종류 335~345
컴퓨터프로그램 저작물 361
콘텐츠산업진흥법 33, 361
크레딧(credit) 117, 119
크리에이티브 커먼즈(Creative Commons) 86
크리에이티브 커먼즈 라이선스 86
클라우드 컴퓨팅 90

타

텔레비전 광고방영계약 258
텔레비전 드라마 169~191, 332
—의 외주제작 169, 195, 196
—의 제작과 PPL 180~191
텔레비전 방송 161~196
—프로그램의 포맷(format) 163
—프로그램의 포맷 보호 163~169
텔레비전 방송광고의 사전심의 190
트리트먼트 108

파

판매용 음반 60
—의 방송사용 60, 78
패션디자인 290
퍼블리시티권 125~137, 344
—의 기원 및 그 발전 127~132
—법적 성격 146
—의 침해판단 132~135
편집음반 68
포맷(format) 163~169
포맷권 거래 166, 167
포맷권 이용허락 165, 166
포맷권 이용허락계약 164, 166, 168, 169
포맷권 판매 164, 165
폴 크루그먼(Paul Krugman) 79
표시 · 광고의 공정화에 관한 법률 267, 276, 279
표절 393~401
—과 저작권 침해 396, 398
프라이버시권 127~130, 136, 137
프랑스의 앵테르미탕 410, 411
프랑스의 앵테르미탕 제도의 장단점 411
프랑크푸르트학파 17, 21, 24
프로그램 포맷(format) 164~168
—의 법적 보호 164~169
—의 정의 164
프로듀서(producer) 120
프로듀서 계약 110, 115
프로써(Prosser)의 “Privacy” 130
프로젝트 파이낸싱 101
프리넷(Freenet) 80
프리미엄(Freemium = Free + Premium) 모델 90
피디메이커 67
피앤에이(P&A) 비용 154
피터 드러커(Peter Drucker) 23
피피엘(PPL) 180~191
—에 관한 법적 규제 188~191
—의 법적 의미 188, 189
—의 의미와 역사 181~187

하

하우스 뮤직 70
한국연예제작자협회 75
한국음반산업협회 75
한국음악실연자연합회 75, 79
한국음악저작권협회 74, 76
한국음원제작자협회 75
한국형 앵테르미탕 410
한미 FTA 230
한양대 국제문화대학(에리카캠퍼스) 376
해롤드 보겔(Harold L. Vogel) 155
핼란(Haelan) 사건 129
행정감독 76
행정지도 76
헌법상의 프라이버시권 129
현대적 저작자(modern authors) 104, 110, 111, 113~115, 121
협찬 190, 191, 195
협찬계약 191
협찬고지 190, 191
협찬고지에 관한 규칙 190
호르크하이머(M. Horkheimer) 17, 18, 21, 24
「호모 루덴스(Homo Ludens)—놀이와 문화에 관한 한 연구」 358
혼성 메시지 188
혼자 있을 권리 127
홀드 백(hold back) 102
홍사종 370
후원제도 39~41, 43, 48, 216
희석화(dilution) 268, 270, 274

≪판례색인≫

우리나라

대법원 1987. 4. 28. 선고 86다카1757 판결 77
대법원 1992. 12. 24. 선고 92다31309 판결 174
헌법재판소 1993. 11. 25. 선고 92헌마87 결정 28, 29
서울지법 1995. 6. 23. 선고 94카합9230 판결 126, 134
대법원 1996. 3. 22. 선고 95도1288 판결 219
서울고법 1996. 7. 12. 선고 95나41279 판결 77
대법원 1996. 9. 6. 선고 96도139 판결 335
헌법재판소 1996. 10. 4. 선고 93헌가13, 91헌바10 결정 99
서울지법 동부지원 1997. 10. 15. 선고 95가단16616 판결 79
대법원 1998. 2. 27. 선고 97다19038 판결 138
서울고법 1998. 3. 27. 선고 97나29686 판결 133
서울고법 1998. 9. 29.자 98라35 결정 126, 134
서울지법 1999. 7. 23. 선고 98가합83680 판결 77
서울고법 1999. 12. 21. 선고 99나23521 판결 342
서울고법 2000. 2. 2. 선고 99나26339 판결 126, 133
서울지법 2000. 5. 15.자 2000카합774 결정 226
서울고법 2000. 9. 26.자 99라319 결정 118
서울지법 남부지원 2001. 5. 25. 선고 2000가합7289 판결 342
서울고법 2002. 4. 16. 선고 2000나42061 판결 133
헌법재판소 2002. 4. 25. 선고 2001헌마200 결정 29
서울지법 2003. 1. 17. 선고 2001가단173463 판결 144
대법원 2003. 3. 31.자 2002마4109 결정 275
서울지법 2003. 7. 11. 선고 2001가합40881 판결 118
서울동부지법 2004. 2. 12. 선고 2002가합3370 판결 125
서울중앙지법 2004. 10. 1. 선고 2002가단254093 판결 133
서울남부지법 2004. 10. 28. 선고 2003가합7839 판결 138

서울고법 2005. 6. 22. 선고 2005나9168 판결 126, 133
대법원 2005. 10. 4.자 2004마639 결정 222
대법원 2005. 12. 22. 선고 2003두8296 판결 260
서울중앙지법 2006. 4. 19. 선고 2005가합80450 판결 133
서울중앙지법 2006. 8. 10. 선고 2005가합16572 판결 140
서울중앙지법 2006. 10. 10. 선고 2003가합66177 판결 68
서울동부지법 2006. 12. 21. 선고 2006가합6780 판결 133
대법원 2006. 12. 22. 선고 2006다21002 판결 68, 77
대법원 2007. 1. 25. 선고 2005다11626 판결 73
대법원 2007. 2. 22. 선고 2005다74894 판결 78
서울고법 2007. 5. 15. 선고 2005나60231 판결 191
서울북부지법 2007. 7. 20. 선고 2006가합7284 판결 126, 138
대법원 2007. 9. 6. 선고 2007다38489 판결 191
서울중앙지법 2008. 3. 13. 선고 2007가합53681 판결 402
헌법재판소 2008. 6. 26. 선고 2005헌마506 결정 190
서울북부지법 2008. 12. 30. 선고 2007가합5940 판결 326
대법원 2009. 1. 30. 선고 2008도5897 판결 219
서울중앙지법 2009. 2. 6. 선고 2008가합1908(본소), 30029(반소) 판결 238
대법원 2009. 2. 12. 선고 2008추63 판결 31
대법원 2009. 4. 16. 선고 2008다53812 판결 259
서울중앙지법 2009. 11. 23.자 2009카합2880 결정 133
대법원 2009. 12. 24. 선고 2009도7237, 7238 판결 388
대법원 2010. 2. 11. 선고 2007다63409 판결 364
서울중앙지법 2010. 3. 25.자 2010카합378 결정 278
서울서부지법 2010. 4. 21.자 2010카합245 결정 126, 133
대법원 2010. 7. 15. 선고 2007다3483 판결 139
헌법재판소 2011. 9. 29. 선고 2010헌마539 결정 279

미국

Buchwald v. Paramount Pictures, 13 U.S.P.Q. 2d(BNA) 1497(Cal. Superior Ct. 1990) 156
Chanel, Inc. v. Smith, 151 U.S.P.Q. 685 (N.D. Cal. 1966) 271
Chanel, Inc. v. Smith, 178 U.S.P.Q. 630 (N.D. Cal. 1973) 271
Children of Bedford, Inc. v. Petromelis, 112 S. Ct. 859 (1992) 151
Griswold v. Connecticut, 381 U.S. 479 (1965) 129
Haelan Laboratories, Inc. v. Topps Chewing Gum, Inc., 202 F.2d 866 (2d Cir. 1953) 129
Joseph Burstyn, Inc., v. Wilson, Commissioner of Education of New York 343 U.S. 495 (1952) 97
Mutual Film Corp. v. Industrial Commission of Ohio 236 U.S. 230 (1915) 94
R. G. Smith v. Chanel, Inc., 402 F. 2d 562 (9th Cir. 1968) 271
Simon & Schuster, Inc. v. Members of the New York State Crime Victims Board, 112 S. Ct. 501 (1991) 150
United States v. Paramount Pictures, Inc., 334 U.S. 131 (1948) 96
Zacchini v. Scripps-Howard Broadcasting Co., 433 U.S. 562 (1977) 131

일본

東京地裁 1993(平成5)년 3월 24일 판결 271
東京高裁 1993(平成5)년 9월 9일 판결 114
東京高裁 1997(平成9)년 9월 25일 판결 204
東京高裁 2000(平成12)년 9월 19일 판결 238
最高裁 2002(平成14)년 9월 24일 판결 238
最高裁 2004(平成16)년 2월 13일 판결 146